세계사
다이제스트100

6
세계사
다이제스트100

초판 1쇄 펴낸 날 | 2020년 2월 14일

지은이 | 김희보
펴낸이 | 홍정우
펴낸곳 | 도서출판 가람기획

책임편집 | 이슬기
편집진행 | 양은지
디자인 | 이유정
마케팅 | 이수정

주소 | (04035) 서울시 마포구 양화로7안길 31(서교동, 1층)
전화 | (02)3275-2915~7
팩스 | (02)3275-2918
이메일 | garam815@chol.com

등록 | 2007년 3월 17일(제17-241호)

이 도서의 국립중앙도서관 출판예정도서목록(CIP)은 서지정보유통지원시스템 홈페이지(http://seoji.nl.go.kr)와 국가자료종합목록 구축시스템(http://kolis-net.nl.go.kr)에서 이용하실 수 있습니다.
(CIP제어번호 : CIP2020003728)

6
세계사
다이제스트100

WORLD

김희보 지음

가람
기획

머리말

요즘 '역사의 종말'이라는 말이 부쩍 많이 들린다. 과연 인류의 역사에 종말이 올 것인가? 하긴 시작이 있었으니 언젠가 끝이 있기는 있을 것이다.

인류가 이 지구상에 나타나 문명을 일구고 산 기간은 순간에 지나지 않는다. 그러면서도 현대 문명은 인류의 종말을 이야기하며, 지금 이 시간에도 격변의 고삐를 늦추지 않고 있다. 우리는 지금 그 격랑 속에 하릴없이 휩쓸려 가고 있다고 해도 지나친 말이 아니다.

세계사는 인류가 걸어온 길의 전부인 동시에 자연과 그곳에 생존하고 있는 모든 생물이 걸어온 길 전부이기도 하다. 이렇듯 넓은 범위이기 때문에 사람들이 세계사에 접근하는 시점은 다양하게 마련이다. 무엇보다 세계사는 그 내용이 어마어마하여 우리의 지적 호기심을 자극하는 보물창고이기도 하다.

이 책에서는 세계사에 큰 영향을 준 사건 100가지를 골라 고대에서 현대까지의 흐름에 따라 연대순으로 서술하였다. 100이라는 숫자는 세계사라고 하는 넓은 바다 가운데 있는 작은 암초와 같이 하찮은 양이지만, 그 암초에 등대가 있기 때문에 세계사의 바다 전체를 둘러볼 수 있다.

이 책은 인류 역사에서 큰 변화와 고비가 있었다고 할 만한 대사건 100가지를 엄선해 차분히 정리해본 것이다. 그러면서도 각 장면이 서로 연결고리를 갖고 있어, 한 꼭지씩 읽어나가면서 사건과 역사의 흐름을 쉽게 짚어볼 수 있다.

　특히 각 장의 처음에 실린 '요약' 부분만 읽어도 어지간한 세계사 교재 한 권을 읽은 것만큼 전체 흐름이 파악되고 정리될 것이다. '요약' 부분을 읽은 후에 다이제스트된 100가지 역사 사건을 읽는다면 세계사에 관한 이해는 더욱 깊어질 것으로 믿는다.

　이 책은 《세계사 101장면》을 고쳐 쓴 것이며 세계사의 가장 초보적인 입문서이다. 이 책이 보다 깊이 있는 역사읽기의 디딤돌 역할을 해 준다면 지은이로서 더한 바람이 없겠다.

김희보

차례

머리말 · 4

I. 고대 세계의 전개
:: 오리엔트 세계의 탄생 · 14
:: 지중해 세계의 탄생 · 19

1. 호모 사피엔스의 등장 - 인류와 문명의 발생 · 24
2. 원시인의 그림 솜씨 - 크로마뇽인의 동굴 벽화 · 28
3. 빛은 동방에서! - 오리엔트 세계의 형성 · 32
4. 피라미드와 스핑크스 - 이집트의 영광 · 36
5. 눈에는 눈, 이에는 이 - 함무라비 법전 · 41
6. 무기와 돈과 종교 - 이스라엘 왕국 건설 · 45
7. 바벨탑과 공중 정원 - 오리엔트의 통일 · 49
8. 5000년 전의 도시 계획 - 인도 문명의 형성 · 53
9. 갑골 문자의 발견 - 은 왕조 · 57
10. 전설과 사실 - 하 왕조와 주 왕조 · 60
11. 그리스 민주정치의 시작 - 아테네의 '도편 추방' · 63
12. "너 자신을 알라" - 소크라테스 · 67
13. "우리는 이겼노라" - 페르시아 전쟁 · 70
14. 알렉산더 대왕의 세계 정복 - 이소스 전투의 승리 · 75
15. 독배를 마신 명장 한니발 - 제2차 포에니 전쟁 · 79
16. "주사위는 던져졌다!" - 율리우스 카이사르 · 83
17. 십자가에 못 박힌 사람 - 예수 그리스도 · 87
18. 불타는 로마 - 네로의 기독교 박해 · 91
19. '모든 길은 로마로 통한다' - 5현제의 팍스 로마나 · 95
20. 분열된 대로마 제국 - 로마 제국, 동서로 분열 · 100

Ⅱ. 아시아 세계의 발전

:: 아시아 세계의 발전 · 106

:: 중동 세계의 확대 · 110

:: 남아시아 세계의 발전 · 114

21. 춘추전국시대의 사상가들 – 제자백가의 시대 · 116

22. 무위자연無爲自然과 인仁 – 노자와 공자 · 120

23. 시황제의 아버지는 누구인가? – '기화가거奇貨可居'의 고사 · 124

24. 만리장성과 병마용갱 – 진의 중국 통일 · 129

25. "힘은 산이라도 뽑음 직한데…" – 항우와 유방 · 133

26. 중앙 집권 체제의 확립 – 한의 전성시대 · 137

27. 13년에 걸친 고난의 길 – 서역 교통로의 개척자 장건 · 141

28. 하루아침에 사라진 이상 국가 – 왕망과 신新 · 145

29. 전한에서 후한으로 – 광무제의 한 제국 부흥 · 149

30. 서역 50여 국을 아우르다 – 후한의 무장 반초 · 153

31. 브라만교와 《리그 베다》 – 인도 카스트 제도의 기원 · 158

32. 생로병사를 넘어서 – 불교의 탄생 · 162

33. 대승불교와 간다라 부처 – 아소카왕과 카니슈카왕 · 166

34. 산스크리트 문학의 전성시대 – 산스크리트 최대의 시인 칼리다사 · 170

35. '알라 앞에서는 만민이 평등하다' – 마호메트와 이슬람교 · 174

36. 《아라비안나이트》의 세계 – 아바스 왕조의 창건 · 178

37. 이슬람 문화의 업적 – 이븐 바투타와 이븐 할둔 · 182

38. 석굴 속에 잠들어 있던 불교 문화 – 둔황 문서 · 186

39. 정글 속에 잠자는 사원 – 앙코르 와트 · 190

40. 잉카 보물의 행방 – 피사로의 잉카 정복 · 194

Ⅲ. 중세 세계의 형성
:: 유럽 세계의 형성과 전개 · 200
:: 동아시아 세계의 형성과 전개 · 205

41. 《로마법대전》과 유스티니아누스 황제 – 비잔틴 제국의 영광 · 212
42. 완성된 중세 유럽의 틀 – 봉건제도의 성립 · 216
43. 유럽의 초석을 놓다 – 카롤루스 대제의 대관 · 220
44. 눈 속에 맨발로 서서 애원한 황제 – 카노사의 굴욕 · 223
45. ‘신이 인도하여 주시리라’ – 십자군 전쟁 · 227
46. “교황은 태양, 황제는 달이다” – 교황권의 확대 · 231
47. 영국 헌법의 근원 – 〈마그나 카르타〉· 235
48. 중세의 청순한 성인聖人 지배자 – 프랑스의 루이 9세 · 239
49. 백년전쟁과 농민 반란 – 영국의 와트 타일러의 난 · 243
50. 백마를 탄 구국의 소녀 – 잔 다르크 · 248
51. 군웅이 할거하는 시대 – 〈삼국지연의〉의 세계 · 253
52. 수 왕조의 창건과 몰락 – 대운하를 건설한 양제 · 257
53. 창업創業보다 수성守成이 어렵다 – 정관의 치 · 261
54. 중국 역사상 유일한 여황제 – 측천무후 · 265
55. 안사安史의 난 – 현종과 양귀비 · 269
56. 시선詩仙, 시성詩聖 그리고 사회파 시인 – 이백 · 두보 · 백거이 · 273
57. 문인의 정치 이상 – 왕안석의 ‘신법’ · 277
58. 주자학은 어떤 사상인가 – 주희의 이기이원론 · 281
59. 침략자에서 세계 제국 건설자로 – 칭기즈 칸 · 285
60. 쿠빌라이의 중국 대륙 통일 – 대원 제국의 창건 · 289

Ⅳ. 근대 사회의 성립

:: 유럽 세계의 시대 · **294**

:: 중화 제국의 형성 · **299**

:: 시민 혁명과 사회 혁명 · **302**

:: 자본주의 사회의 성립 · **305**

:: 아시아 여러 나라의 근대화 · **309**

:: 제국주의의 성립 · **311**

61. 르네상스의 후원자 – 메디치가와 푸거가 · **314**

62. 르네상스의 거장들 – 레오나르도 다 빈치 · 미켈란젤로 · 라파엘로 · **318**

63. 아메리카 신대륙과의 만남 – 콜럼버스의 항해 · **322**

64. "구원은 믿음에 의해서만 얻는다" – 루터의 '95개조 반박문' · **326**

65. "지구는 둥글다" – 마젤란의 세계 일주 · **330**

66. "지구가 태양의 주위를 돌고 있다" – 코페르니쿠스의 '지동설' · **334**

67. "그래도 지구는 돌고 있다" – 갈릴레오 갈릴레이 · **339**

68. 에스파냐 무적함대의 패배 – 엘리자베스 1세의 '영광의 세기' · **343**

69. "짐이 곧 국가다" – 태양왕 루이 14세 · **347**

70. 세계를 품 안에 넣기 위하여 – 표트르 1세 · **351**

71. 신앙의 자유를 찾아서 – 메이플라워호의 미국 도착 · **355**

72. 사형대에 오른 국왕 – 청교도 혁명 · **359**

73. 유혈 없이 성공한 혁명 – 영국의 명예혁명 · **363**

74. '보스턴 항구를 차茶로 채워라' – 미국의 독립 선언 · **367**

75. '자유 · 평등 · 박애'의 삼색기 – 프랑스 대혁명 · **372**

76. 코르시카에서 세인트헬레나로 – 나폴레옹 · **377**

77. 2만 상자의 아편 몰수 – 제1차 아편전쟁 · **381**

78. "국민의, 국민에 의한, 국민을 위한" – 미국의 남북전쟁 · **385**

79. 철혈 재상 비스마르크 – 독일통일의 완성 · **388**

80. "프랑스여, 어디로 가고 있는가" – 드레퓌스 사건 · **393**

V. 현대 세계의 동향

:: 제1차 세계대전 전후 · **398**

:: 제국주의 체제의 상황 · **401**

:: 제2차 세계대전 이후 · **406**

:: 20세기 말의 상황 · **410**

81. "병사여, 인민을 쏘지 말아라" – 러시아 '피의 일요일' · **416**

82. '혁명은 아직 끝나지 않았다' – 신해혁명 · **420**

83. 남극점에 휘날리는 노르웨이 국기 – 아문센의 남극점 도달 · **424**

84. 사라예보에서 울린 총소리 – 제1차 세계대전 발발 · **429**

85. 망치와 낫과 별 – 러시아 혁명 · **434**

86. 영원한 평화를 위하여 – 국제연맹 성립 · **438**

87. "로마로 진군하자!" – 무솔리니의 이탈리아 수상 취임 · **442**

88. '암흑의 목요일'과 '비극의 화요일' – 세계 대공황 · **446**

89. 독일과 나치스 – 히틀러의 독일총통 취임 · **450**

90. 5천만 명이 희생된 전쟁 – 제2차 세계대전 · **453**

91. 미래의 세대를 구하자 – 국제연합 성립 · **457**

92. '대장정'과 오성홍기五星紅旗 – 중화인민공화국 수립 · **461**

93. 시오니즘과 팔레스타인 – 피해가 컸던 제3차 중동 전쟁 · **465**

94. 우주시대의 막이 열리다 – 아폴로 11호의 달 착륙 · **469**

95. 상처입은 거인 – 베트남 전쟁 · **474**

96. 새로운 사회주의를 위하여 – 고르바초프의 페레스트로이카 추진 · **478**

97. 세계에 군림하는 팍스 아메리카나 – 우루과이 라운드 협상 · **482**

98. 동구권의 민주화 운동 – 1989년의 동유럽 혁명 · **486**

99. 베를린 장벽 무너지다 – 독일의 통일 · **490**

100. 공산주의의 몰락 – 소비에트 연방 해체 · **494**

부록

발명 · 발견의 역사 연표 · **498**

과학사 연표 · **500**

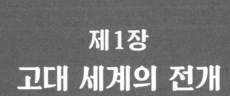

제1장
고대 세계의 전개

WORLD

:: 오리엔트 세계의 탄생

인류의 출현

인류의 출현은 약 400만 년 전의 일로 추측하고 있다. 남아프리카에서 발견된 오스트랄로 피테쿠스原人는 곧추서서 걸었고 석기를 만들었다. 약 50만 년 전에는 자바 원인猿人과 베이징 원인原人이 출현하였다. 베이징 원인은 동굴에 살면서 불을 다룰 줄 알았고, 돌망치 등 뗀석기를 사용해 작은 짐승을 잡거나 나무뿌리와 열매를 따 모아 먹을거리를 마련하였다. 간단한 언어로 의사를 전달했던 듯하다.

약 20만 년 전에 나타난 네안데르탈인(구인舊人)은 시체를 매장하는 종교적 감정도 가지고 있었다. 약 4만 년 전에는 사냥 기술이 발달하여 뼈로 창과 낚시 등 골각기骨角器를 사용하였다. 크로마뇽인은 많은 사냥감을 얻게 해 달라고 빌며 그린 동굴 그림도 남기고 있다.

약 1만 년 전, 빙하 시대가 끝나고 충적세가 되면서 농사와 목축을 시작하였고 구석기 시대에서 신석기 시대로 바뀌었다. 뗀석기와 질그릇을 만들 수 있었으며, 움집에서 생활하였다. 또한 조상이 같다는 의식으로 맺어진 씨족氏族을 하나치(단위)로 하여 공동 작업을 하였고, 토지와 재산도 공동 소유였다.

황하 문명

황하黃河 유역의 황토 지대는 물대기만 제대로 되면 농사짓기에 좋은 땅으로서, 조와 수수가 재배되었다. 기원전 5000~3000년 전 무렵부터 시작되는 양사오仰韶 문화는 채도彩陶, 기원전 3000~1500년 무렵에 시작되는 룽산龍山 문화는 흑도黑陶로 유명하다.

촌락들이 읍邑을 이룩하였고, 신분의 높낮이도 존재하게 되었다. 이윽고 이들 읍 가운데서 몇몇 도시 국가가 탄생하였다.

오늘날 확인되고 있는 가장 오랜 왕조는 하夏 왕조로서, 기원전 2100년쯤부터 황하 유역에서 문명의 초기 단계가 시작되었다. 이어 기원전 1300년쯤 안양安養 근교(은허殷墟)에 도읍한 은殷(=상商)의 유적지에서는 많은 청동기와 갑골 문자가 새겨진 귀갑(거북 껍질)과 짐승의 뼈가 출토되어 당시의 정치와 문화 등을 말해 주고 있다.

기원전 11세기에 은 왕조를 쓰러뜨리고 위수渭水 유역의 호경鎬京에 도읍한 것이 주周나라이다. 주에서는 왕족과 공신이 각 지방을 다스리고, 그들을 세습의 제후諸侯로 삼아 납세와 군사의 의무를 이행하게 하는 봉건제를 실시하였다. 또한 제후는 왕실을 본가로 하는 혈족 집단으로서의 규범, 곧 종법宗法에 따르게 하였다.

인도 문명

인더스강 유역의 마름 지대에서 기원전 2300년 무렵에 인더스 문명이 시작되어 모헨조다로와 하라파 등의 도시가 건설되었다. 벽돌로 주택과 목욕장을 짓고, 청동기와 인장 등을 사용하였다. 인장에 새겨진 상형 문자는 아직 해독하지 못하고 있다.

기원전 1500년 무렵에 서북쪽에서 아리아인이 인더스강 상류 지역에 침입하여 선주민을 정복하였다. 그들은 기원전 1000년쯤부터 철제 농기구를 사용해 갠지스강 유역을 개척하기 시작하였다. 그들은 신들에 대한 찬가와 의식을 정리한 경전《베다》를 지었고, 그들 사이에서는 브라만(신관), 크샤트리아(왕족, 귀족), 바이샤(평민), 그리고 수드라(노예) 등 4종성種姓의 신분 차별(카스트)이 형성되었다.

기원전 6세기쯤 갠지스강 유역에 도시 국가가 출현하여 상업이 발달하게 되자, 제사 의식 중심인 브라만교에 대한 비판이 생겨나게 되었다. 그리고 베다의 철학적 해석을 지향하는 '우파니샤드'가 형성되었다.

태평양 연안

기원전 1000년 무렵부터 돛배를 부리는 기술이 뛰어나 화전 농사를 짓는 폴리네시아인이 동남아시아에서 태평양 연안의 여러 섬에 퍼졌다. 2세기쯤에는 하와이에, 10세기쯤에는 뉴질랜드에 이르렀다.

아메리카 대륙에서는 옥수수 재배에 주력한 독자적인 문명이 형성되어 기원전 1000년경 중앙아메리카와 안데스 지방에 도시 문명이 성립하였다. 중앙아메리카에서는 6세기쯤부터 마야 문명이 번영하여 돌로 건축한 피라미드와 상형 문자가 만들어졌고 달력이 발달하였다.

메소포타미아 문명

티그리스, 유프라테스강 유역(메소포타미아)에서는 기원전 3000년 무렵 수메르인이 우르와 우룩 등 많은 도시 국가를 만들었다. 그들은 청동기를 만들고, 설형 문자를 진흙판에 새겼다. 또한 수량의 하나치(단위)로서 60진법을 썼고, 달의 차고 기울기에 따른 태음력을 만들었다. 벽돌로 성벽과 신전을 지었고, 각 도시에서는 고유한 수호신을 숭배하였다.

최초로 메소포타미아를 통일한 것은 아카드 왕국의 사르곤 1세(전 2300경)이었다. 그 뒤를 이은 바빌로니아 왕국에서는 함무라비왕(전 18세기경)이 수메르 이래의 법령을 집대성하여 함무라비 법전을 편찬하였다. 그 법전에는 노예, 평민과 귀족 등 신분에 따른 형벌의 무겁고 가벼움의 차이와 '눈에는 눈, 이에는 이'라고 하는 동해同害 복수의 원칙이 제시되어 있다.

그 무렵부터 유목과 목축업을 하는 북방의 여러 민족이 메소포타미아 지방으로 옮겨오기 시작하였다. 기원전 1500년경 카시트는 바빌로니아를 지배하고, 소아시아의 히타이트는 철기의 제조법을 독점하여 시리아에 진출하여 이집트와 힘겨루기를 하였다.

이집트 문명

나일강 유역에는 일찍부터 농사가 발달하여 '노모스'라고 일컫는 수많은 도시 국가가 성립되었다. BC3000년 무렵 이 도시 국가들을 정복하여 통일 왕국이 출현하였다. 이집트인은 신성 문자(히에로글리프)라고 일컫는 상형 문자와 태양력을 만들었고, 청동기를 사용하였다.

이집트인은 영혼 불멸을 믿었기 때문에 죽은 후의 부활에 대비하여 미라를 만들었고, 파피루스에 '죽은 자의 글'(사자의 서)을 써서 시신과 함께 매장하였다.

고왕국 시대(전 28~23세기)에 왕은 '신의 아들'로서 전제적인 권력을 쥐었고, 왕의 무덤으로서 거대한 피라미드를 건조하였다. 중왕국 시대(전 21~18세기)에는 왕권이 약화되었고, 마침내 동방에서 힉소스의 침략을 당하게 되었다.

힉소스를 물리친 후인 신왕국 시대(전 16~6세기)에는 강력한 군대를 편성하여 시리아 지방을 정복하고, 히타이트와의 항쟁을 계속하였다.

지중해 동해안 지역과 쿠시 왕국

BC1200년 무렵 히타이트의 멸망과 더불어 철기가 서아시아와 지중해 연안 각 지역에 보급되었다. 따라서 농업 생산력의 능률이 올랐고 그와 아울러 교역도 성행하였으며, 수많은 민족이 각각 독자적인 활동을 펼치기 시작하였다.

페니키아인은 지중해 동해안의 시돈과 티루스 등 항구 도시를 거점으로 하여 해상 무역에서 활약하였고, 카르타고 등 많은 식민 도시를 건설하였다. 그들이 사용한 표음 문자는 훗날 그리스인에게 전해져서 알파벳이 되었다.

아람인은 다마스쿠스를 중심으로 내륙에서 낙타를 이용한 대상隊商 무역에 활약하였고, 아람어는 국제 상업 용어로 서아시아 일대에 퍼졌다.

모세의 인솔로 이집트에서 탈출한 히브리인은 예루살렘을 수도로 하여 왕국을 세우고, 다윗왕(재위 전 1000경~960경), 솔로몬왕(재위 전 960경

~922경) 시대에 번영하였다. 그 후 남북으로 갈라져 약체화되었고, 북의 이스라엘 왕국은 아시리아에게, 남의 유다 왕국은 신바빌로니아에게 멸망당하였다. 망국과 바벨론 포로(전 586~538)의 고난 중에서 유일신 야훼와의 계약에 기초한 신앙으로 돌아감으로써 미래에서 희망을 찾으려 하는 유대교가 확립되었다.

아시리아인은 바빌로니아와 시리아를 정복하고, BC7세기에는 이집트를 점령하여 역사상 처음으로 메소포타미아와 이집트를 통합하는 대제국을 세웠다. 그러나 아시리아의 지배는 오래 가지 못하였고 신바빌로니아, 이집트와 리디아 및 메디아의 4개 국가가 분립하게 되었다.

한편 BC9세기 무렵에 수단에서 쿠시 왕국이 성립하였고, 그 제철 기술이 아프리카 각 지역에 퍼졌다. 에티오피아 왕조는 BC7세기 무렵부터 홍해의 무역을 지배하며 번영하였다. 또한 흑해 북쪽 스텝 지대(건조한 초원 지대)에서는 기마 유목이 시작되었고, BC7세기 무렵에는 스키타이인의 세력이 강대해졌다.

페르시아 제국

BC6세기에는 이란 고원에 거주하는 페르시아인이 세운 아케메네스 조朝(전 550~330)가 서쪽으로 이집트에서 동쪽으로 인더스강에 이르는 대제국을 수립하였다. 다리우스 1세(재위 전 522~486)는 20개 주를 설치하고, 각 주에 페르시아인을 총독으로 파견하였다. 수도 수사와 지방 요지를 잇는 도로를 건설하여 역전제驛傳制를 정비하고, 중앙 집권적인 지배 체제를 확립하였다.

BC4세기가 되자 마케도니아 왕 알렉산더(재위 전 336~323)가 아케메네스조를 멸하고(전 330), 중앙아시아에서 인도까지 원정하였다. 그가 죽은 후 그의 부하가 셀레우코스조(전 312~63) 시리아를 세우고 서아시아를 지배하였다.

그러나 BC3세기에는 중앙아시아에서 박트리아 왕국(전 255경~139)이, 그

리고 이란 고원과 메소포타미아에서 파르티아 왕국(전 248경~후 226)이 독립
하여 시리아 왕국은 쇠퇴하였다. 파르티아 왕국은 동서 교역을 지배하여 번
영하였고 로마 제국과 때로 대립하였다.

:: 지중해 세계의 탄생

에게 문명

BC20세기 무렵에 에게해 주변에 청동기 문명이 발생하였다. 에반스(1851
~1941)가 발굴한 크노소스 궁전을 중심으로 하는 크레타 문명이 가장 오래
된 문명이다. 이어 BC15세기 무렵 북방에서 이주해 온 그리스인 중 한 파인
아카이아인이 미케네 문명을 형성하였다.

슐리만이 발굴한 트로이는 이 시기에 번영한 도시였다. BC12세기 무렵에
같은 그리스 계열의 도리아인이 철기를 가지고 남하하여 미케네 문명을 멸
하고 난 후에 도시 문명은 일단 모습을 감추었다.

폴리스(도시 국가)

BC8세기 무렵에 에게해 주변에 많은 폴리스(도시 국가)가 형성되어 귀족
정치를 행하였다. 그리스인의 각 폴리스는 올림포스의 신들에 대한 신앙으
로 맺어졌고, 자기들을 '헬레네스'라고 일컬으며 다른 민족인 '바르바로이'와
구별하였다.

또한 그리스 땅은 곡물 재배에 적합하지 않기 때문에 지중해 각 지역에 식
민 활동을 행하였고, 식민 도시와 교역이 활발해지면서 이윽고 화폐를 주조
하는 일도 행하였다.

스파르타는 도리아인이 세운 폴리스로서, 페리오이코이(반半 자유민)를 종
속시켜 정복한 선주민 헤로트(노예)를 군사적으로 지배하여 소수의 시민에

의한 정치를 하였다.

이오니아인의 폴리스 아테네에서는 상공업의 발달에 따른 부유한 평민의 출현으로 귀족 정치에 대한 반감이 높아져서 솔론(전 640경~560경)의 개혁(전 594)과 페이시스트라토스(재위 전 561~528)의 참주僭主 정치를 거쳐 평민의 지위가 향상되었다. 클레이스테네스(전 6세기)의 개혁(전 508)에 의하여 아테네의 민주 정치가 성립되었으나, 노예와 여성은 여전히 권리를 가지지 못하였다.

이오니아 식민지의 반란을 빌미로 그리스인의 폴리스와 아케메네스조 페르시아와 전쟁이 시작되었다(페르시아 전쟁, 전 500~449). 마라톤의 전투(전 490)와 살라미스의 해전(전 480)에서 아테네의 중장비 보병과 군함의 활약으로 그리스군은 힘겹게 승리할 수 있었다. 그 후 페르시아군의 재공격에 대비하여 델로스 동맹(전 478)이 결성되고, 그 실권을 쥔 아테네가 페리클레스(재위 전 443~429) 아래 민주 정치를 확립시켜 전성기를 맞이하였다.

각 폴리스에는 그 수호신을 모시기 위하여 대리석 기둥이 줄선 신전이 건축되었고, 신들의 조각으로 장식되었다. 극장에서는 축제일에 신화와 고대 서사시에서 제재를 딴 연극이 공연되었다. 또한 자연과 우주를 합리적으로 인식하려고 하는 자연철학자와 폴리스의 시민으로서의 삶의 방식을 문제로 삼는 사상가가 등장하였다.

폴리스의 몰락과 헬레니즘

델로스 동맹에 따른 아테네의 패권에 대한 반대가 치솟아 스파르타를 중심으로 하는 펠로폰네소스 동맹 사이에 전쟁이 시작되었다. 펠로폰네소스 전쟁(전 431~404)에서 스파르타가 승리하였으나, 그 후에도 폴리스 사이에 분쟁이 이어져 BC4세기에는 테베가 유력해졌다.

잇따른 전쟁으로 농지는 황폐해지고, 빈부의 격차가 커지면서 각 폴리스 안 시민들의 결속은 무너지게 되었다. 그때에 마케도니아 왕 필립포스 2세(재위 전 359~336)가 침공하였다. 아테네와 테베 연합군은 카이로네이아 전쟁(전

338)에서 패배하였고, 그리스 전체가 마케도니아 왕국에게 정복되었다.

필립포스 2세의 아들 알렉산더(재위 전 336~323)는 동방 원정에 출격하여, 아케메네스조 페르시아를 멸하고(전 330) 인더스강에 이르는 대제국을 이룩하였으나, 열병으로 급사하였다. 알렉산더가 죽은 후, 그 영토는 부하 장군에 의하여 셋으로 나뉘어져 셀레우코스조(전 312~63) 시리아, 프톨레마이오스조 이집트, 안티고노스조 마케도니아가 성립되었다.

프톨레마이오스조(전 304~30)의 알렉산드리아에는 무세이온(왕립 연구소)이 창설되어 많은 과학자들이 활약하였다. 또한 폴리스가 무너진 후 개인 삶의 방식으로서 코스모폴리탄(세계시민주의) 사상이 퍼졌다. 이와 같은 그리스 문화의 새로운 풍조를 가리켜 '헬레니즘'이라고 일컫는다.

로마의 발전

로마는 BC1000년 무렵에 성립한 라틴인의 도시 국가로서, BC6세기에 에트루리아인의 왕을 쫓아내고 공화정을 시행하였다. 처음에는 귀족(파트리키)이 원로원 의원과 2명의 집정관(콘술)을 독차지하고 있었으나, 점차 중소 농민층인 평민(프레브스)의 정치적 요구가 거세졌다.

BC5세기에는 평민회와 평민을 대표하는 호민관護民官이 설치되고, 그때까지의 관습법을 성문화하여 '12표법'(전 451)이 공포되었다. 또한 집정관 중 1명을 평민 중에서 선출할 수 있는 '리키니우스 섹스티우스 법'(전 367), 평민회의 결의가 원로원의 승인 없이 법률화되는 '호르텐시우스 법'(전 287)이 공포되어 평민의 발언권은 귀족과 대등하게 되었다.

그 기간에 로마는 평민의 중무장 보병을 주력으로 하는 군대의 활약으로, 라틴인의 도시 국가와 그리스인의 식민지를 정복하여 이탈리아 전역에 세력을 넓혔다(전 272). 이어 3회에 걸친 카르타고와의 전쟁인 포에니 전쟁(전 264~146)을 치르게 되었다. 이 전쟁에서 승리하여 로마는 서지중해의 지배권을 차지하였다.

잦은 원정으로 중소 농민은 몰락하여 도시의 무직자가 되었고, 농촌은 노예를 부려 과수 재배를 하는 대농장(라티푼디아)이 많아졌다. 중소 농민의 몰락을 방지하려 하는 그락쿠스 형제(형: 전 163~133, 동생: 전 153~121)의 개혁도 실패하고, 대농장을 경영하여 고위 관직을 독차지하는 세력이 힘을 얻게 되었다.

고대 로마의 문화

문학 부문에서 베르길리우스(전 70~19)의 서사시 '아에네이스'는 로마 건국을 노래한 것이고, 키케로(전 106~45)는 뛰어난 웅변가로서 그의 문체는 라틴 산문의 모범으로 평가된다.

사상 부문에서 스토아파 철학자이며《행복론》의 저자인 세네카(전 4경~후 65), 스토아 철학자로서 5현제賢帝 중 한 명이며《자성록自省錄》의 저자인 마르쿠스 아우렐리우스 안토니누스(121~180)가 유명하다.

역사 부문에서《로마 건국사》의 저자 리비우스(전 59~후 17), 뛰어난 정치가이며《갈리아 전쟁기》의 저자인 카이사르(전 100경~44),《게르마니아》의 저자 타키투스(55경~120경), 그리고《대비열전對比列傳(플루타크 영웅전)》의 저자 플루타르코스(46경~120경) 등이 있다.

그 외에 고대 지중해에 관한 귀중한 자료인《지리지地理誌》의 저자 스트라본(전 64경~후 21경), 일종의 백과전서인《박물지》의 저자 프리니우스(23~79), 천문·지리·수학자로서 천동설을 주장한 프톨레마이오스(2세기) 등이 있다.

로마 제국과 기독교

BC1세기에는 카이사르, 폼페이우스(전 106경~48), 크라수스(전 114경~53)의 삼두三頭 정치가 시작되었으나(전 60), 갈리아 원정으로 사실상의 독재자가 된 카이사르가 암살당한 후(전 44) 그의 양아들 옥타비아누스(전 63~후 14)가 실력자가 되었다.

그는 프톨레마이오스조의 여왕 클레오파트라(재위 전 51~30)와 손잡은 안토니우스(전 82~30)를 악티움 해전(전 31)에서 무찌르고, 지중해 세계를 통일하였다. 원로원으로부터 아우구스투스의 존칭을 얻어 독재권을 쥐었으며 '프린케푸스(원수元首)'라 불렸다(전 27). 여기서부터 제정帝政 로마의 시대가 시작된다.

5현제 시대(96~180)를 비롯하여 그 후의 200년 동안은 황제의 지위가 안정되었고, 트라야누스 황제(재위 98~117) 때에는 최대 영토가 되었다. 도시에는 수도, 큰 목욕장, 투기장이 건설되고 전쟁의 승리를 기념하는 개선문이 세워졌으며, 로마 제국은 번영을 자랑하였다.

한편 로마를 지배한 히브리인 중에서 예수(전 4경~후 30경)가 등장하여 하나님의 사랑을 설교하였다. 그가 처형당한 후 예수를 구세주(그리스도)로 믿는 신앙이 로마 제국이 널리 퍼졌다. 기독교도는 황제의 박해 아래서 각지에 교회를 세우고,《구약성서》에 이은《신약성서》를 2세기쯤에 편찬하였다.

호모 사피엔스의 등장
인류와 문명의 발생(약 200만 년 전)

근래의 분자생물학적 연구 결과에 의하면, 사람과 침팬지는 500만 년 내지 600만 년 전에 분화하였다고 한다. 원숭이는 수백만 년 동안 나무 위에서 생활하고 있었는데, 어느 날 갑자기 빙하기가 찾아왔다. 빙하기는 지금로부터 약 100만 년 전에 시작되어 약 1만 년 전에 끝났다.

이 빙하기 때 인류의 조상인 유인원 중 어떤 부류는 따뜻한 곳을 찾아 남쪽으로 내려와 다른 생활을 시작하게 되었다.

땅 위에 내려온 원숭이는 두 발로 곧추서게 되었고, 다른 동물과 싸우기 위해 무기를 만들어 손에 쥐게 되었다. 즉, 도구를 만들게 된 것이다. 그리고 오랜 세월이 흐른 후에 그들은 '불'을 쓰기 시작했고, 집단으로 먹이를 사냥하기 위해 '말'도 사용하게 되었다.

인류가 이 지구 위에 나타나게 된 것은 지금부터 약 200만 년 전으로 보고 있다. 그러나 인류가 지구상 어디에서 처음으로 등장하게 되었는지는 아직 밝혀져 있지 않다. 아프리카의 원인猿人 오스트랄로피테쿠스, 인도네시아의 자바 섬에서 출토된 직립원인原人, 그리고 중국의 베이징北京 부근에서 발굴된 베이징 원인原人 등이 가장 오랜 인류의 화석이다.

인류의 발달과 더불어 두뇌의 발달도 이루어지게 되었다. 인류는 곧추서면서 두뇌가 커지기 시작하였다. 인류는 여느 동물과는 달리 척추가 두뇌를 떠받치고 있기 때문에 두뇌의 크기가 빨리 커질 수 있었다. 불의 사용도 두뇌 크기가 커지는데 한 가지 원인이 되었다. 불의 사용으로 음식이 연해지게 되었고, 그 때문에 두뇌 둘레를 고무줄처럼 죄고 있던 얼굴 근육이 점차 감소하였다. 그 때문에 두뇌가 커질 수 있게 된 것이다.

오스트랄로피테쿠스의 두뇌는 약 500cc이다. 그러나 지금부터 약 50만 년 전에 등장한 자바 원인(피테칸트로푸스 에렉투스)과 베이징 원인(시난트로푸스 페키넨시스)의 경우 그 크기는 두 배인 1000cc 정도로 커진다. 이들 원인은 동굴에 살면서 석기를 사용하여 사냥을 하고, 열매 따위를 주워 모으는 채집 생활을 하였다. 베이징 원인은 불도 사용할 줄 알았다.

이들 원인에 이어 구대륙인 아프로유라시아(아시아 · 유럽 · 아프리카 3개 대륙을 하나로 묶어 부르는 이름) 각 지방에 네안데르탈인으로 대표되는 '구인舊人', 곧 호모 사피엔스(슬기사람)가 등장하였다. 그것은 지금부터 대략 20만 년 전에서 7, 8만 년 전의 일로 보고 있다. 그들의 두뇌는 1600cc로서, 현생 인류와의 차이는 거의 없다.

네안데르탈인들은 죽은 자를 매장할 때 그 시신을 굽혀 꽃으로 장식하고 껴묻거리(부장품)와 함께 땅에 묻었다. 이와 같은 풍습은 죽은 자에 대한 두려움에서 오는 일종의 종교적 감정의 발로라고 할 수 있다.

지금부터 약 3만 년 전에 마지막 빙하기가 끝나갈 무렵 마침내 신인류(현생 인류, 호모 사피엔스 사피엔스)가 등장하였다. 프랑스의 크로마뇽인, 이탈리아의 그리말디인은 처음에 구대륙 각 지방에 등장했고, 이윽고 신대륙에도 옮겨가서 살게 되었다. 신인류는 주로 돌을 재료로 하여 여러 가지 도구를 만들었기 때문에 이 시대를 '석기 시대'라고 한다. 석기 시대는 다시 구석기 시대와 신석기 시대로 나뉘어진다.

구석기 시대에는 돌을 깨뜨려 날이 서게 만든 비교적 간단한 석기, 곧 뗀석기(타제 석기)를 사용하였다. 지질 연대에서 홍적세洪積世에 해당하는 이 시대는 석기 외에 골각기骨角器도 사용하여 짐승을 사냥하고 물고기를 잡았다.

베이징 원인의 생활상(상상도). 30~40명씩 무리지어 생활했던 이들이 살던 동굴에는 불을 피운 흔적이 남아 있다.

그들은 또한 많은 짐승과 물고기를 잡기 위한 발원으로 벽화를 그리기도 하였다.

언제나 굶주림을 겪어야 했던 이 시대의 인류는 무리(호르트)를 단위로 하여 생활하였다. 그들은 연장자와 경험이 풍부한 사람을 지도자로 모시고 공동으로 노동했고, 수확한 것은 평등하게 분배하였다. 죽은 자의 매장도 큰 차별이 없이 평등하게 행해졌다.

신석기 시대의 인류는 식물의 재배법에 의해 곡물을 수확하는 농경을 하였고, 돼지와 양 등의 동물을 가축으로 길들여 고기와 모피 등을 얻는 목축업도 행하였다. 자연에서 단순히 채집만 하는 것이 아니라, 식량과 옷감을 키우고 만들어내는 방법을 터득하게 된 것이다.

신석기 시대의 이러한 변화를 18세기의 산업 혁명에 비겨 '신석기 혁명'이라 한다. 이와 같은 농경과 목축 생활은 기원전 7000년쯤 메소포타미아를 중심으로 시작되었다.

대가족 사이에 빈부의 차가 생기고, 점차 씨족의 유대가 느슨해졌다. 가족의 규모도 작아졌고, 정착 생활이 오래 계속되는 동안에 혈연 사회를 대신하여 거주하는 지역을 단위로 하는 지역 사회가 성립되었다. 각 지역 사회에는 부를 집중시켜 그 분배권을 쥔 권력자가 생겨나게 되었고, 그들이 모여 각지에 국가가 형성되었다. 그와 같은 작은 국가는 사람들이 도시에 집중하여 거주하는 도시 국가의 형태를 취하기도 하였다.

이로써 인류는 문명 시대에 들어가게 되었다. 그와 아울러 인류는 경제적으로는 재산을 소유한 자와 소유하지 못한 자, 그리고 정치적으로는 지배자와 피지배자로 분리되어 계급 사회가 시작되었다.

인류는 처음에 석기를 도구로 사용하던 것이 청동기로, 그리고 철 등 금속기로 변하게 되면서 석기 시대에서 금속기 시대로 옮겨가게 되었다. 또한 인류의 기술과 사고思考를 기록하여 보존하고 전달하기 위한 문자가 만들어지게 되었다. 이른바 선사 시대와 구별되는 역사 시대를 맞이하게 된 것이다.

원시인의 그림 솜씨
크로마뇽인의 동굴 벽화(2만~1만 년 전)

1940년 9월 어느 날, 중부 프랑스 도르도뉴 지방의 몽티냐크 마을에서 있던 일이다. 15살 먹은 마르셀을 비롯 조르주, 재크, 시몬 네 소년이 베제르 골짜기의 라스코 언덕으로 올라갔다. 그들은 풀섶 한 군데에 있는 지름 60cm의 구덩이 둘레를 파기 시작하였다. 그 구덩이는 오래 전부터 근처의 성으로 통하는 비밀통로라는 말이 전해져 왔다. 소년들은 그 말이 과연 진짜인지 알아보려고 '탐험'에 나섰던 것이다.

두 시간쯤 풀을 뽑고 입구를 넓히자 겨우 어두컴컴한 터널이 나타났다. 마르셀이 먼저 그리로 들어갔다. 그 뒤를 세 아이가 따랐다. 납작하게 엎드려 배를 땅에 깔고 기기를 약 10m. 꽤 넓은 동굴이 나타났다.

소년들은 일어서서 걸었다. 마르셀이 들고 있던 램프 불빛이 굴 안을 비춰주었다. 천장은 꽤 높았고 갖가지 기괴한 돌고드름들이 쌓여 있었다.

"앗, 말 좀 봐!"

갑자기 시몬이 소리 질렀다.

"어, 소랑 사슴도 있네!"

네 소년 앞을 수많은 짐승들이 달리고 있었다. 어떤 말은 앞발을 치켜들고 있었고, 들소는 금방이라도 덮쳐들 것 같았다. 동굴 벽은 짐승 그림으로 꽉 차 있었다. 소년들은 조심조심 안으로 들어섰다. 길은 점점 좁아지고 벽과 천장은 온통 그림 투성이였다. 100m쯤 나아간 소년들은 바위가 무너진 곳에서 길이 막히자 되돌아 나왔다.

라스코 동굴 발견 소식이 퍼져나가자 고고학자 브뢰유가 달려왔다. 그가 꼼꼼히 조사한 결과 벽화는 모두 800점이 넘었다. 주로 들소, 야생마, 사슴, 염소 따위가 그려져 있었는데, 드문드문 고양이나 주술사로 보이는 사람도 있었다. 이와 같은 들짐승들의 그림이 벽에 그려져 있는 동굴은 현재까지 100군데 이상 발견되었다. 이러한 벽화가 있는 동굴은 주로 프랑스와 스페인 국경 근방에 많이 있다.

가장 처음에 발견된 것은 스페인의 알타미라 동굴이었다. 스페인 북해안에 위치한 이 동굴은 처음에 한 마리 여우를 쫓던 사냥꾼에 의해 발견되었다. 그러나 벽화가 있다는 사실을 알게 된 것은 동굴 발견 후 여러 해 뒤인 1879년 11월의 일이었다.

이 지방의 영주인 사우투올라 자작은 고고학에 깊은 관심을 가지고 있는 사람이었다. 그는 다섯 살인 딸 마리아를 데리고 동굴에 들어가 석기 따위를 찾고 있었다. 유물 발굴에 열을 올리고 있는 아버지의 손끝을 지켜보던 마리아는 곧 싫증을 느꼈다. 마리아는 동굴을 두리번거리더니, 갑자기 "아버지, 소, 소가 있어요!"하고 소리쳤다. 마리아가 손가락질하는 천장에는 흐릿한 촛불의 빛을 받으며 들소 그림이 있었다.

자작은 그 전에도 여러 번 이 동굴에 들어왔던 일이 있었다. 그러나 석기 따위를 찾는 데 열중하여 땅바닥만 보았을 뿐, 한 번도 천장을 살펴본 일이 없었다.

그 그림은 아주 잘 그려진 작품이었다. 자작은 감격스러운 마음으로 그 짐승들의 그림을 스케치한 후 학회에서 구석기 시대 사람이 그린 것으로 추정되는 벽화를 발견하였다고 발표하였다. 그러나 학회에서는 그 벽화가 너무나 뛰어나기 때문에 가짜라는 판정을 내렸다. 심지어는 자작의 집에 있던 화가가 그린 것일 거라는 의심까지도 사게 되었다. 자작은 아무에게도 그 그

라스코의 동굴벽화. 옆구리에 창을 맞아 내장이 흘러나온 들소와 남근이 묘사된 사냥꾼. 왼쪽은 코뿔소. 구석기 시대 벽화(위). 라스코 동굴의 벽화. 소 · 말 · 사슴 등이 보인다 (왼쪽).

림을 인정받지 못한 채 실의에 빠져 죽었다.

그러다가 1895년에 프랑스의 퐁 드 곰에서 들짐승을 그린 벽화가 있는 동굴을 발견하게 되었다. 그리고 그 후에도 프랑스와 스페인에서 뒤이어 동굴벽화들이 발견되었다. 그 발견자는 라스코 벽화의 경우와 같이 소년, 소녀들이었다. 오늘날 그 벽화들이 인류의 직계조상인 크로마뇽인의 작품이라는 것을 의심하는 사람은 없다.

동굴 벽에 그려진 짐승은 들소 · 야생마 · 매머드 · 사슴 · 순록 등이 많고, 그 외에 코뿔소와 멧돼지 · 염소 · 여우 · 새 등의 그림도 있다. 그 그림들은 붉은색과 검은색 및 노란색이 나는 돌을 가루로 만든 물감을 사용하여 그려져 있다. 벽화 속의 사람은 머리에 사슴뿔을 붙이기도 하고, 모피를 뒤집어쓰고 있는가 하면, 새로 위장하기도 한 모습이다. 아마 마술사를 그린 것이 아닌가 추측하고 있다. 그 외에 짐승을 잡는 덫과 인간의 손바닥 모양이며, '마카로니'라 불려지는 굽은 선 등도 그려져 있다.

이 그림을 그린 크로마뇽인은 지금부터 약 2만 년 전인 선사시대에 살았다. 그러나 그들이 왜 이런 그림을 동굴에 그렸는지 그 이유에 대해서는 분명하게 알 수 없다. 학자에 따라서는 아이들이 종이건 벽이건 길바닥이건 닥치는 대로 그림을 그리면서 노는 것처럼 크로마뇽인도 유희를 하듯이 그림을 그린 것이라고 주장하기도 한다. 그러나 대부분의 학자는 그들이 그린 그림에는 종교적인 의미가 있다고 생각한다.

크로마뇽인들은 들짐승을 사냥하여 생활을 했기 때문에 사냥에서 많은 짐승을 잡는 것이 가장 큰 소원이었다. 그래서 학자들은 그들이 신성한 장소에 사냥할 대상이 되는 그림을 그려놓고, 많은 짐승을 잡게 되기를 기원하였다고 보고 있다. 덫에 걸린 짐승과 화살이 몸에 박힌 짐승의 그림이 있는 것으로 보아 그와 같은 일을 위한 주술이었다고 보는 것이다.

빛은 동방에서!
오리엔트 세계의 형성(8,000년~3,000년 전)

　세계에서 가장 일찍 문명의 빛이 비치기 시작한 곳은 메소포타미아의 티그리스강과 유프라테스강, 이집트의 나일강, 인도의 인더스강, 그리고 중국의 황하 유역이었다. 이들 지방은 한결같이 기후가 온화하고, 큰 강이 흐르기 때문에 땅이 기름져서 일찍부터 농경이 행해졌으며, 교통이 활발하였다. 그 때문에 사람들이 모여들었고, 많은 촌락들이 형성되었다.

　큰 강 유역의 농경에는 많은 사람들이 힘을 합쳐야 하는 규모가 큰 치수와 관개 사업이 필요하다. 이와 같은 협동 작업이 문명을 추진하는 힘이 되었다. 그것이 이윽고 각 강의 유역에 하나의 국가를 이루게 되었고, 권력 있는 왕에 의해 지배되었다. 이와 같이 농경은 문화의 기원이 된 것으로서, 영어로 문화를 가리켜 '컬처 culture'라고 하는데, 이것은 원래 '(밭을) 갈다'라고 하는 의미이다.

　구대륙의 4대 문명 중에서도 특히 좀 더 오래 전에 발생한 것은 메소포타미아와 이집트 문명이다. 이 두 문명이 발생한 지방을 가리켜 '오리엔트'라고 말한다. 오리엔트란 말은 '해가 뜨는 지방'이란 뜻으로서, 메소포타미아와 이집트가 그리스와 로마에서 볼 때 동방에 위치해 있기 때문에 이 이름이 붙여

우루크의 원통 인장. 이 인장을 점토판 위에 굴리면 위와 같은 양각 그림이 나타난다. 식물은 수메르의 대표적인 농작물인 보리 이삭. 기원전 3100~2900년 무렵. 루브르 미술관 소장.

지게 되었다.

메소포타미아와 이집트 문명은 처음에는 각각 별도로 생겨났으나 서로 영향을 주고받다가 마침내 그 중간과 주위 지방에도 전해지고, 나중에는 전체가 하나의 대제국으로 통일되어 문명도 점차 하나로 통합되었다. 세계에서 최초의 농경지가 나타난 곳은 메소포타미아였다. 메소포타미아는 오늘의 이라크 지방으로서, 그 이름은 '두 강줄기 사이의 땅'이란 의미다. 즉, 티그리스강과 유프라테스강 유역 지방을 가리킨다.

메소포타미아의 대표적인 유적지 중 하나인 자르모 유적의 마을터에서는 기원전 6500년에서 5000년쯤의 탄화한 밀과 보리가 발견되었다. 조사해 본 결과, 그것들은 야생종이 아니라 재배종이라는 것이 밝혀졌다. 그 유적지에서는 또한 소와 양과 염소 그리고 돼지 등 짐승의 뼈도 발견되었는데, 그중 야생종의 것은 5%에 지나지 않았다.

농사짓는 법을 터득한 인류는 집단을 이루어 생활하면서 서로 협력하게 되고, 슬기를 모아서 도구와 농경 방법을 개량해 나가게 된다.

메소포타미아의 티그리스강과 유프라테스강은 이집트의 나일강과 같이 상류 지방의 눈이 녹거나 겨울에 내리는 비로 3월에서 5월까지 강물이 불어나고, 6월에서 9월까지는 줄어든다. 때문에 강물을 이용하는 관개 농업이 시작되었다.

홍수가 지는 것을 예방하기 위해 메소포타미아의 하류 평야 지방에서는 많은 운하를 파서 물을 조절하여 그 생산성을 향상시켰다. 이와 같은 치수와 관개의 필요에서 전제 군주 국가가 생겨나게 되었다. 그러나 이 지방은 지리적 조건이 산악과 고원으로 이루어져 있어서 군대가 공격하기에 아주 좋았다. 이와 같은 환경에서 그들은 주변 세계와 무역 행위를 하며, 기원전 3500년쯤 도시 국가를 형성하여 인류 최초의 고대 문명을 꽃 피게 하였다. 이것이 메소포타미아 문명이며, 이 문명은 이집트에도 전해지게 되었다.

'역사의 아버지'로 불리는 그리스의 헤로도토스(전 484~425경)는 젊은 시절에 오리엔트 지방을 여행하면서 보고 들은 바를 자세히 적어 책으로 남겼다. 그는 이집트를 방문했을 때 그 나라의 부유한 생활이 나일강 때문에 가능하다는 사실을 알고, "이집트의 번영은 나일강의 선물이다"라고 말하였다.

나일강은 길이 5,760km로 중앙아프리카의 수원지에서 지중해로 흘러들어가는, 세계에서 세 번째로 큰 강이다. 이 나일강 하류 지역이 고대 세계에서 가장 기름진 땅이었다는 사실은, 이집트인이 자기 나라를 '검은 땅의 나라'라 예찬하고, 외국을 '붉은 땅의 나라'라 하며 업신여긴 것만 보아도 알 수 있다.

나일강은 해마다 홍수가 나서, 물이 빠진 뒤에는 상류에서 실려온 흙이 검은 개펄이 되어 강 양쪽 땅바닥을 약 10m 두께로 덮곤 했기 때문에 거름을 주지 않아도 씨를 뿌릴 수 있었다. 또한 더위와 함께 공기가 건조해지는 것을 막아 주어 많은 수확을 얻을 수 있었다.

나일강의 홍수는 매해 여름에 반복되었으나, 그 물의 양은 해마다 달랐다. 때문에 그대로 버려두면 물이 부족하기도 했고, 또 물이 너무 많아 마을이 물에 잠기고 사람과 가축이 해를 입을 때도 있었다. 그 재해를 막기 위해 제방을 쌓거나, 저수지와 운하를 파서 물의 양을 조절하는 일이 필요하였다. 그 일을 하기 위해서는 나일강 유역의 사람들이 힘을 합쳐야 효과를 낼 수 있었다. 그 때문에 처음에는 독립을 이루고 있던 부락 국가가 점차 한 명의 권력 있는 왕 아래 통합을 이루어 기원전 3000년쯤에는 통일국가를 이루게 되었다. 이 이집트의 왕을 '파라오'라 불렀다. 그 말은 '큰 집'이란 뜻이다.

한편 인도와 서아시아 경계를 흐르는 인더스강 유역에도 기원전 2500년에서 1500년까지 약 1000년 동안에 걸쳐 청동기 문명이 발달하였다. 이것을 '인더스 문명'이라고 한다. 이 문명의 중심은 인더스강 중류 유역의 하라파와 하류 유역의 모헨조다로였다. 이 두 도시는 치밀한 도시 계획에 의해 건설되었다.

이들 도시의 정치 구조는 종교를 중심으로 한 것으로 추측되고 있다. 그 주민은 오늘날 남부 인도에 사는 드라비다족이라는 견해와 그 외의 혼혈 민족이라는 견해가 있다. 그들은 기원전 1500년쯤 인도에 침입해온 아리아인에 의해 정복당했고, 인더스 문명은 파괴되었다. 그러나 그 문명은 인도 문화에 영향을 주었다.

큰 강 유역에서 발생한 고대의 4대 문명 중 하나인 중국의 문명은 기원전 3000년쯤 탄생되어 기원전 2000년쯤부터 황하 유역의 평원 지방에서 형성되었다. 이 지방은 땅이 기름지고 경작하기 쉬운 황토로 덮여 있어서 일찍부터 농경이 시작되었다.

황하 문명의 특징 가운데 하나는 채도彩陶와 흑도黑陶가 만들어졌다는 점이다. 채도는 표면에 적색과 흑색 등으로 무늬를 그린 토기이고, 흑도는 검은색으로 칠한 토기이다.

기원전 1400년쯤에 은殷이 강대해져서, 황하 중류에서 하류에 걸친 지역을 지배했고, 중국에서 처음으로 왕조를 수립하였다. 은나라 왕은 정치상의 지배자인 동시에 종교에서도 권위를 가지고 있었다. 이 시대에 처음으로 청동기가 제작되었고 조상에게 제사하기 위한 기구와 예리한 무기가 생산되었다. 그것들은 흰색을 칠한 토기인 백도白陶와 더불어 우수한 미술품으로 오늘까지 전해지고 있다. 갑골甲骨 문자로 불려지는 중국 초기의 문자가 사용된 것도 이 시대의 일이다.

DIGEST 4 WORLD

피라미드와 스핑크스
이집트의 영광(기원전 2500년경)

기원전 3000년경 이집트의 전제 왕국이 형성된 이후 30개 왕조가 교체되었는데, 이를 통상적으로 고왕국·중왕국·신왕국 등 3기로 나눈다. 그중 왕과 왕족의 무덤으로 피라미드가 건축된 것은 고왕국의 제3~제4 왕조(전 2585~2395경) 때였다.

이집트의 피라미드 가운데서 가장 큰 것은 쿠푸 왕의 것이다. 그것은 높이가 146m 가량으로서, 밑변은 한쪽이 230m에 이르는 정방형이며, 각 변은 정확하게 동서남북을 가리키고 있다. 재료로 쓰인 것은 누런색이 도는 석회암인데, 평균 1.5톤의 돌 230만 개를 쌓아 올렸다. 이 피라미드를 완성하는 데 10만 명의 백성이 해마다 3개월씩 동원되어 20년의 세월이 소요되었다고 그리스의 역사가 헤로도토스는《역사》에 기록하고 있다.

피라미드와 아울러 유명한 것이 스핑크스이다. 이는 길이 72m, 높이 20m의 큰 석상으로, 앉아 있는 사자의 몸뚱이에 두건을 쓴 왕의 얼굴이 새겨져 있다. 이것은 두 번째로 큰 피라미드를 건설한 카프레 왕의 모습으로서, 피라미드를 수호하고 있는 형상이다.

이집트에서는 사람의 죽음 이후의 세계에 관해 여러 가지 생각이 있었다.

그들은 사람의 죽음이 끝이 아니라는 점에 대해 일치되는 생각을 가지고 있었다. 이집트에서는 일찍부터 미라 만드는 일이 발달하였다. 죽은 사람의 시신이 미라가 되더라도 생전과 마찬가지로 음식과 도구를 필요로 하고, 또 신분이 높은 사람들은 종들도 있어야 한다고 생각하여 그 모형을 만들기도 했고, 무덤 내부 벽에 그림을 그리기도 하였다.

1923년, 영국 탐험대가 '왕가王家의 골짜기'라는 곳에서 투탕카멘 왕의 무덤을 발견하였다. 그때 그 무덤 안에 수용되어 있는 수많은 호화로운 물품들은 온 세계 사람들을 놀라게 하였다.

무릇 글자의 발명은 문명의 발달에 필수적인 조건이다. 이집트 문자는 세계에서 가장 오래 된 글자 가운데 하나다. 그 글자는 오랫동안 해독되지 못하였다. 그러나 1798년, 나폴레옹(1769~1821)이 이집트 원정 때 나일 강 어구의 델타 지역에서 유명한 로제타 돌을 발견하였다. 이 돌이 이집트 글자를 해독하는 열쇠가 되었다.

프랑스 학자 상폴리옹은 로제타 돌에 이집트

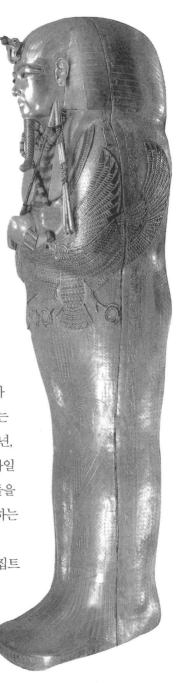

소년왕 투탕카멘의 3중관 중 세 번째 관인 미라형 관. 22금의 판으로 만들었는데, 각종 보석과 색유리로 상감하였다. 런던 대영박물관 소장.

문자의 두 가지 서체, 곧 신성神聖문자(히에로글리프)와 민중문자(데모틱) 외에 그리스 문자가 3단으로 새겨져 있는 것을 보고, 같은 내용을 적은 것일 가능성이 높다고 생각하였다. 그는 여러 가지 자료를 조사하여 마침내 1822년에 그것을 해독하였다. 그 내용은 고대 이집트의 국왕 프톨레마이오스 5세의 덕망을 찬양한 것으로, 기원전 196년에 만들어진 것이었다.

고대 이집트에서 또 하나 유명한 것이 '사자死者의 서書'이다. 그것은 이집트인이 신관 문자로 기록한 종교 문서이다. 1842년 독일의 이집트 학의 권위자 레프지우스가 발표한 이후 10여 종의 '사자의 서'가 알려지게 되었다. 그 중에도 대표적인 것은 오늘날 대영박물관에 보존되어 있는 '아니의 파피루스'이다. 이집트의 테베에서 출토된 것으로서 전체가 190장으로 이루어져 있으며, 궁정 서기인 아니가 주인공이다. 여기에는 죽은 사람을 위한 의식이 순서 없이 적혀져 있는데, 중요한 내용은 제125장이다. 이 장은 영혼의 재판 장면으로 위쪽에는 주요한 신들이 줄지어 있고, 중앙의 저울로 주인공 아니의 영혼을 계량하고 있다.

영혼을 저울에 달아 보고 있는 것은 아누비스 신이고, 그 오른쪽에는 아몬이 있다. 거기서 더 오른쪽에는 오시리스 신이 있고, 그 안쪽에는 오시리스의 누이동생이며 아내인 여신 이시스 및 네프티스가 서 있다. 그리고 그 왼편에는 재판을 통해 정의로운 자로 판정된 아니가 안내를 받아 오시리스 신에게 예배하는 장면이 극화풍으로 그려져 있다.

이집트 역사에서 문자 이상으로 후세에 큰 영향을 준 것은 달력이다. 이집트에서는 새벽별(금성)이 동방 지평선 위에서 해가 뜨는 때의 태양과 같은 높이에 있는 시기에 나일강의 물이 불어나게 된다는 것을 일찍부터 알고 있었다. 그 시기는 7월 중순에 해당된다. 그때를 새해로 잡고, 일 년을 열두 달, 한 달을 30일로 정하였다. 그리고 남은 날짜 5일을 더하여 태양력을 만들었다.

고대 이집트의 또 하나의 자랑인 이집트 문자는 처음에는 하나하나가 의미를 갖는 그림문자였다. 그것이 점점 발달해 음만을 표시하는 문자가 되었고, 마침내 하나의 문자로 하나의 음만 나타내는 알파벳이 되었다.

파피루스를 채집하는 벌거벗은 남자들과 강을 건너는 소떼. 나일강의 소택지로 큰 나비, 새 등이 보인다. 5왕조 네페르트 묘의 벽면 부조.

이집트 문자의 서체는 세 종류가 있다. 신전과 무덤 등에 기록된 문자는 그림 문자의 특색을 남기고 있는데, 이것을 신성 문자Hieroglyph 라고 한다. 해서체에 해당되는 이 신성 문자는 표음 문자와 표의 문자를 모두 포함한 것이다. 또한 약자체로서 행서체에 해당하는 신관神官 문자Hieratic, 그리고 글자 모양을 더욱 간단하게 한 초서체에 해당하는 민중 문자Demotic 도 널리 병행되었다.

고대 이집트인은 나일강 기슭에 많이 돋아나 있는 파피루스라는 풀로 일종의 종이를 만들어 사용하였다. 종이를 뜻하는 영어 '페이퍼'란 말은 이 파피루스에서 비롯되었다. 그들은 이 파피루스에 갈대 펜과 검댕이 잉크로 글자를 썼다.

찬란한 문화를 자랑하는 고대 이집트는 약 2500년 동안 존속하였다. 상이집트와 하이집트에 흩어져 있는 함 종족의 40여 개 노모스(부족 국가)를 기원전 3000년경에 통일한 것이 메네스(또는 나르메르) 왕이었다. 이것을 제1 왕조라 하며, 제2 왕조까지를 초기 왕조라 한다. 제3 왕조에서 제10 왕조(전 2850~2060)까지는 고왕국으로, 정치적 중심지는 수도 멤피스였고 이집트 문화는 거의 이 시대에 완성되었다. 이 시대를 달리 '피라미드 시대' 라고도 한다.

제11 왕조에서 제17 왕조(전 2060~1670)까지는 중왕국 시대로, 기원전 1670년 이래로 1세기 동안에 걸쳐 유목민 힉소스족의 지배를 받았다. 제18 왕조에서 제20 왕조(전 1570~525)까지는 신왕국 시대로, 특히 제18 왕조의 파라오인 아멘호테프 4세(재위 전 1377~1358)는 다신교를 버리고 태양신 아톤을 믿는 일신교를 수용하였다. 또 수도를 테베에서 텔 엘 아마르나로 옮겨 아마르나 예술을 꽃피게 하였다.

제20 왕조 이후의 말기 왕조는 점차 쇠퇴하여 기원전 6세기에는 페르시아에게 정복당하였다. 그 후 기원전 332년에 알렉산더 대왕에게 정복되어 고대 이집트는 그 역사의 막을 내렸다.

눈에는 눈, 이에는 이
함무라비 법전(기원전 1700년경)

메소포타미아 지방은 사방이 탁 트여 지형적인 장애물이 없기 때문에 여러 민족이 마음대로 드나들었고 국가의 교체도 잦았다. 이 지방에 처음으로 국가를 형성한 것은 수메르인이었다.

수메르인은 기원전 3500년경에 우르, 우루크, 라가시, 움마 등 군사도시를 건설하였다. 그들이 건설한 도시에는 각각 수호신이 있었고, 신전과 궁전을 웅장하게 꾸몄으며, 그 주위에는 2층 또는 3층짜리 민가가 밀집해 있었다.

수메르인의 종교는 천체의 신을 숭배하는 것이 중심을 이루고 있었다. 태양은 남성인 우투 신, 달은 남성인 난나 신, 그리고 행성 중 특히 눈에 띄는 금성은 여성인 이난나 신으로 깍듯이 숭배하였다. 훗날 이 지방에 공격해온 아카드인(바빌로니아 · 아시리아인)은 수메르인의 종교 체제를 거의 그대로 이어받아 천체 신앙을 발전시켰다. 그때 천체 신들의 이름을 아카드어(셈 어족)로 고쳐 부르게 되었다. 즉, 태양은 샤마시, 달은 신, 금성은 이슈타르가 된 것이다.

그들은 이들 천체의 신이 세계와 인간의 운명을 지배한다고 믿었다. 따라

점토판에 쐐기문자로 새겨진 함무라비 법전의 일부. '눈에는 눈, 이에는 이'라는 동해 복수법의 관념이 특징을 이루고 있다.

서 천체의 동향과 이변을 관측하는 일은 중요한 행사였고, 신전은 천문대요, 신관은 천문학자이기도 하였다. 여기서 운명 판단을 위한 천문학인 점성술이 생겨나게 되었다. 이 때문에 천체가 출몰하는 것을 계산하다가 달력을 만들게 되었고, 그것에 따라서 수학이 발달하게 되었다.

수메르인은 10진법과 60진법을 아울러 사용하였다. 60진법에 따른 공간 분할에서 360도의 원이 생겨났고, 그와 관련하여 30×12(30은 달의 대체적인 주기)의 360일 = 1년(실제는 여기에 5일의 윤일, 후대에는 4년마다 윤달을 두어 조절함)이라는 개념이 생겨나게 되었다. 또한 7개의 행성(태양·달을 포함)은 거룩한 숫자 7이라는 관념을 낳게 되었으며, 이것은 '7요일'로서 오늘까지 전해지고 있다.

세계 문화사에서 중요한 위치를 차지하는 고대 메소포타미아의 쐐기 글자(설형 문자)도 수메르인이 발명하였다. 펜도 종이도 없던 시대였기 때문에 물렁한 찰흙판에 끝이 뾰족한 나무로 글자를 새겼다. 쐐기 글자는 오랫동안 역사의 뒤안길에 묻혀 있다가 19세기 초에 이르러 독일인 그로테펜트에 의해 해독되었다.

그는 페르시아 궁전에서 출토된 두 개의 쐐기 글자로 기록된 문장을 비교해 보았다. 두 개의 문자에는 7개의 쐐기 글자가 반복해서 적혀 있었다. 그는 이것이 '왕'이라는 뜻일 것이라고 생각하였다. 여러 노력을 한 결과, 하나의 문장은 'B왕의 아들로서 왕의 왕 대왕인 A'라는 것, 다른 하나의 문장은 'C의 아들로서 왕의 왕 대왕인 B'라는 사실을 알게 되었다. 여기 A, B, C로 표기한 것은 쐐기 모양으로 적은 사람의 이름을 편의상 로마자를 빌어 나타낸 것이다.

그로테펜트는 다음 단계로 고대 페르시아 왕의 이름을 조사하였다. 자기 아버지가 왕이 아니었던 왕은 다리우스 1세로서, 그의 아버지는 히스타스페스다. 여기서 C는 히스타스페스, B는 다리우스왕, A는 다리우스의 아들 크세르크세스왕이라는 것이 판명되었고, 따라서 이 세 개 이름에 쓰인 13개 문자의 음을 알 수 있게 되었다.

문명을 자랑하던 수메르인의 도시 국가는 기원전 2400년쯤 북방에서 침입한 셈족의 일파인 아카드인에 의해 정복되었다. 아카드는 사르곤 1세(재위 전 2371~2316경) 때 전성기를 맞이했으나 곧 쇠퇴하였다.

기원전 1800년경 서방에서 셈족인 아무르(아모리)인이 메소포타미아에 침입해 바빌론을 수도로 정하고 전제적인 바빌로니아 왕국을 건설하였다. 제6대 왕이 바로 유명한 함무라비(재위 전 1724~1682)이다. 함무라비왕은 '함무라비 법전'을 제정하고, 법치주의에 의한 중앙집권체제를 강화하였다. 그는 교역을 장려하고 운하와 큰 건축물을 지었으며, 농산물 증산에도 힘썼다. 원래 메소포타미아에서 서쪽 오아시스 지대를 거쳐 지중해 동해안에 이르는 활 모양을 한 농경 지대는 '비옥한 초승달 지대fertile crescent'라 하는 기름진 곳이다.

최초의 성문법으로 일컬어지는 유명한 '함무라비 법전'은 20세기 초 프랑스 학자 드 모르갱에 의해 서부 이란의 페르시아만 수사에서 발견되어 지금은 루브르 박물관에 전시되어 있다.

전 282조 중 제196조에는 '만일 사람이 평민의 눈을 상하게 했을 때는 그 사람의 눈도 상해져야 한다', 제200조에는 '만일 사람이 평민의 이를 상하게 했을 때는 그 사람의 이도 상해져야 한다'고 되어 있다. 이 법전은 '눈에는 눈, 이에는 이'라는 동해同害 복수법에 기초한 형벌법으로서, 타인의 눈을 상하게 한 사람은 자기 눈도 상해져야 하고, 부모를 구타한 아들은 그 손목이 잘려야 한다고 규정되어 있다.

바빌로니아 사회는 이집트와 달라서 상업과 무역이 활발하였다. 때문에 금전과 토지와 가축 임대 및 노예 매매 등에 관한 상세한 규정이 있었다. 또한 이자도 허용되었다. 그리고 농민의 생활 자본인 경작용 소는 차압할 수 없다는 규정도 있어서 약한 자의 입장을 보호하는 제도도 마련되어 있었다.

함무라비왕 시대에 가장 번영했던 바빌로니아 왕국도 그가 죽은 후 쇠퇴의 길을 걷게 되었다. 기원전 1530년경에는 서북방에서 공격해온 히타이트인과 캇시트인 그리고 후르리인 등 여러 민족에 의해 멸망했고, 그 후 수백년 동안 분열과 혼란의 길에 들어서게 되었다.

무기와 돈과 종교
이스라엘 왕국 건설(기원전1004년경)

카이로의 이집트 박물관 2층에는 1922년에 발견된 투탕카멘 소년 왕의 유물이 전시되어 있다. 그중 한 자루의 단검은 이집트에서는 채취할 수 없었던 철제 단검이다.

이 단검이 소아시아 방면에서 만들어졌다는 것은 '아마르나 문서'에 의해 알 수 있다. 그 문서는 찰흙판에 쐐기 글자로 기록된 공용 서신으로서 세계에서 가장 오랜 외교 문서로 꼽히는데, 그중에는 북부 시리아의 고대 왕국 미탄니의 투슈라타왕이 이집트 왕 아멘호테프 3세(투탕카멘의 할아버지)에게 보낸 7점이 포함되어 있다.

그 7점의 문서에 '쇠'를 나타내는 바빌로니아어가 다섯 번 나온다. 그리고 어떤 특별한 돌의 손잡이가 있는 단검에 대한 언급이 있는데, 그것은 분명히 투탕카멘왕이 간직하고 있던 수정 손잡이로 된 강철제 단검을 말하는 것이다.

기원전 18세기, 소아시아에 나라를 세운 히타이트인은 철제 무기와 말이 끄는 2륜 전차를 앞세운 강대한 군사력으로써 바빌로니아를 정복하고 시리아에까지 진출하였다. 그들은 오리엔트에서 처음으로 철기 문명을 이룩하였다. 철기가 널리 보급된 것은 기원전 1000년경의 일로서, 히타이트인은 그보다 수백 년 전에 철기를 만들 줄 안 것이다.

히타이트인은 바빌로니아와 이집트 등 당시 문명국의 영향을 받는 한편, 나름대로 소아시아 문화라고 말할 수 있는 것을 창조하였다. 소아시아는 오늘날의 터키 지방으로, 아시아와 유럽을 잇는 육교 구실을 하는 곳이다. 히타이트 왕국의 수도 하투샤(지금의 모가즈쾨이)의 성벽 유적 중 '사자의 문'이라는 것이 있는데, 그것은 그리스 미케네에 있는 사자의 문과 흡사하다.

철제 무기로 세계를 호령하던 히타이트 왕국은 기원전 1200년경 그리스 · 소아시아 지방 일대에서 있었던 민족 대이동의 폭풍에 휩쓸려 사라지고 말았다. 히타이트 왕국이 전성기를 기리던 무렵 지중해의 크레타 섬에 강력한 왕국이 건설되었다. 수도 크노소스에는 웅장한 궁전이 있고, 오리엔트에서는 볼 수 없었던 밝은 크레타 문명이 전성기를 누렸다.

한편 히타이트 왕국이 멸망하고, 이집트도 쇠퇴의 길을 걷고 있으며, 메소포타미아에도 강대국이 없던 시기에 이들 지방의 중간에 위치한 시리아와 팔레스타인에 작은 나라들이 일어났다. 그중 시리아의 좁고 긴 해안 지방에서 일어난 것이 페니키아이다.

셈족에 속하는 페니키아인의 거주지는 좁고 땅도 기름지지 못하여 농경지는 거의 없었다. 그러나 그 뒤에 솟아 있는 레바논 산맥에는 질이 좋은 삼나무와 노송나무가 우거져 있었다. 그들은 그 나무를 베어 훌륭한 배를 만들고, 지중해로 진출하여 상업과 식민 사업으로 번영하였다. 그들은 하나의 통일 국가로 존재한 것이 아니라, 티루스 · 시돈 등의 도시가 별도로 번성하고 있었다. 티루스가 북아프리카 해안에 세운 카르타고는 마침내 지중해에서 제일가는 상업 국가 및 해군 국가로 발전하게 되어, 훗날 로마와 패권을 다투게 된다.

페니키아인은 상업 거래의 필요에 따라 지금까지 오리엔트 세계에 있던 글자를 쓰기 쉽게 개량해서 22개의 자음으로 이루어진 알파벳을 만들었다. 훗날 이것이 그리스에 전해지고 또 로마자가 되어 세계에 퍼지게 되었다.

한편 페니키아 남쪽에는 특별한 민족이 살고 있었다. 그것은 이스라엘인으로 불려지기도 하는 헤브루인이다. 그들의 역사와 사상은 기독교의 경전 《구약성서》에 상세하게 기록되어 있다.

이스라엘이 분명하게 역사시대에 들어가게 되는 것은 기원전 1500년경 아브라함이 그 일족과 함께 팔레스타인에 정착하면서부터였다. 그들은 유목민으로서 염소와 양을 몰고 메소포타미아의 칼데아(성서에서는 갈대아) 우르에서 팔레스타인에 왔다가, 아브라함의 손자인 야곱 때에 흉년을 피해 이집트로 옮겨갔다.

그 후 이집트에 새 왕국이 서면서, 이스라엘인은 이집트인에게 학대를 받게 되었다. 이때 모세가 일어나 이스라엘인을 이끌어 이집트에서 탈출하였다. '출애굽(엑소더스)' 사건으로 유명한 이 일은 기원전 1230년경에 있었다. 그들은 유일신 야훼를 믿으며, 강렬한 선민選民 사상과 메시아(구세주) 대망待望의 신앙을 지니고 있었다. 헤브루인의 또 다른 이름인 '이스라엘'은 '하나님의 선민'이란 뜻이다.

그 무렵 크레타 섬에서 이주해온 것으로 추정되는 필리스티아(블레셋)인도 이 지방 해안에 가자 등 몇 개의 도시 국가를 세웠다. 팔레스타인이란 지명은 그들의 이름에서 비롯된 것이다. 필리스티아인과 이스라엘인은 세력 다툼을 하게 되었다. 필리스티아인과 싸워 이기기 위해서 이스라엘인은 초대 왕으로 사울을 추대하였다.

목동이었던 다윗(재위 전 1010~971)이 왕위에 오르자, 그는 요충지 예루살렘을 수도로 정하였다. 그는 필리스티아인을 격파하고, 주위의 유목 민족을 정복하여 강력한 국가를 건설하였다. 그의 아들 솔로몬(재위 전 971~932경)도 현명한 왕으로서, 페니키아와 홍해 주변의 나라들과 무역을 하여 나라를 부강하게 하였다. 그는 예루살렘에 야훼 하나님의 화려한 성전을 건축하였다. 그에게서 '솔로몬의 영화'라는 속담이 생겨 훗날 예수의 시대까지 전해졌다.

이와 같이 헤브루인은 다윗왕과 솔로몬왕 때 전성기를 누렸으나, 솔로몬왕이 죽으면서 나라는 남북으로 분열되었다. 북의 이스라엘 왕국과 남의 유대 왕국으로 갈라지면서 민족의 힘도 크게 약화되었다.

그 무렵 메소포타미아에 새로이 강대국 아시리아가 일어서게 되었고, 이집트도 또한 옛날의 세력을 되찾고 있었다. 그와 같은 정세에서 이스라엘 왕국은 기원전 721년, 아시리아의 공격을 받아 멸망하였다.

한편 유대 왕국은 아시리아에 대해 힘껏 버티고 있었으나, 아시리아를 대신하여 일어선 신바빌로니아의 거센 압력을 받기 시작하였다. 유대의 제데키아(시드기아) 왕이 신바빌로니아에 대해 반기를 들자, 신바빌로니아의 군대가 즉시 공격해와 예루살렘을 포위하였다.

예루살렘 포위는 2년 반 동안 계속되었으나, 기원전 586년에 끝내 함락되고, 예루살렘 성전은 불타고 말았다. 제데키아 왕은 포로가 되어 신바빌로니아 왕 네부카드네자르(느부갓네살)2세 앞에 끌려가 눈알이 뽑혔다. 그리고 왕은 쇠사슬에 묶여 바빌론으로 끌려갔고, 많은 주민도 함께 잡혀갔다. 이것이 유명한 '바빌론 유수(포로)'이다. 그들은 후에 페르시아에 의해 해방을 얻고 귀국하여, 예루살렘에 성전을 재건하고 유대교를 성립하였다.

바벨탑과 공중 정원
오리엔트의 통일(기원전 600년경)

혼란하던 오리엔트 세계는 메소포타미아의 일대 세력이었던 아시리아에 의해 비로소 통일되었다. 아시리아인은 셈족의 일파로서 원래 통상 민족이었으나, 기마와 전차를 보유한 군국으로 발전하였다. 기원전 8세기 말에는 오리엔트 세계를 정복하고, 세계 제국이라 일컬을 만한 국가를 건설하였다. 수도 니네베는 그 웅장함과 번영을 자랑하였다.

아시리아인에게 정복당한 백성은 약탈과 모진 학대를 당하였다. 아시리아 궁전 벽에는 포로의 손발을 자르는 장면, 살아 있는 사람의 껍질을 벗기는 장면, 눈을 빼는 장면 등이 새겨져 있다. 정복당한 민족은 끊임없이 반항하였다. 마침내 기원전 612년, 니네베는 이란 고원에서 일어난 메디아와 신바빌로니아 연합군에 의해 함락되고, 영화를 자랑하던 세계 제국도 멸망하고 말았다.

아시리아 멸망 후 오리엔트 세계는 메디아와 신바빌로니아 외에 소아시아에서 일어난 리디아, 그리고 다시금 독립한 이집트를 합쳐 4국 대립시대를 맞이하게 되었다. 그중 메소포타미아 평야를 지배하던 신바빌로니아가 가장 강대해졌다. 신바빌로니아의 수도 바빌론은 고바빌로니아 시대보다 더욱 번

나크 시 루스탐의 마애 왕묘. 다리우스와 크세르크세스 외 몇몇 왕들의 묘를 단애를 깎아 만들었다. 페르세폴리스 부근.

영했고, 웅장한 신전과 궁전 등이 하늘 높이 솟았다. 특히 바벨탑과 공중 정원이 유명하였다.

'바벨탑' 이야기는 구약성서 창세기 제11장에 기록되어 있다. 이 바벨탑은 바빌론 이외에도 메소포타미아 각지에서 볼 수 있는 지구라트(신을 제사하는 성탑)와 관계있는 것으로 여겨진다.

공중 정원은 건조한 바빌론에 인조 공원을 만든 것이다. 벽돌로 벽을 쌓고 안을 흙으로 메워 여러 층의 정원을 만들고, 층마다 온갖 나무와 꽃을 심어 짐승과 새들이 살게 하였다. 필요한 물은 노예로 하여금 유프라테스강에서 운반하게 하였다.

신바빌로니아에서는 또한 천체의 움직임을 통해 인간의 운명과 세상의 앞일을 미리 점치던 점성술이 발달하였다. 점성술 그 자체는 미신이 포함되어 있었으나, 천체에 대한 관찰은 과학적으로 천문학의 기초가 되었다.

그 무렵 메디아와 마찬가지로 이란인의 나라 페르시아는 아케메네스 왕조

밑에서 중앙아시아로부터 이란 고원의 남서부에 옮겨와 살고 있었다. 기원전 6세기 중엽에 키로스 2세가 왕위에 오르면서 페르시아는 강대국으로 떠오르게 되었다. 키로스 왕은 메디아에서 독립한 후 리디아와 신바빌로니아를 정복하고, 인도 경계까지 진출하여 페르시아 제국을 건설하였다.

페르시아 제국은 키로스 왕의 뒤를 이은 캄비세스 2세(재위 전 529~522) 때 이집트도 정복하여 오리엔트 전체를 하나로 묶었다. 그 뒤를 이은 다리우스 1세(재위 전 521~486)는 중앙 집권화에 힘써서 제국을 20개의 속주로 나누고, 각 주에 사트랍(장관)을 두어 세금을 거두는 일과 치안 유지를 담당하게 하였다. 또한 군사적으로 중요한 곳에는 장군이 주둔하게 하여, 중요한 직책을 한 사람이 담당하지 못하게 하였다. 그리고 따로 감독관을 두어 장관과 장군의 직무 수행을 감시하게 하였다.

그 외에 '왕의 눈', '왕의 귀'라 불리는 특별 감독관이 왕명을 받고 각 지방에 파견되어 사트랍을 감찰하였다. 수사와 사르디스를 잇는 '왕의 길'도 건설되었고, 간선도로에는 역전제驛傳制가 설치되었다.

이스라엘인의 '바빌론 포로(전 586~538)'에서의 귀환은 이런 상황에서 이루어졌다. 고국에 귀환한 이스라엘인은 예루살렘에 성전을 재건하고, 모세의 율법을 엄격하게 지켜나가기로 다짐하였다. 페르시아 제국 아래서 야훼 신을 경배하는 민족적인 종교로 형성된 것이 유대교로서, 그때부터 그들은 '유대인'이라고 불려지게 되었다.

페르시아 제국은 페니키아인과 아람인 등의 무역 활동을 보호했고, 그 결과 화폐의 유통이 활발해졌으며, 왕실에는 막대한 부가 쌓였다. 페르시아 제국의 이와 같은 개방 정책은 각 민족의 진보된 문화를 총합하여 고도의 문명을 형성했고, 아름다운 건축과 공예품이 창조되었다.

또한 조로아스터교가 국민적인 종교로 발전하였다. 조로아스터교는 기원전 7세기경에 조로아스터(차라투스트라)가 예로부터 전해오는 아리아인의 신앙에 기초하여 창시한 종교이다. 그 경전인 《아베스타》에 따르면, 유일한 최고의 선한 신은 아후라마즈다(Ahura = 신, Mazda = 지혜)라는 이름의 광명의 신으로, 그 신은 암흑의 영 아리만과 대립관계에 있다. 이 세상은 이 두 신의 대결의 장으로서, 그 대결은 결국 선한 신 아후라마즈다의 승리로 끝나게 되고, 선한 신에게 속했던 사람들은 천국에 이르게 된다. 그 교훈은 유대교에도 영향을 주었으며, 불을 신성하게 여기기 때문에 달리 '배화교拜火教'라고도 한다.

페르시아 제국은 동으로는 인더스강에서 서로는 에게해 북쪽 해안, 남으로는 이집트에 이르는, 일찍이 볼 수 없었던 대제국을 건설하였다. 다리우스 1세 이후 아케메네스 조 페르시아(전 550~330)는 2세기 동안에 걸쳐 오리엔트 전역을 지배하였다.

페르시아 제국에 의한 통일은 오리엔트 전체를 하나의 국가 및 문화권으로 묶어 놓았고, 이로써 하나의 역사적 세계로서의 오리엔트가 성립되었다. 또한 오리엔트의 통일은 당연히 주변 세계의 동향에도 큰 영향을 주었다.

페르시아가 대통일 이후에 맞게 된 것은 서방 세계로의 진출이었다. 그 세력이 에게해를 건너려 할 때 동지중해를 기반으로 하는 그리스 세계와의 충돌은 피할 수 없는 것이 되었다. 그리스는 자유를 수호하기 위해 초강대국 페르시아에 맞서게 된 것이다.

5000년 전의 도시 계획
인도 문명의 형성(기원전 3000년경)

 파키스탄의 서부 구릉지대에서 발생한 농경문화는 기원전 3000년경부터 인더스강 유역을 중심으로 하여 남쪽은 캔베이 만 연안, 동쪽은 델리 근방까지 널리 퍼졌다. 이 문명은 인도에서 가장 오랜 것으로서 '인더스 문명'이라 한다. 특히 상류 유역의 하라파 유적과 하류 유역의 모헨조다로 유적으로 대표되는 도시 문명이 특징적이다.

 '죽음의 언덕'이라는 뜻의 모헨조다로는 주위 둘레가 4km에 이르는 큰 도시다. 도시 서쪽 모퉁이에는 높은 단을 쌓은 '성채부'가 있고, 거기에는 중요한 건물들이 빽빽하게 들어서 있다. 그 중앙에 자리하고 있는 것은 큰 목욕탕인 이른바 '대욕장'이다. 대욕장 중앙부에는 남북으로부터 계단을 따라 내려올 수 있는 긴 욕조가 있다. 그 욕조는 크기가 19×7.5m, 깊이가 2.5m이다. 그 밑바닥은 천연 아스팔트로 만든 벽돌을 깔아 물이 새지 않게 하였다. 욕조 주위의 욕조를 향한 작은 방들은 무슨 용도로 쓰인 것인지 아직 수수께끼로 남아 있다.

 성채가 도시의 행정 센터였던 것은 분명하다. 그러나 왕궁도, 신전도 거기에는 존재하지 않는다. 시가지에는 주택과 공방工房이 이어져 있으나, 거기에도 역시 신전은 없다. 여기에서 나타나는 지배자의 성격은 성과 속의 권력을 합쳐 소유한 메소포타미아 유형의 지배자와는 다르다. 그 때문에 메소포타미아 지배자가 소유했던 것과 같은 신전과 왕궁 등 건조물을 소유하고 있지 않았다고 보는 것이다.

인더스 문명의 지배자는 자신의 통치를 찰흙판에 기록하는 일도 하지 않았고, 또 자기의 권력을 과시하는 것 같은 왕궁과 무덤 따위도 만들지 않았다. 지배자의 힘과 의지를 느끼게 되는 면이 있다고 한다면 그것은 도시 계획의 유지 방법이다. 모헨조다로는 도시의 규모도, 길거리도 전혀 변화시키는 일 없이 500년 이상 계속해서 유지되었던 것이다.

시가지에서는 동석제凍石製의 남성 흉상이 출토된 바 있다. 높이 18cm의 소품인 이 흉상은 수염이 나 있고, 눈을 반쯤 감고 명상에 잠겨 있는 듯한 모습이다. 옷은 왼쪽 어깨 한쪽에 걸치고 있는데, 그 옷을 입은 모양으로 미루어 신관왕神官王의 상으로 추정된다. 지배자의 모습이 구체적으로 나타나 있는 유물은 이 흉상 단 한 점이다.

하라파는 모헨조다로에서 약 600km 떨어진 지점인 펀자브 지방에 위치하고 있는 인더스 문명의 유적이다. 도시의 규모는 주위 둘레가 약 4km로서, 모헨조다로와 거의 비슷한 규모다. 하라파와 모헨조다로는 다른 인더스 여러 유적과 비교할 때 규모가 엄청나게 크기 때문에 두 군데의 수도로 보는 견해가 있었다.

그러나 모헨조다로가 하라파보다 먼저 건설되었다는 점, 그리고 이 양 도시가 병존한 시기는 비교적 단기간이었다는 점 등으로 해서 두 개의 수도설은 타당성을 잃게 된다. 때문에 일부 학자는 모헨조다로에서 하라파로 천도하였다는 견해를 발표하기도 하였다.

인더스 문명의 후반기에 신드 지방에서는 인더스강의 범람과 소금 등의 해독 때문에 토지가 황폐해지게 되었다는 것이 근래의 조사 결과 밝혀졌다. 또한 모헨조다로도 도시 종말기에는 민가가 성채 안에까지 들어서는 등 도시의 통제력이 저하되었다는 사실이 발굴에 의해 확인되고 있다.

인더스의 사람들이 신드 지방을 버리고 펀자브 지방에 새로운 수도를 건

설하였다는 천도설을 따른다면 양
도시의 선후 관계에 대한 설명도
쉽게 되는 것이다. 그러나 또한 양
도시에는 기본적인 부분에서 큰 차
이가 있었다.

모헨조다로에서 중요한 역할을
수행하였다고 보여지는 것으로 '큰
목욕장'과 '곡물 창고'가 있다. '큰
목욕장'에 상당하는 것은 하라파에
서는 발견되지 않고 있으며, 하라파
의 '곡물 창고'는 모헨조다로의 것
과는 다르게 생겼고, 그 위치 또한
성채 밖이다. 이와 같이 양자의 관
계는 여전히 밝혀지지 않고 막연한
면이 많다.

모헨조다로에서 출토된 동상. 엄숙한 표정과 잘 손질
된 수염 등으로 봐서 신관으로 보인다. 기원전 2000
~1750년경. 높이 약 18cm. 아프가니스탄 카불 박물
관 소장.

인더스 문명의 존재는 1922년에
서 그 다음해에 걸친 모헨조다로와 하라파 유적의 발굴로 명백하게 되었다.
그 발굴 직후부터 이 문명은 메소포타미아와 밀접한 관계가 있다는 견해가
발표되었다. 즉, 메소포타미아에서의 이민이 이곳에 이르러 이 같은 고도의
문명을 형성하였다는 것이다. 그것은 붉은 바탕에 검은색으로 무늬를 그린
채문彩文 토기, 동석제의 솜씨 좋게 만든 인장과 그 인장 위에 가느다란 선으
로 그린 그림 등이 메소포타미아의 것과 비슷하기 때문이다.

그러나 그 유물들에서 유추하게 되는 문명의 성격은 그와 같은 유사성보
다는 차이점이 더 많다. 토기와 인장, 그리고 토우 등의 유물은 역시 독특한
것이고, 토기를 구워내던 가마는 메소포타미아와는 달리 벽돌로 만들어졌
다. 또한 그 모든 것이 빈틈없는 도시 계획에 따라 배치되어 있고, 하수도까
지 완전하게 구비되어 있는 점 등은 메소포타미아의 고대 도시에서는 전혀
볼 수 없는 특징이다.

그러나 그 기원과 전파, 그리고 영향 관계라는 면을 제외한다면 양 문명 사이에는 어떤 교류가 있었다는 것이 분명해진다. 즉, 인더스 문명의 독특한 인장이 실제로 메소포타미아 남부의 여러 유적에서 발굴되었고, 또 비교적 근년에 이르러 이 양 문명의 해상 교류에 페르시아만 앞의 바하렌 섬과 파이라카 섬이 중계 지점으로 큰 역할을 수행하였다는 사실도 밝혀졌다. 그리고 서쪽을 향해 해상 교역의 짐을 실은 곳은 인더스 문명의 항만 도시인 로탈이었다.

인더스 문명을 형성한 사람이 누구였는가 하는 문제를 연구하는 방법은 두 가지가 있다. 하나는 발굴된 사람의 뼈에 의해 그 '인종' 구성을 탐구하는 방법이다. 그 결과 오늘의 펀자브와 신드 지방에 사는 사람들의 골격이 크게 다르지 않다는 연구 결과가 나왔다.

또 한 가지 방법은 그들이 사용한 언어를 규명하는 일인데, 그것은 타임머신이라도 타고 그 당시로 돌아가기 전에는 해명될 수 없는 문제이다. 그러나 문명의 그늘 아래에 있었던 도시 등에서는 어디서나 어떤 특정한 언어와 문자가 공식적으로 사용되었던 듯하고, 그것이 인장과 부적 또는 토기 조각 등에 새겨져 남아 있다.

인더스 문자는 약 400종이 있어서, 현재 해독 작업이 진행되고 있다. 그러나 2개 국어를 함께 기록한 경우가 없기 때문에 해독은 아주 난해하여 좀처럼 진전을 보지 못하고 있다. 대체로 이 언어는 오늘의 남인도에서 사용되고 있는 드라비다계 여러 언어의 조상격이 아닌가 하는 것이 학자들의 공통된 추측이다.

인더스 문명의 기원을 알 수 없는 것처럼 그 멸망의 원인과 경과도 여전히 풀리지 않는 수수께끼로 남아 있다. 지금까지 제기된 견해 가운데서 1960년대에 영국의 고고학자 모티머 윌러가 주장한 학설이 큰 지지를 얻고 있다. 그것은 '아리아인 침입'에 의한 인더스 문명 멸망설이다.

갑골 문자의 발견
은 왕조(기원전 1600년경)

기원전 5000년경부터 황토밭에서 좁쌀과 수수 등의 곡물을 재배하고, 돼지와 개 등의 가축을 키워 촌락 생활을 하는 씨족 집단이 등장하였다. 황하의 중류 유역을 중심으로 하여 아름다운 무늬를 가진 채문 토기彩陶에 특징이 있는 양사오仰韶 문화, 이어 그보다 동쪽의 룽산龍山 문화가 발생하였다. 이 양사오 문화에서는 높은 온도에서 구워낸 엷은 흑색 마련磨鍊 토기(흑도)를 특색으로 하고 있으며, 또한 이 문화에서는 거칠게 구워낸 '회도灰陶'라 불리는 토기도 나타났다. 격鬲과 정鼎 등의 세발토기도 제작되었는데, 이 형태는 훗날 청동기의 원형이다.

중국 최초의 왕조는 은허殷墟의 발굴과 갑골甲骨 문자의 해독에 의하여 알 수 있는 은殷 또는 상商으로서, 그 왕조는 기원전 1600년경에서 기원전 11세기까지 존속했던 것으로 알려져 있다. 은허는 허난성河南省 안양시安陽市 샤오툰小屯에 있는 은 왕조 후기 수도의 유적지로, 1928년 이후 대규모 발굴 조사가 행해졌다. 은허는 달리 '대읍상大邑商'이라고도 한다.

여기서는 또한 북방적인 특색을 지닌 무기와 말의 장식품, 그리고 남방의 생산품인 자안패子安貝, 귀갑龜甲과 상아 등이 출토되어 은 문화의 넓은 교역을 말해 주고 있다.

갑골 문자가 발견된 1899년의 중국은 만주족이 세운 청조淸朝에 의해 지배되고 있었다. 아편전쟁 이래로 서구 열강의 침략을 받아 나라가 극도로 쇠퇴한 형편에 놓여 있을 때였다. 그 청조의 국자감國子監 좨주祭酒(대학 총장, 학술계 최고의 지위)로 왕의영王懿榮이라는 사람이 있었다.

왕의영은 낡은 청동기와 돌비의 문자를 연구하고 있었고, 또한 그 자료도 많이 수집하는 한편, 자기 사비를 털어 가난한 학자를 자기 집에 식객으로 머물게 하면서 연구를 하였다. 그 식객 가운데 역시 옛 글자를 연구하고 있던 유악劉鶚이라는 인물이 있었다.

왕의영은 말라리아를 지병으로 앓고 있었는데, 그 병에는 '용골龍骨'을 달여 먹는 것이 좋다는 말을 듣고 사람을 보내어 약방에서 그것을 사오게 하였다. 마침 그 자리에 있던 유악은 '용골' 위에 글자 같은 것이 새겨져 있는 것을 보았다.

이 글자가 새겨진 짐승의 뼈는 실은 은나라 사람들이 점을 치는 데 사용한 소뼈와 거북의 등껍질이며, 그 껍질(갑)과 뼈(골) 위에 무엇을 점쳤는지를 적은 것이라는 사실이 밝혀지게 되었다.

왕의영은 나라를 근심하며 1900년에 자살하지만, 그가 모은 갑골을 양도받은 유악은 자기가 모은 갑골의 자료도 합쳐 1903년에 자기 호를 따서 '철운장구鐵雲藏龜'라는 이름으로 연구 결과를 출판하였다. 그는 저서 머리말에서 그것이 은의 복점卜占 기록이라고 설명하고 있다.

은허에 대한 발굴은 1920년대에서 30년대에 걸쳐 대대적으로 행해졌다. 왕릉 중 하나를 발굴하던 발굴대는 처참한 광경을 보게 되었다. 왕의 무덤에서 수많은 사람의 뼈가 발굴되었는데, 그 뼈에는 머리가 없었고 대부분이 뒤로 결박된 상태로 엎어져 있었다. 그것은 양손을 묶인 사람이 꿇어앉은 상태에서 뒤로부터 목이 잘린 것을 말해 주었다.

다른 곳에는 사람의 목들만 묘실 중앙을 향해 나란히 놓여 있었다. 장소에 따라서는 목에서 흘린 피로 흙이 변색된 곳도 있었다. 그 목과 신체의 뼈를 감정한 결과 어린이와 청년의 것이 많았고, 성인 남성의 것도 몇 있었다.

은의 마지막 왕은 폭군으로 유명한 주紂이다. 은의 주왕 때 여상呂尙이라는 사람이 있었다. 그는 지혜도 있었고 재능도 있어서 어떻게 해서든지 주周의 문왕文王을 섬기며 자기 재능을 발휘하게 되기를 원하였다. 그러나 신분의 차이 때문에 문왕에게 접근할 수조차 없었다. 그는 때를 얻지 못한 것을 한탄하며 매일 위하渭河에 가서 낚시질을 하며 세월을 보내고 있었다.

어느 날 문왕이 사냥을 나가면서 여느 때처럼 점을 치게 되었다. 점괘에는 오늘 잡게 될 짐승은 용이나 호랑이, 곰 같은 것이 아니라 장차 천하를 차지하는 일에 보좌할 인

은허에서 출토된 갑골문자. 거북의 복갑에 새겨져 있는 문자로, 한자의 바탕이 되었다.

물이라는 괘가 나왔다. 문왕 일행은 사냥터로 가는 도중 위하에서 낚시질하는 노인을 만나게 되었다. 문왕은 마음에 짚이는 바가 있어서 다가가 대화해 보았더니 과연 큰 인물이라는 느낌을 주는 사람이었다. 이 사람이 바로 오늘 아침 점괘에 나온 인물이 틀림없다고 생각하여, 그를 자기 수레에 타게 하고 집으로 돌아왔다.

이 태공망 여상은 지략에 뛰어난 인물로서, 문왕을 보필하여 주를 강대국이 되게 하는 데 성공하였다. 또한 문왕을 이은 무왕武王의 대에도 군사軍師로서 은의 주왕을 공격하여 멸하고, 주 왕조의 성립을 달성하게 하였다.

은의 마지막 왕 주는 개인적으로는 머리도 좋았고 힘도 강하였다. 이 주왕을 공격한 주는 섬서성 서안西安 서쪽 시골에 자리하고 있었다. 주의 기초를 닦은 문왕은 주왕에게 붙잡혀 한때 감금 생활을 한 일이 있었다. 또한 문왕의 아버지는 주왕의 조부인 문정文丁에게 살해당하였다.

전설과 사실
하 왕조(기원전 2200년경)와
주 왕조(기원전 1046년경)

기원전 2세기 말에 기록된 중국 고대사 《사기史記》에 의하면 중국 역사에서 태곳적에는 3황皇5제帝 시대를 거쳐 최초의 왕조로 하夏가 있는데, 그 시대는 기원전 21세기에서 기원전 16세기에 걸친 500년 동안인 것으로 되어 있다.

오늘날 3황 5제를 그대로 믿는 사람은 없지만 하 왕조의 존재에 대해서는 문제가 다르다. 하 왕조의 시조인 우禹는 성군으로 이름이 높은 요堯, 순舜의 뒤를 이어 왕위에 올랐다. 그는 황하의 범람을 방지하는 데 공이 컸기 때문에 순에게서 양위를 받았다. 하 왕조는 17대 동안 계속되었고, 폭군 걸왕桀王 때 은의 탕왕湯王에 의해 정복당하였다.

따라서 《사기》에 의하면 중국의 왕조는 하로 시작하여 은, 주周로 이어진다. 그리고 주 왕조 후반부터 제후들이 분립하여 춘추전국시대가 되고, 진秦의 시황제始皇帝가 이것을 통일했으며, 그 뒤를 이어 한漢 왕조가 건설된다. 사마천이 《사기》를 기록한 것은 한 왕조 초기의 일이었다.

후대의 학자들은 20세기 초까지만 해도 주 왕조는 확실히 존재했으나, 은 이전은 가공의 전설로 생각했었다. 그러나 은 왕조의 존재는 갑골문의 출토로 해서 입증되었다. 이에 대해 중국학계에서는 옛 전설을 검토하고, 고고학의 조사 결과도 이용하면서 하 왕조를 인정하는 견해가 정설로 굳어지고 있다.

기산岐山 산자락인 위수渭水 분지(지금의 산시성 중심부)에서 농경 생활을 하던 주족周族은 처음에 은에 속해 있었으나, 기원전 11세기 초에 은을 멸하고 주 왕조(전 11세기경~전 256경)를 세운 뒤 호경鎬京(지금의 시안西安 부근)에 서울을 정하였다. 이것을 '은주殷周혁명'이라고 한다.

고대 중국에서는 천명天命에 의하여 지배자인 천자가 바뀌는 일을 '역성易姓 혁명'이라 했는데, 은주 혁명과 같이 무력으로 앞의 왕조를 타도하는 것을 '방벌放伐'이라 하고, 평화롭게 정권을 교체하는 것을 '선양禪讓'이라 한다.

주는 실력으로 은을 정복한 후 자기 왕조에 정통성을 부여하기 위해 천명 사상을 주장하게 되었다. 이는 주가 덕을 잃은 은을 대신하여 천명에 의해 지배한다는 사상이다. 즉, 국토와 백성은 하늘이 지배하게 마련이어서 하늘의 명을 받은 덕 있는 자가 대신하여 지배한다. 그 지배자가 바로 천자로, 만일 천자에게서 덕이 없어지게 된다면 천명은 다른 곳으로 옮겨지게 된다. 여기에 명을 새로이革 함으로써 왕조가 바뀌게 되는 것이다. 즉, 왕가의 성이 바뀐다易고 하여 역성易姓 혁명 사상이 생겨났고, 그것은 후대 중국의 정치사상에 큰 영향을 주었다.

주의 봉건 제도는 국왕이 소유하는 토지 가운데서 직할지를 제외한 모든 영지를 일족姬姓과 공신姜姓 등에게 분할해 주어 세습의 제후로 삼고, 그 통치를 위임하였다. 왕은 제후에 대해 가부장적 권위로서 임했고, 조공을 바치게 했으며, 군사적 봉사를 해야 하는 의무를 지게 했다. 왕과 제후 밑에는 경卿, 대부大夫, 사士 등 가신이 있어서 지배 계층을 구성했고, 그들에게는 각각 봉토封土가 하사되었다.

주의 왕실과 희성姬姓의 제후 사이의 관계 및 지방에서의 제후公와 경·대부·사 등의 관계는 본가와 분가의 관계이며, 혈연관계를 그 본질로 하고 있다. 제후의 분포 상황을 보더라도 중요한 지방에는 동족이나 공신을 파견했고, 전대前代 지방의 유력한 수장首長을 먼 곳에 봉하였다.

은대의 의식용 삼발이 솥. 이 시대의 청동기에서 흔히 보이는 기괴한 무늬로 양식화된 도안으로 장식되었다. 마주 보는 두 마리 용이 보인다.

이것은 주의 봉건 제도가 고대의 씨족 제도를 기반으로 하고 그 위에 주의 왕실을 가부장으로 하는, 종족宗族의 형성에 의해 지배력을 강화하려 했던 것임을 말해 주고 있다. 그것을 위해 종래의 혈연적 관계 유지를 도모해야 할 필요에서 생겨난 것이 종법宗法 제도이다. 종법 제도라는 것은 적계嫡系의 집(본가)의 가장을 중심으로 하여 같은 혈연으로 이어지는 사람들이 모여 이른바 종족宗族을 형성하고, 그 장이 엄중한 규율 밑에 이들을 통솔하며, 공동 제사와 서로 부조를 행하는 제도로서 이것으로써 무너져가는 씨족적 질서를 유지하려 하였다.

이들 지배자 계층이 살고 있던 곳은 '나라', 또는 '읍邑'이라 일컫는 도시 국가로 후세와 같은 영역 국가는 아직 성립되지 않은 상태였다. 따라서 봉건 제도는 혈연적·씨족적 결합을 중심으로 하여 구성된 읍과 읍 사이의 지배 및 복종의 관계였다고 말할 수 있다.

기원전 8세기 초에 수도 호경鎬京이 다른 민족의 공격을 받게 되자 주 왕조는 수도를 낙읍洛邑(지금의 낙양)으로 옮겼다. 이 이후를 동주東周(전 770~249 또는 전 256)라 하여 그 이전의 서주西周(전 11세기경~770)와 구별한다. 동주는 춘추春秋시대(전 770~403)와 전국戰國 시대(전 403~221)로 나뉜다.

그리스 민주정치의 시작
아테네의 '도편 추방'(기원전 508년)

에게해 세계에 처음으로 문명을 만들어낸 것은 그리스인이 아니었다. 그리스에 앞서 있던 문명에 대해서는 고대 그리스인들조차도 거의 알지 못하고 있었다. 그것을 밝힌 것은 독일의 가난한 목사의 집 아들로 출생한 슐리만(1822~1890)이었다.

슐리만은 어릴 때부터 호메로스(전 8~9세기경의 그리스 시인)의 장편 서사시《일리아드》와《오디세이》를 읽고 감동하여 그리스군에 의해 공격받아 함락된 트로이 성은 반드시 있다는 확신을 가지고, 그 유적을 꼭 발굴해 내겠다는 결심을 하였다. 당시 대부분의 학자는 호메로스의 서사시는 한갓 픽션에 지나지 않는다고 생각했으나, 슐리만은 그것이 사실을 기록한 것이라고 굳게 믿었다.

그는 40세를 지나서 1871년부터 오랜 세월 동안의 꿈을 이루기 위해 트로이 발굴에 착수하였다. 현재의 터키 북서쪽 해안에서 약간 육지로 들어간 히사를리크 언덕을 트로이라 확신하고 발굴해 본 결과 성벽, 집들과 보물이 나왔다. 그는 장소를 정확하게 가늠한 것이다.

슐리만은 이어 트로이를 공격한 그리스군의 총대장 아가멤논왕의 성으로

아킬레우스와 아이아스. 트로이 전쟁 중 한가한 시간을 이용해 장기 비슷한 놀이를 하고 있다. 《일리아드》에 나오는 한 장면(위). 호메로스의 대리석상. 인류 최고의 고전이며 최대의 서사시인 《일리아드》, 《오디세이》의 작가 호메로스(왼쪽).

알려진 미케네를 발굴하였다. 미케네는 그리스 남부 펠로폰네소스 반도의 북동부에 위치하고 있다. 거기에는 돌 하나가 2m가 넘게 컸으며, 15m를 쌓아올린 성벽과 사자를 새긴 조각이 있는 성문이 언덕 위에 남아 있었다. 그는 1876년, 사자문에서 12m 떨어진 성벽 안쪽에서 다섯 개의 무덤을 발굴하고, 그 안에서 15구의 유골과 많은 보물을 발견하였다.

그중 남자의 시신은 얼굴에 황금 마스크를 썼고, 가슴에 황금 흉대를 대었으며, 허리에는 황금 허리띠와 허리 장식품이 있었다. 또한 여자의 시체는 말 그대로 황금과 보석 가운데 묻혀 있었다. 관과 목걸이와 팔찌 및 귀고리 등이 모두 다 황금 제품이어서 호메로스가 '황금이 많은 미케네'라고 노래한 그대로였다.

북방에서 그리스에 등장한 그리스인은 도리아족으로서, 그들은 철기를 가지고 있었으며 무력에 뛰어났다. 이 도리아족은 크레타 섬의 미케네 문명을 파괴하고, 에게해의 섬들을 징검다리처럼 건너가서 맞은편 해안인 소아시아 해안에 이르기까지 세력을 뻗쳤고, 에게해를 그리스인의 바다로 만들었다.

이 무렵 그리스인의 생활의 기본이 되는 도시 국가의 뼈대가 이루어지게 되었다. 그리스는 평야가 많지 않기 때문에 광대한 통일 국가를 이루기에는 알맞지 않았다. 때문에 산으로 에워싸인 지역마다 많은 작은 나라들이 생겨나게 된 것이다. 이와 같은 나라들을 '폴리스'라 한다. 따라서 폴리스의 면적은 좁았고, 인구도 보통 수천 명에서 수만 명 정도였다.

폴리스 중에서도 특히 크다고 하는 아테네와 스파르타의 경우도 그 넓이는 우리나라 서울시의 두 배 정도였고, 인구는 전성기의 아테네의 경우도 30만 명에 지나지 않았다. 폴리스는 대체로 성벽으로 에워싼 시가와 그 바깥쪽의 전원으로 이루어져 있었다. 폴리스 상호 간에는 전쟁이 그칠 새가 없었기 때문에 중심이 되는 시가는 수비하기에 좋은 언덕 위에 만들어졌다. 이 언덕을 '아크로폴리스'라고 하며, 이 언덕에는 폴리스의 수호신이 모셔져 있었다.

아크로폴리스 위에는 아고라라는 광장이 있었다. 여기는 폴리스의 심장에 해당되는 부분으로서 정치의 집회와 재판, 그리고 매매와 시민의 사교가 이루어졌다. 이리하여 폴리스는 밖에서는 자유를, 안에서는 시민이 스스로 다스리는 자치 체제로 번영하였다. 그러나 이와 같은 그리스의 민주정치도 처음부터 행해진 것은 아니었다. 이와 같은 민주정치가 자리를 잡기까지는 수백 년의 세월이 필요했던 것이다.

그리스의 대표적인 폴리스는 두말할 것 없이 아테네다. 아테네에도 처음에는 왕이 있었다. 그러나 그 왕은 오리엔트나 미케네와 같은 전제 군주가 아니었고 힘도 강하지 못하였다. 곧 토지와 가축을 많이 가지고 있는 귀족이 왕을 대신하여 정치를 하게 되었다. 그러나 그 상태는 오래 가지 못하였다. 수공업이 활발해지고 화폐가 널리 통용되면서 무기를 쉽게 구할 수 있게 되자, 평민이 국방력의 중심이 되었다.

기원전 6세기 초에 솔론(전 640~560경)이 귀족과 평민 사이에 중재자로 끼어들어, 지금까지처럼 가문에 의해서가 아니라 재산을 소유하고 있는 정도에 따라서 시민의 등급을 4등분하였다. 그러나 그가 자리에서 물러나자 다시금 분쟁이 생겨나게 되었다.

이 분쟁을 틈타서 페이시스트라토스(전 600경~ 527)가 평민의 힘을 디딤대로 하여 독재 정치를 하였다. 그는 농민 편을 들기도 하며 아테네의 발전을 위한 정치를 하였다. 그러나 무력의 힘에 의한 독재 정치였기 때문에 오래 가지 못하고 그 아들 대에 타도되었다.

기원전 6세기 말에는 클레이스테네스가 나와서 귀족의 힘을 견제하면서도 독재 정치가 발붙이지 못하게 하였다. 즉, 날을 정하여 아고라에 시민이 모여 독재 정치가(참주)가 될 우려가 있는 사람의 이름을 질그릇 조각에 써서 투표하게 하였다. 그리고 그 수가 6천을 넘으면 그 사람을 10년 동안 국외에 추방하는 제도(도편陶片 추방법)를 만들었다. 아테네에서는 이와 같이 정치의 방법을 여러 가지로 시험해 보는 가운데 민주정치의 기틀이 잡히게 되었다.

"너 자신을 알라"
소크라테스(기원전 470~399년경)

그리스인은 우수한 문학과 미술을 창조해 내는 한편, 예리한 이성의 눈으로 우주 만물을 신들이 창조해 냈다는 생각에서 벗어나 만물의 근원을 자연 속에서 탐구하였다.

밀레투스의 사람 탈레스(전 640~546경)는 만물의 근원을 '물'이라고 주장했고, 또한 일식이 하나의 법칙 밑에서 발생한다고 생각하였다. 피타고라스(전 582경~497)는 이른바 '피타고라스의 법칙'을 발견하고 그것을 증명하였다. 그는 또한 세계가 당시 사람들이 생각하던 것처럼 물이 떠 있는 평평한 원반이 아니라, 둥근 공 모양일 것이라고 주장하였다.

이와 같이 만물의 근원을 탐구하고, 우주와 세계의 일을 생각한 사람들을 자연 철학자라고 한다. 그 후 데모크리토스(전 460~370경)가 나와서 만물의 근원은 원자(그 이상 나눌 수 없다는 뜻)로서 무수한 원자가 여러 가지 순서와 자세로 서로 결합되고, 또는 떨어져서 만물이 이루어진다고 주장하였다.

고대의 원자론은 실험과 관찰에 의한 것이 아니라 머릿속에서 생각해 낸 것이었지만, 그 사고방식은 근대의 과학 사상에까지 전해지게 되었다.

페르시아 전쟁 후 아테네를 중심으로 민주정치가 전성기를 이루게 되자,

대철학자 소크라테스. 이전 그리스 철학자들은 우주의 원리를 물었으나, 소크라테스에서 비로소 자신과 자신의 근거에 대한 물음이 철학의 주제가 되었다.

사람들의 사고의 중점은 자연의 문제에서 인간과 사회의 문제로 옮겨지게 되었다.

그 무렵 아테네에 등장한 것이 소크라테스(전 470~399)였다. 그는 폴리스의 아고라와 시가지 한가운데에서 길을 가는 시민들을 불러 세우고, 그들에게 자신의 무지함을 깨닫고 거기에서 새로운 진리를 찾도록 하라고 말하였다. 그는 모든 것에 걸맞는 진리가 있는 것이고, 그것을 알고 실행하지 않으면 안 된다고 권고하였다.

그러나 소크라테스는 펠로폰네소스 전쟁이 패전으로 끝나고 난 후, 청년들을 타락하게 하고 나라에서 숭배하는 신들을 믿지 않으며 새로운 신을 주장하고 있다는 혐의로 기소되어 사형이 선고되었다. 소크라테스는 감옥에서 죽음이 다가오는 가운데 제자들과 영혼은 불멸한 것이라는 대화를 나눈 후 조용히 독약을 마셨다.

소크라테스의 제일가는 제자는 플라톤(전 427~347)이다. 그는 아테네의 명문 출신으로, 소크라테스가 사형에 처해진 후 오랜 동안을 여행하였다. 그 후 아테네로 돌아와 40살쯤에 아카데미아라는 이름의 학원을 열고 제자들을 가르치면서 연구와 저술을 하였다. 플라톤은 눈에 보이는 세계 위에 변화하지 않는 세계가 있다고 생각하였다.

아리스토텔레스(전 384~322)는 마케도니아에서 가까운 그리스의 폴리스 출신으로, 아카데미아에 입문하여 학문을 배웠다. 그는 플라톤의 제자들 중 가장 뛰어난 제자였다. 아리스토텔레스는 43살 때 마케도니아왕 필리포스의 초빙을 받아 13살의 왕자 알렉산더(전 356~323)의 교육을 담당하게 되었다. 그는 젊은 왕자에게 그리스적인 지혜와 과학적인 지식을 가르쳤다.

유명한 올림픽 경기는 남부 그리스에 위치한 제우스 신전에서 4년마다 열린 대축제 때 행해지던 행사로, 그리스 각지에서 사람들이 모여들었다. 경기 종목은 도보 경기, 창던지기, 원반던지기, 넓이뛰기, 레슬링 등이었고 후에 경마와 전차 경주도 추가되었으며, 연설과 시 짓기 또는 미술 콩쿠르도 개최되었다. 경기 출장은 그리스인 성인 남자에 한하였다.

제1회 올림픽 경기는 기원전 776년에 행해졌다. 그리스가 멸망한 후에는 로마인들도 참가하여 경기가 계속되었으나, 로마 시대 말기에 기독교가 로마의 국교가 되면서 우상 숭배라 하여 중단되었다. 근대에 이르러 프랑스의 쿠베르탱의 주창으로 올림픽은 다시 부활되었다. 제1회 근대 올림픽은 1896년에 아테네에서 개최되었다.

그리스의 문학은 페르시아 전쟁 이후 아테네를 중심으로 하여 디오니소스 신의 제사에서 기원한 극이 성행하게 되었다. 고대 그리스 극에는 비극과 희극이 있었다. 배우는 가면을 쓰고 대사에 음악과 무용을 곁들여 연기하였다. 극은 국가에서 주최하는 콩쿠르의 형식을 취했고, 수만 명이 입장할 수 있는 야외극장에서 시민들에게 무료로 공개되었다.

그리스 미술의 경우 가장 활발했던 시기는 역시 페르시아 전쟁에 승리하여 나라 전체에 활기가 넘치던 때였다. 아테네 시민은 페르시아군에게 불태워진 아크로폴리스의 신전을 예전보다 더욱 훌륭하게 세웠다.

그리스 건축에서 가장 유명한 것은 처녀신 아테네에게 바친 도리아식 대신전인 파르테논이다. 이 신전은 폭이 30m가 넘고 기둥이 8개, 길이는 약 70m로 세워진 기둥의 수가 17개, 기둥의 높이는 10m가 넘는다. 아테네 근처의 펜테리콘 산에서 잘라낸 흰 대리석으로 건축되었는데(지금은 풍화하여 연한 갈색이 되었다), 그 전체의 구조는 조금도 흠잡을 데가 없다. 푸른 하늘에 우뚝 솟아 있는 모습은 그리스 정신이 대리석에 담겨졌다는 말을 들으며, 세계에서 둘도 없는 아름다움으로 예찬되고 있다.

"우리는 이겼노라"
페르시아 전쟁(기원전 492~448년)

그리스인이 처음으로 역사에 등장한 무대는 발칸 반도 남쪽 끝과 소아시아(지금의 터키) 서해안 및 그 사이에 크고 작은 수백 개의 섬이 널려 있는 에게해의 세계였다.

'물은 갈라지게 하고 바다는 하나가 되게 한다'는 말이 있다. 그리스의 육지는 산악지대여서 이집트나 메소포타미아와 같이 기름진 넓은 평야가 없지만, 바다는 그리스인이 '액체의 길'이라고 말한 바와 같이 자유롭게 배를 부릴 수 있었다.

그리스의 폴리스 가운데 아테네와 더불어 강력한 나라는 스파르타였다. 이는 도리아족의 스파르타인이 선주민인 아게아인을 정복하고 세운 나라였다. 때문에 스파르타인은 선주민의 모반을 억누르고 또 전쟁에서 이기기 위해 국민 모두가 마음도 몸도 강건해야 하였다.

스파르타의 남자는 태어나면서 즉시 신체검사를 받았고, 몸이 튼튼한 아이는 양육되었으나 약한 아이는 내다버려졌다. 이렇게 선발된 아이는 일곱 살 때부터 나이에 따라 나뉘어져 공동생활을 하면서 무술과 경기 등 엄격한 교육을 받았다. 20세가 되면 어엿한 병사로서 선거권이 주어졌고, 30세가 되

마라톤의 무덤. 기원전 490년 페르시아군과의 전투에서 숨진 아테네 병사가 묻혀 있다. 19세기 말에 발굴되었다.

면 결혼하여 일가를 이루었다. 그러나 가정생활을 즐기는 것이 아니라 식사도 다른 시민과 공동으로 하게 규정되어 있었다.

스파르타는 자급자족 정책을 표방하여 공업이 성행했고, 외국과의 교역을 금했으며, 외국인이 오는 것도 허용하지 않았다. 이와 같은 군국주의 체제를 편 스파르타는 그리스 제일의 육군 국가가 되었다.

이처럼 아테네와 스파르타를 비롯해 그리스의 각 폴리스가 나라의 힘을 키워 나가고 있을 때, 동방으로부터 페르시아의 세력이 소아시아에까지 뻗치게 되었고, 마침내 지중해 서해안에 위치한 그리스인의 폴리스를 지배하고 무거운 세를 징수하였다. 이에 대해 소아시아의 그리스인은 반란을 일으켰다.

아테네와 그 우호국 에레트리아가 원군을 보냈으나 페르시아군에게 패하였다. 페르시아 대왕 다리우스 1세는 원군을 보낸 아테네에 대해 크게 분노하여 반드시 응징하겠다고 맹세하였다. 이리하여 기원전 490년, 다리우스는 대군을 일으켜 우선 에레트리아를 짓밟고 이어 아테네의 북동쪽에 위치한 마라톤 해안에 상륙하였다.

스파르타에서 원군이 달려왔으나 이미 때가 늦었다. 보병을 주력으로 하는 아테네군은 명장 밀티아데스의 지휘 아래 활 부대와 기병을 중심으로 하는 페르시아의 대군과 맞서게 되었다. 수십 배가 많은 페르시아군이었으나, 조국의 독립과 자유를 걸고 싸우는 아테네군의 예리한 공격엔 손쓸 수가 없었다. 그들은 앞다투어 타고 온 배로 후퇴하였다. 이리하여 아테네군은 승리를 쟁취하게 되었다.

이때 그리스의 병사 페이디피데스가 마라톤 전장에서 아테네까지 42km를 달려 승전보를 전한 후 숨을 거두었다. 현재 마라톤 경주는 이 고사에서 유래한 것이다. 비록 마라톤의 전투에서 패배하였다고는 하지만 페르시아는 여전히 강대국이었다. 다리우스는 다시금 원정을 계획하다 갑작스런 질병으로 사망했으나 그 아들 크세르크세스 1세가 그 뜻을 이었다.

기원전 480년, 크세르크세스는 육해군 수십만 명을 거느리고 그리스를 공격해왔다. 그 병력과 장비는 지난번보다 많고 월등하였다.

스파르타왕 레오니다스가 지휘하는 300명의 정병은 벼랑이 바다까지 솟아 있는 천연의 요새 테르모필레에서 페르시아 대군을 맞아 싸웠다. 그들은 마지막 한 명이 전사할 때까지 한 걸음도 뒤로 물러나지 않고 싸우다 모두 전사하였다. 훗날 이 전장에 '길손이여, 라케다이몬(스파르타) 사람에게 가서 전하라. 우리는 나라를 위하여 여기 잠들어 있노라'고 하는 글이 새겨진 기념비가 세워지게 되었다.

테르모필레의 요충이 뚫리자 페르시아군은 터진 제방으로 물밀듯이 아테네를 향해 공격하였다. 아테네 시민은 성으로부터 피난하고, 적이 시가를 짓밟고 신전을 불태우는 것을 그냥 내버려둘 수밖에 없었다. 그러나 아테네의 제독 테미스토클레스(전 528~462)가 이끄는 그리스 해군은 좁다란 살라미스 해협에 페르시아 대함대를 꾀어내어 일제히 적의 함대를 향해 공격을 개시하였다.

페르시아 해군은 전진할 수도, 후퇴할 수도 없었다. 거기다가 폭풍까지 불어닥쳐서 페르시아의 배는 자기 편끼리 충돌하기도 하고 바다의 암초에 부딪히기도 하며 큰 혼란에 빠졌다. 이 싸움은 그날 저녁 무렵 그리스군의 큰 승리로 끝났다. 해안에서 이 해전의 상황을 지켜보던 크세르크세스왕은 당황하여 페르시아 대군을 뒤에 남겨둔 채 페르시아로 달아났다.

그 다음해(전 479) 스파르타와 아테네의 육군은 페르시아군을 플라타이아 이에서 격파하였다. 이리하여 세기의 결전인 페르시아 전쟁은 마침내 그리스군의 승리로 막을 내리게 되었다.

페르시아 전쟁에서 가장 큰 공을 세운 아테네는 스파르타를 제치고 그리스 제일의 강대국이 되었다. 아테네는 여전히 페르시아에 대한 경계를 늦추지 않은 채 에게해의 섬들과 주위 도시들과 델로스 동맹을 맺고 그 지도자의 자리를 차지하였다.

이때 아테네의 시민을 지도한 것이 페리클레스(전 495~429경)였다. 페리클레스는 훌륭한 인격의 소유자이며 웅변에 뛰어난 정치가였다. 그는 민주정치를 펴서 모든 시민이 정치에 참여하고 공직에서 일할 수 있게 하였다.

기술직 이외의 관리직은 제비뽑기로 정했고, 임기는 1년으로 공직자의 부패를 막았다. 재판도 시민 중에서 선발된 사람들로 행하게 하였다. 나라의 중대한 정치 문제는 민회(시민 총회)에서 정하도록 제도적 장치를 마련하였다. 그리스의 이러한 민주정치는 훗날 서구의 정치와 사회의 한 본보기가 되었다.

그러나 아테네의 번영은 오래가지 못하였다. 일찍부터 아테네의 번영을 시샘하던 스파르타는 펠로폰네소스 동맹을 결성하여 델로스 동맹을 이끌고 있는 아테네를 공격하였다. 기원전 431년부터 30년 가까이 그리스는 내전에 휩싸였다. 이것이 펠로폰네소스 전쟁이다.

처음에는 전세가 비슷하였으나, 아테네에 전염병이 돌게 되고, 또 페리클레스도 그 병으로 죽었다. 우수한 지도자를 잃은 아테네에서는 눈앞의 일밖에 생각하지 않는 선동 정치가가 일어나 민중을 다루었고, 전장에서의 작전도 잇따라 실패하였다.

기원전 405년, 아테네와 스파르타 사이에 최후의 해전이 벌어지게 되었다(아이고스포타모이 해전). 이 해전에서 아테네의 해군은 크게 패하였다. 다음해에 아테네는 바다와 육지 양쪽에서 스파르타에게 포위당하자 마침내 스파르타 앞에 굴복하고 말았다.

그러나 스파르타의 우세도 오래 계속되지 못했고, 강대해진 테베의 번영도 잠시 동안이었다. 그리스의 내전은 끝없이 계속되었고, 나라는 황폐해졌으며, 시민은 빈궁에 빠지게 되었다. 결국 스스로의 힘으로 조국을 지키는 시민을 중심으로 하여 성립되었던 폴리스의 구조는 밑동부터 무너지고 말았다.

알렉산더 대왕의 세계 정복
이소스 전투의 승리(기원전 334년)

그리스의 북방 마케도니아의 왕 필리포스 2세의 왕자는 알렉산더로서, 부왕이 죽은 후 20세의 나이로 왕위에 올랐다. 그는 소년 시절부터 여느 아이들과는 달랐다.

어느 날 필리포스 2세는 테살리아에서 명마를 사들였다. 그러나 이 말은 여간 사납지 않아 아무도 탈 엄두를 내지 못하였다. 그래서 도로 팔자는 의견이 나왔다. 소년 알렉산더는 말이 사납게 구는 이유가 자신의 그림자를 보고 무서워하기 때문이라는 것을 알았다. 그는 해를 향해 말을 세우고, 말의 목을 쓰다듬다가 날렵하게 올라타 말을 자유자재로 몰고 다녔다.

알렉산더는 기원전 334년 봄 마케도니아와 그리스의 연합군 3만 5천을 이끌고 소아시아로 건너가 페르시아군을 격파하고 전진을 계속하였다.

그 당시 '고르디온의 매듭'이라는 전설이 있었다. 고르디온이라는 도시의 신전 기둥에 매어져 있는 수레의 매듭을 푸는 자가 아시아를 지배하는 왕이 된다고 하는 예언이 전해지고 있었다. 알렉산더는 허리에 찬 검을 뽑아 단번에 그 매듭을 잘라 버렸다. 그날 밤 하늘에 천둥이 울리고 번개가 번쩍였다.

알렉산더 대왕의 석관 부조. 이것은 대왕의 관이 아니고, 마케도니아군과 페르시아군의 전투장면을 조각해 넣은 데서 붙여진 이름이다. 이스탄불 고고박물관 소장.

    기원전 333년, 그는 이소스의 전투에서 페르시아왕 다리우스 3세가 거느리는 대군을 격파하였다. 다리우스 3세는 도주했고, 그의 왕비와 공주는 포로가 되었다. 그러나 알렉산더는 그 여자들을 정중하게 대우하였다.

    알렉산더는 기원전 332년 가을 이집트로 가서 나일강 어구에 자기 이름을 딴 알렉산드리아 시를 세웠다. 다음해 봄 대왕은 페르시아(지금의 이란)를 향해 진격을 개시하였다. 그는 티그리스강 동쪽에 있는 아르벨라 전투에서 페르시아군을 무찔렀다. 다리우스 3세는 겨우 도망쳤으나, 다음 해인 기원전 330년에 자신의 신하 베소스에게 살해되었고, 이에 오랜 역사를 자랑하던 페르시아는 멸망하였다. 알렉산더는 가는 곳마다 알렉산드리아 시를 세웠고, 또 많은 민족과 영토를 다스리기 위해 페르시아인을 관리와 군인으로 등용하였다.

    옛 스승 아리스토텔레스는 대왕에게 서신을 보내어 "그리스인에 대해서는 지도자가 되고 바르바로이(야만인)에 대해서는 지배자가 되며, 또 그리스인에게는 친구처럼 대하고 바르바로이에 대해서는 동식물을 대하듯이 하라"고 권고하였다. 그러나 대왕은 이미 이와 같은 그리스인 위주의 편견을 버린 지 오래였다.

    페르시아를 평정한 대왕은 기원전 326년 겨울에 인더스강 상류를 건너 인도로 진군하였다. 그러나 심한 더위와 큰 비, 그리고 오랜 원정에 시달려서 군사들은 앞으로 전진하라는 명령에 따르려 하지 않았다. 때문에 대왕은 할 수 없이 군의 대열을 되돌아서게 하였다.

대왕은 기원전 323년 봄 바빌론으로 가서 그곳을 대제국의 수도로 정하였다. 그러나 6월에 갑자기 열병에 걸려 서른둘의 젊은 나이로 죽었다.

그의 원정은 지금까지의 전쟁과는 그 성향을 달리하였다. 그는 수많은 학자들을 대동하여 학술조사를 하게 하고 자료를 수집하게 하여 그리스인에게 오리엔트 세계를 알렸고, 또 그리스 문화가 동방으로 확산되는 계기를 만들었다. 이리하여 동서 문화를 맺어주는 새로운 시대를 열었다.

알렉산더 대왕 시대에 헬레니즘 문화가 꽃을 피웠다. '헬레니즘'이란 말은 넓게 그리스 정신과 문화 전체를 가리키는 말로 사용되는 경우도 있으나, 역사상으로는 알렉산더 대왕 때부터 로마가 지중해 주변 세계를 통일하기까지 약 300년 동안의 세월을 가리킨다.

알렉산더가 후계자를 지명하지 않고 갑자기 죽자 부하 장군들 사이에 세력다툼이 벌어져 광대한 영토는 갈라지게 되었다. 그중 마케도니아, 시리아, 이집트 등 세 왕국의 세력이 컸다.

번영의 중심은 오리엔트로 옮겨지게 되었다. 그중에도 이집트의 알렉산드리아는 당시 세계 최대의 무역 도시로서 여러 가지 상품이 집산되었다. '알렉산드리아에 없는 것은 눈雪뿐이다'라는 말이 돌 정도였다.

알렉산드리아에는 왕립연구소와 큰 도서관 등이 있었고, 세계 각지에서 학자들이 청빙을 받아 연구에 몰두하였다. 고전을 연구하는 학문도 활발했으나, 특히 연구 실적이 뛰어났던 것은 자연과학 분야였다.

에라토스테네스(전 275~194경)는 지구의 원주圓周를 계산하여 대략 45,000km라는 답을 얻어냈다. 이것은 오늘의 40,000km에 가까운 답이다. 아리스타르코스(전 217~145)는 코페르니쿠스(1473~1543)보다 1700년이나 앞서서 지구가 태양 주위를 회전한다는 지동설을 주장하였다. 또한 아르키메데스(전 287경~212)도 알렉산드리아에서 학문을 연구한 후 시라쿠사로 돌아가 '아르키메데스의 원리'를 발견하였다.

아르키메데스는 시라쿠사 왕에게서 금세공업자가 만든 왕관이 순금인지 감정하라는 명을 받았다. 그는 공중목욕탕에 가 물이 가득한 욕조에 들어갔다. 그는 자기 몸의 용적과 같은 물이 흘러내리는 것을 보고 그 원리를 발견하고 기쁜 나머지 벌거벗은 몸으로 밖으로 뛰어나와 "유레카(발견하였다)! 유레카!" 하고 외치면서 집으로 돌아갔다고 한다.

그는 왕관과 같은 무게의 금과 은의 덩어리를 만들어 용기에 가득 담은 물 속에 넣었다. 그리고 그때 흘러넘치는 물의 무게를 달았다. 나중에 문제의 왕관을 물에 넣었더니, 같은 무게의 금덩어리보다 많은 양의 물이 흘러내렸다. 그 왕관에는 은이 섞여 있었던 것이다.

헬레니즘 시대에는 미술 분야에도 새로운 특색이 나타났다. 그 시대뿐 아니라 그리스 미술 중 첫째로 손꼽히는 걸작으로 알려진 것은 멜로스 섬에서 발견된 아프로디테, 곧 '밀로의 비너스'란 대리석상이다.

독배를 마신 명장 한니발
제2차 포에니 전쟁(기원전 218~201년)

로마에 전해지는 전설에 따르면, 로마인의 조상은 트로이의 영웅 중 한 명인 아이네이아스로서, 그는 트로이가 함락된 후 그 일족을 이끌고 이탈리아에 도착하였다. 그 자손에게서 로물루스와 레무스라는 쌍둥이가 출생하였다. 왕위를 찬탈하고 있던 이모부는 신하에게 쌍둥이를 죽이라고 명하였다. 그러나 신하는 쌍둥이를 바구니에 넣어 산에다 버렸다. 한 마리 암늑대가 자기 젖을 먹여 그들을 키웠다. 얼마 후 한 목동이 쌍둥이를 발견하고 자신의 양아들로 삼았다.

성인이 된 쌍둥이는 악한 왕과 싸워 격파한 후 티베르(지금의 테베레)강가에 갔다. 마주 서 있는 언덕 위에 올라가 새를 불러 모았는데, 형 로물루스가 올라간 바티칸 언덕에 많은 새가 모여들었다. 로물루스는 자치 규약에 따라 바티칸 언덕 위에 새로운 도시를 만들고, 자기 이름을 따서 '로마'라고 이름을 지었다. 자치 규약에 따르지 않고 불평을 하던 레무스는 살해되었다. 기원전 753년의 일이었다.

이 로마 건국의 전설은 물론 사실이 아니고 또 건국한 해로 알려진 기원전 753년도 문제가 없는 바 아니지만, 로마인이 그들의 달력에 이 해를 건국 원

상아판에 부조된 로마 병사. 중장비의 보병들이다. 팔레스타인에서 발굴. 로마 빌라 줄리아 미술관 소장. 기원전 3세기.

년으로 정하고 연대를 계산하게 되었다는 점에서 의미가 있다.

로마는 실제로는 그리스인이 발칸 반도를 타고 남으로 내려오던 때와 같은 시기에 북방에서 알프스를 넘어 내려온 이탈리아인 중 일파인 라틴족의 도시 국가로 등장하였다. 그들이 건국의 해로 잡고 있는 기원전 753년보다 100년쯤 후의 일인 듯하다. 로물루스로 시작되는 로마의 7대에 걸친 왕 중에는 에트루리아인도 몇 명 포함되어 있었다.

에트루리아인은 소아시아에서 이주해온 것으로 추정된다. 그들의 전성시대에는 그 영토가 북이탈리아에서 남이탈리아 근방에까지 이르렀다. 에트루리아인의 민족 계통은 해명되지 않은 상태이고, 그들의 글자도 일부만 해독되었을 뿐이다.

그들은 그 당시 로마인보다도 높은 문화를 가지고 있었고, 로마도 한때는 그들의 지배를 받았다. 에트루리아인의 문화는 오늘날 로마 시의 북쪽 지방에 남아 있는 고분과 도제陶製관, 벽화 등을 통해 알 수 있다.

에트루리아인의 지배 아래서 로마는 경제와 문화 전반에 걸쳐 체제를 정비하였다. 그러나 7대째인 에트루리아계 왕이 정치를 그르쳤고, 그 아들이 로마의 귀부인을 폭행하여 자살하게 했기 때문에 로마인은 왕과 그 일족을 추방하고 공화 정치를 세웠다. 이때가 기원전 6세기 말이다.

로마에서는 공화제가 되고서도 통령이나 원로원 의원 등 높은 관직은 넓은 토지를 소유한 귀족이 독차지하고 있어서 평민의 불평은 날이 갈수록 더해지게 되었다. 이로써 평민들은 로마와 관계를 끊고 동방 언덕 위에 그들만의 새로운 국가를 세우려 하였다.

이때에 원로원 의원 중 한 명인 아그리파는 평민을 불러 모아 그들에게 '인체의 위 주머니와 손발'의 비유를 말하였다. 손발은 위 주머니만이 맛있는 음식을 먹고 자기들은 일만 시킨다고 불평하였다. 손발은 위 주머니를 굶겨 주려고 음식이 있는 곳에 가지 않았고, 또 음식을 나르지도 않았다. 그 때문에 위 주머니는 굶어 죽게 되었다. 그러자 손발도 기운이 빠져 더 이상 움직일 수 없었다. 그제서야 손발은 위 주머니의 역할을 알게 되었다.

아그리파의 이야기에 평민은 로마에 돌아왔다. 귀족은 평민의 입장을 수호하는 권리를 주기 위해 평민 가운데서 '호민관護民官'이라는 관리를 선발하였다. 이와 같은 일들이 빌미가 되어 '십이표법十二表法'이라는 법률도 제정되었고, 통령 중 한 명은 평민 가운데서 뽑기로 하였다.

시간이 흐르면서 장화 모양을 한 이탈리아 반도를 정복한 로마는 마침내 그 끝에 있는 돌덩어리와 같은 시칠리아 섬을 넘보게 되었다. 그러나 그 섬에는 이미 오래 전부터 카르타고가 세력을 펴고 있었다. 로마와 카르타고는 전쟁을 피할 수 없게 되었다. 로마인은 카르타고를 '포에니(페니키아인)'라고 불렀기 때문에 이 전쟁을 '포에니 전쟁'이라고 한다.

북아프리카에 위치한 카르타고는 기원전 814년부터 146년까지 약 700년 동안에 걸쳐 존재하였다. 카르타고라는 나라 이름은 셈어인 '카르티 데슈트(새로운 도시)'에서 유래하였다. 원래 이 국가를 건설한 것은 페니키아인이었다. 그들은 지중해에 식민지를 건설했는데, 그중 하나가 카르타고였다. 지중해의 해상 무역으로 번영한 카르타고에 대해 로트는 그의 저서 《카르타고》

에서 이렇게 말하고 있다.

"그들의 상품은 아프리카의 곡창지대에서 수확되는 여러 가지 곡물류와 이베리아의 광산물을 비롯하여 리바라와 기타 이탈리아의 '장화 끝'에 있는 섬들의 수지, 아크라가스의 유황, 코르시카의 납·벌꿀·노예, 바레아레스 여러 섬의 가축, 각지의 특산물인 포도주·염료·향수·무화과, 짐승의 가죽 등 실로 잡다하였다."

카르타고는 본국인 페니키아가 쇠퇴한 후에도 계속해서 발전하여 서지중해 제일의 해군을 가진 상업국이 되었다. 그 부는 로마를 능가하여 '지중해의 여왕'이라고 일컬어졌다. 카르타고의 약점은 국가의 구조에 있었다. 소수의 귀족이 정치를 차지하여 평민과 원주민을 억압했고, 군대는 주로 외인을 고용하였다. 이에 비해 로마는 귀족과 평민 사이의 갈등도 해소되고, 애국심에 불타는 자유농민이 중심을 이루었기 때문에 군사력에서는 로마가 우세하였다.

포에니 전쟁은 기원전 264년에서 전 146년 사이에 3차에 걸쳐 일어났다. 그중 제2차 포에니 전쟁 때는 카르타고의 명장 한니발이 활약하여 로마군을 크게 물리쳤다. 전쟁의 천재 한니발은 전투마다 로마군을 격파하고, 기원전 216년 칸네의 전투에서는 5만의 병력으로 8만 병력의 로마군을 포위하여 전멸시켰다.

그러나 기원전 202년, 자마의 전투에서 한니발은 로마의 장군 스키피오에게 패하였다. 전력의 열세도 한 가지 원인이었지만, 그보다는 한니발에 대한 정적들의 모함 때문에 제대로 싸울 수 없었기 때문이었다.

한니발은 로마 관헌의 추격을 받다가 기원전 183년에 스스로 독약을 마셨다. 천하를 가르는 대전쟁은 로마의 승리로 끝났다. 로마는 기세를 몰아 카르타고 본국도 공격하여, 기원전 146년 마침내 카르타고를 함락시켰다. 카르타고는 17일 동안 화염에 휩싸였다.

로마는 다시 동쪽의 마케도니아와 시리아 등도 차례로 정복하고, 마침내 지중해를 내해內海로 삼는 대제국을 건설하기에 이르렀다.

"주사위는 던져졌다!"
율리우스 카이사르(기원전 100~44년)

　전쟁에 패배한 나라의 비참함은 말할 나위도 없지만, 승전국이라고 해서 좋은 일만 벌어지는 것은 아니다. 과연 로마는 카르타고를 비롯해 많은 나라들을 정복하며 지배하에 두었고, 그곳으로부터 엄청난 부가 흘러들어 왔다. 그러나 전쟁에서의 승리로 부를 차지하게 된 것은 로마인 중 극히 일부 유력자들뿐이었다.

　반면 중소 농민층은 몰락하여 일자리를 찾아 수도 로마로 밀려들어 왔다. 그들이 정부와 정치가에게 요구하는 것은 토지와 일자리가 아니라 '빵과 서커스를 보여 달라'는 것이었다.

　로마의 서커스란 것은 경기장(콜로세움)에서 행해지는 온갖 경기를 말한다. 콜로세움은 넓은 원형경기장으로, 수만 명의 구경꾼을 수용할 수 있었다. 경기 종목으로는 여러 가지가 있었는데, 특히 사람들끼리 무기를 들고 싸우는 투기鬪技와 맹수와 사람이 벌이는 격투가 로마 시민에게 절대적인 인기가 있었다. 그와 같은 목숨을 건 승부를 하는 것은 주로 노예 신분인 검투사들이었다.

　로마의 노예는 전쟁 포로로 잡혀온 이민족 사람들이 많았기 때문에 그리스의 노예들과는 달리 다루기가 힘들었다. 그들은 마소처럼 혹사를 당하였다. 이러한 대우를 견디다 못해 노예들은 자주 반란을 일으켰다. 그중에도 검투사인 스파르타쿠스의 인솔 아래 수만 명이 일으킨 반란은 그 규모가 커서 2년 동안 계속되었다. 그 이후로 '노예의 수만큼 적이 있다'고 하는 속담까지 생겨나게 되었다.

중소 농민층의 몰락과 노예들의 반란은 로마 사회를 안에서 무너뜨리는 결과를 가져왔다. 이와 같은 사회 현실을 우려한 그라쿠스 형제가 호민관으로 선출되면서 개혁에 착수했으나 실패로 끝나고 말았다. 결국 3명의 장군 폼페이우스, 카이사르, 크라수스는 제1회 3두정치를 결성하였다. 그들은 원로원으로부터 정치의 대권을 접수하고, 로마 영토를 나누었다.

그중 카이사르(전 100~44)는 갈리아(프랑스와 벨기에)를 분할받고 그곳으로 가서 미개하고 거친 갈리아인과 싸워 갈리아 전체를 평정하였다. 그 사이에 크라수스(전 114~53)는 동방의 강대국 파르티아와 시리아에서 싸우다가 패해 죽었다. 한편 폼페이우스(전 106~48)는 그 무렵 로마에 머물며 지중해의 해적을 토벌해 힘과 명성을 얻고 있었다.

카이사르의 인기가 오르자 폼페이우스는 원로원과 손잡고 카이사르와 그 군대를 해체시키려 하였다. 카이사르는 소수의 군대를 인솔해 이탈리아의 루비콘강 북안에 도착하였다. 루비콘강은 갈리아와 로마의 본 영토 이탈리아와 경계를 이루는 강으로서, 군대를 거느리고 이 강을 건너면 국법을 어긴 모반자가 되는 것이었다. 카이사르는 맞은편 강변을 바라보다가 마침내 결심하고는 진군의 나팔을 울리게 하였다.

"주사위는 던져졌다!"

카이사르와 그의 군대는 일제히 강을 건넜다. 기원전 49년 1월의 일이다. 일단 결심하고 나자 카이사르는 번개처럼 재빠르게 행동하였다. 폼페이우스는 카이사르와 싸움 한 번 해보지 못하고 그리스로 도망갔다.

카이사르는 로마 시에 입성하여 시민을 안심시키고 나서 그리스로 향하였다. 그리스에서 폼페이우스는 대군을 거느리고 카이사르와 접전을 벌였으나 패하였다. 폼페이우스는 이집트로 도주했지만 곧 암살당하고 말았다.

악티온 해전에서 안토니우스를 무찌른 옥타비아누스를 새긴 보석. 황제를 바다의 신 넵튠으로 표현한 것은 그의 가호로 승리한 것이라 생각했기 때문이다.

폼페이우스의 뒤를 쫓아 이집트에 온 카이사르는 이 나라의 왕위다툼에 뛰어들어 미인이며 머리가 영리한 클레오파트라(전 69~30)를 도와 여왕에 오르게 하였다. 이어 카이사르는 소아시아로 가서 반란을 평정하였다. 그때 로마에 알린 승전 소식이 그 유명한 "나는 왔노라, 보았노라, 이겼노라"의 세 마디 말이다. 그는 다시 스페인과 아프리카에서 폼페이우스의 잔당을 소탕하였다.

카이사르의 실권은 거의 왕권과 같았다. 공화정의 전통을 수호하려는 사람들은 독재자 카이사르를 제거하려는 음모를 꾸몄다. 이 음모에 앞장선 카시우스는 로마 시민들로부터 정의의 사람으로 존경과 신뢰를 받고 있는 브루투스를 끌어들였다.

기원전 44년 3월 15일, 카이사르는 동방 원정을 앞두고 원로원을 소집하였다. 원로원 의사당에서 대기 중이던 음모파 중 한 명이 카이사르의 겉옷

소매를 잡아당겼다. 그것을 신호로 40여 명의 사람들이 일제히 단검을 휘두르며 카이사르에게 달려들었다.

카이사르는 손에 쥐고 있던 지휘봉을 무기로 용감하게 방어하였다. 그러나 그가 사랑해 마지않던 브루투스가 달려드는 것을 보고는 "브루투스, 너마저도?"를 내뱉고는 겉옷을 뒤집어쓰고 저항을 멈추었다. 그는 온몸에 스물세 군데의 상처를 입고 폼페이우스의 조각 앞에 피투성이로 쓰러졌다.

카이사르가 살해당한 후 그의 양자인 옥타비아누스(전 63~후 14)는 카이사르의 부하 안토니우스(전 82~30)와 함께 원로원을 해체하고, 레피두스 장군을 끌어들여 제2회 3두정치를 시작하였다. 그러나 안토니우스는 이집트의 여왕 클레오파트라와 손을 잡았고, 옥타비아누스는 서방 로마를 근거지로 하여 그와 대립하게 되었다.

기원전 31년, 그리스 서해안의 악티온 해전에서 옥타비아누스는 안토니우스를 무찔렀다. 그 다음해에 안토니우스는 자살했고, 클레오파트라도 독사에게 자기 몸을 물게 하여 스스로 목숨을 끊었다.

십자가에 못 박힌 사람
예수 그리스도(기원전 4년경~서기 30년경)

'바빌론 유수' 이후 페르시아와 그리스, 로마 제국 등 강대국의 지배 아래 놓여 있던 유대인은 이사야와 에스겔, 그리고 다니엘 등의 예언자를 통해 메시아가 와서 모든 백성을 고통으로부터 구해줄 것이라는 예언의 말을 듣고 기대에 차 있었다.

이 '메시아 사상'은 메시아의 출현에 의해 이교도가 정복되고 유대인이 지배자가 되어 세계 통일을 달성한다는, 다분히 정치적인 것이었다. 이런 상황에서 등장한 것이 나사렛 사람 예수(전 4경~후 30경)였다.

예수가 탄생한 것은 아우구스투스 황제 때였다. 그 당시 유대에서는 귀족 계급으로서 예루살렘 성전의 대제장 등 높은 지위를 차지하고 있던 사두개인과 모세의 율법을 철저하게 지키는 바리새인이 민중을 지도하고 있었다. 그 무렵 유대 광야에 한 예언자가 등장하였다. 그는 낙타털로 만든 옷을 입고, 메뚜기와 들꿀을 음식으로 삼았다. 그는 찾아온 사람들에게 하나님의 심판의 날이 가까웠으니 지금까지의 못된 마음과 행위를 고치라고 설교하였다. 그리고 그 표지로 요르단강에서 사람들에게 세례를 주었다. 사람들은 그를 '세례 요한'이라고 불렀다.

예수도 세례 요한에게서 세례를 받았다. 예수는 유대의 북부지방인 갈릴리 지방 나사렛 마을에서 왔다. 그는 하나님 나라가 가까운 것을 기쁜 소식으로 알고 받아들이도록 설교하였다. 그의 첫 설교는 "때가 찼고 하나님 나라가 가까웠으니, 회개하고 복음을 믿으라"고 하는 것이었다.

예수는 열두 제자와 함께 유대 각지를 다니며 설교하였다. 그는 모든 율법 가운데 첫째 되는 것이 무엇인가 하는 질문에 이렇게 대답하였다.

"첫째는 이것이니, '이스라엘아 들으라! 주, 곧 우리 하나님은 유일한 주이니라. 네 마음을 다하고 목숨을 다하고 뜻을 다하고 힘을 다하여 주 너의 하나님을 사랑하라'하신 것이요, 둘째는 이것이니, '네 이웃을 네 몸과 같이 사랑하라'하신 것이라. 이에서 더 큰 계명이 없느니라."(막12 : 29~31)

예수는 당시의 번거롭고 수많은 율법을 둘로 정리한 것이다. 그의 교훈의 특색은 부유한 자뿐 아니라 가난한 사람들에게도 깊은 위로와 희망을 준다는 내용이었다. 그러나 형식주의에 빠져 있던 유대교 지도자들에 대한 예수의 꾸중은 서릿발 같았다. 그것이 그들의 반발을 사게 되었다.

그는 모세의 율법을 존중했으나, 그것을 형식적으로 지키는 것보다 그 정신을 따르는 일이 더 중요하다고 가르쳤다. 그리고 이웃을 사랑하는 데 그치지 말고 원수까지도 사랑하라고 역설하였다. 그는 이와 같은 설교뿐 아니라 중풍과 간질 등 병으로 고생하는 사람들을 고쳐 주었기 때문에 갈수록 명성이 높아졌고, 많은 사람들이 그의 뒤를 따르게 되었다.

이것을 본 사두개인과 바리새인은 예수를 파멸시키려고 음모를 꾸몄다. 그들은 당시의 로마 총독 빌라도에게 "예수는 자기를 유대인의 왕이라고 선전하며, 로마에 대해 모반을 계획하고 있다"고 고소하였다.

민중도 또한 예수가 가르치는 "하나님 나라는 사람의 마음속에 있느니라"고 하는 말을 이해하지 못해 실망한 나머지 그에게서 등을 돌렸다. 그의 전도 생활은 2년 남짓한 기간에 지나지 않았다.

예수는 유대 지역을 다스리던 로마 총독 본디오 빌라도Pontius Pilatus(?~38경)에 의해 사형 선도를 받고, 예루살렘 교외 골고다 언덕에서 십자가에 못 박혔다. 그는 "나의 하나님, 나의 하나님, 어찌하여 나를 버리셨나이

십자가에 못 박힌 그리스도. 초기 기독교 미술에서는 그리스도가 못 박힌 것이 불명예라 생각해 그런 모습은 거의 나타나지 않는다. 왼쪽에 목을 맨 유다가 보인다. 420년경의 상아 양각.

까?"하고 숨졌다.

그 후 예수의 제자들에 의해 예수의 부활 신앙이 형성되어 예수는 예로부터 약속된 메시아(구세주)가 되었고, 곧 그리스도를 믿는 기독교가 형성되었다. 기독교는 예수의 직계 제자인 베드로와 요한 등을 중심으로 하여 예루살렘에서 시작되었다. 얼마 후 바울이 등장하면서 기독교는 세계적인 종교로 발돋움하게 되었다.

바리새인의 수업을 받은 바울은 처음에는 기독교를 격렬하게 박해했으나, 하나님의 부르심을 받고 마음을 바꾸어 열렬한 기독교 전도자가 되었다. 그는 소아시아, 마케도니아, 그리스 등 여러 곳을 찾아다니면서 유대인보다는 이국인들에게 기독교를 전하였다. 그 결과 기독교는 유대 민족의 종교에서 세계 모든 사람들이 믿는 종교가 되었다. 바울은 그리스도를 전하기 위해 로마에 갔다가 네로의 박해로 그곳에서 순교하였다.

그때 베드로도 로마에 있었다. 극심한 박해 때문에 일단 로마에서 피신하려 하였다. 그는 새벽에 로마를 빠져 나가려다 로마 교외에서 뜻하지 않게 그리스도를 만났다. 그는 그리스도에게 물었다.

"주여, 어디로 가십니까(쿠오 바디스, 도미네)?"

그리스도는 다시 십자가에 못 박히기 위하여 로마에 간다고 대답하였다. 베드로는 그 길로 발길을 돌려 로마에 가 십자가에 거꾸로 못 박혀 순교하였다.

기독교는 온갖 박해를 받으면서도 점차 널리 전해지며 그 세력이 커졌다. 마침내 콘스탄티누스 황제(274경~337)는 313년 밀라노 칙령으로 기독교를 공인하였다.

로마 제국 말기에는 유명한 학자 아우구스티누스(354~430)가 등장하였다. 그는 당시의 거의 모든 사상을 연구한 후에 기독교인이 되어 기독교를 인도하였다. 아우구스티누스의 만년에는 천하무적을 자랑하던 로마 제국도 말기 증세를 드러내며 게르만인의 잦은 침입을 받게 되었다. 싸우면 반드시 승리하던 로마 군대도 이제는 애국심이 없는 속주의 사람이나 게르만인 중에서 고용한 병사가 많았기 때문에 질이 저하된 것이다.

불타는 로마
네로의 기독교 박해(64년)

최초의 박해자 네로 황제(재위 54~68)를 비롯하여 디오클레티아누스 황제(재위 284~305)에 이르기까지 수많은 기독교인이 재판에 회부되고 처형되었다.

네로가 황제이던 64년에 로마 시는 큰 화재로 시가지의 거의 대부분이 불타고 말았다. 백성들 사이에는 로마의 화재는 네로에 의한 방화이며, 네로는 불타는 로마를 보면서 자작시를 읊었다는 소문이 퍼졌다.

네로는 로마 방화는 기독교도의 소행이라고 역소문을 퍼뜨리며, 수많은 기독교인을 잡다가 군중 앞에서 화형에 처하였다. 이것이 로마 정부에 의한 최초의 기독교 박해였다. 다음해인 65년에는 원로원 의원에 의한 정부 전복 음모 사건이 적발되어, 세네카를 비롯한 수많은 지식인도 처형당하거나 자살을 명령받았다.

그 후에도 네로의 공포 정치는 계속되어 68년에는 반反 네로 반란이 일어났고, 네로의 근위병도 그 반란에 가담하였다. 결국 모두에게 버림받은 네로는 이리저리 쫓겨 다니다가 서른한 살의 나이로 자살하였다.

로마는 영토가 넓어지면서 군대의 입김이 점점 강해져 3세기 중엽에는 군

다뉴브강 하구지방에 침입한 게르만인과 싸우는 로마군. 대리석. 3세기. 길이 273cm, 너비 137cm. 로마 델루나 국립박물관 소장.

인 출신 황제가 잇따라 등장하게 되었다. 군인 황제 시대(235~284) 50년 동안에 26명의 황제가 즉위하였다. 그 혼란을 틈타 북에서 게르만인이 침입했고, 동에서 사산조 페르시아의 침입이 날로 거세졌다. 이때 등장한 황제가 디오클레티아누스이다.

그는 달마티아인의 한 병사에서 출세하여 누메리아누스 황제의 호위대장이 되었다. 284년 황제가 암살당하자 군의 추대로 황제가 된 그는 막시미아누스와 갈레리우스 및 콘스탄티우스 등 3명을 부제副帝로 임명하고, 로마 제국의 4분 통치제를 시행하였다.

로마의 재건을 목표로 한 그는 공화정의 잔재를 일소하고, 오리엔트적인 전제군주제를 채용하였다. 군과 관료기구를 강화하고, 속주의 수를 늘려 세분화시켜 엄격하게 지배하였다. 또한 기동성이 뛰어난 새로운 군단을 편성하여 각 도시에 배치함과 동시에 황제의 친위대를 강화하였다.

사산조 페르시아군과 전쟁을 하면서 페르시아 전제군주제를 배운 디오클레티아누스는 자신을 신의 지상 대리자로 규정하고 국민에게 황제 예배를 강요하였다. 페르시아적인 궁정 의식을 채용하고, 신하에게는 땅에 꿇어 엎드리는 경례를 행하게 했으며, 국민 앞에는 그 모습을 나타내지 않았다. 그는 황제 예배를 거부한 마니교를 금지하고, 기독교도에 대해서는 대대적인 박해를 하였다. 304년, 디오클레티아누스 황제는 중병에 걸려 다음 해에 퇴위하고, 부제를 황제로 승격시킨 후 313년경에 사망하였다.

콘스탄티누스는 디오클레티아누스 황제의 부제 중 한 명인 콘스탄티우스의 아들이다. 그는 성년이 되어 디오클레티아누스 황제를 따라 군 지휘관으로서 페르시아 원정에 참가하여 점차 두각을 나타냈다.

305년, 콘스탄티우스가 서쪽 정제正帝로, 디오클레티아누스의 양자 갈레리우스가 동쪽 정제가 되었다. 다음해에 콘스탄티우스가 사망하자 그 아들인 콘스탄티누스가 서쪽 정제가 되었다. 콘스탄티누스는 그의 실력을 두려워한 갈레리우스에 의해 궁정에 감금되었으나 1년이 채 못 되어 탈출에 성공하여 브리타니아로 도주하였다.

그 후 그를 포함한 5명의 군인이 서로 정제라고 말하며 세력다툼을 벌였다. 그중 3명이 타도되고, 남은 콘스탄티누스와 리키니우스가 정제 자리에 올랐다. 그러나 두 영웅이 병립할 수는 없는 법이어서 다시 전쟁이 일어났고, 콘스탄티누스는 리키니우스를 사로잡아 처형하였다(324년).

이와 같은 피비린내 나는 권력투쟁을 겪고 콘스탄티누스 황제는 제국을 통일하게 되었다. 황제 자리를 놓고 전투가 치열할 때 콘스탄티누스는 전장의 하늘에서 빛나는 십자가와 '이것에 의하여 승리하라'는 글귀가 떠올라 있는 것을 보게 되었다. 그는 그것을 보고 그리스도의 가호를 입고 있다는 신앙을 갖게 되었고, 전투에 임해 승리를 얻었다. 이전까지 태양신을 믿었던 그는 이후 열렬한 기독교도가 되었다.

한편 모진 박해 속에서도 기독교도의 수는 점점 증가하였다. '교회(에클레시아)'의 성립으로 신도의 조직과 단결은 더욱더 굳어졌고, 카타콤이라는 지하묘지에 모여 신앙을 굳게 지켰으며, 순교는 더욱더 기독교를 확산하는 결과를 가져왔다. 이런 상황에서 콘스탄티누스 대제는 제국의 질서와 평화 유지를 위해 313년에 밀라노 칙령을 공포하여 기독교를 공인하고 자신도 기독교로 개종하였다.

기독교 공인과 더불어 콘스탄티누스 황제는 기독교의 문제로 대립에 휘말리게 되었다. 특히 아타나시우스의 '아버지 하나님과 아들 그리스도와 성령은 동일하다'고 하는 삼위일체설과 아리우스의 '그리스도는 아버지 하나님의 피조물이다'라고 하는 주장의 대립은 매우 심각하였다.

콘스탄티누스 황제는 이 대립이 제국의 통일을 혼란하게 할 것을 두려워하여 325년 소아시아의 니케아에서 공회의를 열었다. 그 회의에서 삼위일체설을 정통으로 인정하고, 아리우스파를 이단으로 규정하였다. 그 후 삼위일체설은 정통 신앙으로 확립되었고, 아리우스파는 게르만인 사이에 널리 퍼졌다.

콘스탄티누스는 330년, 수도를 로마에서 비잔티움으로 옮기고, 자신의 이름을 따서 콘스탄티노플이라 개칭하였다. 이것은 경제와 정치 및 방위의 중심이 이미 동방으로 옮겨간 것에 대응하는 조처였다.

콘스탄티누스 대제가 죽은 후에는 로마 제국의 해체가 급격히 진행되었다. 379년, 동쪽 정제가 된 테오도시우스 황제(재위 379~395)는 즉위 직후 중병에 걸렸다. 그때 아타나시우스파의 기독교로 개종하여 열렬한 신자가 되었고, 다음해인 380년에는 온 국민에게 기독교에의 개종을 명하고, 이교를 금하는 칙령을 발하였다.

390년, 그리스의 테살로니케에서 로마의 수비대장이 폭도에게 암살당한 사건이 있었다. 테오도시우스는 그곳의 시민 7천 명을 학살하였다. 밀라노의 주교 암브로시우스는 그 책임을 물어 황제 테오도시우스를 파문하였다. 테오도시우스는 8개월간 버티다가 참회하였다. 그리스도 교회의 권위가 그만큼 증대하였다는 것을 말해 주는 사건이었다.

테오도시우스는 2년 후인 392년, 제국 안의 모든 이교 신전을 폐쇄하고, 이교를 신앙하는 것은 대역죄에 해당한다고 명하였다. 이로써 기독교는 로마 제국의 국교가 되었다. 그리스 시대부터 계속되어 오던 올림픽 경기도 그리스 신들의 제전이라 하여 394년의 개최를 마지막으로 금지되었다.

'모든 길은 로마로 통한다'
5현제의 팍스 로마나(96~180년)

로마의 정치 제도는 시대와 더불어 변해갔다. 최초에는 왕정이었고, 기원전 6세기 말에는 공화정이었으며, 그 후 포에니 전쟁의 혼란과 스파르타쿠스의 반란으로 대표되는 노예의 반란을 거쳐 카이사르가 등장하면서 독재 권력을 확립하였다. 카이사르가 암살을 당하고 나서 옥타비아누스가 내란을 평정하고 제정이 시작되었다.

천하를 평정하고 로마에 돌아온 옥타비아누스는 로마 시민으로부터 대대적인 환영을 받았다. 원로원은 그를 높여서 '아우구스투스(존귀한 사람)'라는 칭호를 부여하였다. 아우구스투스는 카이사르의 비극을 두 번 다시 반복하지 않기 위해 독재 정치를 회피하고, 원로원과 공동으로 정치를 하기로 하였다. 그 결과 공화정의 관직을 남겨두고, 속주와 원로원을 분리하여 통치하게 되었다. 그렇지만 그는 군권과 외교관계를 비롯하여 황제와 같은 권리를 장악하게 되었다. 그때부터 로마의 제정시대가 시작되었다고 말할 수 있다.

아우구스투스는 40여 년에 걸쳐 정치에 많은 힘을 쏟았다. 도로와 수도를 정비하고, 수도 로마를 아름답고 살기 편한 고장으로 만드는 데 노력을 기울인 그는 "나는 벽돌이던 로마를 인계받아 대리석의 로마를 남겼다"고 말하였다. 로마 시의 인구는 100만 명에 이르렀고, 그 당시 세계 제일의 도시로서 이 세상 종말의 날까지 멸하지 않는 '영원한 도시'로 믿어질 정도였다.

로마 제국의 영토는 동은 유프라테스강에서 서는 대서양 해안, 북은 도나우(다뉴브)강, 남은 사하라 사막에 이르는 넓은 세계가 되었다. 그러나 북방 게르마니아 지방에는 용감한 게르만인이 살았다. 그들은 로마 정예부대를 몰살시키는 등 좀처럼 로마인에게 정복당하지 않았다. 이 사실은 후대 역사를 이해하기에 중요하다.

'모든 길은 로마로 통한다.'

이 말은 17세기의 프랑스 작가 라 퐁텐의 〈우화〉에 맨 처음 나온 것으로 알려져 있다. 로마와 길은 서로 떨어질 수 없는 관계를 가지고 있다.

기원전 8세기에 라틴인이 세운 도시 국가 로마는 그 후 급속하게 영토를 확대하여 지중해를 에워싸는 대제국으로 발전하였다. 이 확대에 큰 역할을 수행한 것은 군대였다.

초기의 로마 군대는 로마 시민(특히 평민)으로 구성되어 있었다. 그들은 평시에는 농업에 종사했고, 전시에는 병사로 활약하였다. 중장비 보병이라는 주력 군단은 장창과 쌍날 단검을 가지고, 갑옷과 큰 방패로 무장하였다. 역사가 요세푸스의 기록에 따르면 '그들은 흡사 무기가 몸의 한 부분인 것처럼 싸웠다'고 한다.

로마군에는 공병대도 있었다. 그들의 임무는 점령지와 로마를 잇는 도로를 만드는 일이었다. 이 공병대가 닦은 길은 실로 견고하였다. 우선 지면을 1, 2m 파내려가 그 위에 모래를 깔고 롤러로 다졌다. 다시 그 위에 30cm 정도의 자갈을 깔고, 또 그 위에 주먹만한 돌을 깔고, 그 위에 다시 호두알만한 자갈을 깔았다. 그 자갈은 몰타르로 접합되어 틈새가 전혀 없었다. 돌 위에는 또다시 자갈과 모래를 깔았고, 끝으로 크고 평평한 돌을 깔았다.

로마인은 '길은 직선으로 만들어야 한다'는 신념을 가지고 있었다. 길이 직선이 되게 하기 위해서 산에 굴을 뚫기도 했고, 골짜기에 높은 다리를 놓는 어려운 공사를 벌이기도 하였다.

이렇게 닦은 길의 전체 길이는 3세기 말의 자료에 따르면 85,000km에 이

전투에 패한 적병을 용서하는 마르쿠스 아우렐리우스 황제상. 게르만인과 달마티아인에게 승리를 거둔 기념으로 세운 아우렐리우스 개선문의 부조. 로마 카피톨리노 미술관 소장.

른다. 길이를 보면 그 규모가 얼마나 컸는가를 짐작할 수 있다. 이와 같은 도로 건설은 광대한 영토를 지배하기 위해 행해졌다. 또한 병사들에게 일거리를 주어 그들이 반란을 일으킬 생각을 하지 못하게 하는 목적도 있었다.

옥타비아누스가 제정을 시작한 것은 기원전 27년의 일이다. 그 후 200년 동안 로마 세계는 국내적으로 평화를 누릴 수 있었다. 이것을 '팍스 로마나(로마의 평화)'라 한다.

5현제賢帝 중 한 명인 트라야누스 황제 때에 영토는 가장 확대되었다. 지중해 일원은 말할 것도 없고, 멀리 브리타니카(지금의 영국)와 티그리스강 및 유프라테스강 유역까지 그들의 지배 아래 두었다.

이와 같은 로마 시대의 모습을 그대로 보존하고 있는 곳이 폼페이의 유적이다. 이 도시는 예전에는 나폴리 만을 앞에 두고 뒤로 8km 되는 지점에 베수비오 화산이 솟아 있는, 인구 2만여 명의 아름답고 부유한 도시였다. 건물들 대부분이 유흥 시설이었고 또 부자들의 별장이었다.

그러나 이 환락의 도시는 79년 8월 2일 한낮에 갑자기 터진 베수비오의 대분화 때문에 눈 깜짝할 사이에 화산재에 묻혀 죽음의 도시가 되고 말았다. 이 도시는 18세기에 이르러 우연히 발굴되어 예전의 모습을 드러내게 되었다.

폼페이에는 신전, 관공서, 공중 욕탕, 극장, 경기장 등 이외에 부자와 서민들의 주택과 가게들이 고스란히 남아 있다. 어느 부자의 저택 정원의 분수는 예전처럼 기운차게 물줄기를 뻗고 있으며, 또 술집 구석에 진열되어 있는 술항아리에는 맛 좋은 포도주가 그대로 남아 있기도 하여 이 도시의 활동이 정지되던 순간의 상황을 말해 주고 있다. 도로는 돌로 포장되었고, 차도와 인도의 구별이 있으며, 곳곳에는 건널목이 설치되어 있기도 하였다. 수도 설비는 시가지 전체에 걸쳐 완벽하게 되어 있는 휴양 도시였다.

어느 집 마루에는 모자이크로 그린 개가 있으며, 거기에는 '개조심'이라는 글이 씌어 있기도 하다. 벽신문은 그리스어와 라틴어, 그리고 이 지방의 언어인 오스칸어도 사용되고 있다. 벽신문에는 선거와 상품 광고, 공연물 예고뿐아니라 낙서도 있고, 사람을 욕하는 말과 소문도 적혀 있다.

어느 집 식당에는 나그네가 지켜야 할 에티켓이 조항별로 적혀 있어서 그 집주인의 깔끔한 성격을 말해 주고 있기도 하다.

"첫째, 테이블보를 더럽히지 마시오. 둘째, 여성 얼굴을 보는 일에 넋을 잃지 마시오. 셋째, 말다툼을 하지 마시오. 넷째, 이상의 사항을 지킬 수 없는 사람은 어서 썩 나가시오."

로마의 위대함은 한갓 무력에 의한 대통일 사업에만 있었던 것은 아니다. 세계 제국을 기반으로 하여 쌓아올린 문화의 전통은 2,000년의 역사를 통해 영원한 생명을 지니고 있다. 19세기 로마 법학자 예링은 이렇게 말한 바 있다.

"로마는 세 번 세계를 통일하였다. 최초는 정치적으로 통일했고, 두 번째는 기독교로 통일했으며, 세 번째는 로마법으로 통일하였다."

로마는 유사 이래로 다른 민족과 문명이 대립한 동지중해, 서지중해, 오리엔트의 3대 세계를 하나의 통일된 제국으로 조직하였다.

또한 그리스 문화는 로마에 의해 계승되고 지중해 세계 전체에 보급되었다. 제국의 동부는 헬레니즘 문화의 전통이 뿌리 깊게 보존되었고, 그리스어가 공통어로 사용되었으며, 중세의 동구 문화(비잔틴 문화)는 이 기반 위에 성립되었다. 제국의 서부에서는 카이사르의 갈리아(프랑스) 정복 이래로 라틴 문화가 서쪽으로 전달되어, 그 기반 위에 유럽이라는 새로운 세계가 탄생하였다.

그리고 제국 쇠퇴기에 권력과 손잡고 로마 정신계를 통일한 기독교는 고전 문명과 융합하면서 가톨릭 교회의 조직을 배경으로 하여 오랜 기간 동안 유럽 정신계를 지도했고, 서구 문명의 성립에 결정적인 영향을 주었다. 또한 로마법은 온 제국의 주민을 여러 세기 동안 그 법 체계 아래서 통치하여 법률 역사에서 사라지지 않을 업적을 남겼다. 그 성과는 중세 유럽 여러 나라에 계승되어 근세까지 불멸의 생명을 보존하고 있다.

분열된 대로마 제국
로마 제국, 동서로 분열(395년)

　강대한 로마 제국도 4세기에 접어들면서 곳곳에서 말기 증상을 보이기 시작하였다. 그 첫째가 반란이었다. 반란의 원인은 로마 지배층의 사치와 하층민에게 부과된 무거운 세금, 하층민의 반항을 억누르기 위한 군대의 확장에 따른 것이었다.

　3세기 말에는 속주 갈리아에서 '바가우다에Bagaudae의 반란'이 발생하였다. 켈트어로 '투쟁하는 사람(=투사)'이라는 의미의 이 반란은 갈리아 전역에 미쳤고, 한때는 독립 정권이 수립되기도 하였다.

　원래 로마의 번영은 전쟁에서 차지하게 된 노예에 기초한 것이기 때문에 노예를 더 이상 얻을 수 없게 되자 경제 전체가 막히게 되었다.

　역으로 보면 노예를 대량으로 수입해도 그 값이 폭락하여 경제는 혼란을 일으키게 된다. 또한 농업 생산을 담당하는 노예가 '야만인' 세계에 의존한다는 것은 곧 '야만인'이 로마 제국 안으로 침투하는 것을 허용한 것이 된다. 이 '야만인'에는 당연히 게르만인도 포함된다.

　로마에 대한 게르만족의 침입은 그치지 않았다. 3세기에는 다뉴브강 하류에 고트인이 나타났고, 라인강 지방에는 프랑크인과 삭소니아인이 등장하였

게르만인 용병대장 오도아케르와 동고트 왕 테오도리크와의 전투를 그린 사본식 그림. 12세기. 로마 바티칸 도서관 소장.

다. 그들은 단순히 무력에 의한 침입만이 아닌, 개별적으로 또는 평화적인 방법으로도 침투하기 시작하였다.

4세기가 되면서 로마 제국 영토 안으로 이동한 것은 콜로누스(소작인)로, 로마인 지주에게 고용되거나 또는 용병으로서 로마군에 편입되었다. 같은 시기에 동방으로부터는 사산조 페르시아가 로마 국경을 침범하기 시작하였다. 페르시아는 동방의 로마 속주의 반란을 지원하면서 아르메니아 등 속주들을 로마로부터 빼앗아 갔다.

이와 같은 정세에서 4세기 내륙 아시아 유목민의 활동은 세계사에 큰 영향을 주었다. 동아시아에 들어간 부족은 중국에 5호16국五胡十六國을 건설했고, 유럽에서의 훈족 이동은 게르만인의 대이동을 일으켰다.

게르만인은 로마 제국에 농민(라에티)으로 흘러들기도 했고, 동맹 부족으로서 합법적으로 정착하여 살기도 하였다. 또한 로마 군대에도 다수 참가하고 있었다. 4세기에는 로마군 사령관으로서 게르만 출신자가 많이 채용되어, 결국에는 로마군의 주력이 거의 게르만인으로 구성되었다고 해도 과언이 아니었다. 로마 제국에 동화된 게르만인들은 지배층 가운데서도 차츰 확고한 지위를 구축하게 되었다.

로마 제국이 날로 쇠퇴해가던 394년, 테오도시우스 황제(346~395)는 제국을 둘로 나누어 두 아들에게 분할하였다. 그때부터 로마 제국은 동로마와 서로마로 나뉘어졌고, 다시는 하나를 이루지 못하였다. 동로마는 콘스탄티노플을 수도로 하여 중세 말까지 1,000년 동안 이어졌으나, 서로마는 476년 게르만인 용병대장 오도아케르에 의해 멸망의 비운을 맞게 되었다.

게르만인의 침입에 앞서 로마가 동서 양 제국으로 분열한 결과, 서로마가 멸망하고 동로마가 남게 된 이유는 무엇인가. 디오클레티아누스와 콘스탄티누스의 중앙집권에 의한 제국 지배의 강화에도 거리낌 없이, 동서 양 지역이 각각 다른 길을 걷기 시작했기 때문이다.

서방의 속주에서는 계속되는 하층민의 반란 결과 도시는 쇠퇴했고, 자급자족적인 자연 경제가 지배하게 되었으며, 귀족은 농촌에 토착하여 그 영토를 경영하였다. 더구나 인두세와 토지세라고 하는 이중 과세에 의해 징세를 책임진 클리아레스(자작농 소유자)는 민중의 반항 사이에 끼어 그 책임을 포기하고, 자기 토지를 대토지 소유자에게 기증했으며, 무거운 세금에 허덕이는 하층민도 이들 대지주의 비호 아래 들어갔다. 이 같은 대토지 소유제도(라티푼디움) 때문에 자영농이 몰락함으로써 국방과 경제의 기틀을 잃어버린 로마는 자연 쇠퇴의 길을 걸을 수밖에 없었다.

이와는 반대로 콘스탄티노플을 중심으로 하는 동방에서의 도시는 여전히 건재했고, 도시를 중심으로 하는 상공업이 번영했으며, 비록 콜로누스화하기는 했으나 자영 농민이 광범하게 존재해 있었다. 그들은 자신들이 조직하는 농촌 공동체를 통해 국가에 대한 납세 의무를 이행하였다. 여기서도 대지주에 의한 콜로누스화의 현상은 있었지만, 서방에서 보는 것과 같은 봉건화의 길은 걷지 않았다. 이리하여 395년 로마 제국은 동서로 나뉘어 분할 지배할 수밖에 없는 상황이 되었다.

관료 지배로 일관된 체제를 유지한 동방과 계속되는 하층민의 반란, 봉건화한 귀족의 성장으로 혼란이 가중된 서방은 게르만인의 침입에 대응하는 방법도 달랐다. 다뉴브강에서 남하하여 동로마에 들어온 고트인은 반란을 일으킨 속주민의 지지를 받아 한 번은 아드리아노플의 싸움에서 황제 발렌스를 살해하는 대승리를 거두었으나 결국은 격퇴되었다.

그 무렵 다시금 바가우다에의 반란이 일어나 스페인에까지 확대되었다. 이와 같은 속주에서의 하층민 반란은 게르만인의 침입을 쉽게 했고, 마침내 410년에 서고트 왕 알라리크는 노예의 반항에 도움을 받아 영원한 도성 로마를 점령하여 3일간 약탈을 자행하였다.

게르만인은 뒤이어 갈리아와 스페인, 그리고 북아프리카로 옮겨 정착해 독립 정권을 수립했고, 이미 봉건화되어 있던 속주의 귀족은 게르만인 지배층과 결탁하여 하층민의 반란 진압에 나섰다. 그 결과 476년에 서로마 황제 로물루스 아우구스툴루스가 게르만인 용병대장에 의해 폐위되기에 앞서 서로마의 지배권은 이미 사라진 상황이었다.

이리하여 속주 귀족과 게르만인으로 형성된 지배층은 콜로누스를 억압하여 점차 봉건적 관계를 형성하게 되었다. 그러나 여러 세기에 걸친 하층민의 반란과 게르만인의 침입에 의해 서방의 도시는 완전히 쇠퇴하고, 서방에서의 '중세'는 황량한 농촌에서 출발하지 않으면 안 되었다.

한편 게르만인의 침입을 전혀 입지 않은 동로마 제국은 콘스탄티노플을 중심으로 하는 세계 상업 및 상공업 번영 등에 의해 서방보다 훨씬 우위에 서서 고대 문화를 계승하였다. 그러나 여기서도 하층민의 반란이 잦아 중앙 집권 아래 봉건화가 서서히 진행되어 갔다.

로마는 유럽의 역사에 무엇을 남겼는가? 중국의 문자를 한자라고 말하듯이 서유럽의 알파벳은 로마자라고 한다. 로마인이 사용하던 라틴어에서 현대 서구 여러 나라들의 문자와 이탈리아 · 스페인 · 프랑스 등 라틴어 계통의 언어가 생겨났다. 또한 카이사르가 제정한 율리우스력은 1582년 그레고리오력이 생기기까지 서유럽의 기본 달력이 되었다.

또한 로마가 유럽에 남긴 것은 지배의 역사였다. 황제는 로마와 떨어질 수 없는 밀착된 관계였다. 때문에 프랑크의 카를로스는 제위에 올랐을 때 로마 황제라 칭했고, 로마 제국의 부흥을 목표로 삼았다. '로마법'은 유스티니아누스에 의해 집대성되어 후세 유럽에 큰 영향을 주었고, 로마 제국과 결합한 기독교는 '로마 가톨릭 교회'로서 중세 유럽의 정신계를 지배하였다.

제2장
아시아 세계의 발전

WORLD

::아시아 세계의 발전

춘추전국시대

기원전 8세기에 주가 도읍을 낙읍洛邑으로 옮긴 때부터 제후의 독립성이 강해졌다. 제후들은 패자霸者(승자)로서 다른 제후 위에 서려고 다투었다. 이 시대를 춘추 시대(전 770~403)라고 일컫는다.

기원전 5세기 말부터 각지의 제후는 드러내놓고 왕이 되어 영토의 확대와 부강한 군사 국가를 지향하였다. 이 시기를 전국 시대(전 403~221)라고 일컫는다. 이 시대에 제자백가諸子百家라고 일컫는 많은 사상가들이 등장하였다.

공자孔子(전 551경~479)는 인仁과 예禮를 중요하게 여겼고, 맹자孟子(전 472경~289경)는 성선설을 주장하였으나, 순자荀子(전 298경~235경)는 성악설을 주장하였다. 공자를 시조로 하는 학파를 유가儒家라고 일컬으며, 그들에 의하여 《춘추春秋》, 《시경詩經》, 《논어》 등이 편찬되었다.

도가道家인 노자老子와 장자莊子는 무위자연無爲自然을 주장하였고, 법가法家인 한비韓非(?~전 233)와 이사李斯(?~전 210)는 법에 따른 질서 유지를 주장하였다.

그 외에 평등한 사랑을 주장하는 묵자墨子(전 480경~390경), 용병술을 강의하는 병가兵家, 음양의 원리에 따라 천체의 운행과 사회의 본질을 설명하려고 하는 음양가陰陽家 등이 등장하였다.

진의 통일과 한의 성립

전국 시대 7웅七雄인 제齊, 초楚, 연燕, 한韓, 위魏, 조趙, 진秦 중에서 다른 6국을 정복하고 중국을 통일한 것은 진이었다(전 221). 진의 시황제(재위 전 247~210)는 군현제郡縣制를 실시하고, 화폐와 도량형(자·되·저울)과 문자를 통일하여 중앙 집권화에 힘썼다. 또한 법가의 사상을 채용하여 유가를 탄압하였다(분서갱유焚書坑儒). 대외적으로는 베트남 북부까지 영토를 확대하고 흉노를 쫓아냈으며, 만리장성을 완성시켜 유목민이 넘보지 못하게 하였다.

지나친 토목 공사와 급격한 개혁은 사람들의 반발을 사게 되어 시황제가 죽은 후 진승陳勝, 오광吳廣의 난(전 209~208)이 일어나면서 국내는 혼란에 빠졌다. 이윽고 농민 출신인 유방劉邦(전 247~195)(한의 고조, 재위 전 202~195)이 초楚의 항우項羽(전 232~202)와 싸워 이겨 장안長安에 도읍하여 한(전한) 왕조(전 202~후 8)를 수립하였다.

한은 군현제와 봉건제를 합쳐 군국제郡國制를 채택하였다. 그 후 지방 제후에 의한 오초吳楚 7국의 난(전 154)이 발생하였으나, 그것을 누른 후에는 실질적으로 중앙 집권적인 지배 체제를 확립하였다.

그 사이에 몽골 고원의 유목민 중에서 모둔선우冒頓單于(재위 ?~전 174)가 등장하여 오손烏孫과 월지月氏를 누르고, 한까지도 위협하는 큰 세력이 되었다. 한 고조는 흉노에 대하여 화친 정책을 폈으나, 무제武帝(재위 전 141~87)는 반격하여 둔황敦煌까지 이르는 영토를 차지하였다.

또한 무제는 대월지와 동맹하여 흉노를 공격하기 위하여 장건張騫을 서역에 파견하였고, 위만조선衛滿朝鮮(전 190경~108)을 멸하고 낙랑군 등 4군을 설치하였다. 그리고 남월南越(전 203~111)을 정복하여 진이 잃었던 영토를 회복하였다.

무제는 원정 비용을 마련하기 위하여 균수법均輸法(전 115), 평준법平準法(전 110)을 실시하고, 소금과 무쇠의 전매 제도로 재정 수입의 증가를 꾀하였다. 또한 유학의 이념을 국가 통치의 기본으로 정하기 위하여 동중서董仲舒(전 176경~104경)의 건의에 따라서 유학을 장려하였다. 역사서의 편찬 사업도 하여, 사마천司馬遷(전 145경~86경)이 기전체紀傳體 통사通史인《사기史記》를 저술하였다.

전한에서 후한으로

무제가 죽은 후 환관과 외척이 대립하였고, 외척인 왕망王莽(재위 8~23)이 황제가 되어 신申 왕조(8~13)를 세웠다. 그러나 농민의 반란인 적미赤眉의 난

(18~27)이 터졌고, 지방의 세력가들이 실권을 쥐게 되었다.

이에 한 왕조의 혈통을 이은 유수劉秀(=광무제, 재위 25~57)가 신을 멸하고 한을 다시 일으켜(후한, 25~220) 낙양洛陽에 도읍하였다.

북흉노를 쳐부수고 서역 도호都護에 임명된 반초班超(32~102)는 부하 감영甘英을 로마 제국에 파견하려 하였다. 이리하여 중앙아시아에서 서아시아에 이르는 실크로드를 이용한 동서 교역이 활발해졌다. 중국에서는 견직물이 대표적인 수출품이었고, 채윤蔡倫(?~107)은 종이 만드는 법을 개량하여 종이가 널리 쓰이게 되었다.

불교의 탄생과 발전

불교는 BC5세기 무렵 인도의 고타마 싯다르타(전 563경~483경)가 창시하였다. 불교는 바르다마나(전 549경~180경)가 창시한 자이나교와 같이 개인의 삶의 방법을 되묻는 종교이다.

BC4세기 말 마우리아조(전 317경~180경)의 찬드라굽타(재위 전 317경~296경)가 북인도 전역을 지배하는 대제국을 세웠다. 제3대 아소카왕(재위 전 268경~232경)은 불교 경전을 편찬하였고, 각지에 돌기둥과 마애비磨崖碑를 세웠으며, 도의에 터를 둔 정치 이념을 실현하였다. 1세기에는 중앙아시아의 대월지大月氏가 쇠약해지고 쿠산조(1~3세기)가 강대해져서 서북 인도까지 그 세력을 뻗쳤다.

불교는 카니슈카왕(재위 130경~170경) 때에 전성기를 맞이하여 간다라 미술이 발전하였다. 이 무렵에 불상 조각이 시작되었고, 중생의 구원을 주장하는 대승 불교가 형성되었다.

한편 데칸 고원에서는 사타바나하조(전 1세기~후 3세기)가 BC1세기 무렵부터 인도양 무역을 배경으로 하여 번영하였다.

동남아시아 문명의 형성

1~2세기에 기름진 땅 메콩강 델타 지대에 인도 문화의 영향 아래 부남扶南 (1~7세기) 국가가 일어나 번영하다가, 7세기에 쿠메르인이 부남을 병합하여 쿠메르 왕국(6~12세기)을 세웠다.

2세기 말 참인은 베트남 중부에서 남부에 걸쳐 참파(임읍林邑, 7~17세기)를 세웠다. 7세기 이후 말래카 해협을 중심으로 스리비자야 왕국이 세력을 뻗쳤다. 이 무렵에 힌두교와 불교가 인도에서 전래하여 9세기에 자바 섬에 보로부두르 사원이 건조되었다.

인도차이나 반도 북부에서는 10세기에 이조李朝(=대월大元, 1010~1225)가 건국되어 불교와 유학을 존중하였고, 이라와디강 유역에서는 미얀마인이 파간조(1044~1287)를 세워 상좌부 불교 신앙을 장려하였다. 12세기에는 쿠메르인이 앙코르와트를 건축하며 전성기를 맞이하였다.

인도 문명의 발전

4세기 초에 찬드라굽타 1세(재위 320~335경)가 굽타조(320경~550경)를 세워 북인도를 지배하였다. 굽타조 때에 칼리다사(5세기)의 희곡 '샤쿤탈라' 등 산스크리트 문학이 발달하였고, 석굴 사원의 벽화와 불상 조각 등 불교 미술이 발전하였으며, 또한 수학, 천문학, 의학, 약학 등 자연과학도 발달하였다.

이 무렵에 힌두교가 형성되면서 2세기 무렵에는 《마누 법전》이 편찬되었고, 힌두교도의 경전인 2대 서사시 '마하바라타'와 '라마야나'가 4세기 무렵까지에는 완성되었다.

인도 문명의 발전에 따라서 브라만을 정점으로 하는 신분 질서가 고정화되어 카스트 제도가 형성되었고, 최하층인 수드라는 사원에 출입조차 할 수 없는 차별을 당하며 비참한 경우에 놓였다.

:: 중동 세계의 확대

사산조 페르시아

이란 고원에서는 3세기 초에 파르티아를 정복하고 사산조 페르시아 (226~651)가 지배자가 되어 관료 제도를 정비하고 조로아스터교를 국교로 정하여 이란 민족 문화 부흥에 힘썼다.

조로아스터교의 경전 《아베스타》는 이 무렵에 편찬되었다. 3세기에는 마니교가 일어나 각지에 전파되었으나 그 후 이단으로 규정되었다.

샤푸르 1세(재위 241~272)는 로마 황제 발레리아누스(재위 253~260)를 포로로 하여 영토를 확대하였다. 6세기에는 호스로 1세(재위 531~579)가 유목민 에프탈을 멸하고, 비잔틴 제국을 압박하여 영토를 확대하였다.

7세기에 아라비아 반도에 이슬람교가 일어나 서아시아의 사정은 급변하였다. 사산조는 642년에 니하반드의 전투에서 이슬람 세력이 패하여 651년에 멸망하였다.

이슬람교의 성립

7세기 초에 메카의 상인 무함마드(570경~632)는 유일신 알라의 가르침(이슬람 교)을 설교하기 시작하였다. 그는 메카의 유력자들로부터 박해를 받아 메디나로 이주하였다(헤지라, 622). 이 해가 이슬람 달력으로는 기원 원년이 되고 있다. 그 후 무함마드(마호메트)는 메카를 공략하여 이슬람교는 아라비아 반도 전역에 퍼졌다.

이슬람교 아래 단결한 아라비아의·유목민은 대외 전쟁에 따른 영토 확대에 나섰다. 그들은 동으로는 사산조 페르시아를 정복하고 서로는 비잔틴 제국의 시리아, 이집트에서 이베리아 반도에 이르는 넓은 지역을 빼앗았으며, 비잔틴 제국의 수도 콘스탄티노플을 포위 공격하였다(673~678).

이슬람교의 발달

아시아와 아프리카, 그리고 유럽에 걸쳐 대제국을 형성한 이슬람 교도에 의하여 지중해도 지배되기에 이르렀다. 이슬람 교도는 정복지의 이교도에 대하여 개종을 강요하지 않고, 주민세와 토지세를 납부하면 자치를 인정하는 방침을 시행하였다. 하지만 이슬람교는 빠르게 정복지에 퍼졌다. 그와 아울러 '쿠르안(코란)'의 언어인 아라비아어가 공통어가 되었다.

무함마드가 죽은 후 예언자의 대리로서 칼리프가 유력자 가운데서 선출되어 정치와 종교 양면의 지배자가 되었다. 제4대 칼리프인 알리(재위 656~661)가 암살당한 후 무아위야 1세(재위 661~680)가 칼리프가 되어 다마스쿠스를 수도로 정하였다.

그 후 그의 일족이 세습적으로 칼리프의 지위를 이으며 옴미아드조(661 ~750)를 세웠다. 이에 대하여 알리 가계의 정통성을 주장하는 자는 분파(시아)라고 일컬어지며, 정파(순나)와 구별되며 옴미아드조로부터 호된 탄압을 받았다.

아바스조의 성립

시아파는 옴미아드조를 부정하고 옴미아드조 타도 운동을 벌였다. 하심가의 일족 아바스 가는 호라산에서 승리하여 이라크로 들어가 아루 알아바스(723경~754)를 새 칼리프로 추대하여 아바스조(750~1258)가 열렸고, 제2대 칼리프 때 수도를 바그다드로 옮겼다. 제5대 칼리프 하룬 알라시드(재위 786~809) 시대에는 바그다드가 이슬람 문화의 중심지가 되었다.

한편 옴미아드조의 일족은 코르도바로 피신하여 후옴미아드조(756~1031)를 세웠다. 그 후 이란에서는 사만조(874~999), 브와이흐조(932~1055)가, 북아프리카에는 파티마조(909~1171)가 독립하였다. 이 무렵 유목민인 투르크인은 처음에 노예병(마믈루크)이었으나, 곧 가즈니조(962~1186), 셀주크조(1038~1157)를 세워 서아시아의 지배자가 되었다.

이슬람 문화의 형성

이슬람교에서는 우상 숭배를 금하였기 때문에 조각과 회화는 발달하지 못하였으나, 모스크 건축과 아라베스크는 발달하였다. 그리스와 이란의 문헌이 아라비아어로 번역되어 철학, 논리학, 의학, 천문학이 발달하였다.

또한 중국에서 제지법이 전해지고 인도 숫자가 쓰이면서 연금술이 성행하여 수학과 화학이 눈부시게 진보하였다. 이븐 시나(아비세나, 980~1037)와 이본 루시드(아베로에스, 1126~1198) 등의 저작은 유럽 학문에도 큰 영향을 주었다.

문학에서는 《아라비안나이트》가 형성되었다. 또한 이란에서는 피르두시(934~1025)의 이란 민족 서사시 '샤나메(=왕서王書)', 우마르 하이얌(1048~1131)의 '루바이야트(=4행시)' 등이 창작되었다. 또한 대여행가 이븐 바투타(1304 ~1377)의 《3대륙 여행기》와 역사가 이븐 할둔(1332~1406)의 《역사서설》등이 저작되었다.

투르트인과 몽골인

셀주크조의 투그릴 베그(재위 1038~1063)가 바그다드에 입성하여 아바스조의 칼리프로부터 술탄의 칭호를 받고 정치상의 실권을 쥐게 되면서 칼리프는 종교적인 권위만 가지게 되었다.

셀주크조의 침입을 겁낸 비잔틴 황제의 요청으로 유럽 제후들이 편성한 십자군이 예루살렘을 점령하였고(1099), 지중해 연안을 일시적으로 점령하였다. 그러나 예루살렘은 100년이 못 되어 아이유브조(1169~1250)의 살라딘(재위 1169~1193)에 의하여 탈환되었고(1187), 십자군은 곧 시리아 지방에서 완전히 격퇴되었다(1291). 그 무렵에 마그리브 지방에서는 유목민인 베르베르인(무어인)이 무라비트조(1056~1147), 이어 무와히드조(1130~1269)를 세웠다.

한편 몽골을 통일한 칭기즈 칸(재위 1206~1227)은 중앙아시아의 동서 교역로를 제압하였다. 그가 죽은 후 바투(1207~1255)가 이끄는 몽골군은 동유럽까지 원정하여 킵차크 한국汗國을 세웠다. 또한 중앙아시아에는 몽골 제국의 지배 아래 차가타이 한국이 성립되었다.

그 사이에 이집트에는 마믈루크조(1250~1517)가 성립되어 십자군과 몽골의 침공을 격퇴하였다. 12세기 무렵부터 해상 무역이 발달하여 수도 카이로는 인도양과 지중해를 맺는 무역의 중계지로 번영하였다.

이란과 투르크

14세기에 몽골인의 한국이 쇠퇴하면서 티무르(재위 1370~1405)는 차가타이 한국과 일 한국을 멸하고, 앙카라 전투에서 오스만군을 격파한 후 킵차크 한국을 공격하여 대제국을 세웠다. 티무르 제국(1370~1507)의 수도 사마르칸드는 동서 교역의 요충지로서 번영하였다.

우즈베크인에 의하여 티무르 제국이 멸망한 후, 이란에서는 사파비조(1501~1730)가 성립되었으나, 아프간군의 침입 등으로 사파비조는 멸망하고, 그 후에 성립한 카자르조(1796~1925)도 러시아의 침입 등으로 평안하지 못하였다.

13세기 말에 소아시아의 투르크인이 세운 오스만 제국(13세기 말~1922)은 비잔틴 제국을 정복하고 칼반 반도에 진출하였다(1453). 잇따라 마믈루크조를 정복하고(1517) 3대륙에 걸친 대제국을 수립하였다.

술레이만 1세(재위 1520~1560) 시대에 육군은 헝가리를 제압하여 빈을 포위하였고(1529), 해군은 프레베자 해전에서 베네치아 등의 함대를 무찔러 지중해 거의 전역을 제압하여 유럽 제후에게 큰 위협을 주었다.

오스만 제국은 지배층의 부패로 세력이 쇠퇴하다가 제1차 빈 포위(1529)에 실패한 후 레반토 해전(1571)에서 패하고, 다시 제2차 빈 포위(1683)에 실패한 후 국력이 점점 쇠약해졌다.

아프리카의 문명

동아프리카에서는 BC9세기 무렵 수단에 쿠시 왕국이 성립되고, BC6세기 무렵에는 제철 기술도 전해졌다. 에티오피아의 아쿠숨 왕국(전 120경~후 572) 은 홍해의 무역을 지배하여 번영하였고, 4세기에는 기독교를 받아들였다.

서아프리카의 니제르강 중류 지역에서는 예로부터 말과 낙타를 이용한 지중해 연안과 수단의 교역이 행해지고 있었다. 4세기에 성립한 가나 왕국(4세기~1076)은 교역으로 번영하여 이슬람교를 받아들였다.

가나가 멸망한 후 13세기에 마리(1240~1473)가, 15세기에는 송가이가 대제국을 세웠다. 서아프리카의 대서양 연안에서도 14~15세기에는 요르바 콩고 등이 왕조가 세워져 독자의 문화를 형성하였다.

∷ 남아시아 세계의 발전

인도의 이슬람 문화

북인도는 12세기 말에 아프가니스탄의 고르조(1148경~1215)에게 정복되어 이슬람 교도의 지배를 받게 되었다. 1206년에 아이바크가 델리에 도읍하여 신왕조(노예 왕조)를 수립하였고, 그 이후 여러 왕조(델리 술탄조, 1206~1526)가 북인도를 지배하였다.

14세기에는 데칸 고원에도 이슬람의 지배가 미쳐서 바흐만조(1347~15세기)가 성립되었다. 그러나 남인도에는 비자야나가르조(1336~1649) 등 힌두교도의 왕국이 번영하였다. 그리고 힌두교와 이슬람교의 차이를 초월한 보편적인 신의 존재를 주장하는 무리가 등장하여 그 이념에 따르는 나나크(1469~1538)에 의하여 시크교가 창시되었다.

무굴 제국의 번영

중앙아시아 출신의 바부르(재위 1526~1530)가 북인도에 침입하여 무굴 제국(1526~1858)을 수립하였다. 제3대 아크바르(재위 1556~1605)는 아프가니스탄에서 데칸 고원까지 영토를 넓히고, 힌두 교도를 보호하여 지배의 안정을 꾀하였다.

17세기에는 타지마할 묘廟와 미니어처(세밀화)의 발달 등 인도의 전통과 이란풍 이슬람 문화를 융합한 인도-이슬람 문화가 발전하였다. 그러나 제6대 아우랑제브(재위 1658~1707)는 힌두 교도에 대한 개인세를 부활시킨 결과 힌두교의 영주들은 마라타 동맹을 맺어 저항하였다.

1739년에는 페르시아군에 의하여 수도 델리가 약탈당하였고, 그 후에도 아프가니스탄에서의 침입과 마라타 동맹의 공격을 받아 무굴 제국은 쇠퇴하며 북인도 각지에 유력한 영주들이 떨어져 나갔다.

인도양 무역의 발전

12세기 무렵에 중국에서 대형 선박의 건조 기술과 나침반의 실용화로 원양 항해가 쉬워지게 되었다. 그 때문에 인도양을 지나 동아프리카에 가는 해상 항로의 항해가 쉬워지면서 동서 무역이 활발하게 이루어졌다.

동아프리카 연안에서는 BC1세기 무렵부터 몇몇 도시가 발생하여 아라비아어와 이슬람교의 영향으로 스와히리 문명이 형성되었으며, 12세기 무렵에는 인도와 중국 사이의 해상 무역의 발본으로 키르와, 마린디, 모가디시 등의 도시가 번영하였다.

춘추전국시대의 사상가들
제자백가의 시대(기원전 550~240년)

중국의 춘추전국시대에는 중앙 집권화를 추진하는 군주들에게 그 정치의 방법을 제언하는 많은 사상가가 등장하였다. 단순한 정책뿐 아니라 그들은 각각 독자적인 우주관·사회관·인생관을 가지고 있었고, 과거의 사건들을 돌이켜 보면서 장래의 정치·사회에 대해 논하였다. 그리고 '제자백가諸子百家'라는 이름 그대로 그 사상 경향에 따라 많은 학파로 나뉘어져 있었다.

묵자墨子(전 480경~390경)로 대표되는 묵가는 유가를 비판하여 혈연관계에 얽매이지 않는 사랑兼愛, 평화론非攻, 신분에 관계없는 현자 채용尙賢 등을 주장하였다.

노자老子·장자莊子로 대표되는 도가道家는 모든 인위적인 것을 배격하고 자연의 도에 순종하는 무위無爲를 주장하였다. 또한 상앙商鞅(?~전 338)·한비韓非(?~전 233) 등 법가法家는 유가의 도덕론을 비판하여, 군주는 법으로써 관료를 다루고 국민을 다스릴 것을 주장하였다.

그 외에 전국 군주의 외교책을 논한 종횡가縱橫家에 장의張儀(?~전 310), 소진蘇秦(?~전 317)이 있고, 군사론을 서술한 병가兵家에 오기吳起(전 440경~381경), 손무孫武, 손빈孫臏이 있으며, 자연과 사회의 동향에 대한 기본요소를 주장한 음양오행가陰陽五行家에 추연鄒衍(전 305~240), 논리를 추구하는 명가名家에 공손용公孫龍(전 4세기~3세기경), 혜시惠施(전 370~전 310)가 있다. 그리고 농민의 통치 방법과 농업 기술 등을 논한 농가農家 등이 있다.

이 시대의 유명한 문학 작품으로는 《시경詩經》과 《초사楚辭》가 있다. 《시경》은 춘추 말경에 만들어진 것으로 서주에서 춘추 초기까지의 각국 민요와 주왕실 및 각국 제사의 노래 등 305편이 수록되어 있어, 고대인의 소박한 마음이 잘 나타나 있는 작품이다. 《초사》에는 전국시대 초의 굴원屈原(전 340경~278) 등 남방인들의 운문이 수록되어 있다.

기원전 4세기 중엽에는 진의 효공孝公(재위 전 361~338)을 섬긴 상앙商鞅의 변법이 부국 강병책의 전형으로 알려져 있다. 이로써 진은 일약 강국으로 발전하게 된다. 그 개혁에서는 현縣이라는 행정 단위가 만들어졌고, 거기에 영令(장관)과 승丞(부장관)을 파견, 호적을 편성해서 농민의 징병을 쉽게 동원할 수 있게 하였다.

또한 새로운 경작지를 개간하여 일률적으로 조租와 인두세人頭稅를 징수하고, 도량형의 단위를 통일하였다. 전쟁에서 공이 있는 자에게는 작위를 내려 포상하고, 법의 위반자에게는 엄벌을 가하였다.

상앙은 '변법', 곧 황무지 개간의 필요를 강조하였다. 개간이 진행되면 자작농이 많아지게 된다. 자작농이 많아지게 부양책을 써서 매 가구마다 직접 세금을 징수하고 부역을 부과한다면 국력은 부강해질 것이다.

'부자와 형제가 같은 집에서 사는 것을 금한다.'

'백성 중 2남 이상이 있는데 분가하지 않는 자는 그 부역을 배로 한다.'

이것이 상앙이 시행한 '변법'에서 제1의 방책이었다. 그는 중농주의를 시행하였다. 다음으로 자립한 호구들을 십오(10호조와 5호조)로 조직하였다. 그리고 악행을 한 것을 알고도 신고하지 않는 자는 동등한 죄인으로 다루었고, 고발한 자에게는 적의 수급首級을 자른 것과 동등한 상을 주었다.

상앙의 '변법'이 공포되고 나서도 사람들은 반신반의하며 그 법이 얼마나 시행되는지 보자는 투로 팔짱을 끼고 있었다.

상앙은 3장丈(약 7m)이나 되는 큰 나무를 서울 남문에 세우고, 이 나무를 북문으로 옮긴 자에게는 "10금을 준다"고 선언하였다. 그러나 모두 의심하기만 할 뿐이었다. 이번에는 "50금을 준다"고 선언하였다. 어떤 사람이 밑져야 본전이라는 생각으로 그것을 옮겼더니, 상앙은 즉석에서 50금을 주었다. 또한 태자가 법을 범하였다고 해서 왕자의 스승을 엄벌에 처하였다.

처음에는 의심하던 사람들도 이제 '법'의 가치를 믿기 시작하였다. 확실히 조심스럽기는 했으나, 법 앞에서 '평등'이 보장된다는 사실은 지금까지 볼 수 없었던 점이었다.

사마천은 《사기史記》에 '시행되고 10년, 진의 국민은 크게 기뻐하였다. 길에 떨어진 물건도 줍지 않았고, 산에 도적이 없었다'고 기록하고 있다.

그 후 진이 서울을 함양으로 옮기게 되면서, 상앙은 훗날 군현제의 기본이 된 제도의 도입과 도량형의 통일 등 제2차 개혁을 단행하였다. 그 결과 진은 치안이 안정되고, 경제력과 군사력이 막강한 강대국으로 변모하였다.

기원전 340년, 상앙은 위魏를 토벌하기 위해 스스로 총사령관이 되어 출진하였다. 위의 혜왕과는 상앙이 불우했던 시절에 원한이 있었다. 상앙은 위가 제안한 조건을 받아들여 그들이 안심하고 있는 틈을 타서 기습 공격하여 크게 이겼고, 위에게서 넓은 땅을 빼앗았다. 위의 혜왕은 지난날 상앙이 관리로 일하기를 원했을 때 거부하여 그에게 원한을 사게 된 일을 크게 후회하였다.

상앙은 이 공적으로 허난성의 상商(고대 은의 도읍지)을 위시한 15개 읍을 하사받아 '상군商君'이라는 호칭을 들으며, 진의 재상으로 권세를 누리게 되었다. 그러나 그것은 결국 '과대한 사유지는 소유하지 못한다'고 하는, 상앙이 정한 법을 스스로 짓밟은 결과가 되었다. 조양趙良이라는 사람이 상앙에게 충고하여 말하였다.

"옛날 진의 오고대부 백리해百里奚는 힘들어도 수레에 올라타지 않았고, 더위에도 수레의 덮개를 치지 않았다고 한다. 그가 죽게 되자 진나라 남녀는 눈물을 흘리고, 아이들은 노래하며 노는 일을 삼갔다고 하지 않던가. 그와는 달리 선생은 어떠한가. 집을 나섬에 뒤따르는 수레가 10량이요, 역사力士가 수레 곁에서 호위하고 있다. 어서 이번에 받은 15개 읍을 반납하고,

논에다 물을 대는 일이라도 생각하도록 하시
게."

그러나 상앙이 그 말을 따를 리 없었다.
한참 세도를 누릴 때 상앙의 뒤를 보아주
던 효공이 갑자기 죽었다. 그러자 일찍부
터 상앙을 미워하고 있던 진의 귀족들이
일제히 들고일어나, "상앙이 모반하였다"
고 말하였다. 상앙은 맨몸으로 뛰어나와,
국경 지대인 함곡관函谷關의 한 민가에
이르러 문을 두드렸다. 그 집주인은 상
앙이 안에 들어오는 것을 거절하며 말
하였다.

"상군의 법에 따르면 통행증이 없는
사람을 재우면 공범자가 되는 것을 모
르시오? 어서 물러나시오."

상앙은 이를 갈며 탄식하였다.

"법의 폐단이 이 정도에 이르렀던가."

상앙은 이웃 나라인 위로 도주하려 하였

한대의 병사. 부유한 중국인의 묘에 안장되었
던 도제 병사로, 갑주로 몸을 감싸고 칼을 쥔
동작을 하고 있다.

다. 그러나 위에서 지난날의 원한을 잊을 리 없었다. 그들은 상앙을 체포하여
사형에 처하려 하였다. 틈을 보아 도주한 상앙은 자기를 추격해 오는 진의
병사들과 싸우다가 피투성이가 되어 황하 물가에 쓰러졌다. 진의 혜왕은 그
시체를 서울 함양으로 운반하여 '수레로 찢는 형'에 처하였다. 기원전 338년
의 일이었다.

무위자연無爲自然과 인仁
노자와 공자(기원전 6세기)

공자(전 552경~479), 맹자(전 372경~289경)로 대표되는 유가儒家는 주대周代의 봉건 제도를 이상으로 하여, 효孝(자식이 부모를 공경하는 일)와 제悌(연상의 형제에게 순종하는 일)의 가족 도덕을 기초로 하는 인간의 으뜸 덕목을 '인仁'이라 하고, 그것을 정치의 기본으로 삼았다.

공자의 이러한 주장은 《논어論語》에 수록되어 있다. 전국 말기의 순자荀子(전 298경~235경)도 유가지만, 맹자의 성선설에 대해 그는 성악설을 주장했고, 또한 군주의 전제 지배를 옹호하였다.

중국의 사상가 중 예로부터 가장 백성에게 친근감을 주어온 것은 노자老子였다. 중국의 민간 종교로 일반에 널리 보급된 도교道敎의 교조가 바로 노자이다. 노자의 화신인 태상노군太上老君은 도교에서 신이기도 하다.

노자에 대해서는 역시 사마천의 《사기》에 언급되어 있다. 그 이름은 이耳, 자는 담聃, 성은 이씨李氏. 그는 주나라에서 관직에 나가 도서관 사서가 되었다. 그때 공자가 찾아와 '예禮'에 관해 질문하였다. 이에 노자는 예를 들면서 이렇게 답하였다.

"솜씨가 좋은 상인은 물품을 깊숙이 보관해 두고, 가게는 텅 빈 것처럼 해

두는 법이다. 위대한 학자는 뛰어난 덕을 몸에 깊숙하게 지니고 있으면서, 그 얼굴은 미련한 자처럼 보이게 한다."

그 무렵 중국에서는 주周가 쇠하고 세상이 혼란에 빠져 있었다. 그런 상황에서 서둘러 천하를 차지하여 전국을 호령하려는 야심가가 많이 있었다. 그 때문에 전쟁은 그치는 날이 없었다. 이런 가운데 공자는 학문을 연마하여 예절바른 사람이 진심으로 정치를 하는 일이 가장 소중한 일이라고 가르쳤다. 그의 가르침은 아주 훌륭한 것이어서 그의 문하에는 3천 명에 이르는 제자들이 모여들었다. 이런 혼란한 세상을 보면서 공자는 "아침에 도道를 들어 깨달으면 저녁에 죽어도 후회가 없다"고 탄식하였다. 공자의 교훈을 모은 《논어》에 '정政(정치)은 정正이다'라는 말이 있다.

추鄒나라에 맹자孟子(전 372~289경)가 등장했던 무렵은 세상이 가장 혼란하던 때였다. 맹자는 일찍 아버지를 여의고 어머니 슬하에서 자랐다. 맹자의 어머니는 처음에 묘지 근방에 살았는데, 맹자는 매일 장례를 치르는 흉내를 내며 놀았다. 어머니는 아들의 교육을 위해 시장 가까이에 이사를 갔다. 맹자는 이번에는 물건을 사고파는 흉내를 내며 놀았다. 다시 학교 근방으로 이사를 갔다. 맹자는 비로소 책 읽는 흉내를 내며 놀았다. 그제서야 맹자의 어머니는 안심하게 되었다.

성장한 맹자는 어머니의 품을 떠나 타지에 가서 공부하게 되었다. 어느 날 방학을 맞아 집에 돌아온 맹자는 어머니가 베틀 위에 앉아 있는 것을 보았다. 어머니는 맹자에게 공부의 진도가 얼마만큼 나갔느냐고 물었다. 맹자의 대답이 신통치 못하자 어머니는 칼을 들어 지금까지 애써 짜던 천을 잘라버렸다. 어안이 벙벙해 서 있는 맹자에게 어머니는 이렇게 말하였다.

"네가 공부 도중에 게으름을 피우는 것은 내가 이 짜는 천을 중도에 잘라버리는 것이나 마찬가지다."

맹자는 그 길로 돌아서 학교로 가 열심히 공부하여 큰 학자가 되었다.

한편 나라가 혼란하면 공자와 맹자처럼 훌륭한 인품으로 세상을 다스려야 한다는 생각과는 달리 엄격한 법으로 다스려야만 한다고 생각하는 사람도 나오게 된다. 전쟁이 그치지 않는 세상에서는 군주도 부하도 믿을 수 없다.

노장사상의 태두 노자(왼쪽)와 장자(오른쪽). 무위의 도에서 만물이 탄생, 유전하다 무위에 복귀한다는 '무위자연철학'을 세웠다.

따라서 백성과 부하를 다스리자면 엄격한 법을 만들어야 한다는 생각이 지배적이게 되는 것이다.

한韓나라 왕이 어느 날 낮잠을 자고 있었다. 왕의 관을 관장하는 관리가 그모습을 보고 왕이 감기라도 들세라 옷을 덮어드렸다. 잠에서 깨어난 후 왕은 관을 관장하는 관리와 옷을 관장하는 관리를 모두 결박하여 감옥에 넣으라고 명하였다. 옷을 관장하는 관리는 자기 직무를 게을리 했기 때문에 당연하다 하겠으나, 관을 관장하는 관리를 그렇게 조처한 이유는 무엇인가? 그것은 자기가 하지 말아야 할 일까지 했기 때문이다.

법가法家의 뛰어난 학자였던 한비韓非는 이 이야기를 기록한 후에, "왕이 감기를 앓거나 앓지 않거나 하는 것은 관을 관장하는 관리의 직무와는 별개의 것으로서, 이와 같은 허물을 벌하지 않으면 세상은 다스려지지 않는다"고 주장하였다.

한나라 왕자로 태어난 한비는 작은 한을 강하게 하자면 법을 엄격하게 집행해야 한다는 생각을 철저히 고수하였다. 한비가 지은 책을 《한비자韓非子》라 한다. 한비의 친구 가운데 이사李斯가 있었다. 이사는 중국 서쪽에 위치했던 진나라에서 법가의 생각을 전하였다. 진왕은 이사의 건의를 따라 천하를 통일하기 위하여 방해가 되는 한비를 죽이고 한을 멸하였다.

시황제의 아버지는 누구인가?
'기화가거奇貨可居'의 고사(기원전 246~210년)

진秦의 시황제始皇帝는 장양왕莊襄王의 아들로 출생하였다. 이름은 정政이다. 장양왕은 기구한 운명을 타고났다. 진에서는 소양왕昭襄王 40년에 태자가 사망하고, 둘째 아들인 안국군安國君이 태자로 책봉되었다. 안국군에게는 20여 명의 아들이 있었다. 그중 한 명이 자초였다. 왕비인 화양부인華陽夫人에게는 아들이 없었다. 자초의 어머니는 하희夏姬라고 하는데, 안국군의 총애를 잃은 상태였다. 그리고 자초는 인질로 조趙에 보내지게 되었다.

자초는 인질인데다가 조에서 냉대하여 그 일상은 한없이 궁핍하였다. 그때 등장한 것이 큰 부자이며 무역상인 여불위呂不韋였다. 그는 자초를 보고 그 형편에 동정하여 '이는 기화奇貨라. 가히 취할 만하다可居'고 생각하였다. 즉 투기할 만하다, 사서 보관해 두는 것이 좋겠다고 생각한 것이다.

그때부터 여불위는 자초를 극진히 우대하였다. 그의 목적은 안국군과 화양부인에게 공작하여 자초를 세자로 책봉하게 만드는 일이었다. 이 같은 계획을 말하자 자초는 여불위에게 절하며 말하였다.

"만일 당신의 계획이 성공한다면 진나라를 반으로 나누어 당신과 함께 소유하리다."

여불위는 큰 돈을 들여 화양부인과 친한 사이가 되었고, 부인을 통해 안국군에게 자초의 현명함을 계속해서 말하게 하였다. 계획은 효력이 발생하여 안국군은 자초를 후계자로 삼겠다는 약속을 하게 되었다. 자초에 대한 처우는 하루아침에 개선되었고, 그 명성은 열국에 자자하게 되었다.

그때 여불위는 조의 서울 한단邯鄲에서 용모가 빼어난 무희舞姬의 시중을 받고 있었다. 그녀는 임신한 상태였다. 어느 날 여불위의 초대를 받은 자초는 그 무희를 보는 순간 욕심을 내었다. 그는 여불위에게 무희를 자기에게 달라고 청하였다. 여불위는 내심 노여웠으나, 큰 고기를 잡기 위해서 무희를 자초에게 양도하였다. 무희는 임신 사실을 숨기고 자초에게 가, '때가 차서' 아들 정政을 낳았다.

이 '때가 차서'라는 말은 '열두 달 만에'라는 뜻이라고 한다. 자초를 속인 것이다. 그로부터 여섯 해가 흘렀다. 소양왕은 사망하고 안국군이 왕위에 오르게 되었다. 즉, 효문왕孝文王이다. 그는 화양부인을 왕후로 삼고, 자초를 태자로 세웠다. 그러나 효문왕은 1년 후에 사망하고, 자초가 왕위에 오르게 되었다. 이가 곧 장양왕이다.

장양왕은 여불위를 정승으로 삼고 문신후文信侯로 봉해, 낙양의 10만 호를 하사하였다. 장양왕도 재위 3년 만에 사망하고, 그 아들 정이 진왕으로 즉위하였다. 이가 바로 후일의 시황제이다. 장양왕이 사망하자 시황제의 어머니, 곧 지난날의 무희는 태후가 되었다. 그녀는 은밀하게 여불위와 정을 통하고 있었다. 사마천은 《사기》에서 이렇게 말하고 있다.

"시황제가 장년이 된 후에도 태후의 음淫은 그칠 줄 몰랐다. 여불위는 발각되어 자신에게 화가 미칠까 두려워 은밀히 '물건'이 크기로 소문난 '노애'를 하인으로 삼고…… 애의 수염을 뽑아 내시처럼 하여 태후를 모시게 하였다. 태후는 그를 지극히 좋아하여 임신하게 되었다. 태후는 이 사실을 사람들이 알게 되는 것을 두려워하여 점괘에 따라 액을 피한다고 하며, 거처를 옮겨 옹雍(함양 서쪽)에 가서 살았다……."

"시황제 9년에 고하는 자가 있었다. ……노애는 실은 내시가 아니며, 태후와 계속해서 정사에 빠져 아이를 둘이나 낳아 모두 숨기고 있습니다. 그는

진시황의 병마용갱에서 발굴된 병사 도용들. 병사 도용 530점이 출토되었으며 도제마 24두도 발굴되었다. 산시 성 린팅 현.

태후와 음모를 꾸미며 왕에게 만일 변고라도 생긴다면 그 아들을 후계자로 삼으려 하고 있습니다……."

"이에 진왕은 관리로 하여금 조사하게 하여 내막을 상세히 알게 되었다. 그리고 그 일에는 상국(재상) 여불위도 연루되어 있었다. 9월, 노애의 친족을 모조리 죽이고, 태후가 낳은 두 아이를 죽였다. 그리고 태후를 옹에 옮겨가게 하고, 노애의 하인들에 대하여는 모조리 그 집을 몰수하여 그들을 촉에 옮겨가 살게 하였다."

"왕은 상국도 극형에 처하고 싶었으나, 그가 선왕에게 끼친 공로가 워낙 크고, 그를 변호하는 어른과 변사가 많아 법을 적용하지는 않았다."

그러나 다음해, 여불위는 촉으로 유배당할 지경에 이르자, 독을 마시고 자살하였다.

진시황제의 성격에 대해 당시의 학자는 "정이 결핍되어 있고, 늑대와 같이 잔인한 성격의 소유자"라고 평한 바 있다.

친정親政을 개시한 정은 법가인 상앙이 행한 병역제와 세무 등에 의한 대개혁으로 배양된 국력을 배경으로 하여, 6국에 대한 공세에 나섰다. 6국간의 대립을 교묘하게 이용하여 각개 격파 정책을 펴서 한韓, 조趙, 연燕, 위魏, 초楚의 순으로 타도하고, 기원전 221년에 마지막으로 남은 동방의 대국 제齊를 멸해 중국 전토를 통일하는 대사업을 마무리한 것이다.

이로써 진은 중국에서 처음으로 대국가가 되었다. 정은 지금까지의 통치 방법으로는 천하를 다스릴 수 없다고 생각하여 많은 것들을 고쳤다. 왕은 자기를 '짐朕'이라 하고, 왕 위에 있는 군주라는 뜻으로 '황제'라는 말을 사용, '시황제始皇帝(재위 전 247~210)'라 칭하였다.

주의 봉건제를 폐하여 군현제를 실시했고, 전국을 36(후에 48)군으로 나누었으며, 각 군에 많은 현을 두어 중앙에서 관리를 파견하였다. 문자는 전서篆書로 통일하고, 화폐와 도량형(자, 되와 말, 저울)도 통일하였다. 부호를 수도 함양 부근에 모여 살게 하여 그들의 경제 활동을 통제했고, 유가를 비롯하여 진의 정치를 비판한 학자를 탄압하였다. 특히 많은 책을 불사르고 유학자를 산 채로 땅에 묻은 분서갱유焚書坑儒는 유명하다.

그는 대외적으로 흉노족을 공격하고, 전국 시대의 북방 여러 나라의 장성을 기초로 만리장성을 쌓아 유목민의 남하를 막았으며, 베트남 북부도 그 지배 아래 두었다. 그 결과 진(중국 발음은 '친')의 이름은 서방에도 전해져, 그이래로 중국은 '치나' 또는 '차이나'라 불려지게 되었다.

그는 수도 함양에 웅장한 아방궁阿房宮을 신축하였다. 이 궁전은 앞쪽 궁전만 해도 동서가 700m, 남북이 120m인 2층 건물로서, 무려 1만여 명이 일시에 앉을 수 있을 정도였다. 길이 2,400km에 이르는 만리장성을 쌓은 진시황은 여산驪山에 여산릉을 건설하였다.

기록에 따르면 이 능은 죄수 70만 명을 동원하여 지하 깊이 무덤을 만들고, 그것을 중심으로 궁전 및 하천을 본뜬 정원을 만들었으며, 항상 수은이 흘러가게 설계하였다 한다. 천장에는 천체가 그려졌고, 외부에서 침입하는 사람이 있으면 일제히 입구를 향해 화살이 날아가게 설치되었다. 이 지하궁전을 덮고 있는 언덕은 높이 100m, 둘레 2,000m에 이른다.

만리장성과 병마용갱
진의 중국 통일(기원전 221년)

중국 산시성 린퉁臨潼에 진시황제릉, 즉 시황제의 능이 있다. 현재 분묘의 높이는 47m, 둘레는 1,410m로, 안팎으로 이중의 성벽이 쳐져 있다. 그 무덤 동쪽 약 1km 떨어진 장소에서 1974년에 거대한 유적이 발견되었다. 바로 병마용갱兵馬俑坑이다.

그 갱은 동서 210m, 남북 60m의 규모로서, 지하로부터 같은 몸피의 병사 도용陶俑과 도마陶馬 약 7,000개가 발견되었다. 이 도용과 도마는 시황제의 무덤을 지키기 위해 묻혀진 것이다.

진왕 정政은 중국을 통일하고 나자 왕이라는 호칭 대신 '황제'를 사용하였다. 시황제는 군사적으로 통일한 중국을 참다운 의미에서 단일 국가로 통합한다고 하는 큰 이상을 가지고 있었고, 법가法家인 이사李斯를 재상으로 기용하여 과감한 통일 정책을 폈다.

어느 날 서울 셴양咸陽에서 시황제는 이사를 불러 나라가 영원히 계속되게 하기 위해서는 어떻게 하는 것이 상책이겠는가 하고 물었다. 이사는 이렇게 대답하였다.

"이 세상에는 아직도 황제 폐하의 위엄에 진심으로 순종하지 않는 자들이

총 길이 5,000km에 이르는 만리장성. 진의 시황제는 천하를 통일하자 몽고와의 사이에 장성을 구축, 흉노의 내침을 막았다.

있습니다. 이 세상에서 의학과 농업 관계의 책, 그리고 진나라에 관한 책들은 불태워 버리는 것이 상책입니다. 폐하를 비방하는 자는 체포하여 죽이는 것이 좋은 줄로 생각합니다."

시황제는 그 말이 마음에 들어 즉시 천하에 명하여 책들을 모조리 불태워 버리게 했고, 460명에 이르는 학자들을 체포하여 땅에 생매장하였다. 당시의 책은 대나무쪽에 붓으로 글을 써서 둥글게 만 것이었다. 이 때문에 세상의 귀중한 책들이 대부분 불태워지고 말았다.

시황제의 장남 부소扶蘇는 학자를 구덩이에 산 채로 묻는다는 말을 듣고, "그 선비들은 공자를 학문하는 사람들인데 그들을 처형한다면 천하가 불안해질 것입니다"하고 간하였다. 그러나 시황제는 원래 공자라면 입에 신물이 나는 터라, 부소를 북쪽 국경 지대로 쫓아 버리고, 만리장성을 쌓은 몽염蒙恬 장군에게 그를 감시하라고 명하였다.

한편 북쪽 몽골 고원에 자리잡고 있던 흉노가 중국을 침범하는 일이 잦았다. 그들은 말타기에 숙달되어 있었다. 시황제는 흉노를 방지하기 위해 그들이 말을 타고는 뛰어넘을 수 없도록 만리장성을 쌓을 계획을 세웠다. 그러나 워낙 큰 땅덩어리기 때문에 그것은 엄청나게 어려운 일이었다. 동원된 많은 사람들이 힘써 일했으나 일은 잘 진척되지 않았다.

이 만리장성에 관해서는 다음과 같은 슬픈 이야기가 전해지고 있다.

맹강녀孟姜女는 갓 결혼한 새색시였다. 그의 남편은 만리장성을 쌓기 위한 부역으로 끌려가게 되었다. 그녀는 눈물로 남편과 헤어졌다. 끌려간 남편은 오랜 세월이 지났지만 돌아오지 않았다. 남편은 고된 일을 하다가 병들어 죽고 만 것이다. 기다리다 지친 맹강녀는 남편을 찾아 나섰다가 그 슬픈 소식을 듣게 되었다. 그녀의 슬피 울부짖는 소리는 찬바람이 부는 하늘에 빨려 들어가는 듯하였다. 그녀의 탄식이 하늘에 닿았는지 모른다. 가난한 사람들의 피와 땀으로 지어지던 성벽이 갑자기 소리를 내며 무너지기 시작하였다.

이처럼 많은 사람들의 희생 속에 만리장성은 완공되었다.

또 천하를 통일한 시황제는 불로장생하고 싶다는 생각을 갖고 있었다. 그때 서시徐市(또는 徐福)라는 사람이 시황제 앞에 와 '동해에 신선의 섬'이 있다고 하며 이렇게 아뢰었다.

"바다 한가운데 봉래蓬萊 · 방장方丈 · 영주瀛州 라는 신산神山 셋이 있으며, 신선이 살고 있습니다. 목욕재계하고 동남동녀童男童女와 함께 가서 불로초를 구해 오겠습니다."

시황제는 많은 비용을 주며 떠나보냈으나, 그는 다시 돌아오지 않았다.

기원전 211년, 다섯 번째로 천하 순시에 나선 진시황은 갑자기 병들어 다음해인 기원전 210년 허베이성 사구沙丘에서 사망하였다. 그의 나이 50세였다. 그는 죽기 전에 장남인 부소에게 유서를 써 "서둘러 셴양으로 돌아와 장례를 치르고 후사를 도모하라"고 하였다.

그가 죽은 후 승상인 이사는 당황하였다. 서울에서 1,000km나 떨어진 곳에서 황제가 갑자기 서거한 것이다. 우선 황제의 서거 사실을 숨기기로 하였다. 냉방 수레에 시신을 싣고, 아침과 저녁으로 식사상을 차려 바치게 하면서, 셴양을 향해 길을 재촉하였다. 진상을 알고 있는 것은 이사와 환관 조고趙高, 왕자 호해胡亥 등 몇몇뿐이었다. 조고는 그 유서를 없앤 후 가짜 유서를 만들어 부소를 자살하게 하고, 장군 몽염을 감옥에 가두어 버렸다.

조고는 2세 황제에게 "여러 공자公子와 신하들은 우리가 사구에서 음모를 꾸몄다고 의심하고 있습니다. 폐하, 법을 엄히 하고, 형을 가혹하게 하여 그들을 처벌해야 합니다"라고 간하였다. 이 때문에 장관과 공자 등 수십 명이 아무 죄 없이 붙잡혀 처형되었다.

이후 조고는 어느날 2세 황제에게 사슴을 바치면서 "말을 바칩니다"하고 아뢰었다. 황제는 "그것은 사슴이 아닌가?"하며 신하들을 둘러보았다. 대부분의 신하들은 조고의 미움을 사지 않기 위해 "틀림없는 말인 줄 아뢰오"하였다. 2세 황제는 자기 머리가 이상해진 것이 아닌가 생각하였다.

신하 중에는 "그것은 틀림없이 사슴입니다"하고 말하는 사람도 몇이 있었다. 그러나 그렇게 말한 사람들은 조고에 의해 살해당하였다. 결국 바보 취급을 당하는 황제 주위에 올바른 말을 하는 사람은 한 명도 남아 있지 않게 되었다.

조고는 '이사의 아들 이유李由가 반란군과 내통하고 있다'는 소문을 만들어 이사 부자까지도 감금시켰다. 이사는 옥중에서 2세 황제 호해에게 상소했으나, 그 글은 조고에 의해 압수되었다. 처형이 결정되고 옥에서 끌려나오면서 이사는 아들의 손을 잡고 울며 말하였다.

"아들아, 너와 누런 개를 끌고 상채上蔡 동문을 나가서 토끼狡兔를 사냥하려 했는데, 이제 다시는 그 일을 할 수 없게 되었구나."

2세 황제는 만사를 조고에게 맡겼으나, 얼마 후 조고는 황제를 위협하여 자살하게 하였다. 조고는 황제의 옥새를 빼앗아 옥좌에 오르려 했으나, 옥좌가 세 번씩이나 진동하여 자리에 앉을 수 없었다. 그는 "천명이 나에게 이 자리를 주지 않는다"고 하며 옥새를 왕족인 자영子嬰에게 넘겨주었다. 그리고 얼마 후 그는 왕궁 안에서 칼에 찔려 죽었다.

"힘은 산이라도 뽑음 직한데…"
항우와 유방(기원전 202년)

중국에서는 진 왕조를 쓰러뜨리기 위해 각지에서 군사들이 일어났다. 진시황제가 죽은 후 중국 최초의 대규모 농민 반란으로 알려진 진승陳勝과 오광吳廣의 난이 일어났고, 이를 빌미로 하여 제후와 장군들도 반기를 들게 되었다.

진승과 오광의 난은 약 반년 만에 진압되었으나, 무장 항우項羽와 농민 출신인 유방劉邦이 각지에서 진군과 싸워 기원전 206년에 진을 멸하였다. 이후 항우와 유방은 천하의 주도권을 놓고 크게 싸우게 되었다.

항우는 초楚의 장군의 후손이었다. 진과의 전투에서 전사한 초의 명장 항연項燕은 그의 조부였다. 항우는 어려서 부모를 잃었기 때문에 숙부인 항양項梁의 보살핌을 받으며 자랐다. 기원전 209년, 진승과 오광의 난이 일어난 것은 항우의 나이 23세 때였다. 항양과 항우는 이 반란이 초나라 회복의 좋은 기회라 생각하고, 진승군에 합류하기 위해 8천 명의 군사를 이끌고 북상하였다.

그러나 진의 본거지인 관중關中을 공격하다 패해 진승이 죽게 되자, 항양은 초의 왕족 회왕懷王을 세워 진의 반대 세력을 끌어모았다. 그때 3천 명의 군

전한 말기의 벽화에서 보는 당시 연회 모습. '홍문의 모임'에서 소재를 취한 것이다. 번쾌·범증·장양의 모습이 보인다.

사를 이끌고 항양군에 가세한 것이 유방이었다.

다음해에 항양이 전사했기 때문에 회왕은 여러 장군을 불러놓고, 최초로 관중을 공략하는 사람을 그 왕으로 세우겠다고 약속하였다. 항우는 북쪽에서, 그리고 유방은 남쪽에서 진의 서울 셴양을 향해 진격한 결과 유방이 다른 여러 장수에 앞서 셴양을 점령하였다. 그는 진의 왕족을 너그럽게 처우하면서, 사람들이 진의 엄격한 법 때문에 고통당하는 것을 보고, '법은 3개 조항뿐이다. 즉, 사람을 죽인 자는 사형, 사람을 상해한 자와 남의 물건을 훔친 자는 각각 처벌한다'고 하는 '법 3장'을 공포하였다.

항우의 군대는 유방의 군대보다 두 달 늦게 관중에 들어가 홍문鴻門에 진을 쳤다. 두 영웅이 회견하게 되어, 항우는 이 자리에서 유방을 암살하려 하였다. 유방군은 10만, 항우군은 40만이었다.

이 장면은 '홍문의 모임'으로 유명하다. 항우의 군사軍師 범증范增은 "유방을 죽여야 한다"고 주장했으나, 항우는 유방의 태도가 워낙 공손하기 때문에 죽일 생각이 없었다. 범증은 유방이 큰 뜻을 품고 있는 것을 알고 있었기 때문에 이번 기회에 반드시 없애 버리겠다고 생각하였다. 그러나 유방은 부하 번쾌, 장양의 꾀와 방해로 무사할 수 있었다.

그 후 항우는 셴양에 진격하여 진왕 자영을 살해하고 진을 멸하였다. 그는 아방궁을 불태웠고, 시황릉을 파헤쳐 내부의 재물을 약탈하였다. 또한 포로로 잡은 진의 병사 20만 명을 모조리 산 채로 땅에 묻어 살해하였다.

항우는 전국시대의 봉건제를 부활시켜 장군들을 각지에 봉했으나, 그 논 공행상은 공평하지 못하였다. 그 때문에 반란이 잇따랐고, 이 틈에 유방도 반기를 들었다. 이후 4년에 걸쳐 항우와 유방은 천하를 두고 천지를 가르는 격전을 전개하였다. 이 항쟁은 초기에 항우가 절대적으로 우세하여, 유방은 여러 번 사지에 몰리곤 하였다. 그러나 유방은 뛰어난 부하 장수 한신韓信의 활약으로 산둥 지방을 차지하게 되었고, 진평陳平에 의한 교묘한 이간책이 효과를 내어 항우의 군사들을 갈라놓는 데 성공하였다.

기원전 203년, 항우는 유방의 아버지와 처자를 석방하며 화평을 청했고, 항우는 동부를, 유방은 서부를 지배한다는 천하 양분의 정전 회담이 성립되었다. 그러나 유방은 항우군이 피곤해진 바로 지금이 승리를 차지할 수 있는 좋은 기회라고 생각하여, 약속을 깨고 공격을 재개하였다. 항우군은 유방에게 밀려 해하垓下에서 포위당하였다.

항우는 '사면초가四面楚歌'의 노랫소리를 듣고 최후의 때가 다가왔음을 느끼고, 사랑하는 우미인虞美人과 이별의 술잔을 나누며 노래를 불렀다.

"힘은 산이라도 뽑음직한데
때가 불리하고 추(말의 이름)도 움직이려 하지 않는구나.
추가 움직이지 않으니 어찌하리야.
우虞야 우야 그대를 어찌하리야."

항우의 눈에서 하염없이 눈물이 흘렀다. 그리고 100여 기를 이끌고 길을 헤치며 안후이성 화현和縣의 오강烏江까지 달려갔다. 뒤에 남아 자결한 우미인의 피가 흘려진 땅에는 아름다운 꽃이 피었고, 그 꽃을 '우미인초虞美人草'라 부르게 되었다고 한다.

항우 앞에는 장강이 유유하게 흐르고 있었다. 오강의 정장亭長이 나룻배 한 척을 준비하여, "어서 강남으로 건너가 후일을 기약하시오" 하고 권하였다. 그러나 항우는 하늘을 우러러 말하였다.

"내가 진 것이 아니다. 하늘이 나를 버린 것이다. 강남의 수많은 전사한 젊은이들의 부모를 무슨 낯으로 대할 수 있겠는가."

항우는 말머리를 돌려 유방의 군대 속으로 뛰어들어 가 전사하였다. 그의 나이 서른한 살이었다.

천하를 평정한 후 유방은 이런 말을 하였다.

"야전 지휘관으로서 나는 한신에 미치지 못하고, 작전 계획에서는 군사인 장양이 나보다 훨씬 뛰어나며, 보급면에서 나는 소하蕭何만한 수완이 없다. 내가 천하를 차지할 수 있었던 것은 이들을 잘 부렸기 때문이다."

농민의 아들로 태어나 천하를 차지한 후 오랜만에 고향인 패沛를 찾은 유방은 옛 친구들을 만나 노래를 불렀다. 기원전 195년의 일이다.

"큰 바람이 일어나 구름이 흩날리는구나.

위엄을 천하에 떨치며 고향에 돌아왔노라.

어디서 용맹한 인재를 얻어 나라를 지킬 거냐."

중앙 집권 체제의 확립
한의 전성시대(기원전 141~87년)

한의 초대 황제가 된 고조高祖 유방은 그 후 400년 동안 이어진 한 제국의 기초를 닦는 여러 가지 시책을 행하였다. 그중에도 가장 중요한 것이 군국제郡國制의 시행이었다. 그는 진의 멸망에서 배운 바 있어 급격한 중앙 집권화를 피하였다. 황제의 힘이 충분히 미칠 수 있는 수도 장안 주변 지역에는 군현을 두어 직할 지배하고, 그외 지역에는 일족과 공신에게 분봉하였다.

이리하여 유방 당대에 많은 제후가 숙청되고, 그 영지는 군현(직할지)에 편입되든가 또는 유씨 일족의 새 제후에게 주어졌다. 그로 인해서 한의 황제권은 매우 견고해졌다. 한제국은 5대 문제文帝와 6대 경제景帝 때 더욱 내실을 다져 이른바 '문경文景의 치治'를 이루고, 7대 무제武帝 때 전성기를 맞게 된다.

16세에 즉위한 무제 유철劉徹(재위 전 141~87)은 중앙 집권 체제를 완성하는 일에서 그 치세를 개시하였다. 우선 추은령推恩令을 발했는데, 이는 제후의 영지를 그 자제들에게 분할함과 아울러 제후들의 영지 삭감을 꾀한 것이다. 다음으로 황제의 조상에 대한 제사에 즈음하여 제후에게 황금을 헌납하게 하는 주금법酎金法을 제정하였다. 이로써 제후의 재력을 감소하게 하고,

한대 고급관료의 행차. 2세기에 만들어진 이 동제거마의장용은 고급관료가 지방시찰에 나설 때의 모습으로 보인다.

정부의 재정을 늘렸다. 무제는 헌납된 황금의 양과 질이 약속과 다르다고 하며, 많은 제후를 엄한 벌에 처하기도 하였다.

또한 제후의 신하가 되는 것을 금하는 좌관율佐官律 등으로 제후를 통제했기 때문에 실질적으로는 군현제가 전국적으로 실현되었다. 이는 일찍이 시황제가 바라던 바였으나 이루지 못했던 것을 달성하였다고 할 수 있다.

한편 무제는 흉노족의 토벌에도 많은 힘을 기울였고, 한반도에 진출하여 기원전 108년에는 한4군을 설치하기도 하였다. 무제는 사랑하는 위자부의 남동생 위청과 언니의 아들인 곽거병을 장군으로 발탁하여 정복 사업을 진행하였다. 위청은 거기車騎장군, 곽거병은 표기驃騎장군이 되어 군사적 천재성을 발휘하였다. 대장군, 거기장군, 표기장군 및 위장군衛將軍은 삼공三公과 동격인 군사령관이었다. 삼공 중 한 명인 태위太尉는 국방장관이지만, 실제로 군대를 지휘하는 것은 장군들이었다.

기원전 129년, 무제의 명에 따라 4장은 흉노를 치기 위해 네 방면에서 출전하였다. 4장 중 공손하公孫賀는 흉노와 부닥치지 않았고, 공손오公孫敖와 이광李廣은 싸움에 패했기 때문에 참형에 처해지게 된 것을 거액의 현금을 바쳐 목숨을 구하였다. 한때는 그와 같은 속죄가 합법적이었다. 4장 중에 승리를 거둔 것은 위청뿐이었다. 위청은 흉노의 땅인 간쑤성 용성龍城까지 진격하여 적의 목을 베고, 포로로 잡은 수가 700명에 이르렀다. 숫자는 적어 보이지만 용성은 흉노가 하늘에 제사하는 중요한 곳이다. 그곳을 짓밟았으니, 한 이래 북방에 대한 일대 통쾌한 일이 아닐 수 없었다.

다음해 위청은 3만 기를 이끌고 산시성 옌먼雁門을 나서서 적의 목 수천을 베는 전과를 올렸다. 이해에 그의 누이 위자부는 아들을 출산하였다. 그의 전승은 이에 대한 가장 좋은 축하였다고 할 것이다.

그 다음해인 기원전 127년, 위청은 오르도스 지방을 수복하였다. 이제 한은 명실이 백 년 전에 전성기를 기리던 진을 능가하게 되었다. 위청은 대장군이 되어 일곱 차례 원정군을 이끌고 흉노와 싸웠다. 그러나 세월이 흐르면서 그 주역은 그의 조카인 곽거병에게 옮아갔다.

곽거병은 겨우 20세의 나이로 대군을 이끌고서 흉노군을 크게 무찔렀다. 그러나 그는 불과 24세의 젊은 나이로 죽었다. 무제는 크게 슬퍼하며, 그를 위해 간쑤성 기련산祈連山의 모양을 본뜬 무덤을 만들었다.

그 무렵 한반도에는 위만조선이 건국되어 있었다. 그들은 한에 한 번도 조공을 바친 일이 없었다. 기원전 109년, 한은 대군을 동원하여 산둥반도와 랴오둥에서 한반도로 진격하였다. 그러나 그 공격은 실패로 끝났다. 육로의 좌장군 순체와 해로의 누선樓船장군 양복楊僕이 서로 질투하며 대립했기 때문이었다. 좌장군은 주전파였고, 누선장군은 화평파였다.

누선장군 양복은 일찍이 남월南越 원정 때 수군을 거느리고 큰 공을 세운 바 있었다. 그러나 고조선 원정에서는 육로군이 도착하기 전에 왕검성을 포위했고, 그 때문에 패배를 맛보게 되었다. 공적을 독차지하려 한 것이다. 좌장군은 화평파인 누선장군이 고조선과 연합하여 자기를 공격할지도 모른다고 의심을 품었을 정도였다.

문제는 조선 내부에 있었다. 우거왕右渠王이 부하에게 살해된 것이다. 그러나 장관인 성이成已가 왕검성을 죽기로 지키고 있었다. 좌장군은 우거의 아들과 유력자를 매수하여 성이를 모함해서 죽이고 함락시켰다.

귀국 후 양 장군은 군법회의에 회부되어, 좌장군은 참수형에 처해지고, 누선장군은 돈으로 죄를 속량받은 후 서민으로 내려앉았다. 한은 조선을 직할령으로 하고, 한4군을 설치하였다.

기원전 110년에 무제는 태산에서 봉선封禪 의식을 거행하였다. 예로부터 봉선은 성천자聖天子가 아니고는 행할 수 없는 것으로 알려져 왔다. 무제의 조부인 문제文帝 또한 권유를 받았으나, 자기에게는 아직 그런 자격이 없다고 하며 거절한 바 있었다.

그러나 무제는 자신만만하였다. 진의 시황제가 지배한 것보다도 더 넓은 지역을 지배하고 있는 터였다. 단, 고대의 봉선에는 '군대를 정리하여 해산시킨다'고 하는 '진병석려振兵釋旅'가 조건이었다. 천하태평을 이룬 성천자가 거행하는 의식이니만큼 많은 군대를 거느리고 있는 것은 모순이 아닐 수 없다. 무제는 이때 북방의 군대 10여만 명을 해산시켰다.

무제는 군신을 거느리고 동으로 향하였다. 민정 사찰과 시위를 겸한 대여행이었다. 4월에 태산에 올라가 봉선 의식을 행하였다. 이때 태사령太史令인 사마담司馬談은 자신이 그 일행에 선발되는 것은 당연하다고 생각하고 있었으나, 기록관인 태사령은 이 의식에 참가할 필요가 없다고 하여 제외되었다. 사마담은 이 사실에 분개하여 병을 얻어 죽었다. 그는 임종 때 아들인 사마천司馬遷을 불러 그 손을 잡고 울며 말하였다.

"공자가《춘추春秋》를 엮고서 이미 4백여 년이 지났는데, 역사 문헌은 버려진 채로 있다. 나는 태사가 되어서도 역사를 기록하지 못한 것을 한스럽게 생각한다. 너도 내가 죽은 후 태사령이 될 것이니, 내 유지를 받들어 역사를 정리하여 기록하도록 하라."

사마천은 아버지의 유언에 따라《사기史記》를 저술하였다. 〈본기本紀〉와 〈열전列傳〉으로 구성된 기전체紀傳體 역사서는 이것으로부터 시작된다. 그후 정사正史는 기전체로 기록되는 것이 하나의 공식처럼 되었다. 공자가 엮은 《춘추》는 편년체編年體로서, 그 형식의 대표적인 것은 훗날 북송의 사마광司馬光이 쓴《자치통감資治通鑑》이다.

13년에 걸친 고난의 길
서역 교통로의 개척자 장건(기원전 139년)

한무제 때 있은 장건張騫의 서역西域 여행은 역사상 중요한 의의를 지닌다. 그의 고난에 찬 여행에 의하여 서역에 관한 일들이 한에 알려지게 되었다. 그의 여행 동기는 흉노 문제에 있었다.

무제 때 흉노의 포로를 통해 흉노가 월지족月氏族을 멀리 서쪽으로 쫓아버렸다는 것과 그에 즈음하여 '흉노의 추장 선우單于는 월지 왕을 죽여 그 두개골로 술잔을 만들어 사용하고 있다'는 정보를 얻게 되었다. 기록에 따라서는 술잔이 아니라 변기로 사용하였다는 해석도 있다.

아무튼 왕의 두개골을 술잔으로 사용한다는 것은 대월지로서 큰 굴욕이 아닐 수 없었다. 무제는 대월지에서 흉노는 하늘을 함께 하고 살 수 없는 원수로 생각할 것이라는 판단 아래, 흉노를 치기 위해 대월지와 손잡고 싸우려는 계획을 세우게 되었다. 그 미지의 나라 대월지에 파견될 이로 선발된 것이 바로 장건이었다.

장건은 산시성 남부 출신이라는 것 이외에는 생년이 분명하지 않다. 그는 무제가 즉위할 무렵 하급 관리가 되었다. 무제는 장건에게 100여 명의 사람을 딸려 출발시켰다. 기원전 139년의 일이다. 길라잡이로는 흉노인의 해방 노예인 감부甘父가 선발되었다.

일행은 서방의 장성을 넘었으나 흉노에게 붙잡혀 흉노 왕 군신선우軍臣單 于 앞에 끌려갔다. 장건이 대월지로 간다고 하자, 군신선우는 "대월지는 흉노 북쪽에 있다. 내 영토를 통과하여 어떻게 가겠다는 말인가"하며 전원을 억류 하였다. 억류가 길어지면서 흉노는 장건에게 흉노인 아내를 주었고, 두 사람 사이에 아이도 태어났다.

그러나 장건은 무제의 사명을 잠시도 잊지 않았다. 억류 생활 10년이 지난 기원전 129년경 탈출에 성공하여 서쪽으로 나갔다. 그동안에 북방에 있던 대월지는 투르크계인 오손烏孫에 쫓겨 아무다리야강과 시르다리야강 사이 지역인 소그디니아 지방에 이주해 있었다.

장건은 시르다리야강 상류에 위치한 대완大宛(페르가나)에 도착하였다. 그 는 대완 왕에게 대월지로 보내 달라고 요청하였다. 대완 왕은 그 청을 받아 들여 일행을 강거康居(키르기스)로 보냈고, 거기서 대월지로 가게 되었다.

장건은 대월지에 도착했으나 목적을 이루지는 못하였다. 대월지 왕은 자 기들이 살고 있는 기름진 땅에서 떠날 의사가 전혀 없었다. 그 땅은 훗날 아 라비아인들이 '지상 낙원'이라 말했을 정도였다. 일 년 동안 그곳에 머문 장 건은 아무다리야강 남쪽 대하大夏를 여행하며 많은 정보를 얻었다.

기원전 123년 말, 귀로에 오른 장건은 흉노의 땅을 피해 서역 남도를 통해 티베트의 강光을 가로질러 귀국할 예정이었다. 그러나 도중에 다시 흉노에게 붙잡히게 되었다. 이번에는 군신선우의 죽음으로 내란이 일어나는 통에 탈 출에 성공하였다. 그는 출발한 지 13년 만인 기원전 126년에야 장안으로 돌 아왔다. 일행 중 무사히 돌아온 것은 장건과 흉노인 아내, 그리고 길라잡이인 감부 등 세 명뿐이었다.

무제는 장건의 노고를 치하하며, 황제의 고문관인 태중대부太中大夫로 임명 하였다. 무제는 혼자힘으로 흉노 공격을 결심하고, 장군 위청에게 토벌을 명 하였다. 장건도 그 토벌에 가담하여 크게 공을 세워 박망후博望侯로 봉함을 받았다.

그 후 무제는 다시 장건을 불러 서역에 관한 의견을 물었다. 그가 무제에게 진언한 내용은, 투르크계 오손이 흉노의 공격을 받아 원한이 뼈에 사무쳤으니 오손에 금품을 주어 동맹을 맺고, 그들을 하서河西지방 회랑지대에 이주시킨다면 흉노의 위협에서 벗어날 수 있다는 계책이었다.

무제는 장건을 중랑장中郎將에 임명하고, 기원전 119년에 중앙아시아로 파견하였다. 이번에는 일행이 300여 명에 이르렀고, 식량용 소와 말이 수만 마리였다. 그리고 선물로 많은 황금과 명주를 주었다.

그러나 오손왕은 한과의 동맹에 반대했고, 한의 계획에 따른 이주에도 동의하지 않았다. 장건은 이 땅에서 주변 여러 나라에 많은 사절을 금품과 함께 보내고, 오손왕의 사절을 데리고 귀국하였다. 한의 강대함을 비로소 알게 된 사절은 귀국하는 즉시 이 사실을 왕에게 보고하였다. 오손왕은 그제서야 많은 말을 바치며 동맹을 구하게 되었다.

후한대의 도제명기인 녹유삼층망루. 원래 이런 망루는 대저택이나 성벽 등에 방어용으로 세워졌다. 목조에 기와를 얹었다.

동맹관계가 성립되면서 한과 오손은 공주를 교환하게 되었다. 오손왕의 부인으로서 오손에 가게 된 것은 죄를 지어 처형된 장두江都 왕 유건劉建(무제의 조카)의 딸로, 이름은 세군細君이었다.

오손왕은 세군을 자기 손자의 아내로 삼았다. 세군은 그에게서 딸 하나를 얻었다. 오랜 시간이 흐른 후 그녀는 한에 대한 망향심에 사로잡혀 노래를 불렀다. 그 노래는 '원하건대 꾀꼴새가 되어 고향에 돌아가리라'고 끝맺어져 있다.

세군이 죽은 후 한은 오초吳楚 칠국의 난으로 자살한 초왕 유무劉戊의 손녀

해우解憂를 오손에 보냈다. 해우는 3남 2녀를 낳았다. 그중에는 뒷날 사차莎車 (야르칸드) 왕이 된 자와 구자龜玆(쿠차) 왕의 아내가 된 자도 있었다. 세군과 해우 등은 서역과 한을 맺는 다리가 되었고, 한의 문화를 서쪽으로 전하는 일에 중요한 역할을 하였다.

장건은 귀국한 지 1년쯤 후에 죽었다. 그 1년 후에는 오손 땅에서 대완·강거·대월지·안식(파르티아), 인도, 우전(호탄) 등지에 파견했던 사절들이 속속 귀국하였다. 그들은 각국에서 그곳 물품과 사절을 이끌고 많은 정보를 가지고 돌아왔다. 그 이후 한과 서역 여러 나라들과의 본격적인 교역이 성행하게 되었다.

한의 전성기는 장건의 서역 여행과 무제의 봉선 의식이 있던 때라고 할 수 있다. 봉선을 경계로 하여 그때까지 순풍에 돛단배처럼 순조롭기만 하던 한의 국운도 내리막길을 맞게 되었다. 그 원인 중 하나가 빼어난 미모로 '경성傾城' 또는 '경국傾國'으로 일컬어지던 이부인李夫人 때문이었다.

이부인에게는 음악가로 유명한 이연년李延年과 이사貳師장군 이광리李廣利라는 오빠가 있었다. 이부인의 미모에 빠진 무제는 이광리에게 장군의 자질이 없다는 것을 알면서도 그를 사령관으로 임명하여, 대완국을 공격하게 하였다. 무제는 이 싸움에서 제대로 싸우지도 못한 이광리에 대해 벌하기는커녕 또다시 대군을 주어 이번에는 흉노를 공격하게 하였다.

이광리는 3만의 군대를 이끌고 출전했지만 흉노에게 포위를 당하였다. 이때 이 난관을 헤친 것이 이광리의 부하 장군으로 출전한 이능李陵이었다. 그는 5천 명의 군대로 흉노 3만 명과 8일간에 걸쳐 싸워 군대를 흉노의 포위망에서 벗어나게 하고 자신은 흉노에게 항복하였다.

이 사실을 두고 모두가 무제 앞에서 이능을 규탄할 때 홀로 이능을 변호한 것이 사마천이었다. 이 일로 해서 사마천은 무제의 노여움을 사게 되고, 결국 궁형宮刑, 곧 거세의 형을 받게 되었다. 궁형은 사대부로서 부끄럽기 이를 데 없는 일이었으나, 사마천은 부친의 유언을 생각하여 굴욕을 삼키며, 《사기》를 완성하는 데 자신의 여생을 바쳤다.

하루아침에 사라진 이상 국가
왕망과 신新(8~23년)

한의 전성기였던 무제武帝 때에도 국가의 통제가 미치지 않는 세력가가 있었다. 한편 궁정에서는 무제가 죽은 후 황후의 일족인 외척과 상궁을 관장하는 왕의 측근인 환관宦官이 일어나, 정치는 그들에 의해 좌우되었다.

이들 외척과 환관의 권력 다툼에다 더욱더 힘을 키우게 된 세력가 때문에 한의 중앙 집권적인 정치 체제는 흔들리게 되었다. 이와 같은 상황 가운데서 서기 8년, 외척 중 한 명인 왕망王莽이 선양禪讓이라는 형태로 황제가 되어, 새로운 국가 신新(8~23)을 건국하는 사건이 발생하였다.

전한 원제元帝(재위 전 48~33) 황후의 조카로 출생한 왕망은 한의 정치에 큰 발언력을 가지게 되었다. 왕망은 아버지를 일찍 여의고 불우한 나날을 보냈으나, 유교의 고전을 애독했고 예禮를 존중하여 겸허하게 행동하였다. 그것이 자신이 출세할 수 있는 길이라고 생각했기 때문이었다.

왕망은 기원전 8년에 황제를 보필하는 대사마의 자리에 올랐다. 그는 외척 간의 권력 다툼으로 일시 실각하기도 했으나 여론을 다루는 데에 천재적인 수완을 가지고 있었다. 때마침 일식이 있었다. 그러자 '이것은 왕망의 무죄를 하늘이 말하고 있는 것이다' 하는 소문이 퍼지게 되었다.

왕망의 화폐. 왕망은 착도·계도·대천 등 3종의 동전을 주조하고, 금·은·동·귀갑·조개껍질을 원료로 한 28종의 화폐를 만들었다.

평제平帝 때인 서기 2년에 황지국黃支國(베트남)에서 서우犀牛라는 기이한 짐승을 헌납하였다. 중국에는 성천자가 출현하는 징조로 진기한 짐승이 나타난다는 신앙이 있었다. 서우 헌납은 왕망의 공작이었다.

왕망은 둘째 아들이 노비를 살해하였다 하여, 장남 왕우王宇는 정치에 관여하였다 하여 자살하라고 하였다. 이를 두고 왕망은 천하를 위해서는 친아들까지도 숙청한다는 분위기를 형성시켰다.

기원전 1년, 애제(재위 전 7~1)가 사망하자 왕태후(애제의 황후)는 왕망을 불러들여, 아홉 살인 평제(재위 전 1~후 6)의 보좌를 명하고, 안한공安漢公이라는 칭호를 내렸다. 평제는 열네 살의 나이로 급사하였다. 평제는 자신의 생모 위씨衛氏가 모반 혐의로 살해된 것은 왕망 때문이라 하여 그를 미워했기 때문에 왕망이 평제를 독살하고 만 것이다.

평제가 죽은 후 황족 중 최연소자인 자영이 후계자로 선출되었다. 겨우 두 살짜리 황제였다. 왕망은 '재형宰衡'이라는 이름으로 섭정을 하며 스스로 가

假황제라고 칭하였다. 가황제란 '부황제'라는 뜻이다. 이어 그는 사람들에게 자기를 섭攝황제라 부르게 하였다. 왕망이 한의 유씨劉氏를 대신하여 황제가 되는 것은 이제 시간문제였다.

그는 중국 태고의 요堯가 순舜에게 왕위를 물려준 고사에 따라서 선양의 형식을 취하기로 하였다. 서기 8년, 천명이 내렸다는 상서로운 징조가 여러 곳에서 보고되었고, 왕망은 국호를 '신新'이라 하는 새 왕조를 열었다. 이 이름은 그가 최초에 신야후新野侯에 봉해진 데서 유래한 것이다.

왕망은 토지의 국유령과 노비의 금지령을 내려 대토지 소유자인 세력가들을 단숨에 해체시키려 하였다. 그러나 그에게는 이를 실행할 만한 강대한 권력이 없었고, 법령은 세력가들의 반대에 부딪쳐 있으나 마나한 것이 되고 말았다. 결국 이 법령은 4년 만에 철회되었다.

엎친 데 엎친 격으로 북방 흉노의 침입이 격화되었다. 왕망은 이를 단숨에 토벌하기 위해 30만 대군을 보냈으나, 흉노에게 전혀 타격을 주지 못하고, 막대한 국가재정만을 낭비해 재정 위기에 빠지고 말았다.

이와 같은 상태에서 반란이 일어나지 않는다면 그것이 오히려 이상하다 할 것이다. 어떤 빌미만 있으면 화약고에 불을 댕기는 결과를 가져오게 될 것이 뻔한 상황에서, 그 빌미를 만든 것이 여모呂母라는 양조장 주인이었다. 여모의 아들은 지방 관리로 있었는데, 과실을 저질러 현의 장관에 의해 살해당하고 말았다.

양조장을 경영하던 여모는 젊은이가 오면 돈을 받지 않고 술을 주곤 하였다. 이런 마음씨 좋은 주인이 복수를 외치고 나서자 많은 젊은이들이 그 깃발 아래 모이게 되었다. 여모는 전재산을 털어 무기를 구입하였다. 이리하여 여모 일당은 해곡현海曲縣(현재의 산둥성)을 습격하여 현의 장관의 목을 잘라 그 목을 아들의 무덤 앞에 바쳤다.

일당은 목적을 달성했으나 해산하지 않았다. 고용된 무장단은 곧 반란 집단으로 바뀌었다. 왕망 정권을 뒤흔든 '적미赤眉의 난'은 이렇게 해서 일어났다. 여모 일당은 적군·아군을 식별하기 위하여 벽에 바르는 붉은 물감을 자신들의 눈썹에 발랐다. '적미군'이라는 이름은 거기서 생겨난 것이다. 여모 다음으로 적미군을 지휘한 것은 번숭樊崇이라는 인물이었다.

화북 일대를 무대로 활약한 적미군과는 별도로 후베이성 당양현當陽縣의 녹림산綠林山을 거점으로 하여 왕광王匡 · 왕봉王鳳 · 성단成丹 · 마무馬武 등이 녹림단綠林團을 조직하여 활동하였다. 그 세력은 처음에 수백 명이었으나, 몇 달 새 8천 명에 이르렀고, 전성기에는 5만 명이나 되었다.

왕망은 이들을 토벌하기 위해 여러 차례에 걸쳐 수만 명의 군대를 보냈으나 번번이 실패하였다. 정부군을 대파한 후 적미군의 수는 오히려 10만 명으로 불어났다. 그 위에 한의 일족인 유수劉秀(후의 광무제)가 세력가들을 결집하여 군사를 일으켰다. 서울 장안은 유수 등 토벌군이 도착하기도 전에 반란군에 의해 함락되었다. 왕망은 두오杜吳라는 상인의 손에 살해되어, 공빈취公賓就라는 자에 의해 목이 잘렸다. 이로써 왕망의 이상 국가는 하루아침에 사라지고, 전한에 이어 후한이 건국되기에 이른다.

전한에서 후한으로

광무제의 한 제국 부흥(25~57년)

유수劉秀는 원래 한의 황실 유씨에서 갈라져, 난양南陽 지방(허난성에서 후베이성 일대) 세력가로서 광대한 토지를 소유한 가문에서 출생하였다. 그는 성인이 되어 신新의 수도 장안에 올라가 유학, 특히 《서경》을 배우고 귀향하여 교양이 있는 선비로서 사람들의 신망을 얻고 있었다.

적미의 난이 확대되던 때에 난양 지방에도 기근이 닥치게 되었다. 유수는 형 유연劉縯과 22년에 군사를 일으켰다. 많은 세력가들이 그들 형제를 따랐기 때문에 그 세력은 급속하게 늘어났다. 유 형제는 본가의 유현劉玄을 황제로 추대하였다. 유현은 '경시제更始帝'라 칭하고 연호를 '경시'라 하였다. 그는 유 형제의 명성을 두려워하여 유연을 살해하였다. 유수는 겉으로 유현에게 절대 복종하는 태도를 취하였다.

경시제는 23년 장안을 점령하여 왕망의 신新을 멸하였다. 그러나 각지에서 세력가인 군웅이 할거했고, 또 적미군도 여전히 활약하고 있었기 때문에 국가의 혼란은 계속되었다.

25년, 적미군은 장안에 입성하여 경시제를 살해하였다. 그들은 장안에 머물기를 원했으나 식량이 떨어져 더 있을 수가 없었다. 20만 명에 이르는 적

〈역대제왕도권〉에 실린 광무제 그림. 광무제는 후한의 황제로 할거하던 군웅을 차례로 평정하고 나라의 기틀을 다졌다. 보스턴 박물관 소장.

미군은 장안에서 나와 동으로 향하였다. 그들을 토벌하기 위해 기다리고 있던 것은 유수였다. 유수는 25년 6월에 황제로 추대되어, 원호元號를 건무建武라고 고쳤다. 후한 왕조는 이때 생겨났으나, 천하는 아직 동란 속에 있었다.

유수는 천자를 칭한 왕랑王郎을 죽였다. 허베이의 유적流賊 집단은 뒤이어 유수에게 항복하였다. 그 중 최대의 집단은 동마군銅馬軍으로서, 그 수령을 열후列侯에 봉하고 부하들을 흡수하였다. 10만여 명에 이르는 적미군은 허난성 의양宜陽에서 유수에게 항복하였다.

유수, 곧 광무제光武帝는 왕랑을 공격했을 때 한단에 있던 산더미 같은 문서를 한 자도 읽지 않고 소각하게 하였다. 왕랑과 문서를 주고받던 사람들은 자신들이 의심받을까봐 가슴을 졸이다가 광무제의 이 같은 조치로 그제서야 안심하게 되었다. 이는 광무제가 인심을 수습하는 수법에 뛰어났음을 보여주는 대목이다.

그 대신 야심을 품고 있는 위험한 인물이라는 판정이 내려졌을 때는 용서하지 않았다. 왕랑에게 이길 수 있었던 것은 진정왕眞定王 유양劉楊을 끌어들였기 때문인데, 광무제는 즉위한 다음해에 모반 혐의로 그를 죽였다.

유양은 광무제의 아내 곽씨의 삼촌뻘 되는 사람이다. 그리고 적미군의 간부는 모두 용서되었으나, 번숭樊崇과 봉안逢安은 후에 모반 혐의로 살해되었다. 그러나 서선徐宣과 양음楊音 등 다른 적미군 간부는 천수를 누렸다.

후한을 건국한 광무제는 지식인이었다. 젊은 시절 낙양의 태학太學에서 공부하면서, 장래에 집금오執金吾(치안국장 상당)라도 되면 만족하겠다는 생각을 가졌었다. 또 다정다감한 성품의 청년으로, 신야현 출신의 절세의 미녀 음여화陰麗華를 아내로 맞이하였다.

그 당시 큰 세력을 이루었던 적미군도, 녹림계의 반란 그룹에 의해 이루어진 경시군도, 그들의 지도자 중에 지식인은 없었다. 양 군이 장안에 들어가서 행한 약탈은 역사의 교훈을 아는 지식인의 조언이라도 있었다면 피할 수 있었을 것이다. 그러나 적미군 간부 가운데 글자를 읽을 수 있는 사람은 간수를 지낸 바 있는 서선 단 한 명뿐이었다고 한다.

태학의 유생이었던 광무제는 난세에서 빛나는 존재였다. 형 유연이 살해되었을 때 꾸준히 참은 것은 모름지기 학문의 힘이었다 할 것이다. 광무제 군대의 규율은 엄격하였다. 약탈에 의해 백성들이 얼마나 고통당하고 있는가를 광무제 유수는 잘 알고 있었다. 또한 학문을 했기 때문에 자신의 마음을 객관적으로 살필 수 있었던 것이다.

그는 멀리 촉을 병합하여 중국의 통일을 달성한 후에도 베트남 북부와 서역 지방을 제압했고, 북으로는 남북으로 분열되어 있던 흉노 중 남흉노를 예속시켰다. 이리하여 한의 세력은 무제 시대의 영역과 맞먹을 만큼 확대되었다. 주변 여러 나라에서는 후한에 조공을 바쳤고, 한의 세력은 한반도와 일본 열도에까지 미치게 되었다.

광무제는 군사를 일으킨 이후 행동을 함께 해온 세력가들을 공신으로 하여 중용했고, 그들의 전면적인 협력을 얻으면서 정치를 행하였다. 때문에 후한의 정권은 전한과는 달리 세력가들의 연합 정권의 성격을 띠었다.

지식인인 광무제는 유학을 국학으로 삼아 스스로 신하들에게 유학의 경전을 강의하고 토론하였다고 한다. 그는 황제와 세력가 사이, 그리고 세력가와 그 밑에 있는 농민 사이에 이른바 장유유서長幼有序를 따르는 유학의 질서를 침투시키는 것이 필수라는 것을 깊이 이해하고 있었다.

경시군과 적미군이 소멸한 후 농隴(감숙성)의 괴공과 촉蜀(사천)의 공손술公孫述 등 2개 지방의 군벌이 남아 있었다. 건무建武 10년(34), 병사한 진공의 아들 괴순이 투항해 왔다. 공손술이 전쟁에 패해 죽어 촉이 후한의 판도에 들어오게 된 것은 건무 12년(36)의 일이었다. 이로써 후한은 천하 통일 왕조로서의 기초를 다지게 되었다.

농을 공격할 때 광무제는 전선의 사령관 잠팽岑彭에게 서한을 보냈다.

"사람은 족한 것을 알지 못하기 때문에 괴로워한다. 이미 농을 얻었는데, 다시금 촉을 얻게 되기를 바라고 있다. 군대를 동원할 때마다 이 때문에 머리카락은 희어진다."

이 말에서 '득농망촉得隴望蜀'이라는 고사성어가 생겨나게 되었다. 인간의 욕망이 한없다는 것을 자기 반성적으로 서술한 것으로 광무제다운 문장이라 할 만하다.

광무제 시대에 유교에 의한 후한 시대 국가 질서의 기초가 다져지게 되었고, 이것이 그 후의 중국 역대 왕조에 계승되었다. 광무제는 군비 축소와 노비의 해방, 그리고 조세 경감 등에도 힘썼다. 또한 부지런하여 아침 일찍부터 밤늦게까지 집무했고, 한밤중이 되어서야 잠자리에 들었다. 이와 같이 성실한 황제였기 때문에 신하의 신망도 두터웠다.

후한 시대의 대발명은 무엇보다도 '종이'를 들 수 있다. 지금까지는 문자를 목간木簡이나 죽간竹簡에 기록했고, 귀중한 것만 값비싼 명주천에 기록해 왔다. 목간이나 죽간은 처리하는 데 많은 손이 갔고 또 보존하는 일도 문제였다. 종이의 발명에 의해 학문이 널리 보급된 것은 더 말할 필요조차 없는 일이다. 종이의 발명자는 채윤蔡倫이었다. 그는 환관이었으나 유능한 인물이었다.

전한의 화려함에 비해 후한은 소박한 시대이며, 후한 사람들은 이를 자랑스럽게 여겼다. 《한서漢書》의 저자인 반고班固(32~92)는 〈양도부兩都賦〉에서, 그리고 장형張衡(78~139)은 〈이경부二京賦〉에서 장안과 낙양의 비교론을 전개하고 있는데, 허영에 들뜬 장안보다는 실질적인 낙양이 좋다고 노래하고 있다.

30

서역 50여 국을 아우르다
후한의 무장 반초(32~102년)

반초는 후한시대의 관리요 역사가였던 반표班彪의 아들이다. 반씨의 가문은 전한시대부터 대대로 관리를 낸 명문이었으나, 반표의 대에 몰락하여 생활이 궁핍하였다.

반표는 사마천의 《사기》에 이어지는 전한의 역사를 기록하겠다는 뜻을 세우고 그 일부를 집필하였다. 반표의 장남(반초의 이복형제) 반고班固(32~92)는 아버지의 뜻을 이어 전한 시대의 역사 《한서》의 집필을 시작했으나, 도중에 터무니없는 중상모략을 받고 옥에서 죽고 말았다. 이에 그 누이동생 반소班昭가 오빠의 뒤를 이어 《한서》를 완성시켰다.

73년, 명제明帝의 명으로 서역의 흉노를 토벌하는 군대가 파견되었다. 반고의 동생 반초班超(32~102)가 장군 두고竇固의 부하로 종군하여 크게 공을 세우고 장군으로 승진하였다.

두고는 선선鄯善 사절로 반초를 기용하였다. 반초는 36명의 부하를 거느리고 선선으로 갔으나, 수많은 흉노 사절단이 먼저 도착하여 오아시스에서 숙영하고 있었다. 흉노를 두려워하는 선선왕은 반초를 무시하였다. 반초는 100명이 넘는 흉노의 사절단을 습격할 계획을 세우고 다음과 같이 말하였다.

출행도. 한의 고급관료가 출행할 때는 앞뒤로 마차나 가마가 수행하였다. 창을 가진 병사도 보인다. 중국역사박
물관 소장.

"호랑이 굴에 들어가지 않고는 호랑이 새끼를 차지하지 못한다."

그는 부하를 호령하며 격려하여 흉노의 숙사를 밤에 습격하였다. 설마 하
고 안심하며 지내던 흉노 사절단은 많은 사망자를 낸 채 북으로 뺑소니를 치
고 말았다. 흉노는 더 이상 서쪽으로 나올 수 없게 되었다. 그 후 흉노는 "오
른팔을 잘렸다"고 하며 원통해 하였다 한다.

두고는 이번에는 반초를 멀리 서방 우전(호탄)에 파견하였다. 이때도 불과
30명의 인원으로 출발한 반초는 우전 왕의 신뢰를 얻는 데 성공하였다. 그는
여기를 거점으로 하여 북방의 소륵疏勒(카슈가르)을 차지했고, 서방에서 침입
해온 쿠샨 왕조의 군대를 격퇴하였다. 반초의 활약을 알게 된 장제章帝는 두
차례에 걸쳐 1,800명의 군사를 반초에게 보냈다.

반초는 서역 도호都護의 본부로부터 서쪽으로 멀리 떨어져 있는 쿠차龜玆
로 진군하였다. 그곳은 천산의 눈이 녹은 물이 여러 줄기의 강을 이루어 타
림 강으로 흘러들어 가는 곳으로서, 산중 골짜기에는 방목하기에 좋은 풀밭

이 펼쳐져 있었다. 쿠차는 당시 인구 8만 명에 이르는 크고 부유한 오아시스였다.

쿠차에서 서쪽 소륵까지는 200km의 거리로서, 빠른 말은 이틀이면 갈 수 있는 가까운 곳이었다. 소륵에서는 대월지大月氏가 사는 파미르 고원에도 갈 수 있고, 또 오손인烏孫人이 사는 이시크쿨 호수(겨울에도 얼지 않기 때문에 '열해熱海'라 불렸다) 쪽으로도 길이 나 있었다.

이렇게 볼 때 반초의 전략을 살피는 눈이 보통이 아니라는 것을 알 수 있다. 그는 여러 요충인 오아시스를 일단 제압한 후, 97년에는 부하인 감영甘英을 서쪽으로 파견하여 대하大夏(박트리아), 안식安息(페르시아)을 거쳐 서쪽 바다(지중해)에 이르는 지리와 정치 정세를 살피게 하였다.

이로써 전한의 무제 시대로부터 약 200년 후에 다시금 한족의 세력이 서방으로 뻗는 전성기를 맞았다. 반초는 흉노와 동맹 관계에 있는 쿠차와 카라샤르를 정복하여, 서역 50여 국을 모조리 한의 지배 아래로 아울렀다. 그 공으로 해서 반초는 황제로부터 서역도호로 임명되었다(91).

반초는 이 지역의 교역로인 이른바 실크로드를 확보하여 교역을 한층 더 발전시키려 하였다. 그 사명을 띠고 대진大秦(로마)을 향해 갔던 감영은 지중해(또는 페르시아 항만이라고도 함)까지 갔으나, 그곳의 선원으로부터 항해가 무척 어려워서 순조로워도 왕복에 3개월, 바람이라도 불게 되면 2년이 걸린다는 말을 듣고 귀국하였다.

한 왕조가 반초에게 준 병력은 대략 500명이었고, 많아도 1,000명을 넘었던 적은 없었다. 영원永元 12년(100), 반초는 화제和帝에게 직접 글을 상소하였다.

"옛날 소무蘇武는 흉노 속에 머물기 19년인 줄 압니다. 지금 신臣은 충절을 받들고 금은金銀을 간직한 채 서역을 지키고 있습니다. 만일 신이 고향에서 임종을 맞게 된다면 더 이상 바랄 바가 없겠습니다. 그러면서도 후세에 혹시나 명신名臣이 서역에서 자취를 감추게 되지나 않는가 하여 우려하고 있습니다. 신이 어찌 감히 주천군酒泉郡에 이르기를 바랄 수 있겠습니까만, 원하건대 살아서 옥문관玉門關을 들어가는 것을 허락해 주시기 바랍니다."

고령이 된 반초는 망향의 생각에 사로잡혀 아들인 반용班勇을 서울 낙양으로 보내 화제에게 자신의 귀국을 허락해 달라고 청원하였다. 누이동생 반소도 황제에게 오빠의 귀국을 탄원하였다.

그는 귀국이 허용되어 102년, 실로 31년 만에 고향으로 돌아왔다. 그의 나이 70세였다. 그러나 반초는 그때 이미 고칠 수 없는 병(천식으로 추측됨)에 걸려 있었고, 결국 그 다음 달에 고향에서 죽었다.

무릇 싸움터에서는 무용이 뛰어난 장군에 대해서만 부하들이 복종하는 법이다. 반초가 죽은 후에는 그만한 인재가 나타나지 못하였다. 반초의 죽음과 더불어 화제의 영광의 시대도 빛이 바랬다.

123년, 안제安帝는 반초의 아들 반용을 기용해 서역 장사長史로 임명하고, 지난날의 영광을 다시 한 번 찾기 위해 힘썼다. 그러나 오손烏孫에서 더 서쪽으로는 도저히 힘이 미치지 않았고, 중앙아시아는 한과 인연이 끊기게 되었다.

후한 말인 3세기 초에 이미 한인은 둔황과 주천을 힘겹게 지키는 것이 고작이었고, 그밖의 지역에서는 철수해야 하였다. 그 후에는 삼국 시대, 그리고 육조 시대 등 중국 국내의 오랜 혼란이 계속되었다. 서역이 다시금 중국 역사에서 중요한 곳으로 등장하게 된 것은 7세기, 즉 수당隋唐 초까지 기다려야 하였다.

반초의 죽음과 동시에 후한의 전성기도 서서히 막을 내리게 되었다. 중국의 서북부 오지에 사는 티베트계의 강족羌族이 반란을 일으켜, 후한 중기 이후 약 60년간에 걸쳐 한 제국을 뒤흔들었다. 따라서 이에 대한 대책으로 정부의 연간 수입 중 40%에 이르는 군사비를 해마다 지출해야 했고, 그것이 백성들에게는 큰 부담이 되었다.

이런 상황에서 내란이 일어나지 않을 수 없었다. 기록에 따르면 순제 때인 132년부터 경제煚帝 때인 172년까지 40년 동안에 농민의 반란은 30차례 이상 발생하였다. 더구나 그 반란은 전국적 규모로 펼쳐졌다.

그리고 184년에 이르러 마침내 한 제국을 뿌리째 전복시키는 황건적黃巾賊의 큰 봉기가 일어났다. 이런 정세인데 낙양에서는 당파 싸움에 정신이 없어서, 이른바 당고黨錮의 옥獄이 일어나는 등 사상 탄압이 그칠 날이 없었다. 그 결과 나라는 멸망을 향해 치닫게 되고, 그 난세에 등장한 세 영웅이 조조曹操 · 손권孫權 · 유비劉備였다.

브라만교와 《리그 베다》
인도 카스트 제도의 기원(기원전 20세기)

　인도 하면 떠올리게 되는 카스트 제도는 인도의 오랜 역사를 통해 그 사회의 크나큰 특징이 되어 왔다. 이것은 현재에도 엄연히 존재하고 있는 것이다. 그것은 책에서 읽고 교과서에서 배운 것처럼 네 가지, 곧 브라만·크샤트리아·바이샤·수드라 등과 같은 단순한 것이 아니다. 카스트의 수는 분화한 것까지 계산한다면 대략 2700개에 이른다 한다. 이 카스트 제도를 이해하자면 인도의 고대 문화인 브라만 문화를 이해해야 한다.

　인도에 아리아인이 최초로 침입한 곳은 인더스강 상류의 펀자브五河 지방으로서, 그 연대는 기원전 1500년경의 일로 보고 있다. 원래 유목생활을 영위하던 그들은 점차 농경을 하는 정착 생활에 들어가고 있었다. 초기 아리아인의 생활은 현재까지 전해지던 신들에 대한 찬가를 모은 《리그 베다》를 통해 짐작할 수 있다.

　그들은 거룩한 불을 중심으로 하여 가부장 아래 대가족 생활을 했고, 부족에는 통솔자(라니야, 왕)가 있었다. 종교로서는 천둥 번개와 태양 또는 바람 등 자연 현상을 신격화하여 그것을 숭배하였다.

　그들은 점차 동남쪽 갠지스강 유역을 향해 발전해 가면서 사회 계급의 분

힌두교 사원의 현관을 장식한 관능적인 미인조상. 남녀의 성적 결합을 신과 지상존재의 합일을 상징한다고 믿는다. 카주라든의 데미 자가담비 사원.

화와 고정화가 진행되었다. 그리고 그에 아울러《리그 베다》에 이어지는 찬가와 제사의식 및 주술에 관한 기록을 모은《베다》가 만들어졌다.

'베다Veda 吠陀'는 '지식'이란 뜻으로, 인류 지식의 원천으로서 브라만교의 경전이다. 그 내용은 브라만교 성립 이전으로 소급한다. 리그Rig 讚歌, 사마 Sama 歌詠, 야주르Yajur 祭詞를 '3베다'라 칭한다.

《리그 베다》는 아리아 민족이 이동하여 힌두쿠시 산맥을 넘어 인도에 들어왔을 때 광대한 대자연에서 얻은 인상을 기록한 것이다. 이것은 전 10권 1,028편 1만 580송頌으로 이루어져 있으며, 한결같이 자연신 및 자연신에서 비롯된 여러 신들을 찬미하고 있다.

《사마 베다》는 이 찬가에 악보를 붙여 음악화하려 한 것으로, 대부분《리그 베다》를 재수록한 것이다.

《야주르 베다》는 제사의식에 쓰이는 제사祭詞와 그 주석을 집대성한 것으로, 전 40편이다. 몇 편을 제외하고는 전부 산문으로 되어 있다.

이상 3베다 이외에 《아타르바Atharva 呪句 베다》가 있어서, 이것을 합쳐 4베다라 한다. 《아타르바 베다》는 민간 신앙에 기초하여 일상생활의 복과 재난에 관한 기도를 관장하는 승려가 사용한 것으로, 20편 6,000송에 이른다. 그중 1,200송은 《리그 베다》에서 인용한 것이다.

베다의 신학적 찬가를 시도한 것이 《브라흐마나Brahmana 梵書》인데, 그것을 철학적으로 발전시킨 것이 《우파니샤드Upanishad 奧義書》이다. 《리그 베다》는 기원전 1500년경에 제작된 것으로 알려져 있는데, 아리아 민족의 고대 종교와 민속과 문학 및 역사 등은 베다를 중심으로 더듬어 볼 수 있다.

베다를 중심으로 종교 의식이 무척 복잡해졌고, 그 의식을 행하기 위한 특별한 지식과 자격을 갖춘 제사장의 계급이 발달하여, 그들 곧 브라만 Brahman 婆羅門이 사회에서 최고의 자리를 차지하게 되었다. 브라만 계급에 이어 무사 계급(크샤트리아)이 있고, 다음에 농업 및 상업 등에 종사하는 일반 서민계급(바이샤)이 있으며, 이들 3계급 아래 노예 계급(수드라)이 있었다. 특히 제4의 노예계급은 대부분 아리아인이 정복한 이민족이었다.

각 카스트의 구성원은 다른 카스트와 결혼할 수 없다. 카스트에 따라서는 다른 카스트와 식사를 함께 할 수 없는 것은 물론이고, 요리한 것을 먹을 수도 없다. 또한 각 카스트에는 조상으로부터 전해지는 직업이 있었다. 그것을 의무적으로 세습해야 한다.

그 외에 카스트에 따라서는 나름대로 독특한 계율을 가지는 경우도 있다. 바다를 건너서는 안 된다는 계율을 가진 카스트도 있었다. 이 카스트에 속한 자가 군인이 되었을 때 해외 원정은 금지되었다. 그것을 반항으로 간주하여 영국군이 총칼로 탄압했던 일도 있었다(1824).

그리고 일반 카스트 외에 몸에 닿기만 해도 더럽혀진다는 사람들, 곧 불가촉천민도 있다. 그들을 '파리아'라 한다. 그들이 방울을 달고 다니기를 강요한 지방도 있었다.

이와 같은 차별로부터의 해방에 힘쓴 것이 간디였다. 간디는 그들을 '하리잔(신의 자녀)'이라 부르며, 끊임없는 운동을 전개하여 적어도 법률상으로는 그 차별을 철폐했고, 그들에게 국회 의석도 주어지게 하였다.

인도 사회에 특유한 카스트 제도, 거기에 따른 극단적인 계급 차별은 일반적으로는 아리아인의 인도 정복에 따라 발생한 것으로 설명되고 있다. 그러나 왜 인도사회에서만 이와 같은 엄격한 계급 제도가 발생했는가 하는 의문이 생긴다.

같은 아리아인 중 다른 한 파는 이란에 들어가 오늘의 이란인이 되었고, 또 다른 계통의 아리아인은 유럽으로 가서 오늘의 서구인이 되었다.

4세기 인도에 굽타 왕조가 들어서면서 널리 민간에 퍼진 것이 힌두교였다. 고대 브라만교를 중심으로 각지 민간 신앙의 신들을 흡수하여, 힌두교는 인도 전국의 모든 종족과 온갖 카스트 사이에 전파되었다. 힌두교의 영향 아래서도 브라만 계급의 권위는 흔들리지 않았다.

11세기에는 이슬람 교도의 침입이 있었다. 그리고 16세기에는 무굴 제국이 건국되면서 인도의 거의 대부분을 제압하였다. 이슬람은 힌두교를 압박하였다. 이에 힌두교는 사회 표면에서 사라졌지만 내면적인 실생활에서는 여전히 그 전통이 유지되었다.

그리고 이어 영국인에 의한 인도 지배가 제2차 세계대전 때까지 이어졌고, 대전 후 비로소 인도는 독립을 이루게 되었다. 그러나 이슬람 교도는 인도에서 분리되어 파키스탄 국가를 세웠다. 그리고 인도에는 여전히 카스트 제도가 남게 된 것이다.

분명한 것은 근대 문명이 카스트 제도를 점차 붕괴시키고 있다는 사실이다. 예컨대 상수도가 발달하면 모두가 같은 물을 마셔야 한다. 철도를 이용하려면 모두가 같은 차를 이용할 수밖에 없다. 학교에서도 공장에서도 그리고 새로운 산업에 종사하며 현대 도시에서 생활하는 한, 음식과 직업에 대한 제한을 둘 수 없게 되었다. 그런데도 인도의 사회적 관습에는 여전히 카스트 제도가 뿌리 깊게 존재한다.

생로병사를 넘어서
불교의 탄생(기원전 563경~483년)

기원전 1500년경 아리아인이 중앙아시아에서 인더스강 유역에 진출하여, 인더스 문명을 이룩한 원주민인 드라비다인을 지배하였다. 아리아인은 기원전 1000년경에는 갠지스강에도 진출하였다. 이 이동 과정에서 제사를 관장하는 브라만(신관)과 크샤트리아(왕족·귀족·무사)와 바이샤(상공업자·농민) 등으로 계층 분화했고, 그들에 의해 정복당한 선주민이 수드라(노예)가 되었다. 이 4종성種姓(바르나)은 점차 고정화되었다. 이것이 이른바 '카스트 제도' 이다.

인도는 예로부터 문화가 발생한 곳으로서, 그중에서도 종교가 성행하였다. 그러나 이 종교는 브라만이라고 하는 신분 높은 사람들만 제사에 참가할 수 있는 그런 것이었다. 수드라라고 하는 노예 계층 사람들은 브라만이 암송하는 경문을 엿듣기라도 하게 되면, 불에 녹인 쇳물을 귀에 부어 넣도록 규정되어 있었다. 만일 경문을 암송하기라도 하게 되면 그 혀를 잘라 버렸다.

브라만 밑에는 크샤트리아라는 계층의 사람들이 있는데, 왕족과 무사가 여기 속한다. 그 아래 계층은 바이샤라고 하는 농민과 상인, 즉 평민 계층이

설법 중인 붓다. 고향을 방문한 붓다는 자신의 아내와 그의 아들, 그리고 마을사람들 대부분을 귀의시켰다.

다. 이 세 계급에 속하는 사람은 경문을 공부할 수 있다. 그러나 세 계급 사이에는 서로 결혼을 하지 못하게 규정되어 있다. 식사도 따로 해야 한다. 이것도 브라만교의 규정이었다.

이와 같은 계급의 구별을 '카스트'라고 한다. 네 번째에 속하는 수드라는 가장 밑의 카스트지만, 수드라에도 끼지 못하는 더욱 비천한 사람들이 있다. 바로 찬달라라고 하는 계급으로서, 그들은 백정이나 망나니의 일을 맡으면서 그야말로 개나 돼지처럼 천대받았다.

이와 같은 차별이 잘못되었다고 하는 생각은 당시의 인도 사람들도 가지고 있었다. 특히 불교를 창시한 석가(전 563경~483)는 이 같은 차별을 부정하고 누구나 구원을 얻을 수 있다고 주장하였다.

'석가'라는 이름은 원래는 네팔 근방에 살고 있던 샤카족이라 불리는 한 종족 이름이다. 그 종족의 왕자로 탄생한 석가, 곧 고타마 싯다르타에 의해 불교는 창시되었다. 석가는 크샤트리아에 속하는 사람이었다.

석가는 지금으로부터 2500여 년 전에 인도 북방에 있는 마가다 나라 카필라 성에서 왕자로 태어났다. 성은 고타마, 이름은 싯다르타라 한다. 석가족 출신의 성자라고 해서 '석가모니釋迦牟尼', 한역하여 '석존釋尊'이라고도 부른다.

그는 왕자로서 부자유라고는 전혀 알지 못하고 살았다. 별장을 세 개나 가지고 있으면서, 철마다 사는 장소를 옮겼다. 그리고 외출할 때는 흰 해받이로 장식하였다. 이렇듯 부러울 것 없이 살던 석가는 왕궁 밖으로 나갈 때마다 병으로 고통당하는 사람, 자식을 잃고 슬퍼하는 부모의 모습 등을 보게 되었다. 들에 나가보면 벌레들끼리도 서로 먹고 먹히는 광경이 펼쳐지는데, 이 일도 또한 석가를 괴롭혔다.

석가는 아름다운 야쇼다라 공주와 결혼해 슬하에 귀여운 아들을 두었다. 그러나 사람이란 부모든 부부든 결국 죽음이란 것에 의해 찢겨 갈라지는 존재라는 사실을 깊이 깨닫게 되었다. 마침내 그는 사랑하는 아내와 아들에게 이별을 고하고, 마음의 번뇌를 해결하기 위해 홀로 수행의 길에 나섰다. 그의 나이 스물아홉 때의 일이었다.

석가는 각지에 유명하다는 스승을 찾아서 여러 가지 고행을 몸소 겪어냈다. 그가 6년 동안 고행하는 동안 교대로 악마가 찾아와서 그를 괴롭혔다. 마음을 단단히 먹은 석가는 악마를 퇴치할 수 있었으나, 오랜 고행으로 그 몸은 한없이 허약해졌다.

고행하는 것만으로는 깨달음을 얻을 수 없다고 생각한 석가는 마을 아가씨가 주는 젖죽을 얻어먹고 기운을 회복한 후 부다가야로 갔다. 그는 푸른 보리수 아래서 조용히 명상하는 동안에 마침내 모든 것으로부터 해탈할 수 있게 되어 '불타Buddha 佛陀'가 되었다. 이때 석가의 나이 서른다섯이었다. 이 이법理法(산스크리트어로 '달마')을 전하기 위해 그는 인도 전역을 여행했고, 고뇌하는 많은 사람들을 교화하였다. 그리고 80세 때 쿠시나가라에서 입적入寂하였다.

석가가 깨달음을 얻은 후 2년 안에 1,250명 정도의 추종자를 얻어 일종의 종교 공동체가 형성되었다. 석가는 그들과 달마다 3 내지 4회의 모임을 가지고, 제자들의 참회를 들었다. 그리고 그들의 죄를 씻는 의식을 행하였다. 석가의 제자들의 출신 성분은 브라만·크샤트리아·바이샤·수드라 등 모든 바르나에 골고루 걸쳐 있었다.

석가가 창시한 불교는 성립 당시부터 자비의 정신과 인류의 평등을 주장한 것으로, 그 후 인도에서뿐 아니라 널리 다른 민족들에게도 받아들여졌고, 세계 종교 중 하나로 발전해갔다.

석가의 교설教說을 '근본 불교'라 하는데, 그 요지는 다음과 같다.

첫째, 인간은 사회적 계급의 차별이 없으며, 누구나 해탈할 수 있다. 그 방법은 고행을 거치지 않아도 된다(카스트 제도의 부정).

둘째, 인간의 괴로움과 번뇌(욕망)를 초월한 경지에 이르는 것이 이상이며, 여기에 도달하는 것이 도道이다. 도에는 8정도正道가 있는데, 올바르게 보고, 올바르게 생각하며, 수행하는 일이 중요하다四諦八正道.

셋째, 무아無我에 철저하며, 일체는 '공空'이라고 하는 경지에 도달하면 깨달음을 열 수 있다.

석가는 저술을 남기지 않았으나, 그 교설이 제자에게 전한 설법에 나타나 있다. 이는 훗날 제자들에 의해 불경으로 편집되었다.

대승불교와 간다라 부처
아소카왕과 카니슈카왕
(기원전 3세기~서기 2세기경)

석가가 생존해 있던 무렵 인도의 갠지스강 평원에는 마가다국과 코살라국을 비롯하여 16개 왕국이 항쟁을 계속하고 있었다. 그중에서 갠지스강 하류 지역의 마가다가 세력을 뻗었고, 기원전 5세기 중엽에는 갠지스강 유역을 통일하였다.

기원전 326년, 마케도니아의 알렉산더 대왕이 아케메네스조 페르시아를 타도한 후 카이바르 고개를 넘어 서북 인도의 펀자브 지방에 침입하였다. 이 민족의 갑작스런 침입을 당하게 되자, 서로 항쟁하고 있던 인도 여러 나라들은 단결해야 할 필요를 통감하게 되었다. 인도의 통일은 이 때문에 급속하게 진전되었다. 이와 같은 정세에서 알렉산더와도 만난 일이 있는 찬드라굽타는 마가다의 난다 왕조를 타도하고 마우리아 왕조(전 317경~187경)를 열었다. '마우리아'란 말은 '공작새'란 뜻으로서, 찬드라굽타가 궁정에서 공작새를 사육했기 때문에 붙여진 이름이다. 중국 역사서에는 '공작 왕조'로 기록되어 있다.

찬드라굽타는 서쪽으로는 셀레우코스 왕조로부터 간다라 · 아프가니스탄 지방 등을 빼앗고, 동으로는 벵골 지방을 병합하여 인도 최초의 통일 왕조를 수립하였다. 마우리아 왕조는 제3대 아소카왕(전 268경~232경) 때에 인도 남단을 제외한 대부분의 인도 전역을 지배하는 대제국으로 발전하였다.

후일에 명군으로 이름이 높은 아소카왕이었으나, 왕위에 오르기까지는 잔혹하기로 악명이 높았다. 그는 찬드라굽타의 손자로서, 왕위 문제 때문에 많은 형제들과 권력 투쟁을 벌였고, 그들을 모두 죽이고 왕위에 오른 인물이다. 즉위 초기에도 사소한 일로 신하나 궁녀에게 죽음을 명하곤 하였다.

아소카왕의 잔혹성은 적과의 전쟁에서 유감없이 발휘되었다. 기원전 262년경 칼링가 왕국(벵골 지방)에 원정했을 때는 10만 명을 살육하고 15만 명을 포로로 잡았다. 그러나 그는 이 싸움의 비참함에 깊이 가슴 아파하며 불교에 귀의하였다. 그 후 불교의 달마dharma 法, 곧 살생하지 않고 자비를 펴는 사회적 윤리에 기초한 정치를 하게 되었다.

그의 불교 정치는 모든 생명 있는 것의 목숨을 보호하는 일에서 시작되었다. 사냥이나 동물을 신에게 바치는 제사가 금지된 것은 말할 나위도 없었고, 궁정에서의 육식도 일절 금지되었다. 심지어 동물 전문병원까지 세워졌다. 물론 사람을 치료하는 병원은 자국 영내뿐 아니라 이웃 나라에도 설립되었고, 가난한 사람들을 위한 '구호의 집'도 세워졌다.

또한 통상로를 정비하여 상인이나 사신이 머물 수 있는 숙소를 설치했고, 화폐를 유통시켜 상공업을 보호했으며, 저수지 등 관개시설의 건설을 장려하여 농업 발전에도 힘썼다.

통상로 양측에는 나무를 심고 길가에는 망고나무 숲을 만들어 나그네로 하여금 그 열매를 따먹게 하였다. 또한 곳곳에 우물을 파서 물을 마시게 하고, 통상로의 숙소는 나그네와 짐승이 자유롭게 이용할 수 있었다.

아소카왕은 교육에도 세심한 배려를 하여 관리자에게는 통치자가 아니라 교사가 되어야 한다고 강조하고, 민중에게는 부모와 연장자를 존경하고, 하인이나 농민 또는 무거운 짐을 끄는 짐승 등을 돌보라고 훈계하였다.

왕 자신은 열렬한 불교신자로서 불교 정치를 행하면서도 사람들에게 불교를 믿으라고 강요하지는 않았다. 그는 다른 사람들의 신앙을 존중했고, 자이나교와 브라만교 등 모든 종교를 보호하였다. 그중에도 불교의 장려와 전도

온화한 표정의 이 붓다 두상은 기원전 2세기 간다라 조각이다. 눈썹 사이의 점과 머리의 돌기는 붓다의 위대한 정신력을 표상하는 정통적인 표지다.

에는 특히 힘써서 제3회 불전의 결집(불전을 집대성하는 사업)을 행하고, 8천 개의 사원과 1천 개 이상의 스투파(불탑)를 세웠다. 그 불탑은 오늘에도 각지에 남아 있다. 그는 또한 전국에 돌기둥과 마애비 磨崖碑를 세워 거기에 왕의 포고문(조칙)을 새겨서 민중에게 알렸다.

아소카왕은 불교 전도의 사절을 이웃 여러 나라에까지 파견하였다. 그의 조칙에는 시리아의 안티오코스 2세, 이집트의 프톨레마이오스 2세, 키레네의 마가스 왕, 마케도니아의 안티고노스 2세, 에페이로스의 알렉산더왕에게 사절을 파견하였다는 기록이 남아 있다. 그는 자기 아들과 딸을 스리랑카에 보내기도 하였다. 이 기록에서 마우리아 왕조와 주변 국가 사이에 평화적인 우호관계가 유지되었다는 사실을 알 수 있다.

단편적인 사료에 따르면 왕국의 중앙부는 왕의 직할 지배 아래 놓였고, 지방은 왕족인 4명의 부왕副王이 통치하였다. 왕에게는 기병 3만과 보병 60만의 상비군이 있었다. 이와 같이 방대한 관료와 군대를 양성하고 또 병원과 구제의 집을 세우는 재원을 확보하기 위해 농민에게는 수확의 6분의 1에서 4분의 1에 이르는 무거운 세가 부과되었다.

조칙에는 그에게 12명의 아내가 있는 것으로 되어 있으나 분명하지 않고, 왕자의 상황이나 아소카왕 사망의 상황도 거의 알려져 있지 않다. 그가 죽은 후 두 손자가 왕국을 양분하여 통치했으나, 브라만의 반란으로 마우리아 왕조는 50년이 못 되어 멸망하였다. 이 사실은 마우리아 왕조는 신망을 한 몸에 모으고 있던 아소카왕이란 존재 없이는 한갓 고대의 전제 국가에 지나지 않았음을 말해 주는 것이다.

아소카왕의 동생 마힌다는 스리랑카에 불교를 전하였다. 그로부터 불교는 동남아에 퍼지게 되었다. 얼마 후 중앙아시아에 쿠샨 제국이 성립되었는데, 이 나라 국왕 카니슈카왕(재위 144~173)도 불교를 믿었다.

마우리아 왕조가 소승불교 국가였다면 쿠샨 왕조는 대승불교 국가였다. 이 나라는 이란계 쿠샨인이 기원전 20년쯤 아프가니스탄에서 갠지스강 하류에 이르는 지역에 국가를 세운 것이다. 한자로는 '귀상국貴霜國'이라 한다.

북서 인도(지금의 파키스탄)의 간다라 지방에는 예전에 그리스인이 들어왔던 적이 있었으므로 사람들은 그리스풍의 조각에 익숙해져 있었다. 그때까지는 불상이라는 것이 없었다. 그러나 이미 석가가 죽은 지 500년의 세월이 지난 터라 불교를 전파하는 데 불상이 있는 것이 좋으리라는 생각을 하는 사람들이 생겼다.

간다라에서 처음으로 만들어진 불상은 이런 이유로 해서 그리스풍의 콧날이 우뚝 선 모습으로 되어 있다. 불교는 쿠샨 제국에서 중국을 거쳐 한반도를 통해 일본에 전해졌으며, 그와 아울러 간다라의 불상도 함께 전해졌다.

그러나 이와 같이 불교가 널리 퍼지기 시작한 때에 석가의 고국인 인도에서는 오히려 불교가 쇠퇴하기 시작하였다. 쿠샨 제국의 경우와 같이 외국인의 지배를 받은 일이 있고 나서부터 인도인은 오히려 옛 인도의 것을 존중하기 시작하였다.

따라서 브라만의 가르침이 그 사이에 점차 민중의 마음을 차지하게 되었다. 이것이 4세기에서 5세기에 걸쳐 인도에 굽타 왕조가 전성기를 누리던 때에 힌두교가 되었고, 카스트와 더불어 번영하게 되었다.

중국에서 불교를 배우기 위해 인도에 온 삼장법사三藏法師는 그의 여행기에서 인도를 가리켜 '브라만의 나라'라 부르고 있다.

 이란계 쿠샨인에 의해 수립된 쿠샨 왕조는 인도 전체에서 본다면 분열 속에서 태어난 왕조였다. 쿠샨 왕조 쇠퇴 후의 정치적 혼란을 수습하여 북인도를 통일한 것이 굽타 왕조(320~550)였다.

 그 시조인 찬드라굽타 1세는 갠지스강 중류 유역의 출신으로서, 320년경에 굽타 왕조를 세웠다. 그 아들이 사무드라굽타이고, 사무드라굽타의 아들이 굽타 왕조의 전성기를 이룬 찬드라굽타 2세(재위 376~414경)로서 한자로는 '초일왕超日王'이라 한다. 요컨대 굽타 왕조는 아소카왕 이래의 대제국을 건설하고, 인도를 인도인의 손에 돌려주었으며, 고대 인도의 재통일을 달성하였다.

 당시의 동판 문서에는 '신성한 사무드라굽타. 그 아들, 그에 의해 친애되고, 대지에 비견될 것이 없으며, 모든 왕을 물리치고, 그 명성은 사해에 화평을 주었으며, 많은 소와 화폐와 집을 기증한 바 최고의 비슈누 신자, 대왕의 왕이신 성스러운 찬드라 굽타 2세'라는 찬양이 기록되어 있다.

 이로 미루어 찬드라굽타는 수많은 왕국을 격파하여 널리 북인도를 통일하고, 국민의 생활을 향상시킨 왕이라는 것을 알 수 있다. 그리고 비슈누신의 신자였다는 사실도 알 수 있는데, 비슈누신은 힌두교의 으뜸신 중 하나로서, 윤회 전생轉生의 일부와 만물의 유지를 관장하는 신이다.

힌두교는 인도 재래의 브라만교를 기초로 자이나교와 불교의 요소를 도입하여 굽타 왕조 때 성립된 종교이다. 찬드라굽타 2세도 힌두교의 열렬한 신도였다.

중국 동진東晉 때 승려로서 찬드라굽타 2세 치세에 인도를 방문한 바 있는 법현法顯은 그 여행기《불국기佛國記》에서 인도 민중의 생활이 안정되고, 백성들이 왕을 존경한다고 전하고 있다.

굽타 왕조는 고대 인도의 민족 문화의 황금시대로서, 종교 · 철학 · 미술 · 문학 등 각 방면에 걸쳐 민족적 색채가 짙은 문화를 완성하였다. 종교철학에서는 우파니샤드 철학의 주석서가 기록되었고, 문학에서는 〈라마야나〉와 〈마하바라타〉의 2대 서사시가 완성되었으며, 산스크리트 문학에 극작가 칼리다사가 등장하여 극시 〈사쿤탈라〉를 저술하였다.

또한 〈마누 법전〉이 집성되었고, 이에 관한 주해서가 나왔다. 수학에서는 영(0, 제로)이 사용되어 10진법의 계산이 행해졌다. 그리고 천문학에서는 아리아바타(476~550)가 이미 지동설을 주장하였다.

4~5세기에 활약한 칼리다사는 고대 인도의 산스크리트 최대의 시인이며 극작가다. 〈라그반샤(라그의 왕통)〉, 〈쿠마라산바바(군신 쿠마라의 탄생)〉, 〈메가두타(구름의 사자)〉, 〈리투산하라(계절의 바뀜)〉 등의 시가 있고, 희곡으로는 명작 〈사쿤탈라〉, 〈말라비카그니미트라〉 등이 있다. 그는 시바교를 신봉한 브라만으로, 베단타 철학에 정통하였다고 추정되지만, 그 생애는 명확하지 않다. 전설은 그가 비크라마디티야 왕의 '아홉 보물 중 하나'였던 궁정시인이라고 한다. 이 왕이 바로 찬드라굽타 2세다. 그의 문체는 우아하고 매끈하며, 수백 년에 걸쳐 많은 추종자를 배출하였다.

전 7막으로 구성된 〈사쿤탈라〉의 내용은 다음과 같다.

두샨타왕은 어느 날 사냥꾼에 의해 양육되고 있는 사쿤탈라에 마음이 끌려 그녀와 은밀히 정을 통한다. 서울로 돌아가기 전 왕은 추억의 기념물로 그녀에게 반지를 준다. 그러나 자신에게 선물이 없는 데 대해 섭섭한 마음을

이 아름다운 여인상은 힌두교의 신들 중 누군가에게 봉사하는 무희이거나, 초기 인도 민간신앙에서 따온 여신으로 보인다.

갖게 된 고행자는 이 반지를 보지 않는 한, 왕은 사쿤탈라를 잊게 될 것이라고 하는 저주를 내린다. 사쿤탈라는 오래 살던 암자에 이별을 고하고 상경하는 도중 목욕 장소에서 반지를 잃어버린다. 그녀는 왕을 만나 자기가 사쿤탈라라고 말하지만, 왕은 지난날을 기억하지 못하고, 오히려 무례하다고 사쿤탈라를 책망한다.

사쿤탈라의 어머니(천녀)는 그녀를 데리고 하늘로 올라간다. 그 후 반지는 어부에 의해 발견되어 왕에게 헌납된다. 반지를 보는 순간 왕은 기억을 되찾고 괴로워한다. 이때 천계에서 하늘의 사자가 와서 악마 정복을 위해 왕의 구원을 요청한다. 악마를 정복하고 돌아오는 길에 왕은 사쿤탈라와 그녀가 낳은 아이를 보게 되고, 두 사람은 재회의 기쁨을 나눈다.

이 희곡은 대사가 균제를 이루고 있고, 섬세한 감수성이 아름다운 자연의 묘사와 교차하여 시인의 예술적 재능을 느끼게 한다. 일찍이 1789년에 존스에 의해 유럽에 소개되었고, 시인 괴테도 이 작품에서 영향을 받아 〈파우스트〉의 서곡에 인용하고 있다.

이 시대에는 불교도 부흥하였다. 이미 말한 바와 같이 석가가 입적한 후 불교는 소승불교와 대승불교의 두 파로 나뉘었다. 소승불교는 석가의 교설을 지키고 계율을 엄수하여 일신의 해탈을 도모했으며, 불경의 세밀한 주석에 주력하였다. 한편 대승불교는 경전에 자유로운 해석을 가하여, 석가와 같은 수행을 하게 되면 자신도 불타의 경지에 도달하게 되고, 나아가 대중을 구원해야 한다고 주장하였다.

대승불교를 확립하는 데 공을 세운 용수龍樹(나가르주나, 150~250년경)는 쿠산 왕조 카니슈카왕 때의 인물로서, 삼론종三論宗과 천태종天台宗 등의 이론을 확립하였다. 또한 무착無着(아산가, 4세기 중엽)과 세친世親(바수반두, 320~400) 형제는 법상종法相宗과 화엄종華嚴宗의 이론을 확립하여 대승불교의 발달을 가져왔다.

대승불교는 중앙아시아를 거쳐 중국에 전해졌고, 중국에서 한반도와 일본에 전해졌는데, 대승불교의 일파인 라마교는 8세기경 티베트에서 발생하여 만주와 몽골에 전파되었다. 소승불교는 스리랑카와 미얀마 및 타이 등에 전해졌다. 경전은 발리어로 기록되었으며, 자바와 수마트라 및 캄보디아에는 불교와 힌두교(인도교)가 혼동하여 전해졌다.

굽타 왕조 시대에는 특히 날란다 승원이 불교 교학의 중심 도장으로 유명하여 여러 고승을 낳았다. 그러나 계급성을 부정하는 불교는 인도에서 별로 발달하지 못했고, 단지 특수한 철학 연구에 국한되었다.

그와는 달리 힌두교는 인도에 깊이 침투되어 번영하였다. 힌두교는 베다 시대의 브라만교의 교의를 받아들이고, 인도 고래의 시바 신 등의 신앙을 중심으로 하여, 인도 각지의 일반 민중 신앙의 대상이 되어 있는 민속 신앙을 혼합한 우상 숭배의 성향이 강한 종교이다.

힌두교의 3대 신은 브라만과 비슈누 및 시바로서, 그들은 각각 세계의 창조신과 수성守成신 및 파괴신이다. 힌두교는 민족적 특색이 짙었기 때문에 불교를 대신하여 널리 민중의 지지를 받았고, 그것이 현대 인도 종교의 주류가 되었다. 힌두교의 성격을 간파한 굽타 왕조는 힌두교를 기초로 하여 인도 민중의 윤리를 재건하려 한 것이다.

한편 미술의 경우 굽타 양식이라는 불교 예술이 발달하였다. 이것은 인도 고유의 기법과 간다라식을 융합한 불교 예술의 최고 경지를 보여주는 것이다. 이상과 같은 인도적인 신앙과 생활윤리를 총칭하여 '힌두주의'라고 일컫는다.

'알라 앞에서는 만민이 평등하다'
마호메트와 이슬람교(610년)

고대 역사에서 무대에 등장한 일이 없었던 아라비아 반도의 아라비아인은 7~8세기에 걸쳐 이슬람(사라센) 제국을 건설하고, 이슬람교를 신앙하여 이 신앙을 사방에 전파하였다.

7세기에 이르기까지 아라비아 반도는 정치적 및 종교적으로 통일을 이룬 적이 없었다. 그러나 예로부터 홍해 연안 지방에 줄지어 있는 오아시스를 따라서 동방과 팔레스타인 및 지중해 방면을 잇는 대상隊商의 길이 트여 메카 등 중계 상업 도시가 번영하였다.

당시 아라비아인의 종교는 거룩하다는 돌과 샘 등을 숭배하는 원시적인 다신교였다. 그중에도 메카의 카바 신전의 검은 돌을 숭배하는 암석 신앙은 유명하여, 해마다 아라비아 반도 각지에서 많은 순례자가 방문하고 있었다. 그러나 이 무렵이 되면서 카바 신앙은 형식으로 흐르게 되고, 사람들에게 기부 행위를 강요하는 등 민중을 괴롭히게 되었다. 이때 등장한 것이 마호메트(571경~632)였다.

마호메트는 571년경에 메카를 지배하고 있던 아랍인의 쿠라이슈족 중 하심 家에서 출생하였다. 유복자로 태어난 마호메트는 여섯 살 때 어머니마저 여의고 백부의 손에 양육되었다. 그는 가축을 돌보기에 바빠서 성인이 되기까지 글을 읽고 쓸 수 없었다. 그는 열두 살 때 백부와 시리아에 교역으로 가는 대상 속에 끼어 거기서 기독교의 수도사와 친해지게 되었다.

그 후 메카에서 큰 무역상을 하는 미망인인 하디자의 하인이 되었고, 그의 온화하고 성실한 인품으로 신뢰를 얻어 재산 관리인이 되었다. 그는 대상 무역도 위임받아, 아라비아 반도에서 팔레스타인 지방을 오가며, 각지의 민족과 종교에 관해 배우게 되었다. 하디자의 절대적 신임을 얻게 된 마호메트는 25세 때 40세인 그녀와 결혼하여 2남 4녀를 낳았다.

마호메트는 메카 근교의 히라산 동굴에서 명상에 잠겨 있다가 천사 가브리엘을 통해서 알라신의 계시를 받았다. 610년, 그의 나이 40세 때쯤의 일이다. 처음에는 의심하고 헷갈리던 마호메트였으나 점차 자기가 신의 사도라는 확신을 가지기에 이르렀다. 그는 우선 아내를 입신하게 했고, 뒤이어 몇몇 메카의 유력자를 귀의하게 한 후 본격적인 포교 활동을 개시하였다.

마호메트는 카바의 여러 신들 중 하나인 알라를 유일신으로 하는 철저한 일신교 신앙을 주장하여 종래의 다신교를 배척하였다. 그는 스스로를 알라가 지상으로 보낸 최후의 가장 우수한 예언자(신의 말씀을 예치한 자)라 하며, 사제司祭를 인정하지 않았다. 그는 알라와 예언자를 믿으라고 하며, 알라 앞에서는 만인이 평등하다고 가르쳤다.

마호메트의 가르침은 예로부터 전해오는 카바 신전의 신들을 배격하는 것이었다. 이는 그 신전을 이용하고 있던 메카의 부호들에게 도전하는 행위였다. 그러나 다른 한편으로 빈민층의 지지를 받고 있었기 때문에 메카의 지배자들은 그에게 심한 박해를 가하였다.

그때 메카와 대립하고 있던 북방 도시 메디나가 마호메트를 청빙하자, 그는 메카에서의 포교를 단념하고 622년에 70여 명의 신도들과 함께 메카를 탈출하여 메디나로 가게 되었다.

이 사건을 계기로 이슬람교는 크게 발전하게 되었다. 이슬람 교도는 이를 '헤지라聖遷(원어는 히즈라)'라고 하며, 이 해를 이슬람의 기원년으로 삼고 있다.

마호메트에게 돌을 던지는 메카 사람들. 중앙의 덕망 높은 상인 아부 바르크가 눈물을 흘리며 그들을 설득, 마호메트를 구하였다.

메디나란 '예언자의 도시'라는 뜻으로, 마호메트는 그곳에서 이슬람 교단을 창설하여 포교 활동을 펼쳤으며, 마침내 메디나의 지도자로 추대되었다. 그는 신도로 이루어진 정교政教 일치의 이슬람 공동체 '움마'를 조직하였다. 이 움마의 구성원 간에는 상호부조 정신이 강했고, 신앙으로 맺어진 굳은 단결을 과시하고 있었다.

마호메트는 이 움마를 인솔하여 포교를 겸해서 이웃 여러 부족을 정복하는 성전聖戰(지하드)을 행하였다. 630년에 그는 1만 명의 군대로 메카를 점령하였다. 성전의 연속으로 성인 남성의 전사자가 증대하여 움마 안에는 전쟁 미망인과 고아가 속출하였다.

당시 움마 안의 여성은 자활할 수 없었기 때문에 마호메트는 "만일 고아에 대해 잘해 줄 수 없다고 생각되거든 마음에 드는 여자를 취하도록 하라. 둘이나 셋이나 넷이나……"라는 지시를 내렸다. 마호메트 자신도 하디자를 잃고 나서 10여 명에 이르는 아내를 취하였다.

한편 마호메트의 포교 활동을 방해하고, 적대 세력과 은밀하게 내통하고 있던 메디나의 유대 교도에 대해서는 세 번에 걸친 탄압을 가하였다. 그리고 625년에는 유대인 전원을 살해하였다.

그 사이에 아라비아 반도 각지의 부족은 뒤이어 마호메트와 맹약을 맺었기 때문에 아라비아 반도는 이슬람교 아래 통일을 이루게 되었다. 그 위에 동맹관계에 있던 부족 간의 전투를 금지했기 때문에 아라비아인의 오랜 동안 분열과 항쟁은 마침표를 찍게 되었다.

마호메트는 이들 여러 부족의 에너지를 발산시킴으로써 이슬람교에 의한 강대한 아랍 제국을 이루려 했으나, 비잔틴 제국과 사산조 페르시아에 대한 원정을 계획하다가 632년에 병으로 죽었다.

마호메트가 구상했던 아랍 제국의 수립은 움마가 선출한 후계자(칼리프)에 의해 달성되었다. 이슬람교의 경전인《코란》은 마호메트가 죽은 후 신도들이 그를 통해 말씀한 알라의 계시를 기록한 것으로서, 7세기 후반에 현재의 형태로 정리되었다.

《아라비안나이트》의 세계
아바스 왕조의 창건(750년)

마호메트가 죽은 후 그의 후계자를 '칼리프(교주)'라 했으며, 칼리프는 정치와 종교의 절대권을 쥐고 있었다. 칼리프란 말은 '알라의 사도(곧 마호메트)의 대리자'란 뜻으로, 이슬람 교단(무슬림)에서 선거에 의해 추대되었고, 종교와 군사 지도자가 되었다.

이슬람 교단은 교의에 따라 계급이 없었고, 신자는 모두 평등했으며, 토지를 사유하지 않았고, 전리품도 평등하게 분배하였다. 이슬람 교단이 아라비아의 유목 생활에 의한 공동 사회의 전통을 보존하고 있었기 때문이다.

이슬람교라고 할 때 흔히 '코란이냐, 세금이냐, 칼이냐'라는 말을 연상하게된다. 그러나 이슬람 교단은 정복지의 이교도에 대해 개종을 강요하지는 않았다.

세금을 바치면 기독교와 유대 교도 등 이른바 '경전의 백성'에 대해서 개종을 강요하지 않았다. 인두세와 지대를 내기만 하면 신앙의 자유를 주었고, 세금으로 재원의 확보만 꾀하였다.

초대 칼리프인 아부 바크르(재위 632~634)는 페르시아 군대를 격파했고, 제2대 칼리프인 우마르(오마르, 재위 634~644)는 예루살렘을 점령했으며, 또

성도 메카로 향하는 모슬렘 순례자 무리. 그들은 일생에 한 번은 성지순례를 해야 구원을 받는다고 믿는다. 낙타 위의 가마 안에는 귀부인이 타고 있다.

한 네하벤드의 전투(641)에서는 사산조 페르시아를 멸하고, 이집트까지 점령하였다.

제3대 칼리프인 오트만(재위 644~656)은 메카의 상인 귀족인 옴미아드가 출신으로서, 친척을 중용했기 때문에 암살당하였다. 제4대 칼리프로는 알리(재위 656~661)가 취임하였다. 알리 때 칼리프 선거 문제로 분쟁이 발생하여, 옴미아드가의 무아위야(재위 661~680)가 무력으로 칼리프 자리를 차지하여 세습 칼리프 제도를 세웠다. 이것이 옴미아드조이다. 초대 칼리프에서 제4대 칼리프까지의 선거제 칼리프 시대를 정통 칼리프 시대(632~661)라고 한다.

시리아의 다마스쿠스에 천도한 옴미아드 왕조(전 옴미아드 왕조) 시대에 그 영토는 동은 페르시아 동북부, 서는 아프리카 북해안에서 이베리아 반도에까지 이르렀다. 또한 그는 비잔틴 제국의 수도 콘스탄티노플을 공략하기 위해 두 차례 군대를 보냈으나, 성공하지 못하였다. 무아위야는 칼리프의 세습제를 수립한 후 80세 가량의 나이로 죽었다.

옴미아드 왕조는 오랜 세월에 걸친 정복 사업으로 아랍 제국을 형성하였다. 그러나 칼리프의 정치는 점차 전제적으로 되었고, 특히 아라비아인 제일주의를 내세워 피정복민의 개종자를 차별 대우하며 주민에게 무거운 세금을 부과했기 때문에 불만이 고조되어 자주 내란이 발생하였다.

이전 칼리프 선거에서 옴미아드가에 패한 알리의 계통을 마호메트의 참된 후계자라고 여기며 옴미아드 왕조를 부정하던 일파는 페르시아로 도주하였다. 그들은 독자적인 교의를 세워 이슬람교의 시아파를 열었다. 이에 대해 스스로 정통을 주장하는 일파를 순니파라고 하며, 이는 현재까지 이슬람 권에서 다수파를 이루고 있다.

아랍인 우선주의의 옴미아드 왕조에 대해 아바스가(마호메트의 숙부 아바스의 자손)가 이란인의 협력을 얻어 반란을 일으켜, 아바스 왕조(750~1258)를 열고 수도를 바그다드에 정하였다. 아바스 왕조에서는 어느 민족인가를 따지지 않고 이슬람 교도를 동등하게 대했고, 아라비아인 이외에도 높은 관직을 개방하였다.

그 이후를 이슬람 제국이라 부른다. 이 아바스 왕조에서 이슬람 제국의 전성기를 이룩한 것이 《아라비안나이트》에도 등장하는 하룬 알 라시드(재위 786~809)이다. 하룬은 아바스 왕조 제3대 칼리프인 마흐디와 예멘 출신의 여노예 사이에서 태어났다. 불과 열다섯 살 나이에 비잔틴 제국 원정군 총사령관으로 임명되었다. 그때의 공훈으로 그는 '알 라시드'('정의로운 길을 가는 자'라는 뜻)라는 존칭이 주어졌다.

칼리프에 취임한 하룬은 황태자 시대부터 그를 도와 주고 조언해 주던 이란계 명문 바르마크 가의 야흐야를 수상에 임명하였다. 또한 그 두 아들 파도르와 자파르를 고관에 임명하였다. 하룬은 그들의 뛰어난 행정 능력과 조언에 의해 새체제를 확고하게 굳힐 수 있었다.

그러나 803년 1월, 하룬은 갑자기 야흐야와 그 두 아들을 체포하여 투옥하고, 자파르는 처형하였다. 이란인 불만분자와 손잡고 칼리프를 전복하려는 음모를 꾸몄다는 것이 그 죄목이었다.

하룬은 학문과 문예와 음악에 깊은 관심을 갖고 있었다. 그는 바그다드에 큰 도서관(훗날 '지혜의 집'이라 불렸다)을 건설하고, 문예를 보호 · 육성하는 일에 힘썼다. 때문에 《아라비안나이트》에서는 '선량한 하룬 알 라시드'라고 칭송하였다.

한편 아바스 왕조에 의해 멸망한 옴미아드 왕조의 일족인 압둘 라만(재위 756~788)은 이베리아 반도로 도주하여 그 지방의 내란을 평정하고, 코르도바를 수도로 해서 새 왕조를 열었다. 이것이 후 옴미아드 왕조(756~1031)로, '서西칼리프 국'또는 '코르도바 옴미아드 왕조'라고도 한다. 서칼리프 국은 10세기 초에 최대의 전성기를 이루어 지중해 무역을 주름잡으며 경제와 문화를 크게 발전시켰다.

이와 같이 이슬람 제국은 외형상으로는 아바스 왕조와 후 옴미아드 왕조로 분열됐으나, 양 왕조 모두 동서 무역을 독점하여 막대한 이익을 챙겨 번영을 계속했고, 학문과 예술의 보호 및 장려에 힘썼다.

수도 바그다드와 코르도바는 세계 상업의 중추가 되고, 학문과 예술의 큰 중심이 되어 번영하였다. 이슬람교와 이슬람 문화는 이슬람의 상인에 의한 해상과 육지의 무역로 진출에 따라서 더욱더 확대되고 발전하였다.

37

이슬람 문화의 업적
이븐 바투타(1304~1337년)와
이븐 할둔(1332~1406년)

서아시아에 이슬람 대제국을 건설한 아라비아인은 광대한 지역을 지배하고 세계 여러 민족과 협조하며, 그리스와 이란, 인도 등의 선진 문화, 특히 그리스 문화를 널리 받아들였다.

이슬람 문화는 코란 연구(신학·법학), 아라비아어 연구(문법·수사학·문학) 등 '자국의 학문' 외에 철학·수학·천문학·역학·의학 등 '외래 학문', 이 두 분야에서 우수한 업적을 남겼다. 모두가 인정하는 이슬람 문화인으로 이븐 바투타와 이븐 할둔을 들 수 있다.

이븐 바투타(1304~1377)는 모로코의 탕헤르에서 대대로 재판관을 지낸 가문에서 출생하였다. 그는 22세 때 모든 이슬람 교도에게 지워지는 메카 순례의 길에 나섰다. 메카는 모든 이슬람 교도가 순례하는 당시의 국제 도시였다. 시골뜨기 바투타로서는 보고 듣는 것이 모두 신선하고 놀라운 것들 뿐이었다.

그는 메카에서 바그다드와 그 북쪽 타브리즈를 방문하고는 일단 메카로 돌아가 이슬람 법학을 연구하여 우수한 법학자가 되었다. 그 후 아테네로 나와 거기서 아프리카 동해안의 모가디슈 등 몇몇 무역항을 방문한 후, 세 번

아바스 왕조 시대에 축조된 사마라 탑. 기단을 합하여 약 53m의 높이로 이 시대의 기념비적인 건축물이다.

째로 메카에 돌아갔다.

1332년, 28세의 바투타는 은밀하게 멀고 먼 이슬람 세계에의 여행을 결심하고 시리아의 다마스쿠스에서 지중해로 나왔다. 그는 거기서 배를 타고 아나톨리아(소아시아 반도)로 건너가, 투르크의 지방 정권 군주에게 법학 등을 강론하면서 북상하여 흑해를 건너 크림 반도에 상륙하였다.

당시의 크림 반도는 몽골 제국의 킵차크 한국의 지배 아래 있었다. 그는 수도 사라이로 가서 왕이 발행하는 통행증을 입수하였다. 그리고 통상인의 길을 따라서 중앙아시아의 사마르칸트를 거쳐 일 한국인 이란으로 갔다.

그 후 아프가니스탄에서 인더스강을 건너 델리에 갔다. 당시의 델리는 북인도를 지배하고 있던 투르크계인 투글루크 왕조의 수도로서, 그곳의 술탄인 마호메트 2세는 바투타의 박학함과 법학자로서의 능력을 높이 평가하여 그를 왕국의 재판관으로 임명하였다. 바투타는 델리에서 9년 동안 살았다.

1342년, 바투타는 재판관을 사임하고 다시금 대여행의 길에 올랐다. 그는 남하하여 데칸 고원에 들어가 거기서 동해안으로 나와 배로 다시 남하, 향료의 산출로 번영하는 캘리컷에서 해상의 몰디브(말다이브) 섬으로 건너갔다. 그곳을 거점으로 하여 스리랑카에도 갔다. 그 후 배로 남인도를 돌아 갠지스강 하류의 벵갈에 상륙하여, 거기서 북상해 고지 아삼까지 갔다.

이 여행 동안 탄 배가 난파하기도 하고, 이교도의 습격을 받는 위험한 일도 있었다. 그는 벵골에서 상륙하여 광저우廣州 · 항저우杭州 · 대도大都(베이징) 등지를 방문하고, 다시 천주로 나와 거기서 배를 타고 인도양과 지중해를 거쳐 고향으로 돌아갔다.

그는 쉴 틈도 없이 지브롤터 해협을 건너 그라나다의 나스르 왕국을 방문하였다. 거기서 귀국하는 길로 사하라 사막을 횡단하여 니제르강 유역에 있던 흑인 왕국인 마리 왕국을 방문했고, 1354년에 모로코의 수도 페스로 돌아와서 그곳에 정착하였다. 실로 29년 동안에 걸친 13만 5,000km에 이르는 대여행이었다.

모로코 왕은 그의 대여행의 보고를 받고 비서 이븐 주자이에게 그의 보고들은 바를 기록하라고 명하였다. 이리하여 2년 후에 완성된 것이 《3대륙 주유기》로 알려져 있는 여행기이다. 이 책은 마르코 폴로의 《동방견문록》과 아울러 14세기의 세계를 알 수 있는 귀중한 사료가 되고 있다.

이븐 바투타가 30년 가까운 세월 동안 여행을 계속할 수 있었던 것은 이슬람 세계가 넓은 지역을 지배하고 있었고, 공용어인 아라비아어를 이해하는 사람이 어디에나 있었기 때문이었다.

또한 이슬람 세계에는 공통된 이슬람 법이 통용되고 있어서, 우수한 이슬람 법학자였던 그가 각지의 통치자인 왕(술탄)들로부터 환영을 받았으며, 이슬람 교도 상호 간에 돕는 정신도 강해 거의 무료로 숙박하면서 여행할 수 있었기 때문이다.

이슬람 세계의 또 한 명의 저명한 문화인인 이븐 할둔(1332~1406)은 북아프리카의 튀니지에서 출생하였다. 아라비아인의 명문 출신인 그는 20세 때 하프스 왕조의 관리(서기직)가 되었고, 모로코의 마린 왕조에 관리로 있다가 궁정 안의 세력다툼에 휩쓸려 2년 가까운 세월을 감옥에서 보냈다. 석방 후 그라나다의 나스르 왕조에서 관리로 일했는데, 여기서도 분쟁에 휘말려 추방당하였다.

정치에 싫증을 느끼게 된 할둔은 북알제리아의 이븐 사마라성에서 성주의 보호를 받으며 마그레브(북아프리카 지역)의 역사를 집필하였다. 이 성에서 3년 반 동안 지내며 집필을 진행하던 그는 튀니지의 하프스 왕조 술탄의 초빙을 받게 되었다.

그는 그곳에서 왕궁 도서관의 문서를 자유롭게 열람하며 마그레브 역사의 대부분을 집필하였다. 그러나 튀니지에서도 그의 명성을 시샘하는 세력이 있었기 때문에 그는 메카 순례를 핑계로 그곳을 떠났다.

이집트 맘루크 왕조의 술탄 바르쿠크는 그를 카이로에 초빙하여, 카이로 대학의 교수와 재판소 재판관에 임명하였다. 할둔은 이후 22년 동안을 카이로에서 바르쿠크와 그 다음 술탄인 파라제의 비호 아래 연구와 역사서 집필 및 자서전 집필 등에 전념할 수 있었다.

1400년, 술탄 파라제는 동방에서 폭풍과도 같이 시리아에 침입해온 티무르의 군대를 맞아 싸우기 위해 할둔을 동반하고 출전했으나, 다마스쿠스에서 티무르군에게 포위당하고 말았다.

술탄은 탈출했으나, 남아 있는 맘루크군은 할둔을 티무르 진영에 보내어 휴전 교섭을 하게 하였다. 티무르는 할둔의 깊은 학식과 인품에 큰 감명을 받고 후하게 대접하여 카이로로 돌려보냈다.

이븐 할둔이 저술한 거작 《실례實例의 책》은 서설, 아라비아인과 그 주변 민족을 다룬 부분, 베르베르인(무어인)과 마그레브의 여러 왕조를 다룬 부분 등 전 3부로 구성되어 있다.

특히 서설에서 그가 전개한 역사철학 및 역사이론은 오늘에 이르기까지 그 생명력을 잃지 않고 있다. 그는 여기서 인간사회의 본질에서 국가의 생성 발전을 논하고, 특히 유목 민족과 농경민족의 관계를 분석하였다.

즉, 굳센 부족적 연대 의식을 소유한 유목 민족이 정착해 사는 농경민족을 정복하여 국가를 세우지만, 곧 그 국가는 부패하게 되고 연대성도 상실하게 되며, 결국 새로운 유목 민족이 침입하여 새로운 국가를 수립하게 된다고 하는, 유목 민족 우위의 국가(왕조) 교체의 이론을 수립하였다.

이븐 할둔은 역사의 법칙을 생각하고, 자연력의 작용을 중시했으며, 유목민과 정착민의 교체를 세계 역사의 본질로 생각하는 견해를 주장하여 유목민족의 역사적인 역할을 강조한 역사철학을 펼친 것이다.

석굴 속에 잠들어 있던 불교 문화
둔황 문서(9~11세기)

11세기, 중국 서쪽에 건국한 서하西夏에서는 나름대로 문자를 만들었다. 서하를 건국한 민족은 티베트계의 사람들이었다. 따라서 그 언어도 티베트계였다. 그들은 자신의 언어를 나타내기 위해 한자의 모양을 빌어서 복잡하고 독특한 서하문자를 만든 것이다. 이는 중국 한민족에 대항하여 민족의 자립 의식을 높이려는 의도에서였던 듯하다.

독특한 문자가 제정되고서 서하의 공용문은 전부 서하 문자로 기록하도록 규정되었다. 그러나 난해하기 그지없는 서하 문자를 과연 몇 사람이 터득했었을 것인가 하는 의문이 생긴다. 우선 숫자를 나타내는 수사의 경우 어느 나라거나 간단한 글자를 사용하는데, 서하 문자의 경우는 복잡하기 이를 데 없다.

이런 이유로 해서 서하 문자는 300년 가량 사용되다가 민족이 망하면서 완전히 잊혀지고 말았다. 19세기 말에 발견되어 해독 작업이 진행되고 있으나, 아직 해독하지 못한 글자가 너무나 많은 상태다. 이 난해한 서하문자와 같은 시기에 사용된 또 하나의 난해한 문자가 있다. 중국 북방에 요遼를 건국한 글안契丹의 문자이다. 서하 문자도 이 글안 문자에 자극을 받아 그 영향 아

둔황 석굴사원의 칠존상. 머리를 갸웃한 여성적인 보살상은 둔황 소상 중 걸작으로 꼽힌다. 8~9세기. 제45굴 소재.

래 제작된 것으로 고증되고 있다.

글안 민족은 몽골계이며, 그 언어도 몽골어와 비슷하다. 몽골어는 알타이 계에 속하며, 우리나라 말과 같은 문법 체계이다. 따라서 중국어와는 문법 체계가 완전히 다른데, 한자를 모방하여 문자를 만들면서 비실용적이고 난해한 문자가 되고 말았다.

이 글안 문자는 제자 원리의 일부가 규명되었으나 아직도 완전하게 해독되지는 못하고 있다. 그리고 요가 망하면서 전혀 사용되지 않게 되었다. 지나치게 어려웠던 것이다.

12세기에는 중국 동북 지방에 여진족이 일어났다. 이것은 퉁구스 민족(만주족)에 속한다. 그들은 지금까지 글안의 지배 아래 있었으나 독립하여 금金을 세웠다. 금은 송宋과 동맹하여 요를 공격하고 그 나라를 멸하였다. 그리고 송을 남방으로 쫓아내고, 중국땅의 북부 일대를 차지하게 되었다. 그들 역시 한자를 모방하여 독자적인 문자를 만들었는데, 그것은 자형이 별로 복잡하지 않기 때문에 거의 전부 해독된 상태이다.

한편 13세기의 몽골인은 위구르 문자(터키계)를 모방하여 몽골 문자를 만들었다. 그리고 후에 청을 건국한 여진족의 후예는 이 몽골 문자를 모방하여 만주 문자를 만들었다. 이것은 표음 문자로서, 15세기에 제정된 한글과 함께 오늘까지 남아 있다. 일본도 한자를 간략화하여 일본 문자 '카나'를 만들어 오늘까지 사용하고 있다.

이와 같이 아시아 각국에서 문자가 제정되던 때에 중국 대륙 서쪽의 둔황敦煌에서는 나름대로 불교 문화를 보존하는 일이 행해지고 있었다. 둔황은 실크로드의 요충지로서, 중국의 명주가 이곳을 거쳐 서방으로 전해지는 한편, 서방의 문물도 이곳을 거쳐 중국으로 전해졌다. 불교도 일찍 둔황에 전해지게 되었다. 그리고 인도와 서역에서 성행하던 석굴 사원이 둔황 부근에서 만들어지게 되었다.

둔황 주변에는 많은 석굴 사원이 있다. 그중에도 가장 큰 것이 막고굴莫高窟이었다. 이것은 '천불동千佛洞'이라는 이름으로 불려지기도 하였다. 석굴은 4세기 중엽부터 건설되기 시작하여, 수·당 시대에서 송을 거쳐 14세기의 원 시대에 이르기까지 무려 1,000년에 걸쳐 만들어졌다. 1.6km에 이르는 낭떠러지에 600개가 넘는 크고 작은 동굴이 있다. 그러나 먼 변두리의 석굴은 어느새 중국 사람들에게 잊혀졌다. 유적도 버려진 채로 폐허화되었다.

1900년 어느 날 이 천불동에 살던 왕王이라는 도사가 석굴 하나에서 보물이 감추어져 있는 것을 발견하게 되었다. 그것은 수많은 경서와 고문서들이었다. 석굴 안쪽 작은 방에 가득히 쌓여 있었고, 그 입구는 찰흙으로 밀봉되어 있었다. 왕 도사는 이 발견을 관청에 보고했으나, 관리들은 그와 같은 낡아빠진 문서 따위에 관심이 없었다.

그 문서에 관심을 가진 것은 외국인이었다. 먼저 1905년에 러시아의 탐험대가 찾아와서 약간의 문서를 가지고 갔다. 이어 1907년에 영국의 탐험가 스타인이 찾아왔다. 그는 왕 도사를 매수하여 1만 점 이상의 문서를 꺼내어 런던으로 운반하였다.

1908년에는 프랑스의 동양학 학자 페리오가 찾아왔다. 아시아 여러 언어에 능통한 그는 석실 안의 문서 중 귀중한 것을 5천여 점 가려내었다. 그는 파리로 돌아가는 도중 그 일부를 베이징에서 공개하였다. 그제서야 중국인 학자들은 둔황 문서에 관심을 보이게 되었다. 그들은 정부에 압력을 넣어 남아 있는 문서류 약 1만여 점을 베이징으로 운반하였다.

그래도 문서는 남아 있었다. 왕 도사가 숨겨둔 양도 많았다. 1912년에는 일본에서 1천여 점에 이르는 문서를 가져갔고, 1914년에는 러시아의 탐험대가 다시금 그곳을 찾았다.

현재까지 알려진 둔황 문서는 총 4만 점에 이른다. 그 대부분이 5세기에서 11세기에 이루어진 자료들이다. 거기에는 불경이 있고, 중국의 고전이 있으며, 기독교의 한 분파인 경교景敎의 경전까지 있다.

기록된 문자도 한자에 국한된 것이 아니다. 티베트어와 위구르어(터키계), 그리고 이미 죽은 언어가 된 중앙아시아의 여러 언어로 표기된 것도 있다. 그뿐이 아니다. 경전 종이 이면에는 호적이 적힌 것도 있었고, 계약서와, 각종 장부류도 있었다.

이 문서는 11세기 초에 소장된 것으로 추정된다. 중국으로 말한다면 송 시대로서, 황하 상류 지방에는 티베트계의 서하가 건국되어 있었다. 서하는 서방으로 영토를 확대하며, 1036년에는 둔황까지 점령하였다. 그 무렵에 둔황 사람들이 이 문서들을 비밀스럽게 보관한 것으로 추정된다.

석굴의 대규모적인 조성에서도 알 수 있듯이 둔황은 불교가 성행하는 도시였다. 그들은 무엇보다 소중한 불경을 전쟁의 화재에서 보호하기 위해 석굴 깊숙한 곳에 감추었던 듯하다. 그때 경전뿐 아니라 손에 닥치는 대로 온갖 문서를 운반한 것이 아닌가 추측되고 있다. 아니면 관청 문서를 보관하던 곳에 소중한 불경을 숨기게 되었는지도 모를 일이다.

이와 같은 다량의 문서류를 누가, 언제, 어떤 이유로 천불동 한 모퉁이에 밀봉하게 되었는가 하는 것은 영원한 미스터리가 아닐 수 없다. 20세기 최대의 발견 중 하나로 평가되는 둔황 문서가 어떻게 소장되었고 어떻게 오늘까지 전해지게 되었는가 하는 것은 영원한 수수께끼가 되었다. 서하의 침공 때 이 문서들이 급히 막고굴 한 모퉁이에 소장되었다는 해석도 있다.

정글 속에 잠자는 사원
앙코르 와트(12세기 초)

동남아시아는 다른 대부분의 지역이 그렇듯 유사 이전의 오랜 세월에 걸친 풍부한 역사를 지니고 있다. 그리고 역사시대에 들어오기 전에 이미 소규모의 정치적 권력이 농경과 교역의 중심지 등에 출현하였다. 그곳에서 '국가'가 발전하게 되었다. 그와 같은 '국가'들이 발생하고 성장해 가는 데 큰 의미를 가진 것은 외부 세계와의 접촉 및 교섭이었다.

동남아시아 세계는 예로부터 동서를 잇는 해상 교역 루트의 중요한 한몫을 차지하고 있었다. 또한 이 지역은 그 북쪽과 서쪽에 각각 중국과 인도라고 하는 거대한 두 문명의 중심지를 두고 있었다. 동남아시아 각 지역의 추장과 유력자는 교역 등을 통해 이들 두 문명과 접촉하면서 많은 문물과 지식을 습득하였다.

특히 인도 문명은 일찍부터 이 지역에 광범한 영향을 주었다. 그들은 힌두교와 대승불교를 믿었다. 산스크리트어와 그것을 모방하여 만든 문자를 사용했으며, 인도적인 명칭으로 불려지는 왕을 섬기는 국가가 각지에 출현하였다. 이와 같은 나라들을 가리켜 '인도화한' 국가라 일컫는다.

동남아시아 대륙 지역 인도차이나 반도 동쪽에 위치한 참족의 국가는 2세

앙코르 와트 본전의 첨탑들과 계단. 앙코르 왕조의 브라만교 사원으로, 1861년 밀림 속에서 발견된 유적이다.

기경에 이록되었다. 중국 문헌에서는 '임읍林邑', 후에 '참파占城'라 표기하고
있다.

반도 남부의 메콩강 유역에는 크메르족의 국가가 1세기에 등장하였다. 오
늘날의 캄보디아인 이 국가를 중국 문헌에서는 '부남扶南(푸난)'이라 기록하
고 있다. 이 국가는 6세기에 진랍眞臘에 의해 교체되었고, 9세기에는 앙코르
와트를 건설한 강대한 앙코르 제국에 의해 통치되었다.

베트남 북부의 안남安南에는 진秦·전한前漢의 세력이 미쳤으나, 완전히 지
배하지는 못하였다. 수隋는 3군을 설치하여 지배하였고, 당唐은 안남에 세력
을 확립하였다. 그로부터 중국의 상인이 남진하게 되었고, 안남의 상황이 밝
혀지게 되었다. 안남인은 무역을 통한 이익과 중국문화에 의해 개화되었고,
당이 멸망함에 따라서 독립의 기운이 고조되어 12세기 초에 대월국大越國을
세웠다.

안남 동남방의 임읍은 2세기 말에 삼족이 독립한 나라로서, 당 초기부터

조공을 바쳤다. 지리상 대월과 진랍 사이에 끼어 있었기 때문에 국위를 크게 떨치지는 못하였다. 임읍, 곧 참파는 중국의 남해 무역을 중계하여 많은 이익을 차지했으나, 실권의 대부분은 인도인이 장악하고 있었다.

반도 서쪽에 위치한 타이에서 미얀마에 걸쳐서는 몬족의 국가가 세워졌다. 7세기에는 메남강 유역에 드바라바티가 건국되었고, 11세기에는 쳄마이 분지에 하리푼자야가 건국되었으며, 13세기에는 남부 미얀마에 페구 왕조가 세워졌다.

그보다 앞서 7세기에는 동남 해상 교역의 요충지인 몰루카 해협을 지배하는 상업도시국가 연합인 스리비자야(중국식 이름은 室利佛逝, 후에 三佛齊), 8세기에는 중부 자바의 내륙 농업 생산력을 기반으로 하여 보로부두르 불탑을 건축한 것으로 유명한 사이렌드라 왕조(중국 문헌에는 訶陵國), 그 후 9~10세기에 산자야 왕조의 마타람 왕국, 10세기에는 동부 자바에 쿠딜리 왕조, 13세기에는 싱고사리 왕국, 그리고 이어 말레이 해양세계를 포함하는 대제국으로 성장한 마자파히트 왕국이 등장하였다.

스리비자야는 동인도에 건국되었던 최초의 강대국으로, 동서 해상교역의 요로에 위치하고 있었고, 풍부한 물자를 배경으로 하여 인도인의 지도 아래 발전을 이루었다. 9세기에 자바에 세워진 보로부두르의 대석탑은 앙코르 와트와 더불어 남방 불교 문화의 최고 걸작이다.

인도차이나 반도 북부의 홍하(송코이강) 유역을 중심으로 하여 생활하는 베트남 민족은 당 멸망 이후인 10세기에 중국의 지배력이 약화된 틈을 타서 독립을 이룬다. 이렇게 성립된 베트남은 정치적·문화적으로 중국의 영향을 강하게 받아 일반적으로 '중국화'한 국가로 분류한다.

이 동남아시아 세계의 역사적 유적 중 가장 유명한 것이 캄보디아의 앙코르 와트이다. 앙코르 와트란 크메르어로 '사원(에 의해 세워진) 도시'라는 뜻이다. 이 유적의 발견은 프랑스의 고고학자 앙리 무와(1826~1861)에 의해 이루어졌다. 그는 1858년에서 1861년에 걸쳐 인도차이나 반도의 메콩강과 메남강 유역을 탐험하여 그 지방의 지질과 동식물에 대하여 조사하였다.

1861년 초, 그는 캄보디아의 톤레 사프라는 호수의 북쪽 밀림 가운데 거대한 도시와 궁전이 있다고 하는 소문을 들었다. 그러나 무와는 코끼리와 호랑이 등 맹수가 살고 있는 그 원시림에 그와 같은 도시와 궁전이 있다는 말을 믿을 수 없었다.

그러나 밀림의 탐험을 시작한 지 사흘째 되던 날에 그는 나무들이 빽빽하게 우거진 위에 다섯 개의 석탑이 솟아 있는 것을 보았다. 이것이 앙코르 와트로서, 그 북방 1.5km 되는 곳에 '앙코르 톰'이라는 도시의 유적이 있었다.

무와는 밀림의 식물들 속에 묻혀 버린 이 사원과 도시의 화려함에 넋을 잃었다. 이후로 그는 이 유적을 조사하는 일에 매달리게 되었다. 그는 유적을 스케치하고, 건축물에 대한 자료를 기록하여 프랑스와 영국에서 발표하였다. 사람들은 그가 '동양의 기적을 발견하였다'고 표현하였다.

그러나 실제로는 무와가 발견한 것이 아니다. 그곳 사람들은 이 유적이 있다는 것을 알고 있었고, 이 대사원에 순례하는 사람들도 많았다. 그리고 중국의 고문서에도 이 도시에 관한 기록이 남아 있다. 이곳에 와 있던 유럽인 선교사 중에도 무와보다 앞서 이 유적을 찾은 사람이 있었다.

앙코르의 도시는 크메르인인 야쇼바르만왕(재위 889~900)에 의해 건설되었고, 대사원은 수르야바르만 2세(재위 1112~1152)에 의해 세워졌다. 이 크메르인이 어떤 민족인가 하는 것은 잘 알려지지 않아서, 한때는 14세기에 앙코르의 도시를 버리고 갑자기 사라진 수수께끼의 사람들이라고 설명되어 왔다.

그러나 오늘날에는 그들이 인도에서 이주해 온 사람들과 그 지방 사람들 사이에 태어난 혼혈족으로 보고 있다. 크메르 왕국은 13세기경 서쪽에 국가를 세운 타이인이 공격하여 멸망한 것으로 보고 있다. 그리고 현재 캄보디아인이 그들의 후손이라고 생각하고 있다.

크메르인이 앙코르의 사원과 도시를 버린 것은 나라가 멸망했기 때문이기도 하지만, 원래 그들은 수도를 자주 옮겼다. 아마도 전염병이 유행하거나 흉년으로 인한 식량난 때문이었던 것으로 추측할 따름이다.

잉카 보물의 행방
피사로의 잉카 정복(1533년)

이른바 신대륙으로 불리는 북미와 남미 대륙의 경우 고대 문명의 중심이된 지역은 오늘의 멕시코에서 과테말라에 이르는 중미와 페루에서 볼리비아의 서부에 이르는 남미 중앙 안데스 지대다.

후기 구석기 시대 말에서 중석기 시대를 걸쳐 이 대륙에 건너온 것은 아시아의 몽골 계통에 속하는 인종이었을 것으로 추측되고 있다. 이들이 아메리카 인디언의 조상이다. 그들은 기원전 3000년대 후반에 이미 안데스 지역에독특한 문화를 형성하였다. 그것은 오리엔트의 영향을 받지 않은 것이면서또한 본질적으로는 별 차이가 없는 원시 농경 문화였다.

당시 신전을 중심으로 한 부락의 유적도 발굴되었다. 그러나 문화의 발달은 제자리걸음이어서, 콜럼버스가 신대륙에 닿았을 때도 여전히 신석기 단계에 머물러 있었다.

중미를 중심으로 하는 도시 문명으로는 우선 6세기경부터 유카탄 반도 남부를 중심으로 하여 마야 문명이 10세기까지 번영하였다. 마야 문명은 '신대륙의 그리스'라는 말을 듣고 있는데, 중미에 발달한 문명은 한결같이 그 영향을 받고 있다. 그들은 상형 문자와 숫자(0에 해당하는 기호가 있다)를 가지고

아메리카에 대한 서구인의 침략사에서 최악의 잔악행위로 일컬어지는 잉카 황제 아타우알파의 살해 장면. 피사로의 명령으로 행해졌다.

있었고, 천문학과 달력이 발달했으며, 돌계단과 피라미드 등 조각기술이 뛰어났다.

그들의 달력은 천체관측에 기초한 태양력이었는데, 1년을 365일로 계산하고 1,000년 이상에 이르는 역사 연대를 기록하였다. 계수는 1, 20, 400을 단위로 하는 20진법에 의해 점(1)과 막대기(5)를 짜맞춘 숫자를 계산에 사용하였다. 그들의 상형 문자는 복잡하지만 고도로 발달한 것이었고, 주로 신전의 벽과 나무 등에 기록되어 있다. 이 문자는 아직까지도 완전히 해독하지는 못한 상태다.

이 마야 문명은 10세기에 갑자기 사라져, 그 후 중심이 유카탄 반도 북방부로 옮겨갔다가 15세기에 영원히 사라지고 말았다. 그 무렵 멕시코 고원에서도 테오티와칸 등의 도시가 발생하여, 마야와 같은 시기에 웅장한 도시 문명이 발달하였다. 그것은 분명히 문자를 비롯 여러 면에서 마야 문명의 영향을 받은 것이었다.

테오티와칸 도시 유적에 있는 '태양의 피라미드'는 그 밑변이 224m에 이르는 것으로서, 이집트의 기자에 있는 대피라미드와 맞먹는다. 그 외에 정교한 조각과 벽화 및 상형문자의 기록과 달력을 남기고 있다.

잉카 문명은 10세기에 전성기를 맞았다. 그 후 15세기에는 아스테카라는 혼성 부락이 마침내 중앙고원을 정복하고, 통일국가인 아스테카 제국을 세웠다.

16세기 초에 유럽인이 처음으로 남미 태평양 해안에 찾아왔을 때 잉카 제국의 영토는 북으로는 오늘의 콜롬비아와 에콰도르에서, 남으로는 칠레에 이르는 길고 큰 나라였다. 당시의 잉카 문명은 아직 신석기 문명의 단계였으나 인류는 금과 은 및 동 따위를 다룰 줄 알았고, 두개골에 구멍을 뚫어 뇌 수술을 할 수 있을 정도로 의술이 발달되어 있었다.

그들은 산악지대에 완벽한 계단식 밭을 만들었고, 관개 수로망도 정비하였다. 또 주로 옥수수를 중심으로 한 농사를 지었다. 그들의 석조건축 기술은 정밀하기 이를 데 없어서, 돌을 쌓아올린 틈에는 면도날도 들어가지 않을 정도였다. 오랜 역사 동안 수많은 큰 지진이 있었으나 끄떡하지 않을 정도로 견고하였다.

그러나 그들은 철기를 알지 못했고, 또 수레도 없었으며, 문자도 가지고 있지 않았다. 그 때문에 기록된 역사가 없어서, 당시 잉카의 모습에 관해서는 자세히 알 길이 없다. 전해 내려오는 왕의 이름으로 미루어서 잉카 제국은 그때까지 2000년 이상 이어졌다고 주장하는 학자도 있다.

잉카를 최초로 찾은 사람은 스페인의 프란시스코 피사로(1478~1542)였다. 그는 일개 돼지치기에 지나지 않았으나 어릴 적부터 모험을 좋아하였다. 그 당시 유럽에는 신대륙 아메리카 어디엔가 '황금의 나라(엘도라도)'가 있다는 말이 전해지고 있었다.

피사로는 그것을 찾아서 남미의 해안을 여러 번 탐험하였다. 1526년에서 1528년까지에 걸친 탐험 때에는 오늘의 페루까지 왔다. 그는 이 항해에서 '황금의 나라'가 있다는 확신을 가지게 되었다.

피사로는 일단 귀국하여 스페인 여왕의 원조를 받아, 1531년에 페루 탐험에 나서게 되었다. 그가 그곳에 도착하기 직전에 잉카에서 내란이 발생하여 스페인에 의해 쉽게 무너지는 한 원인이 되었다. 그 내란이란 1525년에 잉카 왕인 와이나 카파크가 죽자, 왕자인 와스카르와 이복동생인 아타우알파가 왕위 다툼을 한 결과 아타우알파가 이겨서 왕위에 오른 것이다.

스페인의 피사로는 불과 186명의 군사와 총 열세 자루로 잉카를 정복하였다. 즉, 잉카에는 철제 무기가 없었기 때문에 스페인의 총을 당할 수 없었다. 그러나 20만 명에 이르는 군대를 가지고 있던 잉카 제국이 간단히 피사로에게 정복될 이유는 무엇인가.

피사로는 아타우알파왕을 속여 계략을 꾸민 것이다. 1532년 11월에 카하마르카 도시에 도착한 피사로는 아타우알파왕을 연회에 초대하였다. 그 자리에 있던 스페인의 신부가 왕에게 성경을 주었다. 왕은 잠시 동안 성경을 보다가 방바닥에 던졌다. 글을 읽을 줄 모르는 아타우알파왕은 화가 났던 것이다.

피사로는 아타우알파가 하나님을 모독하였다는 구실로 그를 체포하고 학살극을 벌였다. 수천 명의 인디오들이 살해되었다. 이 학살로 잉카인들은 충격을 받았으며, 제국에 대한 충성도 흔들리고 말았다. 피사로는 이렇게 하여 수도 쿠스코를 쉽게 점령하였다.

왕은 자기를 석방해 주면 지금 자기가 감금되어 있는 방의 높이, 곧 3m 높이가 되는 방에 황금을 가득히 채워 주고, 옆의 작은 방에는 은을 가득 채워 주겠다고 제안하였다. 피사로의 동의를 얻은 왕은 온 나라에 포고를 내려 금과 은을 수집하였다.

그러나 피사로는 아타우알파의 몸값을 받고 나서도 왕 일행의 연합을 염려해서 아타우알파를 형식적인 재판에 회부하였다. 그리고 형인 와스카르를 살해하고, 스페인인에 대해 반항하였다는 것 등을 이유로 하여 사형에 처하였다. 1533년 8월 29일의 일이었다.

피사로는 그 후 와스카르의 아우 망코 카파크를 잉카 왕으로 세웠으나, 사실상 이때 잉카 제국은 스페인인에 의해 정복되고 만 것이다. 아타우알파왕의 죽음과 동시에 카하마르카를 향해 운반되던 금과 은의 수송은 중단되었다. 그리고 그 많은 금과 은은 스페인인의 눈에 띄지 않는 곳에 감추어졌다. 아타우알파는 재판에 회부되었을 때 보석금으로 전번 것의 배를 내겠다고 제안했었다.

그 때문에 스페인인은 숨겨진 보물의 양이 막대하다고 생각하게 되었고, 그것을 찾기 위해 혈안이 되었으나 끝내 찾지 못하였다. 이것을 가리켜 '잉카의 숨겨진 보물'이라 한다. 그 보물을 찾아 피사로 이후에도 많은 사람들이 안데스 산맥 속을 탐험하였다.

아타우알파의 죽음으로 해서 잉카 제국 여러 곳에 보물이 분산되어 감추어져 있는지도 모를 일이다.

몽테뉴는 그의 《수상록》에서 이 보물과 관련된 아타우알파의 죽음은 '참으로 왕자王者답게 당당한 것이었다'고 말하고 있다.

아타우알파왕은 원래 화형에 처하도록 언도가 내려졌으나, 피사로에게 청원하여 교수형으로 바뀌었다. 잉카에서는 화형에 처해진 영혼은 파괴되고 만다고 생각했기 때문이다. 교수형으로 바꾸는 조건은 기독교로 개종하는 것이었다.

제3장
중세 세계의 형성

WORLD

∷ 유럽 세계의 형성과 전개

로마 제국의 변모

로마 제국에서는 3세기 때에 각지에서 군인황제들(235~284)이 일어나, 콜로누스(소작인)에 의한 자급 농업이 보급되며 지방 분권화가 진행되었다. 제국의 통일을 유지하기 위하여 디오클레티아누스 황제(재위 284~305)는 4인의 정부正副 황제에 의한 4분 통치를 개시하였다.

또한 콘스탄티누스 황제(재위 306~337)는 수도를 콘스탄티노플로 옮기는 동시에 관료 제도의 확립에 힘썼다. 그는 밀라노 칙령(313)으로 기독교를 공인하였고, 한편 니케아 공회의(325)에서 삼위일체설을 주상하는 아타나시우스파가 정통으로 인정되었다.

기독교는 테오도시우스 황제(재위 379~395)에 의하여 로마 제국의 국교로 정해졌다(392). 아리우스파와 네스토리우스파는 이단으로 배제되었다. 또한 아우구스티누스(354~436)가 '하나님 나라'를 저술하여 교의의 확립에 힘썼고, 베네딕투스(480경~543)는 신앙과 노동의 계율에 기초를 두는 수도원의 보급에 힘썼다.

4세기에 흑해 북쪽의 게르만인 서고트족이 훈족에게 밀려 로마 제국 안에 들어오기 시작하였다(354). 그 후 동고트, 반달, 프랑크, 부르군드, 앵글로 색슨 등 게르만 종족이 잇따라 쳐들어왔다.

로마 시내는 서고트족의 방화와 약탈을 당하였다(410). 테오도시우스 황제 이후 로마 제국은 동서로 나뉘어 통치되었고, 그중 서로마 제국은 게르만인 용병 대장 오도아케르(434경~493)에 의하여 멸망하였다.

비잔틴 제국과 동유럽

게르만인의 침입을 막아낸 비잔틴 제국(동로마 제국)은 상공업이 발달하여 수도 콘스탄티노플은 동서 무역으로 번영하였다. 유스티니아누스 황제(재위 527~565)는 서로마 제국의 영토를 반 이상 회복하였고, 《로마법대전》을 편찬하여(534) 제국 지배의 강화에 힘썼다. 또한 비잔틴 문화가 번영하여 소피아 성당 등 둥근 지붕에 모자이크 벽화로 장식한 교회 건축이 성행하였다.

7세기 후반에 이슬람 교도에게 시리아, 이집트를 잃은 비잔틴 제국은 군관구제軍管區制(=테마제)로 중앙 집권화와 군사력의 강화를 꾀하였다. 또한 황제 레온 3세(재위 717~741)는 성상聖像 금지령을 공포하여 로마 교회와의 대립이 깊어졌다. 그 후 금지령은 해제되었으나(843) 로마 교회의 자립으로, 비잔틴 황제를 우두머리로 하는 그리스 정교회와 로마 교회의 권위를 인정하는 로마 가톨릭 교회로 분열하였다(1054).

게르만인이 로마 제국 영내로 옮겨간 후, 발칸 반도에 들어온 슬라브인의 일부는 불가리아인과 함께 불가리아 왕국을 세워(679) 9세기에 그리스 정교로 개종하였다. 이 때에 기독교를 선교하기 위하여 키릴 문자가 제정되었다. 그리스 정교는 세르비아인도 받아들였고, 키에프 공국公國의 블라디미르 1세(재위 980~1015)의 개종으로 러시아에도 퍼졌다.

한편 슬라브족 중 9세기에 폴란드인과 체코인이, 10세기에 크로아티아인이 국가를 이루었고, 동방에서 침입한 아시아 계열의 마자르인이 헝가리 왕국을 세웠다. 위의 나라들은 로마 가톨릭을 받아들였다.

프랑크 왕국과 로마 교회

프랑크족은 클로비스왕(재위 481~511)이 메로빙 왕조(481~751)를 열며 기독교에 개종하였다. 궁재宮宰 카를루스 마르텔(689경~741)이 투르 푸아티에 전투(732)에서 이베리아 반도로부터 침입한 이슬람 군대를 물리쳤다. 그의 아들 피핀(재위 751~768)은 로마 교황의 도움으로 왕위를 빼앗아 카롤링조(751~957)를 열고, 북이탈리아의 롬바르드 왕국을 쳐서(754) 로마 주변의 영토를 교황령으로 기증하였다. 피핀의 아들 카를루스 대제(재위 768~814)는 유럽의 반 이상을 정복하였고, 로마 교황 레오 3세(재위 795~816)에게서 로마 황제관冠을 받아(800) 비잔틴 제국의 영향에서 벗어난 서유럽 세계를 이룩하였다.

카롤루스 대제가 죽은 후 후계자 다툼이 일어나 조약(843), 메르센 조약 (870)에 의하여 프랑크 왕국은 동프랑크, 서프랑크, 이탈리아 3국으로 분열하였다. 그 때문에 왕권은 약화하여 카롤링 왕통도 끊어졌다.

봉건 사회의 성립

9세기에는 덴마크와 스칸디나비아 반도에 거주하는 노르만인이 발트해, 흑해를 거쳐 비잔틴 제국과 이슬람 세계와의 교역에 나섰다. 그들은 러시아의 슬라브인과 접촉하여, 노브고로드 공국과 키예프 공국이 건국되는 빌미가 되었다. 그들은 '바이킹'이라고도 일컬어지며 해상에서 영국, 프랑스, 독일 각지에 침입하여 약탈하였다. 그 일부는 프랑스 연안에 노르만디 공국을 세웠고(911), 덴마크왕 카누트(995경~1035)는 잉글랜드를 지배하였다.

잉글랜드에서는 그 후 앵글로 색슨 계열이 잠시 왕위를 회복하였으나, 결국 노르만디공 윌리엄(1027~1087)에게 정복되어 노르만조(1066~1154)가 성립되었다.

또한 노르만인은 10세기 말에 그린랜드에 식민하였고, 11세기에는 북미주 서북 해안에 도달하였다. 그 사이에 카페조(987~1328)가 성립되었고, 독일에서는 마자르인의 침입을 물리친 오토 1세(재위 936~973)에 의하여 신성 로마 제국(962~1806)이 성립되었다.

11세기에 로마 교황 그레고리우스 7세(재위 1073~1085)는 성직자 임명권을 교황이 쥐기 위하여 황제 하인리히 4세(재위 1056~1106)와 충돌하였다. 교황은 황제를 파문하여 굴복하게 하였다(카노사의 굴욕, 1077). 또한 교회와 수도원은 토지의 헌납에 의하여 영주가 되었고, 각지의 대주교와 주교도 세속의 제후와 맞먹는 권력을 쥐었다. 수도원이 각지에 퍼지면서 로마 문화의 유산에 따라 개간 운동에 앞장서는 한편, 넓은 영지를 소유하는 대영주가 되었다.

영주들은 각기 자기의 영지에서 독립하여 살았으나, 잇따른 적의 침입 때문에 서로 주종主從 관계를 맺고 안전을 꾀하였다. 주군主君은 가신家臣에게 봉토封土를 주어 영지의 지배권을 인정하고, 가신은 주군에게 충성을 서약하여 군역軍役 등의 의무를 지켰다. 이것을 '봉건 제도'라고 일컫는다. 영주가 지배하는 영지(=장원莊園)에서는 농민에게 땅을 부치게 하여 공납, 부역하게 하였다. 농민은 주거와 직업을 바꿀 수 없었고 영주의 재판에 복종하였다. 이와 같은 농민을 '농노農奴'라고 일컬으며, 그들은 교회에도 10분의 1세(십일조)를 바쳐야 하였다.

봉건 사회의 성숙

11세기에 들어 서유럽에서는 봉건 영주의 지배가 안정되며 각지에 도시가 생겨났다. 그리고 돔 형식의 로마네스크 양식(11~12세기)과 뾰족탑이 있고 스테인드글라스(색유리 그림 창문)로 장식된 고딕 양식(12세기~)의 교회 건축이 성행하였다.

교황 우르반 2세(제위 1088~1099)는 클레르몽 공의회(1095)를 열어 서유럽 제후로 하여금 십자군(1096~1270) 원정에 참가하게 하였고, 제1회 십자군은 예루살렘 왕국(1099~1187)을 세웠다. 인노켄티우스 3세(재위 1198~1216) 시대에 교황권은 절정에 이르렀다.

십자군 원정에 따라서 동방 무역으로 도시가 발전하여 북이탈리아에서는 베네치아와 제노바가 번영하였고, 북해, 발트해 연안 도시 뤼벡과 함부르크 등의 도시가 한자 동맹을 결성하였다(1241).

학문이 발달하여 12세기까지에는 살레르노, 볼로냐, 파리, 옥스퍼드 등 대학이 출현하였고, 스콜라학이 성행하여 토마스 아퀴나스(1225쯤~1274)는 《신학대전》을, 로저 베이컨(1214~1294)은 경험을 중요하게 여기는 학문의 방법을 열었다. 또한 〈니벨룽겐의 노래〉, 〈롤랑의 노래〉, 〈아서왕 이야기〉 등 기사도 이야기가 각지에서 탄생하였다.

봉건 사회의 흔들림

이슬람의 살라흐 앗딘(=살라딘)에게 성지를 빼앗기고(1187), 제4회 십자군이 베네치아의 이익을 위하여 비잔틴 제국을 공격하여 라틴 제국(1202~1261)을 세우게 되면서 로마 교황의 권위는 점차 쇠퇴하였다.

프랑스 왕 필립 4세(재위 1285~1314)는 3부회를 열어 성직자에 대하여 국왕이 세금을 부과할 권리가 있다고 하여, 교황 보니파티우스 8세(재위 1294~1303)와 대립하였다. 그 후 교황청이 아비뇽으로 옮겨지기도 하고(1309), 2인의 교황이 존재하는(시스마, 1378~1417) 사건이 잇따라 벌어져 교황권은 땅에 떨어졌다.

또한 신성 로마 제국의 황제도 교황과의 항쟁에 쏠려 독일 통치를 소홀히 하였기 때문에 대공위大空位 시대(1256~1273)를 거쳐 제후의 자립이 진행되었고, 금인칙서金印勅書(1356)에 의하여 선제후選帝侯가 정해지며 황제권도 약화되었다.

영국에서는 귀족들이 존왕(재위 1199~1216)에게 〈마그나 카르타〉(대헌장, 1215)를 인정하게 하여 법에 의한 지배를 문서로 밝혔다. 그 후 시몽 드 몽포르(1208경~1265) 등 귀족의 반란(1258)이 일어났고, 모범 의회가 성립되어(1295) 왕권은 크게 제약을 받게 되었다.

14세기에 영국과 프랑스는 모직물 사업의 중심지 플랑드르의 지배와 프랑스의 왕위 계승을 두고 백년전쟁(1338~1453)을 치르게 되었다. 잔 다르크(1412~1431)의 활약 등으로 프랑스에서 격퇴당한 영국은 그 결말에 대한 불만으로 내란이 일어났다(장미 전쟁, 1455~1485)

튜더조(1485~1603)의 헨리 7세(재위 1485~1509)에 의하여 내란은 평정되었으나, 위의 전쟁으로 영국과 프랑스 양국은 한결같이 제후의 힘이 약화되고 왕권이 강화되었다.

이베리아 반도에서는 기독교 제후가 무슬림 세력에 대항하는 국토 회복 운동(레콘키스타)이 진행되는 중에 포르투갈, 에스파냐의 왕권이 확립되고, 그라나다의 함락으로 무슬림 세력은 말끔히 청소되었다.

한편 동유럽에서는 폴란드 왕국이 독일 기사단을 제압하였고(1386), 모스크바 대공국이 킵차크 한국으로부터 독립하여 동북 러시아의 지배자가 되었다(1480).

페스트의 유행(1346~1350) 때문에 생활고로 시달리던 중 농민들은 사크리의 난(1358), 와트 타일러의 난(1381) 등을 일으켜 농노제의 폐지와 토지 대금의 경감을 요구하였다. 교회와 성직자의 부패에 대한 반감도 높아져서 위클리프(1320경~1384), 후스(1370경~1415)는 성서 중심의 신앙을 주장하였다. 교회에 의하여 후스가 이단으로 규정되며 화형에 처해지자 보헤미아의 농민이 반란을 일으켰다(후스 전쟁, 1419~1436).

:: 동아시아 세계의 형성과 전개

삼국, 5호 16국, 남북조 시대

2세기에 들어 후한後漢은 당고黨錮의 금禁(169), 태평도와 오두미도五斗米道의 영향으로 황건黃鍵의 난(184)이 일어나는 혼란기에 들어섰다. 조조曹操(155~220)와 조비曹조(187~227)의 위魏(220~265), 강남 손권孫權(182~252)의 오吳(222~280), 사천 유비劉備(161~223)의 촉蜀(221~263)에 의한 삼국 시대(220~280)를 맞이하였다.

위가 촉을 멸하였으나 위의 장군 사마 염(=무제, 236~290)이 진晉(=서진, 265~316)을 세우고, 오를 정복하여 통일을 이루었다. 그러나 8왕의 난(300~306)과 주변 민족의 침입으로 흔들리다가 흉노에 의하여 멸망당하였다. 그 후 북방계의 흉노匈奴, 선비鮮卑, 갈羯과 티베트 계열인 저氐, 강羌 5족이 화북 지방에 할거하여 5호 16국 시대(304~439)가 되었다.

5세기 전반에 선비의 탁발씨拓跋氏가 세운 북위北魏(386~534)가 화북을 통일하였다. 내란으로 북위는 동서로 분열되었다가 이어 동위(534~550)는 북제北齊(550~577)로, 서위(535~556)는 북주北周(556~581)로 교체되었고, 후에 북제는 북주에 병합되었다. 이 화북 지방의 5왕조를 북조北朝라고 일컫는다.

한편 서진 멸망 때에 강남으로 피신한 진의 일족 사마예司馬睿(276~322)는 건강建康(난징)에 도읍을 정하고 진(동진, 317~420)을 재흥시켰다. 동진의 뒤를 이은 송宋(420~479), 제齊(479~502), 양梁(502~557), 진陳(557~589) 왕조는 단기간에 교체되었다. 이것을 남조南朝라고 일컫는다.

남북조 시대의 문화

문학으로는 전원 시인 도연명陶淵明(365경~427), 대표적인 문집으로는 양梁 소명昭明 태자(501~531)가 편찬한 《문선文選》이 있다. 글씨에는 왕희지王羲之(307경~365경), 회화에는 고개지顧愷之(344경~504경)가 활약하였다. 학문·사상에서는 노자, 장자가 유행하였고, 죽림竹林 칠현 등 세속을 초월한 담론(청담淸談)이 귀족 사이에 유행하였다.

불도징佛圖澄(?~348)과 쿠마라지바鳩摩羅什(344~413) 등이 불교 포교와 불경 한역漢譯에 힘썼고, 법현法顯(337경~422경)은 불경을 구하러 인도까지 갔다. 또한 4세기 이래로 둔황敦煌, 운강雲崗, 용문龍門 등에는 웅장한 석굴 사원이 문을 열었다.

민간 신앙이 불교의 영향을 받아 이론화되어 도교가 성립되었고, 구겸지寇謙之(363~448)가 교단을 조직하였다. 그 후로 도교는 불교와 더불어 민중의 생활에 스며들게 되었다.

중국 분열기의 동아시아

몽골 고원에서는 2세기에 선비가 강대해졌고, 5세기에는 유연柔然이 대체하여 강력한 유목 국가를 형성하였다. 6세기에는 투르크계의 돌궐突厥이 몽골 고원의 지배자가 되어 번영하다가 후에 동서로 분열되었다(583).

한반도에서는 고구려(전 37~후 668)가 낙랑군을 멸하였고(313), 한반도 남부에서는 백제(전 6~후 660)와 신라(전 57~후 935)가 영토다툼을 하고 있었다.

수, 당 제국과 서아시아

돌궐을 무찌른 북주의 양견楊堅(541~604)이 등극하여 수(581~618)의 문제가 되었고, 남조의 진陳을 멸하여 남북 통일을 실현하였다. 그 뒤를 이은 양제煬帝(재위 604~618)는 대운하를 건설하고 대제국을 건설하려 하였으나, 고구려 원정에 실패하자 각지에서 반란이 일어나 신하에게 시해되었고, 수는 망하였다. 이때에 장안에 도읍하여 당唐(618~907)을 세운 것이 이연(=고조, 565~635)이었다. 그 뒤를 이은 이세민(태종, 재위 626~649)은 '정관貞觀의 치治'라고 일컫는 태평성대를 이룩하였다.

측천무후(재위 690~705)가 한때 당의 황실을 폐하고 국호를 '주周'라고 일컬었으나, 그가 죽은 후 당이 부활하여 현종(재위 712~756)은 정치를 제자리에 고쳐 세웠다('개원貞觀의 치').

당은 동북, 몽골, 서역, 베트남을 그 세력권에 넣고, 6도호부를 두어 지배의 안정을 꾀하였다. 이 무렵 티베트 고원에는 토번(7~9세기)이 일어나 티베트 문자를 제정하였다. 한반도에서는 신라가 삼국 통일을 달성하였고, 고구려의 유민 일부는 중국 동북부에 발해를 세웠다.

당의 서울 장안에서는 문화가 번영하였다. 글씨의 안진경顔眞卿, 산수화의 오도현吳道玄이 뛰어난 작품을 남겼고, 시에서는 이백李白, 두보杜甫 등이 활약하였으며, 도자기에서는 당삼채唐三彩가 제조되었다.

공영달孔穎達(574~648)이 《오경정의五經正義》를 저술하여 유교를 보급시켰고, 불교에는 천태종, 정토종, 선종 등 종파가 형성되는 한편, 현장玄奘(602~664)과 의정義淨(635~713)이 인도에 가서 많은 불경을 구하여 귀국하였다.

서아시아의 사산조 페르시아에서는 조로아스터교(=천교祆敎), 마니교, 네스토리우스파 기독교인 경교景敎 등이 전해졌고, 장안에는 사원과 교회가 즐비하게 건축되었으며, 광저우에는 해로로 이슬람 교도인 아랍 상인이 많이 찾아왔다.

당의 멸망과 동아시아 여러 민족

당은 8세기 중엽 안녹산安祿山(705~707)과 사사명史思明(?~761)에 의한 안사安史의 난(755~763)으로 농촌이 황폐해졌고, 주변 민족들도 몽골 고원의 위구르(744~840)를 비롯하여 티베트의 토번(7~9세기)과 운남 지방의 남소南詔(?~902)가 자주 침입하여 정복했던 영토를 거의 다 잃었다. 이와 같은 때에 문화면에서는 백거이白居易(772~846)의 시, 한유韓愈(768~824)와 유종원柳宗元(773~819)의 산문 등에 뛰어난 작품이 발표되었다. 황소黃巢의 난(875~884)은 주전충朱全忠(852~912)에 의하여 평정되었으나 후양後梁(907~923), 후당後唐(923~936), 후진後晉(936~946), 후한後漢(947~950), 후주後周(951~960) 등이 일어나 '5대 10국시대'의 혼란이 이어졌다.

그 무렵 발해가 요遼에 의하여 멸망하고, 한반도에서는 왕건王建(877~943)이 고려(918~1392)를 세워 신라를 대신하여 한반도를 통일하였다. 운남 지방에서는 타이인의 대리국大理國(937~1254)이 성립되었고, 베트남도 중국의 지배에서 해방되었다.

조광윤趙匡胤(927~976)은 변경汴京(=개봉開封)에 도읍하여 송宋(북송, 960~1127)을 세워 다시 중국을 통일하고(978), 무인 정치 대신 문치文治주의 정치를 하였다.

북방 민족의 성장과 북송

몽골 고원에서는 야율아보기耶律阿保機(872~926)가 요遼(916~1125)를 세우고, 송을 압박하여 '단연澶淵의 맹盟'(1004)을 맺어 세공을 받았다. 또한 마니교와 불교를 부호하고 키타이 문자를 만들어 문화를 발전시켰다.

티베트계 탕구트 인도 서하西夏(1038~1227)를 세우고 동서 무역의 길목을 지배하여 강대해지며, 독자적인 서하 문자를 만들었다.

송은 국력을 회복하기 위하여 신종神宗(재위 1067~1085) 때에 왕안석王安石(1021~1086)이 정승이 되어 '신법新法'을 시행하였으나, 사마광司馬光(1019~1086) 등 보수파의 반대에 부닥쳤고, 신법당과 구법당의 당쟁으로 정치는 더욱 혼란해졌다.

금과 남송

중국 동북부에서 퉁구스계 여진족이 강해져 완안아쿠다完顔阿骨打(1068~
1123)가 금金(1115~1234)을 세우고 요를 멸한 후(1125), 남하하여 변경을 점
령하였다(정강靖康의 변, 1126~1127). 송이 멸망하자 황족 중 한 명이 강남 임
안臨按(=항주杭州)에 도읍하여 송(남송)을 재건하였다. 남송에서는 진회秦檜
(1090~1155) 등 화평파가 악비岳飛(1103~1141) 등 주전파를 누르고 금과 강화
를 맺었다(1142).

한편 금에게 멸망당한 요의 왕족 야율대석耶律大石(?~1143)은 키타이인을
이끌고 투르키스탄으로 피신하여 카라 기타이(서요西遼, 1132~1221)를 세웠다.

이 시대에 목판 인쇄술이 발달하였고, 화약 제조법이 알려졌으며, 자침(나
침반)이 항해에 이용되어 해상 무역이 발전하였다. 서민 문화가 발달하여 송
사宋詞가 유행하고 잡극이 성행하였다. 도교에서는 전진교全眞敎가 발생하고,
불교에서는 선종禪宗과 정토종이 유행하였다.

명문장가 구양수歐陽脩(1007~1072)와 소식蘇軾(1036~1101)이 등장하였고,
원체화院體畵와 문인화가 사랑을 받았다. 또한 유학에 대해서는 주돈이周敦頤
(1017~1073)에서 시작되어 주희朱熹(1130~1200)에 의하여 주자학(송학)이 이
룩되었다. 육구연陸九淵(1139~1192)은 주희의 설과 대립하여 양명학陽明學을
내세웠다.

몽골 제국의 성립

몽골 고원에서는 테무진(?~1227)이 유목민인 여러 부족을 통일하여 부족
장들의 추대로 '칭기즈 칸'이라 일컬어지게 되었다(1206). 그는 정복한 영토
를 아들들에게 주어, 오고타이 한국(1226~1310), 차가타이 한국(1227~14세기
후반)이 성립되었다. 그의 후계자들은 금을 멸하고(1234) 고려를 속국으로 하

였다(1259).

바투(1207~1255)는 러시아 대부분을 정복하고, 왈슈타트의 전쟁(1241)에서 독일과 폴란드 연합군에게 승리하여 남러시아에 킵차크 한국(1243~1502)을 세웠다. 또한 훌라구(1218~1265)는 바그다드를 공격하여 아바스조를 정복하고 일 한국(1258~1411)을 세웠다.

세조世祖 쿠빌라이 칸(재위 1260~1294)은 대도大都(=베이징)에 도읍하고(1264) 나라 이름을 원元으로 정하였다(1271). 그는 2회에 걸쳐 일본 원정을 시도하였고, 베트남과 자바에도 원정군을 파견하였으나 모두 실패하였다. 그러나 그 사이에 그는 남송을 멸하였고, 운남 지방에서 티베트와 미얀마까지도 제압하였다.

원은 중국 통치에 즈음하여 몽골인 제일주의 정책을 펴서, 몽골인과 서방 여러 민족(색목인色目人)이 정부의 요직을 독차지하였고, 한인漢人과 남인南人은 냉대를 받았다. 궁정에서는 몽골어와 페르시아어를 사용하였고, 공문서에는 위구르 문자와 파스파 문자를 사용하였다. 이와 같은 정책 때문에 유학은 침체되었고, 잡극(원곡元曲)이 서민 사이에 유행하여, 〈서상기西廂記〉, 〈비파기琵琶記〉 등의 작품이 생겨났다. 곽수경郭守敬(1231~1316)은 전체 관측기를 사용하여 수시력授時曆을 작성하였고(1280), 중국에서도 화약과 회화의 기법이 서아시아에 전해졌다.

또한 유럽으로부터는 카르피니(1182경~1252), 루브루크(1220경~1293경), 몬테 코르비노(1247~1328) 등 기독교 수도사들이 몽골 궁전을 방문하였다. 마르코 폴로(1254~1324)는 쿠빌라이의 신하를 역임하고, 귀국 후에《동방견문록》(1299경)을 발표하였다.

《로마법대전》과 유스티니아누스 황제
비잔틴 제국의 영광(527~565년)

전성기의 로마 제국은 유럽뿐 아니라 아시아와 아프리카에까지 그 영토를 가지고 있었다. 이 로마 제국이 둘로 나뉘게 되고, 이윽고 서아시아와 북아프리카 등이 사라센 제국의 지배 아래 놓이게 되면서 유럽은 비록 많은 나라로 분열되었지만, 기독교에 의해 하나로 뭉쳐진 세계라는 의식이 생기게 되었다.

새 시대의 역사는 젊고 활기찬 민족에 의해 이루어진다. 그 역할을 수행한 것이 바로 게르만인이다. 게르만인이 살던 게르마니아(지금의 독일 지방)는 당시에 우거진 숲과 황량한 늪이었고, 모질게 추운 땅이었다. 푸른 눈에 붉은 머리칼, 건장한 체격을 지닌 게르만인은 전쟁이 없는 때는 농사를 짓거나 사냥과 목축을 하였다.

종교는 다신교로서, 신들에게는 계급이 있었다. 티우 · 오딘 · 토르 그리고 여신 프리그의 이름은 오늘에도 각각 영어의 화 · 수 · 목 · 금요일의 이름으로 남아 있다. 게르만인은 컴컴한 숲속의 신성한 나무 아래서 예배를 했고, 전장에서 죽은 용사는 낙원인 발할라에 간다고 믿었다.

이러한 생활을 하던 게르만인은 날씨가 따뜻하고 기름진 땅을 찾아 이동하게 되었다. 375년에 중앙아시아의 유목민인 훈족이 흑해 북해안에 나타난 것을 시초로 민족 대이동의 큰 물결이 일었다. 여러 게르만 부족은 로마 제국의 국경선을 돌파하고 밀물같이 진격하였다. 그것은 단순한 원정이 아니라 처자와 노예, 그리고 가축과 가재도구 전부를 이끌고 움직이는 대이동이었다. 그중에도 가장 크게 이동한 것은 동·서고트와 반달 등 동게르만의 여러 부족이었다.

한편 라인강 동쪽에 있던 프랑크 등 서게르만족은 원래 있던 곳에서 조금씩 이동했을 뿐이었다. 단지 앵글로 색슨족 등이 바다를 건

유스티니아누스의 《로마법대전》 첫 페이지를 도해한 것. 이 법전은 후세에 큰 영향을 미친 기념비적인 것이다.

너 브리타니아(영국)에 이동한 것이 눈에 띌 뿐이다. 이 대이동의 폭풍 속에서 서로마 제국은 멸망하고 말았다.

그러나 민족 대이동의 주역으로서 가장 활발하게 움직인 동게르만족은 오히려 문화가 발달한 로마에 동화되고 말았다. 그와는 반대로 프랑크나 앵글로 색슨족과 같은 서게르만족은 서유럽을 이끌어나가는 원동력이 되었다.

이와 같은 민족 대이동의 폭풍 속에서 서로마 제국은 망했으나, 동로마 제국은 끄떡하지 않았다. 동로마의 유스티니아누스 황제(483~565)는 527년에 황제가 되자 서로마 제국의 영토를 수복하려 하였다. 그는 동방의 강대국 페르시아와 손잡고 병력을 서쪽으로 진격시켰다.

그는 아프리카의 반달과 이탈리아의 동고트를 멸하고 영토를 넓혔으며, 서고트에서는 스페인의 동남부를 공격하여 함락시켰다. 그 결과 지중해를

다시금 로마의 내해內海로 만들 수 있게 되었다.

유스티니아누스 황제가 학자들에게 명하여《로마법대전》을 만들게 한 것도 로마 제국을 부흥시키려는 의도에서였다. 그러나 유스티니아누스의 동로마 제국도 옛날의 로마 제국 그대로가 아니었다. 그것은 황제가 그리스 정교회의 우두머리를 겸한 기독교풍의 로마 제국이었다.

그리스 정교의 대본산으로 성 소피아 대성당이 건축되었다. 그 거대한 돔지붕과 성당 안의 눈부신 모자이크 그림은 동로마의 문화, 곧 비잔틴 문화의 상징이 되었다. 수도인 콘스탄티노플(현재의 이스탄불)은 고대 말기에 쇠퇴한 로마시를 대신하여 그 인구는 무려 100만 명에 육박했고, 중세 기간 동안 유럽 제일의 대도시, 세계상업의 중심지로 번영하였다.

유스티니아누스(재위 527~565)는 마케도니아의 농민의 아들로 태어났다. 유스티니아누스가 36살이 되던 518년에 그를 키워준 숙부가 뜻하지 않게 황제로 추대되었다. 그는 숙부의 추천으로 525년에 부제副帝가 되었다. 527년에 숙부가 사망하자 유스티니아누스가 황제 자리를 이어받았다.

그는 즉시 사산조 페르시아와 이탈리아 반도 및 북아프리카에 군대를 파병하여 정복전쟁을 벌였다. 그의 정치는 탄압적인데다가 호된 세금징수와 징병제도 때문에 즉위 5년 후 민중반란이 일어났다(532). 유스티니아누스 황제는 3만 명의 희생자를 내며 이 '니카의 반란'을 진압하였다. '니카'란 '타도한다'는 뜻이다.

유스티니아누스 황제는 수도 콘스탄티노플의 재건에 착수하여, 기독교 세계 최대의 대성당인 성 소피아 성당(하기아 소피아)을 비롯해서 수많은 공공목욕장과 지하 저수조 등을 만들었다.

그는 532년에 사산조 페르시아 제국과 평화조약을 체결하여 동방에 대한 우려를 제거한 후 서방 정복에 모든 힘을 쏟았다. 북아프리카의 반달 왕국을 멸망시켰고(534), 이탈리아 반도의 동고트 왕국을 정복하였다(552). 또한 멀리 이베리아 반도에 파병하여 서고트 왕국이 차지하고 있는 지중해 연안의 영토를 빼앗았다.

오늘까지 남아 있는 유스티니아누스 황제의 크나큰 업적으로《로마법대전》의 편찬이 있다. 그는 트리보니아누스 이하 16명의 법학자에게 명하여 방대한 양의 로마 법률을 전4부로 정리하게 하였다. 이것은 중세 유럽 여러 나라의 법률에 큰 영향을 주었다.

그는 다시금 대제국이 된 비잔틴 제국을 법에 의해 엄격히 통치하기 위해 이 일을 해냄으로써 입법자로서 절대적인 권력을 유지할 수 있었다. 그러나 유스티니아누스 황제의 만년은 니카의 반란 때와 마찬가지로 민중의 불만이 팽배한 시대였다. 황제가 죽었다는 소식이 전해지자 민중은 환호성을 질렀다고 한다.

완성된 중세 유럽의 틀
봉건제도의 성립(726년)

게르만 민족의 대이동 시대에도 기독교는 계속해서 전파되고 있었다. 특히 예수의 제자 베드로를 제1대 교황으로 정한 로마 가톨릭 교회의 세력은 날이 갈수록 커져갔고, 교황은 신의 대리자로서 막강한 권력을 쥐고 휘둘렀다.

비잔틴 제국에 대해서도 게르만족의 침입이 그치지 않았으나, 역대 황제들은 이에 맞서 제국을 지키며 기독교를 보호하였다. 그중 유명한 황제가 군인 출신인 레오 3세(재위 717~741)이다.

아랍 제국이 콘스탄티노플을 포위 공격하자, 레오 3세는 성벽을 보강하여 침략군을 방어하는 동시에, 해상에서는 무시무시한 비밀 무기인 '그리스의 불'로 아랍군의 군함을 모조리 불태워 버렸다.

718년의 옴미아드 왕조 아랍군의 패배를 최후로 하여 비잔틴 제국에 대한 아랍군의 공세는 자취를 감추게 되었다. 레오 3세의 승리는 뒷날 프랑크 왕국의 카롤루스 마르텔의 투르·푸아티에 전투에서의 승리와 아울러 이슬람의 위협에서 기독교 세계를 수호한 세계사적 의의를 지니는 사건으로 평가되고 있다.

봉건시대의 농업. 농업과 수공업은 13세기 봉건제도 아래 유럽 사회의 경제를 떠받친 두 기둥이었다. 농노와 수공업자들이 그 역할을 맡았다.

　그러나 무엇보다도 레오 3세의 이름을 후세에 남기게 된 것은 726년에 그가 공포한 성상聖像 숭배 금지령이다. 그는 그해에 이어지는 큰 재난을 성상 숭배에 대한 신의 노여움 때문이라고 하며, 성상을 파괴하라고 명하였다. 그러나 그가 노린 바는 비잔틴 제국 안에서 광대한 영지와 힘을 가진 수도원을 억압하는 데 있었다. 이 법령으로 많은 수도원의 토지가 몰수되고, 이로써 나라의 재정은 크게 보강되었다.

　그러나 이 성상 숭배 금지령은 로마 교황의 큰 반발을 불러일으켜 그리스도 교회를 결정적으로 분열되게 하는 결과를 낳았다. 726년에 시작된 이 논쟁은 100년이 넘게 842년까지 계속되었다. 결국 1054년에는 로마 가톨릭 교회와 그리스 정교회가 완전히 갈라서게 되었다. 콘스탄티노플 교회는 독자적인 의식과 신학을 가진 그리스 정교회를 형성하게 된 것이다.

　레오 3세 시대로부터 11세기경까지 비잔틴 제국은 견직물업과 동서 무역이 활발하여 경제적으로도 서유럽을 훨씬 능가하는 번영을 계속했고, 유스티니아누스 황제 시대에 버금가는 전성기를 이루었다. 이 시기에 비잔틴 문화는 러시아에 전해졌고, 그리스 정교도 널리 확대되었다.

　러시아인 이외의 슬라브족도 핀란드, 보헤미아, 세르비아 등의 국가를 세웠다. 또한 아시아에서 흘러들어온 핀인, 불가르인, 마자르인도 유럽 각지에 정착하여 각기 핀란드, 불가리아, 헝가리 등을 세웠다.

이렇게 중세 세계의 틀은 형성되었다. 중세 유럽 사회의 구조를 가리켜 '봉건 제도'라고 한다. 유럽의 봉건 제도는 주군主君과 가신家臣 사이에 맺어진 약속 위에 이루어진 것이다. 가신의 임무 중 가장 중요한 것은 주군이 전쟁을 할 때 부하병사들을 거느리고 종군하는 일이었다. 이에 대해 주군은 가신에게 봉토를 부여하여 가신의 생활과 외부의 공격에서 가신을 보호할 의무가 있었다.

주군과 가신의 관계는 자유민 사이의 주종 관계로서, 서로 진심을 신용하고 맺어진 것이다. 때문에 윗자리에 위치한 주군 편에서도 약속을 깨뜨리면 주종 관계는 파기된다. 이리하여 봉건 제도는 국왕을 맨 위에 두고, 대귀족과 중소 귀족, 그리고 가신이라고 하는 순서로 주종 관계를 이루며 구성되었다.

국왕도, 귀족도, 그 가신도 통틀어 말한다면 정치와 군사 관계에 종사하는 '전투를 하는 사람'으로서, '기도하는 사람'이라 일컬어지던 기독교의 성직자와 마찬가지로 생활에 필요한 물자를 생산하지는 않았다.

생산업에 종사한 사람은 '일하는 사람'이라 일컬어지던 서민으로, 이 서민은 당시 인구의 거의 전부를 차지하였다. '일하는 사람'은 '전투를 하는 사람'의 지배를 받아 그 토지를 경작했고, 또 '기도하는 사람'이 맡아보는 교회의 토지도 경작하였다.

전투하는 사람과 교회가 소유한 토지를 '장원莊園'이라 한다. 장원은 영주가 남겨 놓은 토지, 농민에게 임대한 토지, 장원에 살고 있는 모든 사람들이 이용할 수 있는 삼림과 목재지 등 세 부분으로 이루어져 있었다.

장원의 농민들 대부분은 농노라는 신분에 매여 있었다. 농노는 노예와는 달라서 결혼하여 처자가 있었고, 또 초라한 집과 채소밭과 약간의 가재도구도 소유하고 있었다. 그러나 그 토지에서 떠나 다른 곳으로 이사하거나 직업을 바꾸는 일 따위는 허용되지 않았다.

농노는 또한 인두세를 비롯하여 농노가 죽어서 그 아들이 뒤를 이은 경우라든가, 농노의 딸이 다른 곳으로 시집가서 일손이 줄어든 것을 보상하기 위해서라든가, 그 외에 영주의 갑작스런 용도에 따라서 그때마다 세금을 납부

해야 하였다. 또한 농노는 임대한 토지에 대한 값으로 1주에 2, 3일 동안 영지의 직할지에서 일해야만 하였다. 그 외에도 농번기에 일을 해 주고, 장작을 패 주며, 도로 공사와 짐을 운반하는 일 등 여러 가지 일들을 해야 하였다.

이와 같은 중세의 농노를 두고 '농노는 소와 마찬가지다. 단지 뿔이 없을 뿐이다'라는 말이 유행하기도 하였다. 요컨대 그런 속담이 생겨날 정도로 농노는 영주에게 지독히 착취당한 것이다.

한편 영주의 생활은 호화롭기 그지없었다. 장원에 저택을 짓고 사는 것은 하급 귀족인 평기사들로서, 큰 영지를 소유한 왕과 대귀족은 성을 쌓았다. 성은 험준하여 공격하기 어려운 산에 쌓는 것이 보통이어서, 오늘에도 그림과 같은 아름다운 모습으로 보존되어 있는 것이 많다.

성 안의 넓은 홀에서는 장중한 의식이 행해지기도 했고, 연회도 자주 열렸다. 그 자리에서는 음악가가 하프를 연주하고, 시인이 가락을 붙여 노래하기도 하였다. 그러다가 전쟁이 일어나면 그들은 모두 말을 타고 싸움터로 달려갔다. '기사'라는 말은 국왕에서 평기사에 이르기까지 전부를 가리키는 말이다.

기사는 평상시에도 토너먼트(기사의 마상 시합)를 하여 무술을 연마하였다. 기사의 아들은 일곱 살이 되면 친지의 귀족에게 보내져, 주군 부부 밑에서 예의와 무술을 배운다. 열네 살이 되면 종사從士가 되어 주군과 다른 기사에게서 무술을 연마하며, 주군이 전장에 나갈 때는 따라서 종군하였다. 전장에서 말을 돌보거나 갑옷과 투구를 쓰는 일을 거드는 것이다. 때로는 전투에 참가하는 경우도 있었다.

이와 같은 수업을 하고 스무 살 가량이 되면 엄숙한 의식을 거행한 후 어엿한 기사가 되었다. 기사가 지켜야 할 것은 기사도였다. 기사는 주군에 대해 충절을 철칙으로 삼고, 전장에서는 용감하게 싸워야 하며, 패한 적군에 대해서는 자비를 베풀어야 하는 것이다. 이 기사도 정신은 오늘날에도 서구에 남아 있어, 부녀자에 대해서는 공손하고, 결투를 하게 되는 일이 생겨도 규칙에 따라 페어플레이를 해야 하는 것으로 되어 있다.

유럽의 초석을 놓다
카롤루스 대제의 대관(800년)

중세에 기독교는 둘로 분열되어 로마 가톨릭(공교회)과 그리스 오소독스(정교회)가 되었다. 그리스 정교회는 동로마 제국을 중심으로 발달한 반면, 로마 가톨릭 교회는 프랑크 왕국과 손을 잡았다.

프랑크 왕 피핀은 754년, 이탈리아의 라벤나 지방을 분할하여 로마 교황에게 기증하였다. 이것을 '피핀의 기증'이라 하는데, 로마 교황령의 발단이 되었다. 피핀의 아들이 유명한 카롤루스 대제(재위 768~814)이다. 카롤루스는 신장이 190cm 이상의 거인으로서, 부왕 피핀의 유지를 이어 주변의 여러 게르만족을 평정하여 안정된 대제국을 건설하기 위한 일에 착수하였다.

현존하는 유일한 카롤루스 대제의 조각으로 알려진 작품(높이 72.4cm)이 루브르 미술관에 있는데, 그것은 카롤루스가 말을 타고 있는 동상이다. 이 동상이 상징하고 있는 바와 같이 그는 생애에 70여 회에 걸친 원정을 했고, 생애의 대부분을 말 위에서 보냈다.

카롤루스는 수십 년에 걸친 전쟁 끝에 작센을 합병하였다. 작센과의 전쟁 중인 774년에는 로마 교황의 요구에 따라서 랑고바르드 왕국을 멸하고 이탈리아 반도 북반부를 합병하였다. 또한 피레네 산맥을 넘어 이베리아 반도에

카롤루스 대제와 그의 원정군. 이교도 토벌을 위해 에스파냐로 출정하는 이들의 투구에 십자가가 선명하다. 산티아고 데 콘포스티라 대성당 소장. 12세기 말.

쳐들어가 이슬람 세력을 쫓아내려 했으나 실패하였다. 이 사건을 다룬 것이 서사시 〈롤랑의 노래〉이다.

800년 크리스마스에 카롤루스는 로마 교황 레오 3세의 초청을 받고 성 베드로 성당의 미사에 참석하였다. 레오 3세는 갑자기 황금관을 카롤루스의 머리에 씌워주며, "하나님에 의해 가관加冠된 존엄하고 위대하며 평화로운 황제 카롤루스에게 만수무강과 승리를 기원합니다" 하고 큰 소리로 외쳤다. 성당 안은 환호소리로 가득하였다. 카롤루스는 (서)로마 황제가 되었고, (서)로마 제국이 부활하게 되었다.

콘스탄티노플 교회(비잔틴 교회)의 교황은 황제가 겸하고 있었고(교황황제주의), 그 때문에 지금까지 로마 교황은 동로마 교황의 압력 앞에 굴복할 수밖에 없었다. 그것에 대항하기 위해서도 로마 교황은 세속적 권력의 보호자를 구해야 할 형세였고 이제 카롤루스라는 강력한 권력을 가진 왕을 보호자로 삼는 일에 성공한 것이다.

이리하여 프랑크와 로마, 즉 게르만적 요소와 기독교 그리고 고대 로마의 세 요소—이것을 가리켜 서유럽 세계를 구성하는 3요소라 한다—가 융합하게 되었다.

이 사건으로 서로마 제국이 부활하게 되었으며, 그것은 단순한 부활이 아니었다. 그 황제는 로마인이 아니라 프랑크인, 곧 게르만인이 되었으며, 제국의 중심은 로마에서 알프스 너머로 옮겨지게 되었다.

카롤루스 대제가 죽은 후, 그 제국은 셋으로 분열되어 이탈리아와 독일 및 프랑스 세 나라의 시조가 되었으며, 독일은 신성 로마 제국(962~1806)을 계승한 것이다.

중세 기사도의 분위기에서 형성된 문학 장르 중 하나가 북프랑스에서 발생한 무훈시武勳詩다. 그 내용은 카롤루스 대제의 전설에 관한 것으로서, 그 중에도 유명한 것이 서사시 〈롤랑의 노래〉이다. 이 서사시의 소재는 778년에 있은 론스보의 전투다. 퇴각하는 카롤루스군의 후방경비를 맡은 롤랑의 부대가 피레네 산맥에서 원주민인 바스크족의 습격을 받아 전멸하였다. 〈롤랑의 노래〉에서는 백발에 은빛 구레나룻을 휘날리는 카롤루스 대제와 현명하면서도 침착한 올리비에, 그리고 무술에 뛰어나서 사라센군과 싸워 프랑크군을 구한 후 명예롭게 전사하는 롤랑 등이 모두 기사도의 모범이 되는 사람들로 나온다.

중세의 기사도는 궁정의 화려한 예의범절로 바뀌어 갔고, 남프랑스의 트루바두르(음유시인)들에 의해 서정시로 노래되었다. 훗날 북프랑스 궁정 문학의 영향으로 서사시풍의 기사도 문학이 생겨나게 되었다.

〈롤랑의 노래〉와 더불어 중세 문학 중 대표작이 〈아서왕의 이야기〉와 〈니벨룽겐의 노래〉이다. 아서왕과 원탁 기사들의 이야기, 특히 기사 중 한 명인 랜슬로트와 왕비 기네비아, 기사 트리스탄과 그 주군의 부인인 이졸데의 사랑에는 기사 세계의 기쁨과 슬픔이 노래되어 있다.

게르만인의 신화와 전설을 바탕으로 한 민족 서사시가 〈니벨룽겐의 노래〉이다. 이 서사시는 영웅 지그프리트가 원수에게 속아 원통하게 죽게 되자, 그 아내 크림힐트가 통쾌하게 복수를 한다는 비장한 내용이다.

눈 속에 맨발로 서서 애원한 황제
카노사의 굴욕(1077년)

중세 유럽의 기독교는 봉건 사회와 손잡고 꾸준히 세력을 키워간 결과 서유럽의 정신 세계에서 지도적인 지위를 차지하게 되었다. 그와 아울러 교회는 많은 토지와 재물을 헌납받아 광대한 영토를 소유한 봉건 영주가 되었다.

교회가 세속의 권력과 손잡아 경제적으로도 부유해짐에 따라서 성직자 중 타락하여 성직을 사고파는 일까지 성행하였다.

12, 13세기의 법률책에는 중세 사회의 서열이 기록되어 있다. 사회 신분은 모두 24계층으로서, 영주는 10위, 국왕은 8위, 황제라 하더라도 7위였다. 1위에서 6위까지의 상위권의 경우 1위는 하나님, 다음이 교황, 이하 주교, 수도원장, 수녀, 사제 등 성직자가 차지하고 있다. 이와 같은 교회 권위를 확립하는 계기가 된 것은 1077년의 이른바 '카노사의 굴욕'이다.

당시 교황의 권위는 땅에 떨어져 있었다. 교회가 타락하여 성직자 선출에 부정이 행해지고, 교회 재산이 횡령되는 등 못된 짓이 횡행하고 있었기 때문이다. 사태가 이 지경에 이르자 부패를 척결하고, 올바른 신앙을 되찾으며, 교회의 쇄신을 도모하자는 운동이 일어났다. 그중 10세기에 창건된 클뤼니 수도원은 교회 쇄신 운동을 적극적으로 펼쳤다. 이 정신을 이어 개혁에 나선 것이 그레고리우스 7세였다.

그레고리우스 7세의 개혁에서 주축이 된 것은 다음 세 가지였다. 즉, 성직 매매의 금지, 성직자의 결혼 금지, 그리고 성직 서임권敍任權을 교황과 교회의 손에 되찾는 일 등이었다.

1075년, 그레고리우스 7세는 가장 어려운 개혁이었던 세속인의 성직 서임에 대한 금지령을 내렸다. 이로써 주교는 국왕으로부터 독립된 제후(성직자 제후)가 되고, 국왕에 대한 충성의 의무는 없어지게 되었다.

신성 로마 황제 하인리히 4세는 옛날 성 암브로시우스가 주교로 봉직한 바 있는 유서있는 도시 밀라노에서 보란 듯이 주교를 임명하여, 교황의 명령을 정면으로 무시하였다. 교황은 즉시 성 베드로의 이름으로 황제를 교회로부터 추방했고, 모든 기독교인은 황제에게 복종하지 말라고 명령을 내렸다.

이 때문에 신성 로마 황제 하인리히 4세와 교황 그레고리우스 7세 사이에는 서로 두 번에 걸쳐 상대방을 폐위·파문하는 힘겨루기가 벌어졌다. 황제 측이 그레고리우스의 파면을 결의하면, 그레고리우스 7세는 황제를 파문하여 황제권의 행사를 금지하였다.

이 사태에 대해 독일 제후는 1년 이내에 황제의 파문이 해제되지 않을 경우 황제를 폐위시키고 새 황제를 세우기로 결의했고 일반 민중도 황제의 명령에 복종하려 하지 않았다. 사건이 이 지경에 이르자 하인리히는 교황과 맞서서는 황제 자리를 유지할 수 없다는 사실을 깨달았다. 단 하나의 희망은 교회와 화해하는 것이었다.

하인리히는 용서를 빌기 위해 교황이 있는 로마를 향해 길을 떠났다. 때는 이미 연말이라 라인강도 꽁꽁 얼어붙은 상태였다. 하인리히는 12월에 가족과 소수의 추종자를 데리고 험준한 알프스를 넘었다.

하인리히가 로마에 당도해보니 그레고리우스 7세는 회의에 참석하기 위해 북이탈리아의 카노사에 도착한 뒤였다. 하인리히는 숨 돌릴 겨를도 없이 뒤따라가 카노사에 도착하였다. 1077년 1월의 일이었다.

하인리히는 죄를 뉘우치는 자를 뜻하는 흰옷을 입고, 맨발로 성문 앞에 하루종일 서 있었다. 성문은 열리지 않았다. 이틀째도 맨발로 눈 속에 서 있었

하인리히 4세(왼쪽)와 로마에서 추방당한 그레고리우스 7세. 왕과 교황의 대결에서 왕이 최후의 승리를 차지하였다.

다. 사흘째도 처분만 기다리며 서 있었다. 저녁 늦게야 비로소 성문이 열렸다. 막강한 권력의 소유자인 황제는 교황 앞에 서서 애원하였다. 교황은 황제의 서약을 받아들여 사면하였다.

파문이 해제되고 다시금 독일 제후의 충성을 회복한 하인리히 4세는 '카노사의 굴욕'에 대한 설욕에 나섰다. 교황은 다시금 황제를 파문하고 그 폐위를 선언하였다. 그러나 황제는 독일 제후들에게 이 조치가 교황의 월권이라는 것을 인정하게 하였다.

하인리히 4세는 교황의 폐위를 선언하고, 라벤나의 대주교 클레멘스 3세를 교황으로 세웠다. 그리고 군대를 동원하여 로마에 진군하였다. 1083년의 일이었다.

교황은 다급하여 로마 시내에 있는 카스테로 안젤로 요새로 피신하여 농성하다가 남이탈리아의 노르만 군대에 의해 구출되어, 노르만군과 함께 남이탈리아의 살레르노로 도주하였다. 그레고리우스 7세는 그곳에서 실의의 나날을 보내다가 1085년에 "나는 정의를 사랑하고 불의를 미워한 까닭으로 유랑 중에 죽는다"는 말을 남기고 죽었다. 세상 사람들은 그 죽음이 황제에 대한 원한 때문에 "분해서 죽었다"고 말하였다.

이와 같은 교회의 기세등등한 면을 반영이나 하듯이 중세의 미술은 하늘을 찌를 듯이 높이 솟은 교회 건축으로 대표되며, 회화와 조각은 교회 건축을 꾸미는 장식물에 지나지 않았다. 교회 건축의 경우 10세기에서 12세기에 걸쳐 로마네스크 건축이 유행하였다. 이는 로마 시대의 '바실리카'라고 하는 긴네모꼴 건물 양식으로서, 좌우에 부속 건물이 딸렸으며, 길이가 길고 너비가 짧은 라틴 십자형의 모양이다.

이 로마네스크 양식의 건축은 본당과 종을 매다는 종탑이 이어져 있어서, 한가운데 부분의 천장을 한껏 높여서 둥근 천장으로 하였다. 지금도 비스듬히 누운 자세로 솟아 있는 탑으로 해서 유명한 이탈리아의 피사 교회당의 본당은 대표적인 로마네스크 건축으로 유명하다.

13세기에 들어서면서 새로운 건축 양식인 고딕식이 북프랑스에서 발생하여 서유럽 전체에 유행하였다. 끝이 뾰족한 아치와 서까래가 혼합을 이루며 수직으로 높이 솟은 활 모양의 천장, 그리고 벽에 긴네모꼴을 이룬 창문에는 아름다운 색채로 눈부신 스테인드 유리로 장식되어 있다.

이 고딕 건축은 중세의 정신이 엉켜 이룩된 것이라고 말할 수 있다. 그것은 '하늘에 놓인 사다리'인 동시에 봉건 사회의 억누르는 굴레로부터 해방되려는 자유의 정신을 나타내는 것이라고 말할 수 있다. 그 대표적인 것으로 프랑스의 노트르담, 샤르트르, 독일의 쾰른 성당, 영국의 웨스트민스터 대성당, 이탈리아의 밀라노 성당 등이 있다.

'신이 인도하여 주시리라'
십자군 전쟁(1096~1272년)

십자군 운동은 로마 교황의 세력이 등등하던 때에 일어났다. 중세에는 순례 의식을 중요시하였다. 순례는 고생스러운 여행과 위험을 겪으며 성지를 참배하고 영혼의 구원을 얻으려고 행해졌다. 수많은 순례지 가운데서 가장 중요한 곳은 그리스도의 무덤이 있는 예루살렘이었다.

11세기에 아라비아인을 내몰고 팔레스타인을 다스리게 된 셀주크 투르크는 이슬람교를 열렬하게 믿으며 기독교 신자를 적으로 생각하여 기독교 순례자들을 학대하였다. 때문에 서유럽 사람들은 예루살렘을 셀주크 투르크의 손에서 탈환해야 한다고 생각하게 되었다.

때마침 동로마 제국이 셀주크 투르크의 공격을 받아 서유럽에 도움을 요청하였다. 이때 교황 우르반 2세(재위 1088~1099)가 나섰다.

우르반 2세는 교황으로 선출된 후 그레고리우스 7세의 정책을 이어, 성직매매와 성직자의 혼인을 철저히 금하는 동시에 성직 서임권을 교황이 차지하는 데 온 힘을 쏟았다. 그는 '카노사의 굴욕'의 주인공 하인리히 4세가 세운 교황 클레멘스 3세를 추방하는 일에 성공하였다.

우르반 2세는 하인리히를 궁한 지경에 몰아넣는 데 힘을 쏟아 1093년에 하인리히의 아들 콘라트를 신성 로마 황제로 세웠다. 콘라트는 교황의 지지를 등에 업고 부왕에 대해 반란을 일으켰다. 하인리히 4세는 이 사건 이래로 실의에 빠져 나날을 보냈다. 우르반 2세는 마침내 스승 그레고리우스 7세의 원수를 갚은 셈이었다.

1095년에 우르반 2세는 셀주크 투르크로부터 수도 콘스탄티노플까지 위협받고 있는 비잔틴 제국의 알렉시우스 1세로부터 구원을 요청받게 되었다. 그 요청은 기독교의 성지 예루살렘을 탈환하여, 투르크의 위협으로부터 기독교 국가 비잔틴 제국을 지켜 달라는 내용이었다.

동방에서 이동해온 셀주크 투르크는 1055년에 바그다드를 점령하고, 1071년에는 비잔틴 제국군을 격파하여 해안지대를 제외한 소아시아를 점령했으며, 그 후에도 시리아와 예루살렘을 지배 아래 두고, 1095년에는 수도 콘스탄티노플의 건너편 해안까지 공격해온 것이다.

교황 우르반 2세는 1095년에 프랑스 클레르몽에서 종교 회의를 개최하였다. 그는 회의에서 이렇게 연설하였다.

"서구의 기독교도여, 높은 자나 낮은 자나 부한 자나 가난한 자나 근동의 기독교인을 구원하는 일에 진군하자. 하나님이 그들을 인도하시리라. 하나님의 정의를 위해 싸우다 쓰러지는 자에게는 죄 사함이 있으리라."

그가 성지 회복을 위해 십자군 운동을 제창한 데는 또 다른 이유가 있었다. 그것은 1054년 그리스도 교회의 동서 분열이 있은 이래로 거의 일관되게 동방의 비잔틴 제국과 그 교회가 로마 교회에 대해 우위에 서 있어온 역사를 이번 기회에 역전시켜, 로마 교회 주도로 동서 양 교회를 재통합해보고자 하는 의도가 있었다.

교황의 연설을 들은 청중은 감격한 나머지 "이것은 하나님의 뜻이다!"고 외치며 성지 회복을 위해 싸울 것을 맹세하였다. 편성된 군대는 복장과 깃발에 십자가 표지를 붙였기 때문에 십자군이라고 불려지게 되었다.

다음해인 1096년, 역사적인 제1회 십자군이 예루살렘을 향해 진군하였다. 십자군은 3년에 걸친 고된 행군과 전투 결과 1099년 7월 15일에 예루살렘을 함락시켰다. 그때 우르반 2세는 중병으로 병상에 누워 있는 상태였고, 성지

이슬람 교도를 공격하는 십자군. 성전이라는 이름 아래 행해졌던 십자군 원정은 가장 추악한 전쟁의 하나로 기록되었다. 마드리드 국립도서관 소장.

탈환의 소식이 닿기 전인 7월 25일에 사망하였다.

이렇게 시작된 십자군은 1096년부터 1272년까지 근 200년에 걸쳐 모두 8회 파견되었다. 제1회 때는 예루살렘을 점령하여 예루살렘 왕국을 건설했으나, 그 후는 대부분 실패로 끝났다. 실패한 이유는 횟수를 더할 때마다 국왕과 제후 그리고 이탈리아 여러 도시의 경제적 이해에 따라 좌우된 탓도 있으나, 또한 상대편인 이슬람 편에서 영걸한 지도자가 나왔기 때문이기도 하였다.

그 당시 북아프리카에는 이집트에 이슬람의 시아파인 파티마 왕조(909~1171)가 성립되어, 시리아에서 모로코까지 이르는 광대한 영토뿐 아니라 시칠리아 섬과 몰타 섬까지 차지하여 번영을 누리고 있었다. 이 파티마 왕조의 재상이 되어 실권을 장악하고, 마침내 파티마 왕조를 쓰러뜨린 것이 살라딘(재위 1169~1193)이다.

그는 새로 아이유브 왕조(1169~1250)를 열었다. 술탄이 된 살라딘은 당시 지중해의 정세를 정확히 분석해 교묘한 외교를 전개하였다. 비잔틴 제국과 이탈리아 여러 도시와 동맹을 맺은 후 시리아와 메소포타미아 및 예멘을 차례로 정복하였다. 1187년에는 십자군이 세운 예루살렘 왕국을 타도하고 예루살렘을 탈환하였다.

예루살렘이 함락됐다는 소식이 전해지자 유럽 여러 나라에서는 제왕帝王 십자군이라고도 하는 제3회 십자군(1189~1192)을 일으켰다. 살라딘은 침입해온 영국 왕 리처드 1세가 인솔하는 십자군과 격전을 벌이며 마지막까지 예루살렘을 지켰다. 1192년에 양국은 휴전 조약을 체결하고, 살라딘은 기독교도의 예루살렘 순례를 허용하였다.

살라딘은 경건한 이슬람 교도이며, 군인으로서도 용맹하고 과감한 용사라는 소문이 자자하였다. 그는 전투와 휴전 교섭에 즈음해서는 항상 인도주의적 정신을 발휘하여 약속을 성실하게 지켰다. 그는 십자군을 격퇴한 다음해에 병을 얻어 55세의 나이로 사망하였다.

십자군 전쟁은 결과적으로 실패로 끝났으나, 이 사건을 통해 서유럽에는 활기가 넘치게 되었다. 그리스와 로마 시대 문화의 중심지였던 도시들이 십자군 원정에 힘입어 동서 교통이 활발해지면서 상업이 다시금 활기를 띠고, 도시가 번성하게 된 것이다.

북이탈리아의 베네치아와 제노바의 상인들은 지중해 무역을 독차지하고 있었다. 십자군 장병을 태운 배가 돌아올 때는 동방의 후추와 향료며 보석과 명주 등을 싣고 왔다. 이와 같은 현상은 십자군 전쟁이 없을 때에도 이어졌다. 지중해 무역이 주로 사치 상품을 다룬 반면, 발틱 해와 북해의 무역에서는 곡물·생선·목재·모피 등 주로 생활필수품을 다루었다. 이 무역은 독일의 뤼벡과 함부르크 등지에서 이루어졌다.

이 두 무역의 중계지에 위치한 독일과 프랑드르(지금의 벨기에)에도 도시가 생겨났고, 이탈리아의 피렌체는 모직물로 번영하였다. 은과 동의 광업으로 번영한 남독일의 아우크스부르크에는 대부호 푸거 가家가 등장했고, 그 재력은 능히 신성 로마 황제까지도 움직일 수 있을 정도였다.

"교황은 태양, 황제는 달이다"
교황권의 확대(1198~1216년)

교황 그레고리우스 7세의 교회 혁신 운동을 계기로 하여 권위를 높인 교회와 교황은 우르반 2세 때 이슬람 세력으로부터 성지 예루살렘을 탈환하기 위한 목적으로 십자군 거병을 제창했고, 유럽의 팽창을 주도하였다. 그 결과 십자군 시대에 교황의 힘은 강대해졌다.

"교황권은 태양과 같은 것이고, 황제권은 달과 같은 것이다. 교황권이 황제권 위에 자리하는 것은 태양이 달 위에 있는 것과 같다."

이렇게 연설하여 유럽에서의 교황권의 절정기를 이룩한 것이 교황 인노켄티우스 3세였다.

1198년에 38세의 젊은 나이로 달리 그 예를 찾아볼 수 없는 연소한 로마 교황에 선출된 인노켄티우스 3세가 교황으로서 처음으로 힘을 쏟은 것은 신성로마제국이 내분으로 혼란 속에 빠져 있는 기회에 로마 교황령을 확대하는 일이었다. 즉 로마냐, 마르크 안코, 스폴레토 공령公領을 병합하는 일에 노력한 것이다.

그 후에도 교황의 정복지를 인정받기 위하여 시칠리아의 프리드리히를 황제로 추대하기도 하며, 신성로마제국에 대한 교황의 입장을 강화하는 일에

카노사의 굴욕으로 교황권이 왕권을 완전히 제압. 교황이 태양이라면 황제는 달이었다. 산 단브로지우스 교회의 제단. 밀라노. 850년경.

힘썼다. 그는 유럽의 다른 나라들에 대해서도 세력 확대를 위해 분주하였다. 프랑스의 필리프 2세가 왕비와 이혼하려 하는 문제에 개입하여, 그 이혼을 인정하지 않았다. 또한 영국에서 캔터베리 대주교 선출 문제로 국왕과 교회가 대립하자, 인노켄티우스 3세는 이 문제에도 적극적으로 개입하였다.

그는 영국 왕이 선출한 캔터베리 대주교를 인정하지 않고, 추기경 랜턴을 대주교로 임명하였다. 존왕이 이를 승인하지 않자 그는 강경 조치를 취하였다. 즉, 잉글랜드에는 성무정지聖務停止(1208), 존왕의 파문(1209), 존왕의 폐위(1212) 등을 선언한 것이다. 그래도 영국이 강경하게 버티자 인노켄티우스 3세는 프랑스 왕에게 영국을 침략하도록 권고하였다.

끝까지 버티던 존왕도 프랑스군의 침공 위협에는 굴복할 수밖에 없었다. 존왕은 랜턴을 대주교로 승인하고, 잉글랜드와 아일랜드 양 왕국을 교황에게 헌납했으며, 새삼스럽게 교황으로부터 그 땅을 봉토封土로 하사받는 형식으로 겨우 왕위를 유지하였다. 이 같은 일련의 사태는 그야말로 '교황권은 태양이다'라는 말을 웅변하는 사건이라 할 것이다.

이처럼 절대 권력을 휘두르던 인노켄티우스 3세는 1204년 제4회 십자군을 제창하였다. 그러나 이 십자군은 해상 수송을 청부받은 베네치아 상인에게 지불할 비용이 부족했기 때문에 베네치아 측에서는 그 부족한 대금 대신 상업상 베네치아와 대립관계에 있는 아드리아 해안의 통상 도시 자라(자다르)에 대한 공격을 요구했고, 십자군은 이 요구를 받아들였다.

당시의 자라는 기독교 도시였기 때문에 이 공격에 당황한 인노켄티우스

3세는 거기에 가담한 십자군을 파문하였다. 베네치아는 파문당한 병사를 동원하여 역시 상업상 적대 관계에 있는 콘스탄티노플로 보내 그곳을 점령하고, 거기에 라틴 제국(1204~1261)을 세웠다. 인노켄티우스 3세는 처음에 자기 명령이 거부되는 데 대해 분노했으나, 결국 동방 교회에 대한 로마 교회의 지배가 실현된 결과에 만족하였다.

그로부터 5년 후 인노켄티우스 3세는 또 하나의 십자군인 제5회 십자군을 제창하였다. 이른바 알비주아 십자군이다. 남프랑스의 알비를 중심으로 하는 지방은 당시 문화도 발전했고, 자유로운 분위기여서 종교적으로 많은 종파가 공존하고 있었다.

그중의 알비주아파(카타리파) 사람들은 가톨릭 교회와 그 교의를 부정하고, 가톨릭 교회의 부패에 대해 개혁을 요구하고 있었다. 인노켄티우스 3세는 이것을 가톨릭에 대한 도전으로 보고, 1209년에 이 이단 토벌을 위해 십자군을 일으킨 것이다. 교황의 사절은 군사들에게 "모조리 죽여버리라. 하나님이 저승에서 (가톨릭이냐 이단이냐) 구별하시리라"고 선동하며 출전시켰다.

주로 프랑스 국왕군으로 편성된 알비주아 십자군은 남프랑스에 있는 이단의 거점을 차례로 점령하고, 카타리파 최후의 거점인 카르카손 성도 10여 년에 걸친 격전 끝에 함락시켰다. 이로써 남프랑스 왕의 영토화가 촉진되었다. 이렇게 전쟁을 주도하는 한편, 인노켄티우스 3세는 로마 교회에 충실한 프란체스코 수도회와 도미니크 수도회의 설립을 인정하고, 이 일을 적극 지원하였다.

1215년에는 로마의 라테란 성당에 전 유럽의 400명 이상에 이르는 주교와 또 그 2배 이상 되는 수의 수도원장 및 수많은 군주 대표를 소집시켜 라테란 공의회를 개최하였다. 이 공의회에서 인노켄티우스 3세는 성직자의 교육과 규율, 교회 재산의 보존, 교의에 기초한 신앙의 통일, 유대인의 배제 등을 통과시켰다.

키가 작고 얼굴이 검은 인노켄티우스 3세는 그 웅변과 정열로 정력적인 활동을 계속하여 '교황권은 태양이다'고 하는 가톨릭의 전성기를 이룩하였다. 그러나 라테란 공의회를 개최한 다음해에 갑작스럽게 사망하였다. 그의 나이 쉰여섯이었다.

교황권의 절대성은 그로부터 70년 내지 80년간 계속되었다. 그러나 그 권위에도 불구하고 도전 세력이 나왔다. 프랑스의 필리프 4세(재위 1285~1314)였다. 필리프 4세가 즉위했을 때의 프랑스는 오랜 기간에 걸친 외국과의 전쟁 때문에 재정이 파탄상태였다. 필리프 4세는 이 재정난을 타개하여 왕권의 기반을 굳히기 위해 지금까지 과세 대상에서 제외되던 교회에 대해 과세를 단행하였다.

이 조치에 대해 교황 보니파키우스 8세는 교황 칙서를 발표하여 세속 권력(국왕)은 교회에 과세하지 말라고 요구하였다(1296). 필리프 4세는 1302년에 파리의 노트르담 성당에 성직자와 귀족 및 평민으로 구성된 삼부회를 소집하였다. 삼부회는 만장일치로 왕의 주장을 지지하였다. 국왕과 교황의 대립은 피할 수 없게 되었다.

필리프 4세는 교황을 체포하여 재판에 회부하기 위해 군대를 동원하였다. 국왕의 군대는 교황이 거주하는 이탈리아의 아나니로 가서 보니파키우스 8세를 체포하였다. 1303년에 발생한 이 사건을 가리켜 '아나니 사건'이라 한다. 교황은 시민에 의해 석방되었으나 3주 후에 화병으로 죽었다.

교황의 세력에 대항하여 승리한 필리프 4세는 1309년에 자기의 꼭두각시나 다름이 없는 클레멘스 5세를 교황으로 세웠다. 그뿐 아니라 남프랑스의 아비뇽에 웅장한 교황청을 건립하여 클레멘스 5세를 그곳에 거주하게 하고, 교회에 관한 모든 일도 국왕의 뜻대로 행하였다. 이로부터 약 70년 동안 이른바 '교황의 아비뇽 유수'라는 사태가 계속되었다.

왕권을 강화한 필리프 4세는 프랑스 왕은 프랑스 국가뿐 아니라 전체 기독교 국가에 대해서도 우월한 자리를 차지해야 한다는 생각을 가진 인물이었다. 그는 이와 같은 행동으로 후에 등장하게 되는 프랑스 절대왕정의 기초를 구축한 왕으로 평가되고 있다.

영국 헌법의 근원
〈마그나 카르타〉(1215년)

 게르만족의 대이동이 있던 10세기 초, 족장 롤로가 거느리는 노르만인의 일파가 북프랑스 지방을 점령하고 약탈을 저질렀다. 이 노르만인은 '바이킹'이라는 별명으로 불려졌다. 노르만인은 지금의 스칸디나 반도와 덴마크 근방에 있던 게르만인으로서, 서로마 제국이 세 갈래로 나뉘던 무렵인 8세기 말부터 활동을 개시하였다.

 그 무렵 영국에서도 덴마크에서 침략해온 크누트가 앵글로 색슨의 왕에게 항복을 받고, 원래의 영지인 덴마크와 노르웨이를 합친 강대한 국가를 건설하였다. 그후 앵글로 색슨의 왕가가 부활하게 되자, 1066년에 노르망디 공 윌리엄은 자기가 영국의 왕위에 오를 권리가 있다고 하며 영국에 침입하여 노르만 왕조를 세웠다. 이것이 노르망디 공 기욤이며, 잉글랜드 왕 윌리엄 1세다.

 이것이 중세 영국사에서 하나의 획기적인 사건인 노르망디 공에 의한 노르만 왕조(1066~1154)의 건립이다. 노르만 왕조는 정복 왕조답게 왕권을 강화한 봉건 제도를 수립하였다. 그러나 1154년에 노르만 왕조의 혈통이 끊어지자 플랜태저넷가의 헨리가 프랑스에서 들어와 왕위에 올랐다.

존왕이 서명한 〈마그나 카르타〉. 1215년 6월 15일 라니미드에서 〈마그나 카르타〉를 인정, 시행하였다. 런던 대영박물관 소장.

존은 헨리 2세의 막내아들이었다. 프랑스의 영지는 존의 세 형들이 이미 봉토로 차지하고 있어, 존에게 돌아갈 몫이 남아 있지 않았다. 존은 '땅이 없는 자(랙 랜드)'라는 별명을 얻게 되었다. 헨리 2세는 귀여운 막내아들 존에게도 영지를 주어야겠다고 생각하여, 프랑스 안에 있는 둘째 아들 리처드의 영지 아키텐을 존에게 주려고 하였다. 리처드는 프랑스 왕과 손잡고 부왕에 대해 반기를 들었다. 존은 형세가 부왕에게 나쁘게 돌아가는 것을 보고 반란군에게 항복하였다. 이 일 때문에 병상에 있던 헨리 2세는 슬픔 속에 죽고, 리처드가 왕위에 올랐다(1189).

용감하고 무술에 뛰어난 리처드 1세는 '사자 왕'이라는 별명으로 불렸다. 그는 즉위하는 즉시 제3회 십자군(1189~1192)에 참가하였다. 그리고 자기의 왕위 계승자를 죽은 아우 제프리의 아들 아서로 정한 뒤 십자군에 참가하였다.

리처드 1세가 이집트의 아이유브 왕조의 살라딘과 용감하게 전투를 한 뒤에 화목하게 된 이야기는 오랫동안 후세 사람들에게 화제가 되었다. 그는 귀국하는 길에 오스트리아 공 레오폴드에게 붙잡혀 거액의 몸값을 요구받았다.

이 사이에 존은 자신이 왕위 계승자가 되기 위해 분주하게 움직였다. 그는 리처드 1세의 적대자가 된 프랑스 왕과 손잡고 장래 영국을 둘이서 나누자는 약속까지 하면서, 리처드 1세의 석방을 방해하였다. 이런 상황에서 가까스로 귀국한 리처드 1세는 프랑스 왕과 싸우기 위해 프랑스로 건너갔다가 아키텐에서 전사하고, 존이 왕위에 올랐다.

그러나 프랑스 왕은 아서가 정당한 후계자라고 하며 존의 왕위를 인정하지 않았다. 그는 존에게 프랑스 법정에 출두하도록 요구하였다. 존이 이를 거부하자 양자 사이에 전쟁이 벌어졌다. 존은 이 전쟁에서 패해 프랑스 안의 영국 영토를 거의 다 잃고 말았다. 존은 전쟁이 한창일 때 아서를 자기 손으로 직접 살해하였다.

그 후 캔터베리 대주교의 선출 문제로 교황 인노켄티우스 3세와 대립했으나 이 대결에서도 패배하였다. 교황에게 굴복하여 그의 지지를 되찾게 된 존은 프랑스에 있는 옛 영토 회복을 위해 1214년에 프랑스를 공격하였다. 그러나 거듭되는 왕의 실정에 잉글랜드의 봉건 제후들의 신뢰가 사라졌고, 이 전쟁에 즈음하여 존이 부과한 징병과 과세에 제후들은 출병을 거부하였다.

존이 프랑스와의 전쟁에서 다시금 패해 귀국하자 제후들은 존에 대해 반란을 일으켰다(1215). 런던 시민도 이 반란에 동조하여 런던 시내에서 전투가 벌어지게 되었다. 무려 한 달에 걸친 교섭 결과 마침내 왕이 굴복하여 템스 강변의 라니미드에서 대헌장 〈마그나 카르타〉에 조인하였다.

대헌장은 전문 63조로 되어 있다. 그 주요 항목은 왕의 과세권 제한, 자유민의 보증, 대헌장의 존중 등이다. 이것은 봉건 제후의 특권을 왕에게 재확인하게 한 성격의 것으로서, 이것에 의해 왕권은 크게 제약받게 되었다.

존왕이 조인 후 대헌장은 협박에 의해 작성된 것이기 때문에 무효라고 선언하여 다시금 내란이 일어났다. 프랑스의 필리프 2세는 이 혼란을 틈타시 자신의 장남 루이(루이의 아내가 존의 조카였다)의 왕위 계승권을 주장하며, 루이를 프랑스군과 함께 영국으로 보냈다. 존은 이 전쟁에서 급사하고, 존의 아들이 헨리 3세로 즉위하였다.

헨리 3세가 대헌장을 지키지 않았기 때문에 1265년에 귀족과 승려 외에 지방 기사와 시민 대표자가 참가한 회의가 열렸다. 이것이 '의회'라고 불려지게 되었고, 14세기 중엽에는 상원과 하원의 양원제가 되었다. 그로부터 근 40년 후인 1302년에 프랑스에서도 3개 신분으로 구성된 삼부회라는 것이 열리게 되었다.

'영국 헌법의 바이블'이라 말하는 〈마그나 카르타〉 중 제39조는 다음과 같다.`

'어느 자유민도 그 동료의 합법적 재판에 의하거나 또는 국법에 의하지 않고는 체포 · 감금 · 압류 · 법외 방치 또는 추방되거나 기타 방법으로 침해당하지 않는다. 짐도 그렇게 하지 않으며, 그렇게 하도록 시키지도 않는다.'

중세의 청순한 성인聖人 지배자
프랑스의 루이 9세(1214~1270년)

중세는 교회와 세속의 권력이 손잡고 봉건 제도를 이루었던 시대이다. 중세의 도시도 처음에는 장원莊園이나 마찬가지로 봉건 영주의 지배를 받았으나, 이윽고 영주로부터 자치권을 인정받기에 이르렀다. 도시의 시민은 신분과 직업의 차별이 사라지게 되었고, 자유민으로 도시에서 공동생활을 하게 되었으며, 도시의 발전을 위해 힘을 합쳤다.

장원 영주의 지배를 받던 농노도 도시로 도주하여 1년 동안만 영주에게 붙들리지 않으면 시민, 즉 자유민이 될 수 있었다. 때문에 '도시의 공기는 사람을 자유롭게 한다'라는 독일 속담이 생겨나게 되었다.

중세에 등장한 교황과 국왕 중 대표적인 인물로는 가톨릭 교회의 아버지로 불리는 교황 그레고리우스 1세(540경~604), 서구 세계를 탄생하게 한 국왕 카롤루스(카를, 샤를마뉴) 대제(742~814), 교황권의 챔피언격인 교황 그레고리우스 7세(1020~1085), 야심과 실무로 왕권을 재건한 영국의 헨리 2세(1133~1189), 신성 로마 제국의 황제 프리드리히 1세(1123~1190), 그리고 '청순한 성인 왕'이라는 칭호를 듣던 프랑스의 루이 9세(1214~1270) 등을 들 수 있다.

지중해를 건너는 성왕 루이와 그의 십자군. 조반니 비라니의 〈연대기〉 사본의 그림. 로마 바티칸 도서관 소장.

중세의 교황이나 국왕들이 대체로 그 인품에서 부정적인 이미지를 주는 반면, 루이 9세는 '성 프란체스코가 왕관을 쓴 듯한 왕'으로 알려져 있다. 그의 일생은 철저하게 신앙적이었고 도덕적이었으며, 그러면서 어디까지나 기사도에 입각한 것이었다. 그는 실로 중세 기독교 신앙의 한 전형이었다.

열두 살의 나이로 왕위에 오른 루이 9세는 어머니 블랑슈 드 카스티유의 섭정 시대를 거쳐 1242년부터 실질적인 친정 체제에 들어갔다. 그 사이에 귀족의 반란을 진압하여 왕권을 확립하고 행정 조직을 정비했으며, 내정이나 외교 전반의 일을 기독교 정신으로 처리하였다. 그의 검소한 생활과 백성을 위하는 선정으로 해서 그는 모든 백성들의 사랑을 받았다.

그는 교황과 특별히 친한 사이였으나, 교황과 신성 로마 황제 프리드리히 2세의 분쟁에 대해서는 엄격하게 중립을 지켰다. 이와 같은 그의 공정한 태도는 자연히 여러 나라로부터 존경을 받게 되어, 국제적 조정자로 중재를 담당하게 되었다.

기독교 신자로서, 그리고 기사로서의 그의 오랜 희망은 성지 예루살렘을 회복하는 일이었다. 1244년에 열병으로 한때 위독해졌을 때, 이번에 병에서 회복되면 반드시 십자군을 일으키리라는 서원을 하였다. 그는 그 서원대로 1248년 십자군을 일으켰다. 공격 대상은 이집트로 정하였다.

공격은 1249년 5월에 시작되었고, 서전은 대승리로 끝났다. 프랑스는 이집트 델타 지대의 동쪽에 위치한 다미에타를 쉽게 점령하였다.

술탄은 사자를 보내 다미에타를 돌려주면 예루살렘을 넘겨주겠다고 제의하였다. 루이 9세는 이교도와 계약을 맺는다는 것은 있을 수 없는 일이라 생각하여 그 제의를 거부하였다.

루이 9세는 이어 카이로에 대한 진격 명령을 내렸다. 그러나 그 작전은 실패로 끝났다. 십자군은 수많은 운하에서 진로와 퇴로를 차단당해 고립되었고, 루이 9세도 병을 얻어 말을 타고 달릴 기운조차 없이 몸이 쇠약해졌다. 게다가 왕도 모르게 거짓 왕명이 작성되어 무조건 항복이 선포되었고, 그 거짓 왕명에 따라 무기를 버린 십자군은 전원 포로가 되었다. 왕을 비롯한 십자군의 석방 조건은 몸값 50만 프랑과 다미에타의 반환이었다.

이 일을 위해 왕비 마르그리트는 여러 모로 노력하여 술탄과의 교섭에 성공하였다. 석방된 왕과 왕비는 시리아의 아크레로 가서 그곳에 머물렀다. 본국으로부터 귀환 요청이 있었으나, 그는 그곳에 머물며 십자군 재건을 위해 노력하였다.

그는 술탄에게 남기고 온 포로에 대해 깊은 책임감을 느끼고 있었다. 1254년 그가 프랑스로 귀국했을 때 그의 머리는 대머리가 되었고, 허리는 꾸부정하게 굽어 있었다 한다.

1270년, 루이 9세는 십자군을 다시 일으켜 이번에는 튀니지를 공격하였다. 이 튀니지 공격은 성지 회복의 큰 목적을 뒤로 한 채, 앙주 백작인 아우 샤를 당주의 희망에 따라 그의 지중해 지배권 확대를 위한 들러리 역할밖에 되지 않았다.

이미 1259년에 시칠리아의 지배권을 장악한 샤를은 1265년 이탈리아로 진격, 그곳 지배자 만프레드를 격파하고, 3년 후에는 그곳 지배자의 유일한 후계자로 남아 있는 16세의 콘라딘이 신성 로마 제국을 향해 남하하는 것을 공격하여, 콘라딘을 포로로 잡아 나폴리 광장에서 처형하였다.

샤를은 형 루이와는 전혀 딴판으로 속세의 권력가였다. 그는 지중해 지배를 위해 시칠리아 건너편의 튀니지를 차지하려 하였다. 신앙심이 깊은 형에게는 튀니지의 태수를 개종시키기는 쉬운 일이라는 말로 설득하였다. 아우의 말을 믿은 루이는 국력을 다해 최후의 십자군을 일으키게 된 것이다. 그러나 그것은 결국 야심가에게 이용당한 꼴이 되었다.

튀니지에 도착한 루이는 태수에게 기독교로 개종할 것을 권고했으나 전혀 효과가 없었다. 오히려 십자군 장병은 전투도 하기 전에 무더위 때문에 열병에 걸려 쓰러졌다. 루이 자신도 병을 얻어 마침내 그곳에서 숨지고 말았다. 뼈만 앙상하게 남은 루이가 임종 당시에 한 말은 "예루살렘, 예루살렘"이었다.

백년전쟁과 농민 반란
영국의 와트 타일러의 난(1381년)

　중세 영국 역사에서 획기적 사건은 프랑스의 노르망디 공에 의한 1066년의 '노르만 정복'이었다. 노르망디 공 윌리엄이 잉글랜드 왕국을 정복하여 영국에 노르만 왕조를 수립한 것이다. 이로써 영국 왕은 프랑스 안에 영지를 보존할 수 있게 되었고, 그 영지는 이어지는 플랜태저넷 왕조의 헨리 2세가 프랑스의 제후인 앙주 공이었기 때문에 더욱 넓고 크게 되었다.

　이윽고 프랑스에서 왕권이 강화되자 프랑스 국내의 영국 왕 영지에 대한 귀속 문제를 두고 양 왕조 사이에 항쟁이 거세졌다. 그 결과 발생한 것이 이른바 '백년전쟁'이다. 백년전쟁이라고 하지만, 실제로는 1339년에서 1453년에 걸친 기간이기 때문에 무려 114년 동안 계속된 전쟁이다.

　먼저 영국 왕 에드워드 3세는 프랑스의 왕위 계승권을 주장하며 프랑스를 침공하였다. 프랑스에서는 카페 왕조가 단절되고 발루아 왕조가 성립되었는데, 에드워드 3세는 어머니가 카페 왕조 출신인 것을 내세워 프랑스의 왕위 계승권을 주장한 것이다. 그러나 이 왕위 계승권이라는 것은 표면적인 문제이고, 그 배후에는 플랑드르 지방을 차지하기 위한 영토 문제가 주요 원인이었다.

민가를 약탈하는 용병들. 백년전쟁에 동원되었던 이 용병들은 휴전 시 민가에 대해 무자비한 약탈을 자행하였다. 대영박물관 소장.

라인강 하류 지역인 플랑드르 지방은 11세기의 노르만 정복 이래로 영국 영토였고, 일찍부터 모직물 공업이 발달하였다. 영국은 여기에 양털을 수출하여 막대한 이익을 올리고 있었다. 그런데 프랑스 왕조가 이곳을 독점적으로 지배하려 한 것이다.

백년전쟁 전반은 영국이 우세하였다. 에드워드 3세가 거느린 영국군은 1346년 크레시 전투에서 프랑스 기사군을 대파하고, 다음해에는 도버 해협에 위치한 요충 칼레 시를 함락시켰다. 1356년에는 푸아티에 전투에서 에드워드 3세의 장남인 에드워드가 크게 활약하였다. 입고 있는 갑옷이 검은색이기 때문에 '흑태자'라는 별명으로 불린 그는 프랑스군을 격파하고 국왕 장 2세를 포로로 잡는 눈부신 전과를 올렸다.

영국군의 주력은 자영 농민을 중심으로 한 보병대였다. 그들은 가벼운 장비를 하고 긴 활을 사용했으며, 따라서 그 움직임이 활발하였다. 이에 대해 프랑스군은 중장비 기사가 그 중심을 이루고 있었다. 기사들은 활과 소총에 대항하기 위해 60 내지 80kg이나 되는 갑옷을 입은 탓에 혼자서는 말에 올라탈 수도 없었다.

크레시 전투에서 전사자는 프랑스군이 4천 명에 이른 반면, 영국군은 불과

3명이었다. 이것은 중세 유럽을 상징하는 기사군이 이제는 전혀 쓸모없게 되었다는 사실을 말해 주는 대목이다.

백년전쟁이 치열하던 1348년, 유럽은 흑사병(페스트)의 유행으로 인구의 3분의 1이 죽었다. 이 전염병은 전쟁으로 황폐해진 영국과 프랑스에 특히 피해가 심하게 나타나, 프랑스에서는 1358년에 '자크리의 난'이라는 농민 반란이 발생하였다. 국내가 흔들리게 된 프랑스는 영국과 일단 휴전 조약을 맺었다. 이 조약에서 에드워드는 프랑스 왕위의 계승권을 포기하는 대신 거액의 보상금과 넓은 영토를 차지하였다.

그러나 그 휴전은 곧 깨어졌다. 전쟁이 다시 일어나자 프랑스의 영국 영토에서 뒤이어 반란이 일어났다. 1370년, 에드워드는 반란을 일으킨 리모주 시민을 학살하는 만행을 저질렀다. 적개심에 불타는 프랑스군의 반격은 강력했고, 전반전에서 우세하던 영국군은 점차 밀리게 되었다. 이런 상황에서 에드워드는 병사했고, 에드워드 3세도 그 다음해에 65세의 나이로 사망하였다.

당시 영국 교회의 주교 및 수도원장은 막대한 토지를 소유하고 있었다. 이는 전체 국토의 3분의 1에 이르는 면적이었다. 그들은 페스트로 많은 사람들이 죽자 수입 감소로 허덕이게 되었고, 노동력 확보를 위해 농민의 이동을 금지하는 한편 가혹한 세금을 매겼다. 국가도 1379년에 새로운 세를 만들었다. 종래에 면제 대상이었던 가난한 농민과 시민들로부터 부자와 같은 액수의 인두세를 징수하기로 한 것이다. 각지에서 농민과 시민에 의한 반란의 불길이 거세게 타올랐다.

1381년, 농민 반란인 '와트 타일러의 난'이 발생하였다. 그들은 인두세의 과세와 농노제에 반대하여 그 폐지를 요구하였다. 반란은 급속도로 확대되어, 순식간에 참가자는 10만 명을 넘었다. 그 반란을 이끈 사람으로는 와트 타일러와 존 볼이 있었다. 와트 타일러에 대해서는 그리 잘 알려져 있지 않으나, '타일러'라는 이름으로 미루어 지붕을 시공·수리하는 직공이었던 듯하다.

반란이 확대된 켄트 주 메이드스턴에 입성한 타일러는 그곳 감옥에 갇혀 있던 존 볼을 석방시켜 반란군 지도자로 세우고, 성부에 대해 국정 개혁을 요구하는 '강령'을 발표하였다. 이어 반란군을 인솔하여 캔터베리로 진격했고, 캔터베리 대성당 단상에서 군중에게 국정개혁을 주장한 후 런던으로 향하였다.

와트 타일러와 존 볼은 뛰어난 지도자였다. 런던을 점령하고서도 약탈을 일절 하지 않았고, 그들의 규율은 엄정하였다. 주민의 환영을 받으며 런던에 입성한 타일러 일행은 감옥에서 정치범을 석방하고, 국왕과의 면담을 요청하였다. 런던 탑에 도피해 있던 국왕 리처드 2세는 마일드엔드에서 회견하는 일에 동의하였다.

와트 타일러는 국왕에 대한 충성을 맹세하는 동시에 인두세 · 농노제 · 부역 · 시장세의 폐지와 반란 참가자의 죄를 묻지 말 것을 요구하였다. 국왕은 농민군의 세력에 밀려 그 요구를 인정하는 특허장을 써 주면서, 농민의 귀향을 요구하였다. 타일러는 캔터베리 대주교 서드베리와 재무장관 등을 처형하고 반란군을 해산시켰다.

반란군의 요구는 일단 받아들여져 대부분의 농민은 만족한 마음으로 귀향하였다. 그러나 보다 더 많은 개혁을 요구하는 사람들이 남아서 국왕에게 재차 면담을 요구하였다. 회담은 스미스필드에서 행해졌고, 타일러는 백성을 탄압하는 여러 법의 폐지, 교회 영지의 몰수와 그 민중에게 그 영지 분배, 농노 전원의 자유인화 등을 요구하였다. 이때 돌발사태가 일어났다. 타일러와 국왕이 담판을 하고 있을 때 갑자기 런던 시장 윌리엄 월워스가 타일러를 칼로 찌르고 체포해 버린 것이다.

지도자를 잃어버린 농민군은 국왕 측의 역습으로 걷잡을 새 없이 무너져 버렸고, 존 볼을 비롯한 반란군의 지도자는 붙잡혀 타일러와 함께 교수형에 처해졌다. 이렇게 해서 반란은 진압되었다. 반란에 참가한 농민은 엄하게 처벌되었으나, 노동력 부족과 농민 반항의 두려움 등으로 학살당한 사람의 수는 많지 않았다.

농민 반란은 비록 실패로 끝났으나, 이 와트 타일러의 난을 계기로 영국의 농노는 점차 해방되어 자유 농민이 되었다. 농노는 가벼운 해방금만으로 자영 농민이 될 수 있게 된 것이다. 그 결과 장원제는 붕괴되고, 영주들은 약체화되었다. 그와 반대로 국왕의 권력은 강화되어 영국은 절대주의의 길을 향해 나아가게 되었다.

백마를 탄 구국의 소녀
잔 다르크(1412~1431년)

영국과 프랑스 사이에 벌어졌던 백년전쟁의 마지막 시기에 접어들었을 때 등장한 것이 프랑스의 구국 소녀 잔 다르크이다. 백년전쟁에서 프랑스의 기사군은 영국의 농민으로 구성된 활부대에 계속해서 밀리고 있었다.

더구나 프랑스 내에서는 당파 싸움이 치열하였다. 녹색 두건을 쓴 부르고뉴 파는 영국과 손잡고 있으면서, 프랑스 왕을 지지하는 붉은 스카프를 맨 아르마냐크파와 대립하고 있었다. 그 때문에 프랑스는 더욱더 어려움에 빠져 마지막 요새인 오를레앙의 함락은 시간 문제였다. 잔 다르크는 이와 같은 때에 등장한 것이다.

잔은 1412년, 동프랑스의 돌레미의 초가집에서 태어났다. 목자의 딸인 잔 다르크는 열세 살이 된 어느 여름의 일요일, 교회의 종소리가 그칠 무렵 천사의 아름다운 합창 소리를 듣고, 천사장 미카엘의 모습을 보았다. 미카엘은 소녀를 향해 "어서 가서 프랑스 왕을 구하라. 오를레앙의 포위망을 풀도록 하라"고 명하였다.

잔은 그의 분부를 굳게 믿고 일어났다. 1428년 5월, 숙부와 함께 잔 다르크는 보크루르 성을 방문하여 국왕을 면담하게 해달라고 청했으나 한마디로 거절당하였다. 그러나 천사의 고지를 믿는 그녀의 결의는 확고하였다. 10월에는 오를레앙이 포위당하고, 이를 구하려 했던 프랑스군은 다음해 2월 영국군에게 패하고 말아 오를레앙은 바람 앞의 등불과 같이 위태한 지경에 놓이게 되었다.

잔 다르크는 다시금 성을 찾아갔다. 수비대장은 무조건 그녀를 국왕에게 보내기로 하였다. 그는 잔 다르크에게 "가라, 어서 가보라. 나는 결과에 대해 책임지지 않겠다"고 말하였

잔 다르크의 초상. 복장과 기의 디자인 등이 잔 다르크를 재판한 종교재판에서 기록된 것과 같다. 파리 국립문서관 소장.

다. 그때 황태자는 루아르강의 지류에 위치한 시농에 있었다. 잔 다르크는 열하루 동안 걸어서 1429년 2월 23일 시농에 도착하였다.

시농에서 황태자와의 회견은 축제 분위기였다. 수백 개의 횃불이 준비되고, 수많은 구경꾼이 모여들었다. 잔 다르크는 신하들과 함께 있는 황태자를 즉시 알아보고 신분을 숨긴 채 그 앞에 나아가 문안인사를 올렸다.

잔의 예절바르고 당당하며 위엄에 찬 태도에 귀족들뿐 아니라 구경꾼들도 감동하였다. 신앙의 힘이 잔 다르크의 결의를 통해 황태자에게 생기를 불러일으켰고, 주위 사람들에게 희망을 불어넣어 주었다.

그 후 잔 다르크는 황태자와 비밀 회담을 가졌으나, 그 내용은 밝혀지지 않았다. 이어서 잔 다르크가 들었다는 천사의 고지가 사실인지를 밝히는 심문회가 열렸고, 여기서 그녀의 입장은 공인되었다. 잔의 주장은 황태자가 왕

국의 주인이 된다는 것, 영국인은 프랑스에서 추방된다는 것, 오를레앙은 해방된다는 것 등이었다.

잔 다르크는 4월 27일, 4천 명에 가까운 군대와 식량을 실은 400마리의 소를 이끌고 블루아를 출발하여 오를레앙으로 향하였다. 선두에는 성직자의 일단이 서서 성가 '주여 오소서'를 노래하며 행진하였다. 잔 다르크는 흰 갑옷에 망토를 걸친 모습으로 백마를 타고, 손에는 흰 바탕에 백합을 수놓은 깃발을 들고 있었다.

잔 다르크가 입성하자 오를레앙의 시민은 흥분과 감격으로 끌어올랐다. 시민은 힘이 넘쳐 싸웠고, 영국군은 절대 우세의 입장에서 역전되어 도리어 패배하였다. 영국군은 잔의 인솔 아래 원군이 오를레앙에 들어가는 것을 보고도 오히려 성안에 비축한 식량을 빨리 축낼 뿐이라고 생각하여 그대로 버려두었다. 그들은 한 소녀가 일으키는 정신적 폭발력의 엄청난 힘을 미처 계산하지 못한 것이다.

프랑스군의 선두에 서서 거침없이 돌진하는 잔 다르크를 영국군으로서는 막을 길이 없었다. 영국군은 5월 8일 진지에서 철수하였다. 그 열흘 동안의 오를레앙의 해방전은 잔 다르크가 불러일으킨 프랑스의 국민적 에너지의 승리였다.

6월 초, 루아르 강에 남아 있는 적을 소탕하는 작전이 개시되었다. 잔 다르크는 전군의 중심적 존재였다. 그녀의 명성을 사모하여 모여든 제후들은 맹렬히 활약하였다. 파리에 돌아가려 하는 영국군과 푸아티에서 장렬한 일전을 벌인 결과 프랑스군의 대승리로 끝나게 되었고, 영국군의 주력은 이 싸움에서 전멸하였다. 이 승리에 의해 잔 다르크가 일찍부터 주장하던 황태자의 랭스에서 대관식이 가능하게 되었다.

그러나 잔 다르크의 열이 있는 권고에도 황태자는 좀처럼 움직이려 하지 않았다. 그가 있는 곳에서 랭스까지는 400km의 거리였고, 그 도중에는 영국군이 깔려 있어 위험하기 때문이었다. 잔 다르크는 1만 명의 군대를 이끌고 랭스를 향해 진격하였다. 그것은 마치 사람 없는 들판을 달리는 듯한 기세로, 7월 16일에는 랭스에 도착했고, 다음날인 17일에는 기다리고 희망하던 대관식이 거행되었다.

군기를 들고 처음부터 끝까지 황태자 옆에 서 있던 잔 다르크는 대관식이 끝난 후 바로 왕위에 오른 샤를 7세의 무릎을 끌어안고 뜨거운 눈물을 흘렸다. 이 대관식으로 해서 프랑스인의 왕을 비로소 왕이라 부를 수 있게 되었다.

사명을 완수한 잔 다르크는 고향으로 돌아가려 했으나 허락을 얻지 못하고 다시 전선에서 싸우게 되었다. 영국군을 상대로 하는 전투가 아니라 같은 프랑스인인 부르고뉴파와 싸우는 일에서 잔 다르크는 승리를 거두지 못하였다.

콩피에뉴 성이 부르고뉴파에 의해 포위되었다는 소식을 들은 잔 다르크는 곧 그곳으로 달려갔다. 잔은 이 공격에서 적에게 퇴로를 차단당하고, 부르고뉴파에 의해 포로가 되었다. 그들은 영국군이 제공한 1만 리브르의 돈을 받고 잔을 넘겨주었다.

종교 재판에 회부된 잔 다르크는 1431년 5월, 신을 배반한 여자라는 죄목으로 루앙 광장에서 화형에 처해졌다. 잔 다르크는 불길이 온몸을 감싸는 가운데서도 자신이 행한 일은 신의 고지에 의한 것이라고 외쳤다. 그리고 천사들의 이름을 부른 뒤 마지막에 "예수님"이라는 말을 남기고 열아홉의 짧은 생애를 마감하였다.

잔 다르크의 죽음으로 샤를 7세와 아르마냐크파, 그리고 그녀를 적군의 손에 넘겨준 부르고뉴파는 당파를 초월하여 같은 프랑스인으로서의 조국애에 눈뜨게 되어 화해하였다. 그들은 하나가 되어 영국군을 프랑스에서 쫓아내고 백년전쟁은 마침내 그 막을 내리게 되었다.

오랜 동안 계속된 백년전쟁으로 프랑스도, 영국도 많은 제후와 기사가 전사하거나 부상을 입었기 때문에 쇠락의 길을 걷게 된 반면 왕의 권력은 강화되었다. 특히 영국에서는 백년전쟁이 끝난 직후부터 왕위 계승 문제로 요크와 랭카스터 두 왕가 사이에 30년에 걸친 장미전쟁이 일어났다. 장미전쟁 후 왕위를 계승한 튜더 왕조의 헨리 7세에 의해 영국은 근대를 맞이하게 되었다.

한편 이베리아 반도에서는 기독교 국가가 세력을 회복하여 이슬람교의 서칼리프국(후 솜미아르 왕조)을 남쪽으로 몰아내고 있었다. 서칼리프국은 13세기에 그라나다를 중심으로 하는 좁은 영토가 되었으나, 문화면에서는 웅장하고 아름다운 알함브라 궁전을 지어 아라비아 문화의 마지막 꽃을 피웠다.

1479년, 기독교국인 카스티야와 아라곤이 하나가 되어 에스파냐 왕국이되었고, 1492년에는 마침내 이슬람 세력의 마지막 근거지인 그라나다를 공격하여 함락시켰다. 이로써 이슬람 국가는 이베리아 반도에서 자취를 감추게 되었고, 에스파냐는 카스티야로부터 독립한 포르투갈과 더불어 신흥의기상으로 해외 진출을 하게 되었다.

군웅이 할거하는 시대
〈삼국지연의〉의 세계(220~280년)

기원전 210년에 진秦의 시황제가 죽자 마치 기다리고 있었다는 듯이 각지에서 반란이 일어났다. 기원전 3세기 초에 고조(유방)가 전국을 통일하고 한 왕조(전한)를 건국하였다. 전한은 8년에 멸망했고, 25년에 광무제가 등장하여 후한을 세웠다. 이 후한도 185년 황건黃巾의 난 이후 세력이 급격히 약화되고, 각지의 유력자가 세력을 휘두르게 되었다.

이들 유력자들 가운데서 특히 힘이 있었던 것은 조조曹操 · 손권孫權 · 유비劉備 등 세 사람으로서, 그들은 각각 위魏 · 오吳 · 촉蜀을 건국하였다. 이 세 나라가 대립한 3세기 전반의 시대를 '삼국 시대'라 일컫는다.

삼국 쟁탈의 소용돌이 속에 촉은 위에게 망했고, 위는 신하인 사마司馬 씨에게 나라를 빼앗겨 280년에 진晉이 건국되었다. 또 진은 오를 정복하여 중국을 통일하고, 이로써 삼국 시대는 막을 내리게 되었다.

진도 한 세대를 제대로 넘기지 못하고 북방에서 침략해온 유목민에 의해 316년에 멸망하였다. 진의 일족은 서울을 지금의 난징으로 옮기고 서진(지금까지의 진은 동진)을 일으키지만 오래지 않아 망하고, 양쯔강(장강) 남쪽인 강남 지방에는 송宋 · 제齊 · 양梁 · 진陳 등 4개 왕조가 잇따라 건국되었다. 한편

관우 묘의 문에 그려진 관우의 활약상. 그의 무용과 충의는 후대의 숭배 대상이 되었다. 뤄양 소재.

황하 이북인 화북 지방에서는 북방의 유목민인 선비鮮卑가 493년에 북위北魏를 건국하였다. 이리하여 5세기 전반에서 6세기 말에 걸쳐 남과 북에 두 왕조가 대립했기 때문에 이 시대를 가리켜 '남북조 시대'라 한다.

이와 같은 혼란기의 초기인 삼국 시대는 군웅이 할거한 시대로 수많은 영웅이 등장하였다. 이 역사적 사실을 근거로 소설화한 것이 〈삼국지연의〉이다. 각지의 군웅들은 제갈공명이 등장하면서 점차 사라지고, 북의 조조, 강남의 손권, 그리고 장강 중류의 유비가 솥다리 모양으로 정립鼎立하는 '천하 삼분의 시대' 곧, 삼국 시대의 막이 열리게 되었다.

유비에게 진언한 공명의 전략은 '천하 삼분'이라는 상황 속에서 '양면작전'을 취하라는 것이다. 공명이 수행한 일 가운데서 뛰어난 업적은 다음 세 가지다.

첫째, 조조의 추격을 피해 호북의 양양과 장판長阪에서 고전을 하면서도 유비의 재기를 가능하게 하였다는 점. 둘째, 오의 손권을 설득하여 원군을 끌어내 적벽赤壁에서 조조의 대군을 격파, 북으로 돌아가게 하였다는 점. 셋째, 호북과 사천을 노리는 손권의 야심을 잠재우며, 스스로 서남쪽의 소수 민족을 길들여 남쪽 배후를 굳게 다지고, 그런 다음 사천에 진주하여 성도成都에 본거지를 둔 촉을 건국하였다는 점 등이다.

제갈량諸葛亮의 자는 공명, 고향은 산동성 낭야, 한漢의 사예교위司隸校尉를 지낸 바 있는 제갈풍諸葛豊의 자손이다. 일찍이 부모를 여의고 친척인 유현劉玄의 집에서 성장하였다. 유현이 실각하여 형주荊州 장관 유표劉表에게 몸을 의탁하게 되자, 공명도 또한 호북으로 이주하여 양양 교외에서 밭을 갈았다. 때마침 유비가 산동 서주徐州에서 약간의 병사를 거느리고 유표에게 몸을 붙이고 있었다.

"제갈공명은 엎드려 때를 기다리고 있는 용臥龍입니다. 오라고 부를 수는 없습니다. 예를 갖추어 방문하도록 하십시오."

이렇게 아뢰는 사람이 있었다. 유비는 세 번에 걸쳐 공명이 살고 있는 거처를 찾았다. 이른바 '삼고초려三顧草廬'로, 유비는 비로소 공명과 마주 앉을 수 있었다.

공명을 군사軍師로 얻은 유비는 건안建安 16년(211)에 사천성을 공략하여 성도에 본거지를 구축하였다. 이후 공명은 성도에 머물며 식량과 병력의 보급에 힘썼다.

221년, 유비는 황제가 되어 소열제昭烈帝라 칭하게 되었고, 손권도 오왕吳王이라 하였다. 조조는 216년에 이미 위왕魏王이라 칭하며 사실상 화북과 화중華中에 군림하고 있었다.

217년, 오의 손권은 날로 늙어가는 자신의 앞날을 생각해서 일단 조조에게 머리를 숙였고, 지난날의 오의 명장 노숙魯肅도 죽었다. 조조는 위국공魏國公이 되어, 옛날 주공周公과 어깨를 겨눌 만큼 후한 예우를 받고 있었다. 조조가 본거지로 한 하북의 업鄴은 실질상의 수도가 되었다.

그러나 유비는 아직 건재하였다. 조조 자신이 직접 대군을 거느리고 장안에서 진령秦嶺의 사곡구斜谷口로 진격하여 한중漢中을 점거했으나 촉은 항복하지 않았다. 오히려 촉의 용장 관우關羽가 한수 중류로 출격하였다. 219년, 조조의 군대는 손권의 협력 아래 힘겹게 관우를 사로잡아 죽였다. 그 직후에 조조는 66세의 나이로 낙양에서 죽어 고릉高陵에 묻혔다.

조조의 장남 조비曹丕가 연호를 고치고, 10월에 후한의 헌제獻帝로부터 황제 자리를 양위받아 문제文帝가 된 후, 다음해 황폐한 낙양을 재건하는 일에 착수하였다. 조비가 황제로 즉위하면서 제갈량의 적수인 사마의司馬懿는 승상이 되었다.

225년, 위의 문제는 수군을 동원하여 장강을 내려가, 오를 공격하기 위해 광릉廣陵까지 진격하였다가 물러났다. 그는 중병에 걸려 후사를 삼공에게 부탁하고 죽었다. 손권은 여전히 건재하여 229년에는 서울을 건업建業(지금의 남경)으로 옮기고, '황제'라 칭하였다.

마침내 태화太和 5년(231), 제갈공명이 촉에서 공격해와 농산 끝 천수天水까지 진격했고, 그 선봉은 동쪽의 기산祁山까지 출몰하게 되었다. 그러나 사마의는 나가 싸우려 하지 않고 지구전으로 버티었다.

"량亮은 군량미가 동이 난 것이다. 촉으로 돌아가면 군량미를 조달하기 위해 3년 동안은 꼼짝하지 못할 것이다. 군대를 움직인다 하더라도 우리의 성을 공격하는 것이 아니라 야전을 하려 할 것이다."

사마의의 말대로 제갈량은 군량미를 조달하기 위해 본국으로 돌아갔고, 과연 3년 후 촉의 군대는 농산 근방 오장원五丈原에 진군하였다.

사마의는 이번에도 지구전을 폈다. 촉군이 군량미가 바닥나기 전에 결전을 벌이려 해도 위의 군대는 성을 지킬 뿐 꼼짝하지 않았다. 그의 짐작대로 공명은 234년 어느 날 오장원 진중에서 죽었다. 그 소식을 전해들은 위의 총사령관 사마의는 촉의 진영에 대해 총공격령을 내렸다. 그러나 촉의 군사들은 공명을 앞세우고 위군을 맞아 용감하게 싸우는 것이 아닌가.

"공명은 아직 살아 있다! 어서 후퇴하라!"하는 사마의의 명령에 따라 위군은 서둘러 후퇴하였다. 그러나 촉군의 선두에 나선 공명은 바로 그가 죽기 전에 내린 계교에 의해 만든 목상木像이었다. 이 고사에서 "죽은 공명, 살아 있는 중달仲達(사마의의 자)을 도망가게 하다"라는 말이 생겨나게 되었다.

사마의는 그 후에도 오래 살다가 249년에 죽었다. 그가 죽은 지 25년 후에 사마염司馬炎이 위 왕조를 멸하고 서진西晉을 세웠다. 삼국 중 촉이 망한 것은 위의 말기였으나, 강남의 오는 서진이 건국된 초기까지 역사를 이어갔다.

수 왕조의 창건과 몰락
대운하를 건설한 양제(604~618년)

분열과 항쟁으로 남북조 시대의 중국에서는 북방 유목민이 지배하던 화북에서 강력한 황제권을 구축하기 위한 여러 가지 시책이 시도되었다. 그중에서 선비족인 북주北周의 외척 양견楊堅이 581년에 북주를 타도하여 수隋를 건국하고, 589년에 남조의 진陳을 병합하여 중국 통일을 달성하였다.

이때 양견을 도와 진을 멸하는 데 큰 공을 세운 것은 둘째 아들 광廣이었다. 그는 진을 공격하는 총사령관으로서 51만 8천 명의 대군을 이끌고 나가 단숨에 진을 쓰러뜨리고, 한나라 이래 400년 만에 중국을 통일한 것이다. 이 공적으로 광은 맏아들인 용勇을 제치고 황태자의 자리에 앉았다.

원래 문제文帝, 곧 양견은 장남인 용을 황태자로 정했으나, 용과 광의 어머니인 독고 황후에 의해 광이 황태자가 되었다. 독고 황후는 온순한 장남을 못마땅해 하고, 무용이 뛰어난 둘째 아들을 더 사랑하였다. 이리하여 600년에 용은 황태자 자리에서 쫓겨나고, 대신 광이 그 자리에 앉았다.

그로부터 2년 후에 황후는 사망하고, 문제는 멸망한 진의 황녀였던 선화宣華부인을 사랑하게 되었다. 그리고 또 2년 후인 604년, 문제는 병상에 눕게 되었다. 그 옆에서는 선화부인이 간병을 하고 있었다. 7월 어느 아침, 선화부

순행에 나선 수양제. 대운하를 거슬러 올라가는 이 호화로운 용주의 오른쪽 아래 양제가 타고 있다. '제감도설'
의 그림. 16세기 후반.

인이 옷을 갈아입기 위해 문제 옆을 떠났다. 그때 태자 광은 부인에게 다가
와 폭행을 하려 하였다. 부인은 놀라 문제에게 "태자가 버릇없이 굽니다"하
고 소리쳤다. 문제는 모든 것을 눈치챘다. 그는 신하에게 "용을 부르라"고 일
렀다. 용을 다시 태자로 봉하려는 것이다. 그때 광이 용보다 먼저 문제에게
들어가, 모든 신하들을 별실로 물러나게 하였다. 그리고 잠시 후 문제는 갑자
기 죽었다. 그러나 후세의 역사서는 태자 광이 문제를 시해하였다고 기록하
고 있다.

양제(광)는 백성들의 불평을 무마하기 위해서는 큰 사업을 벌여 실적을 올
리는 것이 중요하다고 생각하였다. 국내적으로는 중국을 남북으로 잇는 대
운하를 건설하고, 북방의 방어 진지인 만리장성을 보수 · 건설하며, 대외적
으로는 주변 지역에 영토를 확대하여 한의 무제 시대와 맞먹는 대제국을 수
립하려 하였다.

중국에는 '남선북마南船北馬'라는 말이 있다. 이 말은 중국에서 남북의 교통
수단을 나타내는 말이다. 화북에서는 말을 이용하는 교통수단이 중심을 이
루었고, 화중과 화남에서는 배를 이용하는 내륙 수운이 중심을 이루었다. 중

국에서는 일찍이 전국 시대부터 각지에 관개사업과 운수를 위한 운하를 만들었으나, 남북조 시대의 전쟁과 혼란으로 수많은 운하가 파괴되었다.

문제도 양자강과 회하를 잇는 산양독山陽瀆을 완성시킨 바 있다. 양제는 그 사업을 이어 100만 명의 농민을 동원해서 5개월 동안 작업을 강행하였다. 그 결과 황하에서 동북으로 뚫린 영제거永濟渠와 황하에서 회하를 잇는 통제거通濟渠 및 양자강에서 전당강을 잇는 강남하江南河가 개통되었다. 이들 운하의 전체 길이는 1,900km에 이르며, 그 너비는 30m 내지 60m에 이른다. 이는 그야말로 대공사로서, 만리장성·피라미드와 함께 세계 3대 토목 공사 중 하나로 꼽힌다.

양제는 운하가 완성되자 용선龍船을 비롯한 수많은 호화선을 건조하여 미녀를 태우고 술잔치를 벌이면서 강남에 유람하였다. 605년에 갓 완성된 통제거에서 하남(낙양)으로부터 강도(양주)까지 유람한 양제의 행차는 그 호화로움으로 후세까지 이야깃거리가 되었다.

수천 척의 배에 후궁들과 고관들을 태운 선단은 그 길이가 200리에 이르렀고, 배를 끌기 위해 동원된 인부만도 8만여 명에 이르렀다. 그리고 양제가 탄 용선의 길이는 200장丈(약 606m), 높이는 4장 5척尺(약13.6m)에 이르는 4층짜리 배로서, 방이 100개 이상이었다.

강도에의 행차가 있고 나서 2년 후 양제는 이번에는 육로로 북방 행차에 나섰다. 태행산맥太行山脈을 횡단하는 마찻길이 개설되고, 유림楡林에서 동으로 뻗은 장성을 쌓았다. 이 공사에 100만 명이 징발되었고, 인부의 사망률이 50~60%에 이르렀다. 이 만리장성은 황하부터 서쪽을 제외한 현존하는 장성(명 때 건조)의 위치와 거의 같다.

양제는 남방의 임읍林邑(참파)을 병합하였고, 동방의 유구流求(대만)와 남방의 적토국赤土國으로 하여금 조공을 바치게 하였다. 적토국은 수마트라에 있던 스리비자야 왕국이다.

양제는 이 영토 확대 작업의 끝맺음으로 612년부터 3회에 걸친 고구려 원정을 단행하였다. 한 무제 시대의 대제국을 실현하려 한 것이다. 한반도에서는 무제가 위만조선을 쓰러뜨리고 한사군을 설치한 이래 400년 동안 중국에 조공을 바쳐왔으나, 중국이 분열한 동안인 313년에 고구려가 중국세력을 한반도에서 몰아내고 독립의 깃발을 내걸었다.

113만 대군과 200만의 수송대를 이끈 제1차 친정 이후 614년까지 3회에 걸친 고구려와의 전쟁은 모두 양제의 실패로 끝났다. 양제의 '바다를 뽑고 산을 옮기더라도 승리하리라'는 각오는 고구려의 명장 을지문덕의 살수 대첩 등으로 참담하게 좌절당한 것이다.

양제의 한반도 원정이 실패로 돌아가자 돌궐족이 반기를 들었다. 양제는 그들의 포위를 뚫고 서울로 돌아왔다가 즉시 용선을 출동시켜 보다 안전한 남쪽 강도로 향하였다. 강도에 머물기 2년째인 618년, 양제는 그 비와 자식들과 함께 반란을 일으킨 근위병에 의해 살해되었다. 저항다운 저항도 못해본 허무한 최후였다.

창업創業보다 수성守成이 어렵다
정관의 치(626~649년)

수가 망하고 이연李淵(565~635), 이세민李世民(598~649) 부자가 국도 장안에 무혈 입성하여 당 왕조를 열었다(618).

이연은 고조高祖로 즉위하여 626년까지 황제로 있었다. 이세민은 새 국가 당의 상서령으로서 6부六部를 통괄하였다. 그는 당의 정치를 정상 궤도에 올려놓았고, 군대를 관장하며 각지를 정복해 당의 중국 통일에 이바지하였다. 당은 이세민의 공적을 기려 '천책상장天策上將'이라는 최고 칭호를 바쳤다.

이세민의 뛰어난 활약과 명성을 불쾌하게 여긴 것은 황태자인 형 건성建成과 아우인 원길元吉이었다. 아버지 이연도 자기의 명성을 앞지르는 이세민에 대해 복잡한 감정을 품고 있었고, 그 때문에 후계자를 건성으로 정하였다. 그러나 이 때문에 불상사가 발생하였다.

626년 6월, 이세민은 궁전 북문인 현무문玄武門 근방에서 입궐하는 건성과 원길을 습격하여 두 사람을 살해하였다. 이를 '현무문의 변'이라 한다. 이 해에 고조 이연은 타의에 의해 이세민에게 황제위를 양도하고 태상황太上皇으로 있다가 10년 후에 70세의 나이로 죽었다.

황제(태종)가 되었을 때의 이세민은 스물아홉 살로서, 그야말로 체력과 기

소릉의 부조. 이 말은 붉은 털로 덮여 있으며, 갈기는 검고 '자색의 제비'라는 별명을 가진 태종의 애마였다.

력이 넘치는 때였다. 그는 국내 체제를 굳힘과 아울러 주변 여러 민족을 정
복하여 당의 지배 아래 두었다. 또한 당에 귀순한 주변 여러 부족의 족장들
에게서 '천가한天可汗'이라는 칭호를 받았으며, 이세민의 당은 동아시아 세계
에 군림하게 되었다.

그는 양제의 실패를 거울삼아 명재상과 충신인 방현령房玄齡과 두여회杜如
晦, 위징魏徵 등 유능한 고관들의 보필을 받으며 선정을 베풀었다. 원래 건성
의 부하였던 위징은 이세민의 분노에도 불구하고 황제에게 바른 말을 하여
공정한 정치를 하도록 요구하였다.

태종 이세민은 무장과 정치가로서 뛰어났을 뿐 아니라 대단한 문장가인
데다가 글씨도 당대 일류였다. 문화 사업면에서도 남북조, 수 왕조의 정사正
史와 유학의 경전을 주석한《오경정의五經正義》의 편찬을 주도하기도 하였다.
이와 같은 태종의 치세는 후세에 그 연호에 따라 '정관貞觀의 치治'라 불렸으
며, 중국 황제 정치의 이상과 모범으로 여겨졌다.

당은 대제국을 이루어 서로는 아랄해, 북은 바이칼호 부근, 남은 베트남에 이르는 광대한 지역을 제국의 영토로 아울렀다. 당의 영향력은 매우 커 그 시기에 동아시아 전체가 당을 중심으로 움직였다. 따라서 당의 수도인 장안長安은 국제도시로서, 그 규모가 어마어마하였다.

장안성의 내부만 해도 남북이 8,651m, 동서가 9,711m다. 성 안은 동서남북으로 난 길이 마치 바둑판처럼 곧게 뻗어 있었다. 황제가 거하는 궁전으로 통하는 길의 너비는 150m에 이르렀다. 이렇게 넓은 길이 무려 1,843m나 이어져 있었다.

성 안의 거주 인구는 100만 명이 넘었고, 주민들은 여러 계층으로 구성되어 있었다. 또한 동아시아에서 온 유학생이 8천 명이나 되었다. 위구르인, 페르시아인, 인도인, 일본인 그리고 한반도에서 간 신라인 등도 있었다. 신라말의 학자 최치원도 당나라 유학생이었다. 이 국제도시는 종교도 다양했고, 오락과 음악, 심지어 음식까지 실로 국제적이었다.

태종은 중국은 말할 것도 없고 동아시아에 군림하는 황제로서 국민의 존경을 받는 이상적인 군주였으나, 그에게도 한 가지 고민이 있었다. 바로 후계자 문제였다.

그는 덕망이 높은 황후 장손長孫씨 사이에 승건承乾 · 태泰 · 치治 3형제를 두었다. 황태자가 된 것은 장남인 승건이었으나, 그는 방탕한 생활에 빠져 있었다. 승건에 비해 둘째인 태는 어렸을 때부터 총명하고 학문을 좋아했기 때문에 이세민은 황태자를 둘째 아들로 바꿀 생각을 갖고 있었다. 이 사실을 짐작한 승건은 자객을 모아 아버지를 암살하려 하였다. 그리고 승건과 태 사이에도 권력 다툼이 심각한 상태였다. 여러 가지 이유로 해서 결국 황태자가 된 것은 3남인 치였다. 그가 바로 당의 제3대 황제인 고종高宗이다. 그는 3형제 가운데서 가장 재능이 없는 아들이었다.

'정관의 치'로 칭송되는 태종의 치세 때 있던 일 가운데 널리 알려진 또 한 가지 사건은 삼장법사三藏法師 현장玄奘이 인도에 가서 불경을 얻어온 일이다. 그 당시 당의 장안長安(지금의 西安)에서 서쪽에 위치한 인도까지 가기란 쉬운 일이 아니었다. 다른 교통수단이 없어 오로지 걸어서 가야 했기 때문에 고생은 이만저만이 아니었다. 게다가 당에서는 나라 밖으로 나가는 것을 금하고 있었다. 삼장법사는 관리의 눈을 피해 길을 떠나, 낮 동안에는 숨어 있다가 밤이면 서둘러 길을 가야만 하였다.

고생 끝에 당나라를 벗어나기는 했으나 진짜 고생은 그 이후부터였다. 밤낮 모래바람이 부는 끝없는 사막을 건너야 하였다. 어떤 때는 강도의 공격을 받았고, 어떤 때는 죽은 사람의 뼈를 발견하고는 여기도 사람이 다니던 길이구나 하며 길을 더듬어 찾기도 하였다.

가까스로 인도에 도착하여 온갖 수행을 거듭한 끝에 많은 불경을 가지고 장안으로 돌아왔다. 어느덧 15년의 세월이 흐른 대여행이었다. 삼장법사의 길고도 고생스러웠던 여행은 그 후 중국에서 〈서유기西遊記〉라는 소설로 창작되었다. 돌에서 태어난 손오공은 불사신인데다가 72가지 변환술을 터득하고 있었기 때문에 삼장법사도 마음이 든든했을 것이다. 그러나 실제의 여행에서는 밤색 여윈 말 한 마리에 의지하여 사막을 건너야 하였다.

중국 역사상 유일한 여황제
측천무후(690~704년)

7세기의 동아시아는 여왕의 시대라고 말하는 사람이 있다. 한반도에서는 신라의 선덕여왕과 진덕여왕이, 일본에서는 수이코推古 여왕 등 3명의 여왕이 왕위에 올랐다. 그리고 중국에서는 당의 제3대 황제인 고종의 황후 측천무후則天武后가 왕위를 차지했던 것이다.

측천무후는 산서 지방 형주荊州 도독으로서 목재상을 하여 부호가 된 무사의 집에서 태어났다. 그녀는 14세 때 그 미모가 뛰어나다는 소문이 자자하여 제2대 황제인 태종의 후궁이 된 후, 덕망 있는 황후로 소문이 나돌던 장손長孫 부인을 여의고 슬픔에 잠겨 있던 태종의 총애를 한 몸에 받게 되었다. 그러나 그녀의 나이 25세 때 태종이 죽었기 때문에 절에 들어가 비구니가 되어야 하였다.

태종의 뒤를 이은 고종은 태자 때부터 무씨의 아름다움에 마음이 끌렸던 터라 그녀를 자신의 후궁으로 삼고 총애하였다. 어느 정도의 세월이 흐른 뒤 고종은 왕王 황후를 폐하고, 무씨를 황후 자리에 앉혔다. 이때가 고종의 나이 28세, 무후는 33세였다.

연상의 여인인 무후는 고종이 때로 젊은 왕 부인과 전에 사랑했던 후궁 소

당나라 시대의 궁녀들. 화사한 색상의 어깨걸이를 하고 짧은 윗도리, 긴 치마를 입은 화려한 모습이다.

숙비蕭叔妃를 찾곤 하는 데 노하여, 두 여인의 손발을 자르고 술항아리에 넣어 죽였다. 소 숙비는 죽으면서 "무후는 쥐가 돼라. 나는 고양이가 되어 그 쥐를 잡아먹으리라"고 저주하였다. 그 후 무씨는 궁중에서 고양이 키우는 것을 엄금하였다.

본래부터 병약한 고종은 심한 두통으로 도저히 정무를 볼 수 없게 되었다. 무후는 명칭만 천황天皇이라 하여 고종을 뒷전에 앉히고, 자신을 천후天后라 부르게 하여 사실상의 실권을 장악하였다. 무후는 황후가 되어 고종이 죽을 때까지 29년 동안 실제로 모든 국사를 맡아 처리하였다.

무후는 자신의 권력을 유지하고 자기 뜻을 관철하기 위해서는 자식과 손자라도 거치적거리면 서슴없이 죽여 없앴다. 황태자 이홍李弘은 자기의 이복 자매인 의양義陽공주와 선성宣城공주, 즉 소 숙비가 낳은 딸들을 동정하여 그들을 돕는다고 해서 어머니인 무후에게 살해되었다.

무후가 낳은 아들 이현李賢은 《후한서後漢書》의 주석을 펼 만큼 뛰어난 학자였지만, 그 역시 무후에 대한 모반을 도모하였다 하여 자살해야 하였다.

이현의 아우인 이현李顯이 황태자가 되었는데, 그는 같은 어머니 무후의 소생이면서도 두 형들에 비해 자질이 떨어졌다. 이현은 과단성 있는 어머니보다도 오히려 마음이 약한 아버지 고종을 많이 닮았다. 고종의 사망으로 즉위한 것이 이현으로, 이가 중종中宗이다.

중종은 황제가 되기는 했으나 아무런 권한도 없었다. 중종의 황후인 위씨韋氏가 자기 아버지를 요직에 앉히려 하다가 무후의 노여움을 사게 되었다. 중종은 이 일 때문에 여릉왕廬陵王으로 강등되고, 아우인 이단李旦이 즉위하여 예종이 되었다.

여러 가지 상서로운 징조가 있었다 하여 무후는 군신의 간청을 받아들여 자기가 황제 자리에 올라 국호를 주周로 고쳤다(690). 당의 황제였던 예종 이단은 무씨 성을 하사받고, 자기 어머니인 성신황제聖神皇帝 무측천武則天의 후계자가 되어 중국 역사상 처음으로 여황제가 탄생하였다.

무측천은 새 왕조를 여는 데 절대적인 역할을 한 승려 설회의薛懷義를 총애하다가 얼마 후에는 어의御醫 심남구를 총애하였다. 그리고 만년에는 미소년 장역지張易之·장창종張昌宗 형제를 총애하였다.

무측천 시대에 괄목할 만한 정치 개혁이 없었던 것은 아니다. 반세기에 이르는 무후의 정치는 가문과 귀족의 세력을 배격하고, 새로운 관료를 등용하여 시행되었다. 인재 등용을 위해 스스로 문관 시험을 시행하고, 무관의 과거를 창설하였다. 또한 문학적 재능을 가진 교양인, 즉 북문학사北門學士를 중용하여 서적편찬을 하게 하는 동시에 그들의 의견을 수렴하여 정치를 행하였다. 무후 자신도 풍부한 재능과 교양을 지니고 있어서, 열아홉 자에 이르는 측 천문자를 제정했고, 서예가로서도 이름을 남기고 있다.

705년, 83세의 무후는 노환으로 몸져눕게 되었다. 무후가 몸져누웠다는 소식을 듣고 80세의 연로한 재상 장간지張柬之는 무거운 허리를 일으켰다. 병실은 영선궁迎仙宮 안 장생전長生殿에 있었다. 장간지는 군사를 이끌고 가 그곳에 있는 장역지·창종 형제를 칼로 내리치고, 무측천에게 퇴위를 요구하였다. 늙은 무후로서는 어떻게 해볼 수가 없었다. 이것은 신룡神龍 원년(705) 정월의 일로, 2월에는 당의 국호가 부활하고 중종이 즉위하였다.

무측천이 죽은 것은 그해 11월의 일이었다. 중국은 전통적으로 여자의 상속을 인정하지 않았기 때문에 측천무후는 황제 축에 끼지 못하고, 중종이 제4대 황제가 되었다.

측천무후의 영향으로 제2의 측천무후가 되려 한 여성이 등장하였다. 그것은 중종의 아내 위씨였다. 710년, 위 황후는 중종을 독살하여 자기 아들을 황제 자리에 앉히고 스스로 황태후라 칭하였다. 중종이 독살된 사실을 알게 된 사람은 황족인 이융기李隆基였다. 그는 예종의 아들로서, 예종은 중종의 아우로, 무후 이전에 잠시 황제 자리에 있었던 적이 있었다. 이융기는 군사를 일으켜 위 황후를 타도하고 아버지 예종을 황제 자리에 앉게 하였다.

궁정 안 권력 다툼으로 당은 한때 나라의 터전마저 크게 흔들렸다. 역사가는 이러한 혼란의 원천은 여성이 권력을 장악한 데 있다고 보고, 측천무후와 위씨의 사건을 가리켜 '무위지화武韋之禍'라 하였다.

안사安史의 난
현종과 양귀비(712~756년)

당의 제5대 황제 예종은 실력 있는 3남인 융기隆基에게 절대적인 신뢰를 주어, 두 명의 형을 물러서게 하고 황태자로 봉한 후 재위 2년 만에 황제 자리를 넘겨주었다. 이 융기가 제6대 황제 현종玄宗이다. 스물여덟 나이로 즉위한 청년 황제 현종은 정열적으로 정치개혁에 착수하였다.

현종의 치세에는 두 개의 연호가 사용되었다. 29년의 개원開元과 14년의 천보天寶이다. 이 40여 년에 걸친 '개원·천보'라는 연호는 중국 역사상의 전성기를 의미한다. 천보 원년(741)의 호수는 852만 5천여 호이고, 인구는 4,890만 9,800명으로 되어 있다.

그러나 이 '개원의 치'라 하여 후대에 칭송을 받는 현종의 정치는 후반기에 들면서 180도의 전환을 이루었다. '영웅은 색色을 좋아한다'는 격언대로 현종은 다정한 성격의 소유자로서 많은 후궁을 총애했는데, 그중에도 무혜비武惠妃에 빠져 지냈다. 황제가 되기 전부터 고락을 함께 해온 황후 왕씨王氏를 끝내 폐하고, 무혜비를 황후로 삼았다.

무혜비, 즉 정순무貞順武 황후는 자신의 소생인 수왕壽王을 황태자로 세우기 위해 현종에게 다른 왕자들을 중상하였다. 현종은 무혜비의 모함을 그대

목욕하는 양귀비를 훔쳐보는 현종. 백거이의 〈장한가〉에 나오는 장면을 묘사한 그림이다.

로 믿고, 각각 어머니가 다른 세 명의 왕자를 폐한 후 살해하였다. 그러나 현종은 무혜비의 소생인 수왕을 황태자로 책봉하지 않고, 다른 왕자를 황태자로 세웠다. 무혜비는 자신의 소망이 이루어지지 않은데다가 살해된 세 왕자의 망령 때문에 고통을 당하다가 다음해에 죽었다.

무혜비를 잃고 왕자들을 억울하게 죽게 한 슬픔 때문에 가슴 아파하던 현종은 전국에 화조사花鳥使를 파송하였다. 나라 안의 미녀를 찾아내라는 것이다. 그러나 마음에 드는 미녀는 찾아내지 못하였다. 현종의 눈에 드는 미인은 궁중에 있었다. 무혜비의 소생인 수왕의 비 양옥환楊玉環이었다.

현종은 자기 며느리인 양옥환을 차지하기 위해 수왕과 그녀를 이혼시켰다. 양옥환을 잠시 도교 사원道觀에 가 있게 한 후 다시 궁중에 불러들여 귀비로 삼았다. 이 여인이 바로 양귀비로 그때 현종의 나이 61세, 양귀비는 27세였다.

현종은 양귀비에게 깊이 빠져들었다. 훗날 백거이白居易가 〈장한가長恨歌〉에서 노래한 바와 같이 정사는 돌보지 않고 밤낮으로 궁정에서 환락의 생활에 빠졌다. 양귀비의 환심을 사기 위해 재물은 말할 것도 없고 권력조차 넘겨주는 일을 서슴없이 행한 현종은 여산驪山의 온천에 있는 별궁을 수리하여 화청궁華淸宮이라 하고, 사시사철 그곳에서 지냈다.

양귀비에게 빠져 있는 현종 대신 실권을 쥐게 된 재상 이임보李林甫는 양귀비를 조종하여 독재 정치를 하였다. 현종은 명신 장구령張九齡의 충성어린 말에는 귀를 기울이지 않고, "입에는 꿀이 있고, 배에는 칼이 있다"는 말을 듣던 이임보만 절대적으로 신임한 것이다.

이임보는 독단으로 746년의 과거 응시자를 전원 불합격 처리하였다. 그 이유는 우수한 관리가 출현하는 것을 두려워했기 때문이다. 그때의 수험생 중에는 시인 두보도 있었다.

이임보가 죽은 후 양귀비의 사촌인 양국충楊國忠이 재상이 되었다. 그의 원래 이름은 양쇠楊釗였다. 양쇠는 술고래에 도박 솜씨가 뛰어나다는 것 이외에 달리 재능이 없는 건달이었다. 그는 양귀비의 추천으로 궁정에 드나들게 되었고, 현종의 신임을 얻어 '국충'이라는 이름을 얻었으며, 나중에는 재상으로 발탁되어 권력을 휘두르게 된 것이다. 현종은 양국충뿐 아니라 양귀비의 언니들 세 명에게도 호화 저택을 하사하고, 그 친척들을 고관으로 임명하였다.

이때부터 천하는 걷잡을 수 없이 기울어지기 시작하였다. 그러다가 755년, 절도사인 안녹산安祿山이 간신 양국충을 제거한다는 명목으로 반란을 일으켰다. 반란을 일으킨 안녹산은 야심이 가득 찬 인물로, 한때 현종과 양귀비 옆에서 충성을 위장하고 기회를 노리고 있었던 것이다.

안녹산의 반란군이 장안을 공격하자 현종은 양씨 일족과 함께 촉蜀(사천성)으로 피신하려 하였다. 그 도중 섬서성 마외역馬嵬驛에서 황제를 호위하고 가던 근위군 병사들이 반란을 일으켜, 국난을 불러들인 원흉은 양씨 일족이라고 규탄하며, 양국충을 비롯하여 양씨 일족을 살해하였다.

그들은 양귀비도 죽여야 한다고 현종을 윽박질렀다. 사태는 이미 수습할수 없게 되었다. 현종은 부하에게 명해 귀비를 목 졸라 죽이게 하였다. 이때 양귀비의 나이 서른여덟 살이었다.

실의에 빠진 현종은 황제 자리를 황태자인 숙종肅宗에게 넘겨주고 사천으로 피난하였다. 숙종이 의병을 모집하여 장안을 탈환했기 때문에 상황上皇이된 현종은 757년에 장안으로 돌아왔다. 현종은 자신의 거처에 지난날의 귀비 초상을 걸고 하루하루를 보냈다. 그로부터 5년 후 현종은 실의 속에 77세의 나이로 운명하였다.

안녹산의 반란군은 관군보다도 내분으로 망하였다. 안녹산은 배다른 동생에게 상속권이 돌아가는 것을 시기한 맏아들 경서의 손에 독살되고, 경서는 다시 부장 사사명史思明에게 살해당했으며, 사사명 역시 그의 맏아들에게 독살당하였다.

이 반란으로 나라의 정치 제도는 무너지고, 당 왕조의 지배력도 크게 후퇴하였다. 그 후로 당은 강남의 풍부한 경제력 덕분에 가까스로 명맥을 유지했으나, 성당 시대의 번영은 두 번 다시 찾아볼 수 없게 되었다.

당의 쇠퇴는 이 안사의 난부터 비롯되었다. 그리고 874년, 왕선지王仙芝와 황소黃巢의 난 때문에 결국 재기 불능의 상태에 빠지게 되었다. 907년에는 주전충朱全忠에 의해 다음 시대가 열리게 된다. 당의 고조에서 20대 289년 만에 당 왕조는 고목처럼 쓰러진 것이다.

시선詩仙, 시성詩聖
그리고 사회파 시인
이백 · 두보 · 백거이(701~846년)

　중국이 세계 문학사에서 자랑하고 있는 것이 당나라 때의 시이다. 과거 중 진사과의 수험 과목에 시가 들어 있던 것도 우수한 시를 낳는 텃밭이 되었다.

　중국 문학의 특성을 가리키는 말에 '당시唐詩 · 송사宋詞 · 원곡元曲 · 명청소설明淸小說'이라는 것이 있다. 당시의 중에서도 성당기盛唐期인 현종 때 이백 · 두보 · 왕유王維 등이 활약했고, 만당기晩唐期에 백거이白居易, 곧 백낙천白樂天이 격조 높은 시를 발표하였다.

　이백李白(701~762)의 출생지는 서역 지방이라고도 하고 사천이라고도 한다. 25세 때 강남에 이사한 후 각지를 유랑하면서, 시인인 맹호연孟浩然 등과 교유하였다. 42세 때 현종을 모시며 한림원 공봉供奉으로 근무하면서 이백은 궁정에 출입하는 많은 관리 및 문인들과 교제를 가졌고, 자신의 문학적 재능을 크게 발휘하였다.

　"이백은 술 한 말에 시 백 편을 짓고, 장안의 술집에서 잠을 잔다. 천자가 부르지만 그 배에 타지 않고, 자기는 술에 취한 신선이라 말한다."

　이것은 두보가 이 무렵의 이백을 노래한 유명한 시다. 이백은 얼마 못 가

당나라의 수도 장안의 명물이던 대안탑. 탑에서 내려다보면 시안(西安) 시와 두보의 무덤, 당의 제왕릉들이 보인다.

서 간신의 모함을 받아, 3년째 되던 해 해직되었다. 실의에 빠진 이백은 낙양으로 가서 두보와 만나게 되었고, 서로 뜻이 맞아 함께 각지를 방랑하며 많은 시를 지었다.

755년, 안사安史의 난은 도리어 이백으로 하여금 궁정 생활로 돌아가게 해주었다. 당시 장강長江 일대는 현종의 아들이며 숙종의 아우인 영왕永王 인璘의 지배 아래 있었는데, 영왕이 이백을 부른 것이다. 그때 영왕은 현종이 사천으로 피신한 후 즉위한 숙종으로부터 적으로 규탄을 받아 토벌령이 내려져 있었다. 그러나 이백은 영왕의 세력을 믿었던 것이다.

이백의 기대와는 달리 영왕군은 숙종의 토벌군과 싸워 패하였다. 이백은 반역죄로 멀리 서쪽 야랑夜郎(貴州)으로 유배되었다. 실의 속에 귀양지로 가는 도중 은사령이 내려, "천릿길 강릉江陵을 하루에 돌아왔다"고 말하였다.

그 후 안사의 난의 진압군에도 가담했으나, 병세가 악화되어 당도當塗, 오늘의 안휘성 무호蕪湖로 돌아와 62세로 죽었다. 사람들은 이백을 가리켜 '시선詩仙'이라 부른다.

시성詩聖으로 추앙받는 두보杜甫(712~770)는 유서있는 가문에서 태어났으나, 집안이 몰락하여 몹시 가난하였다. 일곱 살 때 시를 짓기 시작했고, 14세 때에는 낙양에서 그의 시가 화제에 오를 정도로 시재를 인정받았다.

두보는 24세 때 과거에 응시했으나 낙방하였다. 그는 20세 때부터 강남을 중심으로 방랑의 길에 나섰다. 그것은 한가로운 여행이 아니라 먹을 양식을 구해 떠돌아다닌 고달픈 생활이었다. 30세 때 양씨楊氏와 결혼하여 낙양 근교에 신혼살림을 차려 이백과 만나게 되었다. 이때 두보는 33세, 이백은 44세였다. 두보는 천재 시인 이백과의 2년에 걸친 교유를 통해 많은 것을 배웠다.

746년, 두보는 장안으로 이사하여 벼슬자리를 구하기 위해 다시 과거에 응시했으나, 재상 이임보李林甫의 횡포로 그해 응시자는 전원 불합격 처리되었다. 생활에 쪼들린 두보는 현종과 고관에게 글과 시를 바쳐 44세에 가까스로 말단 관직을 얻었다. 그러나 그때 안사의 난이 발발하여 반란군이 장안을 공격했기 때문에 두보는 가족을 이끌고 피난길에 나섰다. 그러나 반란군에게 붙잡혀 8개월 동안 감옥살이를 하였다.

그 시절에 두보가 지은 작품으로 '나라는 망했어도 산과 강은 여전하네國破山河在'라는 구절로 유명한 〈춘망春望〉과 출전 병사를 보내는 가족의 슬픔을 노래한 〈병거행兵車行〉 등이 있다.

두보는 이와 같은 격변하는 생활환경 속에서 학정에 시달리는 민중에 대한 크나큰 애정을 담은 시, 정치에 대한 울분을 토로한 시, 자연의 아름다움과 농민의 안락함을 노래한 시 등 다양한 시를 썼다.

두보의 시는 천재형인 이백처럼 막힘없이 단숨에 내리쓰는 것이 아니라한 글자, 한 구절씩 음미하면서 갈고 닦아 빚어진 것이다. 유력자를 찾아 각지를 유랑한 두보는 정착해 살 집도 없어 배를 타고 살다가, 급속하게 건강을 해쳐 쉰아홉의 나이로 호남에서 죽었다.

만당晩唐의 사회파 시인 백거이白居易(772~846)는 지방 관리의 집에서 출생하여, 다섯 살 때 이미 뛰어난 시를 지어 사람들을 놀라게 하였다. 그는 29세 때 과거를 보아 진사과에 합격했고, 관리 생활에 발을 들여놓은 이후 순조롭게 출세가도를 달렸다. 두보 시의 영향을 강하게 받은 백거이는 관리의 몸이면서도 민중의 비참한 생활에 대해 크게 근심하는 한편, 사치한 생활을 누리고 있는 관리들을 날카롭게 비판하는 시를 발표하였다.

백거이는 자기가 시를 쓰는 목적에 대해 이렇게 말하였다.

"임금을 위하여, 신하를 위하여, 사물을 위하여, 사건을 위하여 쓴다. 글을 위해 짓는 것이 아니다."

백거이는 그의 시에 대한 비난도 한 원인이 되어 사천四川으로 좌천되었다. 지방에서 여러 해 사는 동안 그의 시에도 큰 변화가 나타났다. 이전 시에서 나타나던 날카로운 정치 비판이 점차 자취를 감추게 된 대신, 평이한 문체로 달콤한 서정을 담고 있는 시를 발표하였다. 그 대표적인 것이 서사시의 성격을 띤 장시 〈장한가長恨歌〉와 〈비파행琵琶行〉이다.

〈장한가〉는 현종과 양귀비의 사랑을 소재로 한 것이다. 현종이 양귀비를 총애한 나머지 정사를 게을리하여 난리가 일어나고, 촉으로 피난하는 도중 군신의 항의로 귀비를 목 졸라 죽이게 한다. 그 후 황제는 밤낮으로 귀비를 잊지 못해, 오래오래 한스러움을 품게 된다는 내용이다.

〈비파행〉은 강주 사마江州同馬로 좌천된 다음해 가을, 작자가 심양강에서 한 상인의 아낙네를 만난 것을 소재로 하여 쓴 것이다. 그녀는 한때 장안에서 재색을 겸비해 인기 높던 기생이었다. 시인은 그 여인의 불행한 운명을 생각하며 또한 자기의 불우함을 새삼 느낀다.

백거이는 만년에 불교에 귀의하여 승려와 친교를 가지면서, 유유자적한 생활을 하며 자신의 시문집인 〈백씨문집白氏文集〉 75권을 직접 편찬하였다. 백거이는 당시로서는 장수하였다 할 수 있는 일흔다섯의 나이로 죽었다.

위에서 살펴본 세 시인은 한결같이 관리 출신으로서, 당시의 지배 계층에 속하였다. 그러나 그들은 모두 가난한 민중에게 따뜻한 애정을 기울인 시들을 썼다. 당의 시는 그 이전의 시에 비해 표현이 사실적이고, 내용도 훨씬 심화되었다. 그 위에 천재적인 기교도 더해져서 사람의 마음을 감동시키는 명시가 많이 나오게 된 것이다.

문인의 정치 이상
왕안석의 '신법' (1021~1086년)

　동아시아 문명권에 군림하던 당이 망한 후 중국에는 절도사節度使가 자립하여 나라를 세우는 일이 많았다. 당이 망하고 주전충朱全忠이 후량後梁 태조라고 자칭한 907년부터 조광윤趙匡胤이 송宋을 건국하는 960년까지를 5대10국五代十國 시대라 한다.

　절도사 출신인 조광윤은 송을 건국하고 현재의 개봉開封(카이펑)인 변경汴京에 도읍하였다. 송 초기의 중요 국책은 무인 세력의 억압이었다. 송은 문치주의를 표방하여 문관을 우대하고 과거를 통해 우수한 문관을 발탁하여 국정을 맡겼다.

　그러나 과거를 통과하여 관리가 된 것은 신흥 지주와 부호 등의 자제가 대부분이어서 결국 관료가 대지주가 되거나 또는 지주가 관료가 되었고, 이 때문에 빈부의 격차는 심해졌다. 그와 동시에 국가재정은 적자를 면치 못하게 되었다.

　1067년, 20세의 나이로 즉위한 제6대 황제 신종神宗은 송이 부닥친 최대 문제인 재정난 타개에 힘썼다. 송은 건국 당초부터 문치주의 정책을 시행했기 때문에 요遼와 서하西夏 등 유목 민족의 침입에 무력으로 대항하지 못하

당대의 화가 이숭의 시담영희도. 잡화행상을 아이들과 부인이 구경하고 있다. 상인의 고리에 이와 눈동자 표지를 달아 그가 치과·안과의사 역할도 했음을 알겠다. 대만 고궁박물원 소장.

고, 해마다 은과 명주를 보내는 것으로써 화평을 유지해 왔다. 그 때문에 송의 재정은 바닥나, 파탄 직전의 상황에 놓이게 된 것이다.

신종은 구양수歐陽脩 등 구시대의 고급 관료로는 정치 개혁이 불가능하다고 판단하여 참신한 인물을 찾았다. 이때 선발된 것이 지방 행정에서 실적이 있는 왕안석王安石(1021~1086)이었다. 왕안석은 임강군臨江郡 지사였던 왕익王益이 아버지였다. 19세 때 아버지를 여읜 왕안석은 형제자매들을 돌보면서 공부에 힘썼다. 22세 때는 과거에 응시하여 제4위의 성적으로 합격하여 양주楊州지방 관리로 임명되었다.

그는 각지의 지방관을 역임하면서 치수 사업에 힘쓰기도 하고, 낮은 이자로 농민에게 곡물을 융자하기도 하여 행정에 실적을 올렸다. 그 소식이 중앙에도 전해지게 되어, 38세 때 황제의 부름을 받아 탁지판관度支判官이 되었다. 이 벼슬은 오늘의 재정부 차관에 해당한다. 그때 왕안석은 황제에게 정치에 관한 의견서인 명문 〈만언서萬言書〉를 상주하였다. 그 후 왕안석은 모친상을 치르기 위해 고향으로 돌아가 그곳 지사로 일하였다.

1067년, 신종은 왕안석을 발탁하여 정치·재정의 개혁을 수행하게 하였다. 왕안석은 중소 상공업자를 보호하고, 정부의 수입을 증가시키며, 군사력을 강화하는 것을 목적으로 한 신법新法 개혁안을 실시하였다.

신법 중 중요한 것은, 중간 착취를 막아 물가를 조정하는 균수법均輸法, 농민에게 낮은 이자로 융자하는 청묘법靑苗法, 중소상인에게 저리低利 융자하는 시역법市易法, 부역의 의무가 있는 재산가로부터 면역전免役錢을 징수하여 희망자가 부역을 대행하는 모역법募役法, 백성을 조직하여 민병을 삼는 보갑법保甲法, 민에게 군마를 기르게 하는 보마법保馬法 등이었다.

신법이라 불려진 이와 같은 일련의 개혁은 농민과 중소 상공업자에게 높은 이자로 대여하던 대상인과 대지주 또는 관료층의 이익과 충돌했기 때문에 보수파 관리와 대지주들은 이 개혁에 반대하였다.

그들을 신법에 반대하는 무리라 하여 '구법당舊法黨'이라 불렀다. 구법당의 한 사람으로서 역사서의 편찬사업을 하던 사마광司馬光은 개혁에 반대하다가 1170년, 낙양에 좌천된 일도 있었다.

1176년, 왕안석은 신법이 궤도에 오르게 된 것을 본 후, 아들의 죽음을 계기로 재상직을 사임하고 강녕부江寧府의 종산鍾山에 은둔하였다. 그러나 그것으로 신법이 확고하게 틀이 잡힌 것은 아니다. 1085년, 신법을 추진하던 신종이 죽고, 그 아들 철종哲宗이 어린 나이로 즉위하면서 신법은 뿌리부터 흔들리게 되었다.

일찍부터 신법에 대해 비판적이었던 철종의 조모가 섭정하면서, 구법당의 사마광을 낙양에서 불러들여 재상에 앉히고 구법의 부활 작업을 맡게 하였다. 사마광은 신법을 폐지하고, 개혁 이전에 행해지던 구법을 부활시켰다.

은퇴하여 고향에 시와 문장을 지으면서 나날을 보내던 왕안석은 자신이 심혈을 기울여 이룩한 개혁이 폐기되는 것을 보며 1086년 66세의 나이로 쓸쓸하게 죽었다. 그로부터 5개월 후 사마광도 병으로 죽었다.

왕안석의 개혁을 묻어버린 구법당의 중심인물인 사마광은 편년체의 역사서 《자치통감資治通鑑》의 저자로도 유명하다. 그에게는 소년시대의 일화로 널리 알려져 있는 이야기가 있다. 어느 날 사마광 소년은 다른 아이들과 함께 놀고 있었다. 놀이에 정신이 팔린 아이 하나가 커다란 물독에 빠졌다. 모두들 허둥거리고 있을 때 사마광은 돌로 물독을 깨서 소년을 구하였다.

역사서 《통지通志》 전 8권의 편찬 사업에 참여한 적이 있는 사마광은 중국의 역사서가 사마천의 《사기史記》 이래로 기록되어 있기 때문에 역사의 흐름을 파악하는 데 불편하다고 생각하여, 연대순으로 역사를 서술하는 방법인 편년체로 역사를 기록하였다. 이것은 전국 시대로부터 송의 건국까지의 역사를 본문 294권에 정리한 것으로서, 신종으로부터 《자치통감》이라는 이름을 하사받았다. 이 제명은 역사란 정치의 참고가 되는 거울이란 뜻이다.

한편 사마광과 정치적으로 라이벌 관계에 있던 왕안석은 재상으로서 격무에 시달리면서도 수많은 시를 짓고 문장을 썼다. 왕안석은 시 이상으로 우수한 문장을 남겼기 때문에 '당송팔대가唐宋八大家' 중 한 명으로 꼽히고 있다. 당대唐代와 송대宋代에 나온 8명의 뛰어난 문장가는 다음과 같다. 당의 한유韓愈 · 유종원柳宗元, 송의 구양수歐陽脩 · 왕안석王安石 · 증공曾鞏을 비롯 소순蘇洵 · 소식蘇軾 · 소철蘇轍 등 3소三蘇, 곧 소씨 3부자.

주자학은 어떤 사상인가
주희의 이기이원론(1130~1200년)

왕안석의 개혁이 좌절된 이후의 송(북송)에서는 신법당과 구법당 사이의 대립과 정쟁이 격화되어 정치의 혼란이 이어졌다. 송의 혼란을 틈타서 한때는 송과 손잡고 요遼(거란)를 공격했던, 만주에서 일어난 여진족 금金이 북방에서 침입해 왔다. 그들은 송의 수도 변경을 점령하고, 상황上皇 휘종徽宗과 황제 흠종欽宗을 포로로 잡은, 이른바 '정강靖康의 변(1127)'을 일으켰다.

송의 일족은 강남으로 도피하여 지금의 항주杭州인 임안臨安을 수도로 정하고, 남송南宋(1127~1279)을 건국하였다. 남송은 회수淮水를 경계로 하여 금과 접해 있었다. 국내에서는 주전파인 악비岳飛와 화평파인 진회秦檜 등이 대립하여 화전和戰 논쟁이 벌어졌다. 결국 화평파가 승리하여 금에게 조공을 바치면서 북방 경계선의 안전을 유지해 나가게 되었다.

남송은 무력이 약하여 외세의 침입을 받았으나, 건국 초부터 문치주의를 표방해 문화를 향상시켰고, 학문 사상을 크게 떨쳤다. 과거를 중시하면서 지배자 계층을 독서인이라 불렀고, 문학은 교양의 중심을 이루었다. 또한 그들은 학자로서도 뛰어나서 고전에 대한 비판을 행하고 역사서를 저술하였다. 유학자인 주희朱熹(1130~1200)는 사마광의 《자치통감》 해설서라 할 수 있는

《자치통감 강목》을 저술하였다.

송대의 유학은 송학宋學이라 한다. 고증과 해석·주석을 주로 하는 훈고訓詁에 시종한 한·당의 유학을 대신하여 송대에 들어와 새 경지를 열게 된 것이다. 송학은 북송의 주돈이周敦頤(1017~1073)에서 시작되었고, 그 제자인 정호程顥(1032~1085)·정이程頤(1033~1107) 형제를 거쳐 남송의 주희에 이르러 대성을 이루었다.

주희는 송의 조정에서 화전 논쟁이 치열하던 때에 복건福建의 외진 관리 집에서 출생하였다. 그의 아버지는 악비를 지지하는 열렬한 항전파였고, 소년시대의 주희도 그 영향을 많이 받았다. 주희는 19세 때 과거의 진사과에 합격하여 관리가 되었다.

그는 업무를 수행하는 한편, 북송의 유학자 정호·정이 형제의 학파를 잇는 스승에게서 유학에 관해 배우며 연구하였다. 주희는 당시의 유학이 경서經書의 글자 해석에만 힘을 쏟는 훈고학에 빠져 있는 것을 비판하며, 유학 그 자체의 발전을 도모하려 하였다.

공자·맹자가 죽은 후 유학은 노장老莊사상과 불교의 영향을 받아 왜곡되었기 때문에 그와 같은 것들을 배격하여 유학의 근본정신으로 돌아가려 하였다. 이것이 주희가 주장한 이기이원론理氣二元論의 정신이다. 그는 우주 만물은 이理와 기氣로 이루어졌다고 보고, 그 관점에서 인간의 본성을 연구하였다. 즉, 기(욕망)를 억제하여 이(만물의 근원·본질)를 명백하게 하는 일, 특히 군신君臣 도덕·가족 도덕은 사람을 사람답게 하는 것이기 때문에 가장 존중해야 한다고 주장하였다.

주희가 관리로서 크게 활약하며 업적을 올린 것은 1168년에 건녕부建寧府 안현安縣을 중심으로 발생한 큰 기근에 즈음하여 현의 상평창常平倉(비상시에 대비해 곡식을 비축해둔 창고)을 열어 600석의 쌀을 난민에게 분배함과 동시에, 도적을 엄히 단속하여 치안을 회복한 일이었다.

그는 이 경험 아래 상평창의 정비와 그 운영법을 사창법社倉法으로 정리하여 철저하게 시행하였다. 이 치적이 높이 평가되어 1181년 절동浙東 지방의 대기근에 즈음해서는 정부로부터 요청을 받아 현지로 달려가 진두지휘를 하

송대의 사대부 생활. 이들의 교양은 거문고·바둑·서예·그림 4가지로 대표된다. 비단 바탕에 채색. 29×27.8cm

여 기근을 수습하는 데 성공하였다.

그는 기근에 얹혀 폭리를 취하는 악덕상인과 악덕관리, 지주들을 엄하게 다스리는 한편, '산골짜기 주민'과 '극빈한 백성'의 구제에 온 힘을 기울었다. 그러나 이 일로 원한을 가진 무리들의 반발을 사게 되었고, 그들은 후에 주자학 배척 운동을 펼쳤다.

주희는 이 공적으로 영전의 사령장을 받게 되지만 그는 그것을 반납하였다. 그는 강서성의 백록동白鹿洞서원과 복건성의 고정考亭서원에서 제자의 교육과 저작에만 정진하였다. 1200년, 주희는 "뜻을 굳게 하고 생각을 집중하라堅苦"는 유언을 남기고 죽었다.

주희는 유학은 말할 것도 없고 사상·문학·역사학에 걸친 많은 저작을 남겼다. 특히《논어論語》,《맹자孟子》,《대학大學》,《중용中庸》등 사서四書에 대한 새로운 주석 작업을 했고, 이것을 종래 유학의 경전인 5경과 합쳐서 유학의 근본 경전으로 추천하고 장려하였다. 이 이후로 유학의 경전으로 '사서오경'이라는 호칭이 정착하게 되었다.

주희는 생전에 육구연陸九淵(象山)과 격론을 벌였다. 육구연은 만물의 근원은 이理뿐으로서, 이는 곧 마음이라고 하는 '심즉이心卽理'를 주장하며, 마음의 미혹을 제거하는 덕성의 함양을 강조하였다. 이 생각은 명明의 왕양명王陽明에게 계승되어 유학의 일파인 양명학파를 형성하였다.

침략자에서 세계 제국 건설자로
칭기즈 칸(1206~1227년)

몽골 고원의 한 유목 민족이었던 몽골 민족은 13세기에 빠른 세력 팽창을 이루어 중국까지도 그 지배 아래에 두는 등 세계 역사상 일찍이 볼 수 없었던 대제국을 이루었다. 이 시기는 유럽의 십자군 시기에 해당하며, 지난날 고립된 문명권 상호 간의 교류라고 하는 점에서 그 후의 세계 일체화에의 선구가 되었다.

몽골 고원의 여러 부족을 통일해 세계 제국의 기반을 다진 인물은 칭기즈 칸이다. 몽골 부족들은 같은 몽골계인 키타이 제국(거란, 遼)의 지배 아래 놓여 있었다. 키타이 제국은 12세기에 여진족인 금金과 송宋에 의해 멸망하였다. 이때 몽골 부족의 카불 칸이 한때 몽골 부족들을 통일하였다.

카불 칸의 손자가 테무친鐵木眞의 아버지 예수게이였다. 보르치긴족의 족장 예수게이에게는 테무친 외에 세 아들과 막내딸 등 다섯 명의 자녀가 있었다. 예수게이는 테무친이 아홉 살이 되었을 때 맏이의 신부감을 정하기 위해 옹기라트 부족의 부락에 갔다가 돌아오는 길에 타타르 부족에 의해 독살당하였다. 보르치긴 부족은 강대한 타타르 부족과의 관계가 악화되는 것을 두려워하여 예수게이 일가를 배척하였다.

이때부터 어머니 오에른과 테무친을 비롯한 자녀들의 고난의 나날이 시작되었다. 그들은 나무 열매와 풀뿌리로 굶주림을 달랬고, 물고기를 잡고 사냥을 하여 그럭저럭 살아나갔다.

어머니는 아이들에게 "그림자 말고는 친구도 없고, 말꼬리 말고는 채찍도 없다"고 탄식하면서도, 아이들에게 위대한 카불 칸의 이야기를 들려주면서 몽골 귀족으로서의 긍지를 가지도록 교육하였다.

테무친은 17세 때 아버지와 동맹 관계에 있던 케레이트 부족의 족장 완 칸의 신뢰를 얻었다. 그는 완 칸의 원조로 뿔뿔이 흩어져 있던 지난날 아버지의 부하들을 다시 모으는 일에 성공하였다.

원元의 건국 기록인《원조비사元朝秘史》에 따르면, 테무친이 메르키트 부족의 습격을 받아 갓 결혼한 신부 보르테를 빼앗기는 불상사가 발생하였다. 테무친은 메르키트 부족에 대한 복수전을 하여 아내를 구출하고, 메르키트인 300명을 자자손손에 이르기까지 모조리 학살했으며, 여자와 아이 중에서 품에 안을 수 있는(아름다운) 여자는 첩으로 삼고, 문 안에서 부려먹을 수 있는 자는 장막에 들여 노비로 삼았다.

1201년 테무친은 11개 몽골 부족을 통일하여 자다란 부족의 자무카를 정복한 데 이어 타타르 부족, 케레이트 부족, 나이만 부족을 차례로 쓰러뜨리고 몽골 부족 전체의 통일에 성공하고, 1206년 쿠릴타이(부족장 회의)에서 몽골족 전체의 우두머리 칭기즈 칸으로 추대되었다.

'칭기즈'라는 말에 대한 의미로는 여러 견해가 있는데, 몽골의 신앙인 샤머니즘의 '빛의 신'을 의미한다는 견해가 지배적이다. 그리고 '칸汗'은 북방 아시아 유목 민족 군주의 칭호이다.

칭기즈 칸은 국가의 통일을 굳건히 하기 위해 천호千戸 또는 백호 등 독특한 군사 및 정치 조직을 창설하고, 신생 국가에 적합한 법령을 제정하였다. 몽골 제국의 장기에 걸친 번영을 위해서는 풍부한 농경민족을 지배하는 일과 동서 교역의 이익을 확보하는 것이 필요하다고 생각한 칭기즈 칸은 만주족인 금金에 대한 공격을 개시하는 한편, 실크로드 교역을 행하고 있던 호라즘 제국에 통상 사절을 파견하였다.

1218년, 500마리의 낙타에 짐을 가득 실은 칭기즈 칸의 대상 무리가 중앙아시아의 국경도시 오트라르에서 그곳 태수의 습격을 받아 거의 전원이 학살당하는 사건이 발생하였다. 이 소식을 듣고 발끈한 칭기즈 칸은 다음해 20만 명의 대군을 이끌고 호라즘 제국을 침공하였다. 그때부터 칭기즈 칸의 본대와 아들 주치와 수부타이가

무장한 몽골 병사. 유목민 출신인 이들은 기마술이 탁월하여 기동성 높은 기마전으로 유라시아 대륙을 휩쓸었다. 15세기 명대의 그림.

인솔하는 별동대에 의한, 실로 7년 동안에 걸친 일대 정복전이 전개되었다.

칭기즈 칸은 저항하는 여러 민족과 여러 도시의 주민 대부분을 학살했기 때문에 많은 도시가 폐허화되었다. 또 한편 정복한 나라의 유능한 인재는 자기의 부하로 삼았고, 그들로부터 그 나라의 기술과 문화 및 학문 등 여러 가지 정보를 얻어 이를 대제국 통치에 활용하였다. 위구르인인 타타통가로부터는 위구르 문자를 배워 문자를 가지고 있지 않던 몽골의 문화 수준을 크게 향상시켰다.

몽골군이 금을 공격하여 베이징을 점령했을 때 금 왕조의 관리로 있는 요遼의 왕족 중 한 명인 야율초재耶律楚材를 얻었다. 초재는 천문과 지리, 역사 및 의학 등 여러 학문에 뛰어난 데다 또한 시인이며, 불교와 도교에 관해서도 조예가 깊은 제일급의 문화인이었다.

칭기즈 칸은 초재의 재능을 알아보고 신하로 삼아 서방원정에 종군하게 하였다. 초재는 칭기즈 칸에 의한 각지 주민의 대학살을 눈앞에 보고 가슴 아파하였다.

1224년 5월 전설상의 동물이 출현하여, "황제는 군대를 거두어 속히 귀국

토록 하라"고 몽골병에게 고하였다고 하였다. 칭기즈 칸이 그 의미를 초재에 게 묻자 그는 이렇게 답하였다.

"모름지기 폐하는 하늘의 아들이시고, 천하의 인민은 모두 폐하의 자녀들 입니다. 원하건대 하늘의 뜻을 받들어 모든 사람들의 목숨을 소중하게 여기 시기 바랍니다. 그렇게 하면 폐하는 한없는 복을 누리게 될 것입니다."

그는 이 말을 듣고 즉시 군대에게 귀국을 명하였다. 이것이 7년에 걸친 칭 기즈 칸 대정복 전쟁과 대살육을 마감하는 빌미가 되었다.

남다르게 억센 육체와 정신의 소유자였으나 57세부터 64세라는, 당시로서 는 노령의 몸으로 7년간에 걸친 대원정을 추진한 칭기즈 칸은 체력을 지나 치게 소모한 나머지, 서하西夏를 멸하고 돌아오는 중 1227년 8월 18일 감숙甘 肅의 육반산六盤山에서 그 풍운의 생애를 마쳤다. 말에서 떨어진 섯이 사망의 원인이라고 하는 설도 있다.

이 영웅의 죽음은 엄중한 비밀에 부쳐졌다. 유해는 몽골 장사들의 호위를 받으며 엄숙하게 초원을 따라 북으로 향하였다. 가는 도중 행렬과 마주친 사 람들은 모조리 살해되었다. 행렬이 케룰렌 강의 수원지 가까운 본영에 도착 하고 나서야 비로소 그 죽음이 발표되었다.

장례식이 끝난 후 영웅의 유해는 성스러운 불칸 산 한가운데 깊이 판 땅 속에 매장되었다. 그곳은 오논·케룰렌·투라 등 세 강이 시작되는 지점이 었다.

일찍이 칭기즈 칸은 이곳에서 사냥을 하며, 한 그루 큰 나무 아래서 쉬었 던 적이 있었다. 그때 신하들에게 자기가 죽으면 이곳에 매장하라고 분부하 였다. 그곳에 신하들은 관을 묻고는 말로 밟게 해 평지로 만들었다. 그 때문 에 오늘까지 칭기즈 칸의 무덤은 발견되지 않고 있다.

칭기즈 칸은 40여 국을 그의 말발굽 아래 짓밟아 역사상 전무후무한 대제 국을 건설한 정복자로 이름을 남겼을 뿐 아니라, 비단길을 다시 열고 마르코 폴로와 그리스도교 선교사들로 하여금 아시아를 왕래할 수 있게 함으로써 동서양의 문물 교류에 크게 이바지하였다.

쿠빌라이의 중국 대륙 통일
대원 제국의 창건(1271년)

칭기즈 칸은 연거리 1만 8천여km에 걸쳐 정복 전쟁을 수행하면서 그의 말발굽 아래 40국을 짓밟아 멸망시킨 역사상 최대의 정복자였다. 중앙아시아와 서아시아 및 인도 원정으로부터 귀국한 후 그는 광대한 영지를 세 아들에게 분봉하였다.

장남인 주치에게는 훗날 킵차크 한국汗國이 되는 남러시아의 초원을, 2남인 차가타이에게는 훗날 차가타이 한국이 되는 중앙아시아를, 3남 오고타이에게는 훗날 오고타이 한국이 되는 알타이 평원을 주었다. 그러나 막내아들인 툴루이에게는 아무것도 주지 않았다. 이것은 몽골 민족의 전통인 막내 상속제에 따라 칭기즈 칸이 사망하면 그 영토, 곧 카라코룸을 중심으로 하는 몽골 고원이 툴루이에게 상속됨을 뜻한다.

칭기즈 칸의 죽음으로 3남인 오고타이가 제2대 칸(태종)이 되었을 때, 오고타이는 칸이면서도 몽골 고원을 지배할 수 없게 되었다. 그때 툴루이는 몽골 제국의 장래를 생각하여 몽골 고원을 오고타이에게 넘겨줌으로써 이 어려운 문제는 해결되었다.

툴루이에게는 몽케 · 쿠빌라이 · 홀라구 등 세 아들이 있었다. 툴루이의 영토 헌납으로 이들 형제들에게는 토지와 재산이 전혀 없었다. 형제들은 툴루이 일가의 재흥을 위해 형제 중에서 반드시 칸을 내어야 한다고 다짐하였다. 이들의 사전 준비로 오고타이가 죽은 후 쿠릴타이(부족장 회의)에서 일종의 쿠데타적 수단으로 장남인 몽케가 칸이 되었다.

몽케 칸(헌종)은 즉위하는 즉시 훌라구에게 서아시아 원정과 그 지역의 통치를 위임했고, 쿠빌라이에게는 티베트와 대리大理(운남), 그리고 안남安南(베트남)의 정복을 명하였다. 동시에 쿠빌라이를 중국인 거주 지대의 총괄을 임무로 하는 '한남한지漢南漢地 대총독'에 임명하였다.

훌라구는 중앙아시아에서 이란으로 들어가 1258년, 바그다드를 점령하여 아바스 왕조 이슬람 제국을 멸하고 그곳에 일 한국을 수립하였다. 쿠빌라이는 고도 4,000m가 넘는 티베트 고원에서 대리와 안남에 이르는 험준한 사막 지대에 걸친 대원정을 끝냈다. 그는 이 원정에서 티베트의 라마교에 깊은 관심을 가지게 되어, 후에 라마교를 국교로 정하였다.

남은 일은 남송南宋을 공략하는 일이었다. 몽케 칸은 대군을 동원하여 남송 정복에 나섰다. 그는 사천까지 진공했으나, 1259년에 그곳에서 갑자기 죽었다. 별동대를 거느리고 악주鄂州(武昌)에서 싸우고 있던 쿠빌라이는 즉시 회군하여, 다음해 개평開平에서 스스로 칸이 되었다.

몽케의 아들들이 반란을 일으켰으나 곧 진압되었다. 이어 오고타이의 손자 하이두가 오고타이·차가타이·킵차크 3개 한국의 지원을 받아 반란을 일으켰다. 쿠빌라이는 몽케 칸이 이루지 못한 남송 정복 사업을 계승하기로 결의하고, 1266년에 대도大都(베이징)에 도읍하였다. 그리고 1268년에 본격적인 남송 공격에 착수하였다. 1271년에는 국호를 원元이라 하였다.

많은 인구와 경제력을 가진 남송 공략에는 어려움이 따랐으나, 전쟁을 시작한 지 11년째인 1279년, 애산崖山 전투에서 남송을 멸망시키고, 마침내 중국 전토를 그 지배 아래 두게 되었다.

아시아 지역이 이러한 전운에 싸여 있을 때 이탈리아 베네치아(베니스)의 상인 마르코 폴로는 원과 무역을 할 생각으로 17세의 아들 마르코와 함께 이란에서 파미르를 넘어서 쿠빌라이 칸이 있는 대도에 도착하였다.

몽고의 처형 장면. 활활 타는 불 위에 올려진 통 속에 사람의 발만 보인다. 오른쪽엔 벌거벗은 채 목에 줄을 맨
사람이 앉아 있다. 포로의 처형인 듯하다.

마르코 폴로(1254~1324)에게는 모든 것이 신기하기만 하였다. 쿠빌라이도
이 서양 청년의 재능을 인정하여 자기 밑에서 일하게 하였다. 그러는 새 어
느덧 17년의 세월이 흘러갔다. 이윽고 마르코는 원의 공주가 이란에 있던 같
은 몽골인의 나라에 시집가는 데 동행하여 귀국하게 되었다.

이탈리아로 돌아온 마르코 폴로는《동방견문록》을 발표하였다. 그는 자기
가 직접 보고 들은 바를 구술口述로 기록했으나, 그 무렵의 유럽에서는 상상
조차 할 수 없는 일들이 너무나 많았기 때문에 사람들은 한결같이 "마르코
폴로는 허풍쟁이다"고 치부하였다.

이 당시 아시아인의 힘은 유럽과 비교할 때 상대도 되지 않을 정도로 위
대하였다. 그러나 그와 같이 강하던 몽골 인의 나라 원도 이울어져 명明
(1368~1644)이 건국되었다. 명대에 환관으로 이슬람 교도인 정화鄭和(1371~
1434)는 황제의 명에 따라 힘을 해외에 과시하기 위해 전후 7회에 걸쳐 남십
자성이 빛나는 인도양을 항해하였다.

인도에는 16세기 초 티무르의 자손이라는 바부르(1483~1530)가 침입해 무
굴 제국(1526~1858)을 세웠다. 무굴은 몽골인의 피도 섞여 있기는 했으나, 투

르크인의 나라라고 하는 편이 타당할 것이다. 그것은 이슬람교의 나라였기 때문에 힌두교를 믿는 인도인과는 잘 화합할 수 없었다.

바부르의 손자 악바르(1542~1605)는 뛰어난 황제였다. 남인도를 제외한 인도 전역과 아프가니스탄을 아우르는 대제국을 건설한 그는 깊이 이슬람교를 믿으면서도 인도인의 마음을 사기 위해 힌두교를 믿는 왕의 딸과 결혼하여 모두 평화롭게 공존할 수 있다는 것을 보여 주었다. 그의 손자 샤 자한(1592~1666)이 건설한 타지마할 묘는 세계에서도 가장 아름다운 건물로 알려져 있으며, 무굴 제국의 영화로웠던 시절을 오늘날에도 말해 주고 있다.

한편 서아시아에서는 13세기 말에 이슬람교를 믿는 투르크족의 일파인 오스만(1259~1326)이 강대한 제국을 세웠다. 이 오스만 투르크 제국은 1453년에는 동로마 제국을 멸하고 유럽에까지 진출했고, 16세기에는 신성 로마 제국의 수도인 빈을 공격하기에 이른다.

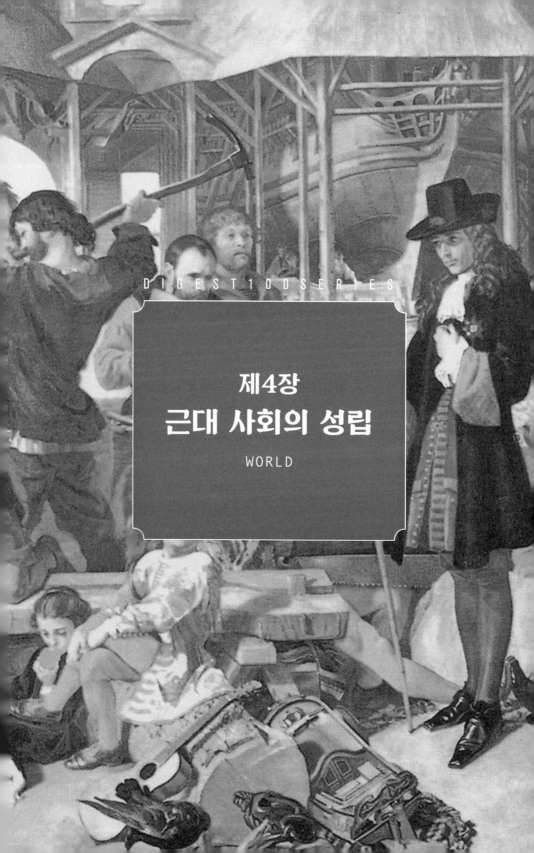

제4장
근대 사회의 성립

WORLD

:: 유럽 세계의 시대

르네상스와 새 항로 발견

14세기 이래 시민 계급이 성장하여 새 문화가 형성되었다(르네상스). 인문주의의 활동이 활발해지면서 그리스 · 로마 문화의 부흥이 주창되었고, 사실과 개성을 존중하는 경향이 강화되었다.

15세기의 피렌체에서는 메디치가의 보호 아래 많은 인문주의자와 예술가가 활약하였다. 쿠텐베르크(1400경~1468)의 활판 인쇄술 발견으로 책이 민간에 보급되었고, 화약과 총의 보급은 영주의 중무장 기병 대신 용병대의 시대를 열었다. 또한 코페르니쿠스는 천체 관측에 의거하여 지동설을 주장하였다.

나침반의 이용으로 원양 항해가 가능하게 되자 새 항로의 개척이 시작되었다. 포르투갈인은 엔리케 항해 왕자(1394~1460)의 후원으로 대서양 항해에 나섰을 뿐 아니라 바르톨로메우 디아스(1450경~1500)의 희망봉 도달(1488), 바스코 다 가마(1469경~1524)의 인도 항로 개척의 성과를 거두었다(1498).

토스카넬리(1397~1482)의 지구 구체설球體說을 믿은 콜럼버스(1446~1506)가 이사벨 여왕(재위 1474~1504)의 후원으로 대서양 횡단에 성공하자(1492), 스페인인은 떼돈을 벌기 위하여 미대륙으로 갔다. 또한 브라질에는 포르투갈 인이 진출하였다(1500).

종교 개혁과 그 영향

마르틴 루터(1483~1546)는 속죄권 판매에 반대하여 '95개조 반박문'(1517)를 발표하여 성서가 유일한 권위라고 주장하며 로마 교황과 대립하였다. 황제 카를 5세(재위 1519~1556)는 루터를 압박하였으나, 작센 후候 프리드리히(재위 1486~1525)의 보호를 받았다.

봉건적 지배에 저항하는 독일 농민 전쟁(1524~1525)이 발생하자 루터는 반란 진압에 협력하였다. 한편 오스만군의 빈 포위(1529) 등의 여건 때문에 황제와 제후는 도시 신앙의 자유를 인정하였고, 아우구스부르크 화의(1555)에 의하여 타협이 이루어졌다.

제네바에서 교회 개혁을 행한 칼뱅(1509~1564)은 예정설을 주장하였고, 노동을 중요하게 여겨 그 결과 얻는 이익을 인정하였다. 그 주장은 영국, 프랑스, 네덜란드의 시민들이 많이 지지하였다. 한편 영국에서는 헨리 8세(재위 1509~1547)가 수장령首長令을 공포하여(1534) 영국 국교회를 수립하고 로마 교회에서 독립하였다.

프로테스탄트(신교도)의 움직임에 대항하여 가톨릭 측은 트렌트 공회의(1545~1563)를 열어 교황의 절대권을 확인하고 종교 재판을 강화하였다. 또한 이그나티우스 로욜라(1491경~1556)와 프란시스코 자비에르(1506경~1552)는 예수회를 결성하고(1534), 가톨릭 세력 회복을 위하여 중남미와 아시아 지역 선교에 적극적이 되었다.

스페인과 네덜란드

미대륙에 진출한 스페인은 코르테스(1484~1547)가 아스테카 제국(?~1521)을, 피사로(1470~1541)가 잉카 제국(1200경~1533)을 정복하였다. 스페인인은 서아프리카에서 흑인을 수입하여 노동 인력으로 썼고, 가톨릭 교회 선교사들은 인디오를 기독교로 개종시켜 전통적인 인디오 문화를 파괴하였다.

스페인은 네덜란드를 차지하였고, 펠리페 2세(재위 1556~1598)는 레판토 해전(1571)에서 오스만 함대를 무찔렀으며, 포르투갈도 병합하여(1580) 대제국을 이룩하였다.

무역 중개로 번영한 네덜란드는 스페인에 의한 칼뱅파의 탄압에 저항하여 독립 전쟁(1568~1609)을 일으켰다. 북부 7주는 오라니에 공 윌렘(오렌지 공 윌리엄)을 총독으로 대하고 네덜란드 연방 공화국(홀란드)의 독립을 선언하였다(1581). 독립 후의 네덜란드는 동양 무역에 나섰고, 아프리카에 케이프 식민지를 개척하였으며(1652), 칼리브해에도 진출하여 수도 암스테르담은 유럽 상업과 금융 중심지가 되었다. 또한 크로티우스(1583~1645)는《전쟁과 평화의 법》을 저술하였다.

영국 · 프랑스 · 독일

영국에서는 모직물 공업이 발달하여 젠틀리(지주가 된 하급 귀족)는 목축을 위하여 농지를 에워쌌고(제1차 인클로저), 부유한 요맨(재영 농민) 중에는 농민을 고용하여 모직물의 공장형 수공업(매뉴팩처)를 경영하기도 하였다.

엘리자베스 1세(재위 1558~1603)는 통일령(1559)을 공포하여 영국 국교회를 확립하고, 스페인 무적함대를 격파하였으며(1588), 대상인을 보호하여 국왕의 지위를 강화하였다.

제임스 1세(재위 1603~1625)는 신교도를 탄압하고 왕권신수설王權神授說을 주장하였다. 동인도 회사가 설립되어(1600) 아시아와 무역을 개시하였고, 북미에서는 버지니아의 식민(1607)과 필그림 파더스의 이주(1620) 등으로 뉴잉글랜드의 개척이 진행되었다.

프랑스에서는 칼뱅파에 대한 탄압에 저항하여 위그노 전쟁(1562~1598)이 발생하였고, 생바르텔르미의 학살(1572)로 신구 양 파의 대립은 격화되었다. 부르봉 4세(재위 1589~1610)의 낭트의 칙령(1598)으로 개인 신앙의 자유가 인정되어 내전이 종결되었다. 루이 13세(재위 1610~1643)는 리슐리외(1585~1642)를 등용하여, 3부회를 정지시켜(1615) 왕권을 강화하였다.

독일에서는 신교도의 탄압에 대한 보헤미아의 반란(1618)을 빌미로 30년 전쟁(1618~1648)이 시작되었다. 이 전쟁에서 신교도편을 지원하는 덴마크, 스웨덴, 프랑스의 군사 개입을 불러들여 독일 국내는 황폐해졌다. 베스트팔렌 조약(1648)에 의하여 독일 제후의 독립이 승인되고, 신성 로마 황제의 존재는 이름만 남게 되었다. 또한 스위스, 네덜란드의 독립이 공인되고, 신교도의 신앙 자유도 인정되었다.

영국의 혁명

찰스 1세는 '권리 청원'(1628)을 거부하던 중 스코틀랜드의 반란 진압(1639)에 소요되는 전쟁 비용을 징수하기 위하여 의회를 소집하였다(1640). 그러나 의회는 청교도에 대한 압박 등의 이유로 과세를 거부하였다. 그 때문에 국왕군과 의회군 사이의 내전이 터지게 되어(1642), 크롬웰(1599~1658)은 철기대鐵騎隊를 이끌고 국왕군을 무찔렀다.

크롬웰의 독립파는 국왕을 처형하고 공화정을 세웠다(청교도 혁명, 1649). 크롬웰은 장로파와 수평파를 탄압하며, 의회를 해산하고 호국경護國卿이 되어(1653) 독재 정치를 하였다. 또한 아일랜드를 정복하고 스코틀랜드를 공격했고, 항해법을 제정하여(1651) 해상 무역을 지배하는 네덜란드와 전쟁을 하였다(1652~1654).

크롬웰이 죽은 후 찰스 2세(재위 1660~1685)에 의하여 왕정이 부활하였다. 의회는 왕의 전제 정치에 대항하여 심사법(1673)과 인신 보호법(1679)을 가결하였다. 제임스 1세(재위 1685~1688)가 그것을 무시하였기 때문에 의회는 윌리엄 3세(재위 1689~1702)와 메리 2세(재위 1689~1694) 부부를 네덜란드에서 데려와(명예혁명, 1688) '권리 선언'(1689)을 승인하게 하였다. 의회 내부에서는 토리 당과 위그 당 2대 정당이 성립되고, 하노버 조의 조지 1세(재위 1714~1727)가 즉위하면서 의회에서의 다수당 당수가 내각을 조직하는 책임 내각제가 시작되었다.

그 후 영국은 동양 무역에서는 네덜란드를 압도하고, 7년 전쟁에서는 프랑스와의 인도와 북미의 식민지 쟁탈전에도 승리하여 해상 무역의 지배권을 쥐었다.

근대화를 지향하는 유럽

프랑스에서는 마자랭(1602~1661)이 귀족의 반란(프롱드의 난, 1648~1653)을 진압하여 왕권의 강화를 꾀하였다. 루이 14세(재위 1643~1715)는 막강한 군사력으로 영토 확대에 힘썼고, "짐은 국가이다"라고 말하며 3부회를 무시하고 절대 왕정을 확립하였다. 또한 콜베르(1619~1683)를 등용하여 중상重商주의 정책을 폈고, 동인도 회사를 재건하여(1664) 아시아에 진출하는 한편, 캐나다와 루이지애나 개척에도 착수하였다. 웅장한 베르사유 궁전을 건조하였고, 낭트 칙령을 폐지함으로써 프랑스 산업의 정체를 불러들였다.

스페인 계승 전쟁(1701~1713)의 결과 이스파니아의 왕권은 부르봉가에 캐나다의 일부 등 해외 영토를 잃었다.

러시아에서는 이반 4세(재위 1533~1584)가 '차르'의 칭호를 사용하여 귀족들의 세력을 눌렀고, 예루마크가 우랄 산맥을 넘어 시베리아 진출을 개시하였다(1581). 그 후 로마노프조의 표트르 1세(재위 1682~1725)가 유럽화를 진행시켜 왕권 강화를 꾀하였다. 또한 청조淸朝와 네르친스크 조약(1689)을 맺고, 스웨덴과의 북방 전쟁(1700~1721)으로 발트해의 출구를 확보하였다. 이 때문에 농노제가 강화되었다. 에카테리나 2세(재위 1762~1796)는 대규모의 농민 반란(푸카초프의 난, 1773~1775)을 진압하고, 크리미아 한국을 병합하여 흑해로 나가는 출구를 확보하였다.

프로이센에서는 프리드리히 2세(재위 1740~1786)가 오스트리아 계승 전쟁(1740~1748)과 7년 전쟁(1756~1763)으로 실레지엔 지방을 차지하여 절대 왕정을 확립하였고, 로코코 식 산 수시 궁전을 지었다.

베스트팔렌 조약에 의하여 신성 로마 황제로서의 실권을 잃은 합스부르크가의 오스트리아는 오스만 제국으로부터 헝가리를 빼앗아 동유럽을 향한 세력 확대를 꾀하였다. 마리아 테레지아(재위 1740~1780)는 프로이센과 대립하여 7년 전쟁을 감행하였고, 그 아들 요셉2세(재위 1756~1790)를 도와 왕권 강화를 도모하였다.

한편 폴란드는 러시아, 프로이센, 오스트리아 3국에 의하여 분할되어(1772, 1793, 1795) 끝내 멸망하였다.

문학 작가 및 작품 부문에서는 프랑스의 코르네유(1606~1684), 몰리에르(1622~1673), 라신(1639~1699)을 비롯 영국 밀턴(1608~1674)의 《실낙원》, 디포(1660~1731)의 《로빈슨 크루소》, 스위프트(1667~1745)의 《걸리버 여행기》등이 유명하다.

음악에서는 독일의 바흐(1685~1750)와 헨델(1685~1759), 미술은 이스파니아의 베라스케스(1599~1660), 네덜란드의 렘브란트(1606~1669), 루벤스(1577~1640)가 유명하다.

자연과학에서는 이탈리아 갈릴레이(1564~1642)의 물리 현상 해명, 독일 케플러(1571~1630)의 지동설 확립, 영국 뉴턴(1643~1727)의 만유인력 법칙이 유명하다.

철학 부문에서는 영국 프랜시스 베이컨(1561~1626)의 경험론, 프랑스 데카르트(1596~1650)의 《방법 서설》로 대표되는 합리론 철학, 네덜란드 스피노자(1632~1677)의 《에티카》로 대표되는 범신론이 유명하다.

기타 영국 홉스(1588~1679)의 《리바이어던》, 로크(1588~1679)의 《인간 오성론悟性論》, 프랑스 몽테스키외(1689~1755)의 《법의 정신》, 볼테르(1694~1778)의 《철학 서신》, 루소(1712~1778)의 《사회 계약론》, 디드로(1713~1784)와 달랑베르(1717~1783)의 《백과전서》가 유명하다.

:: 중화 제국의 형성

명의 성립

원 말기에 백련교도의 반란(홍건의 난, 1351~1366)이 기세를 떨치는 중 그 지도자인 주원장朱元璋(=홍무제, 1328~1398)이 금릉金陵(=난징)에 도읍하여 명을 세우고(1368) 원을 몽골 고원으로 쫓아 보냈다.

왕위 계승 문제의 다툼(정난靖難의 변, 1399~1402)에서 이긴 영락제(재위

1402~1424)는 수도를 베이징으로 옮기고(1421), 정화鄭和(1371~1434경)에게 남해 원정을 하게 하여(1405~1433) 명의 위세를 사방에 떨쳤다. 영락제가 죽은 후 북방 유목민의 침공이 활발해져서, 오이라트의 에센 칸(?~1454)과 타타르의 알탄 칸(1507~1582)의 침략을 당하였다.

산업의 발달에 따라서 서광계徐光啓(1562~1633)의 《농정農政전서》, 이시진李時珍(1523경~1596경)의 《본초강목本草綱目》, 송응성宋應星(1590경~1650경)의 《천공개물天工開物》 등 기술서가 저술되었다.

유학의 경우 왕수인王守仁(=왕양명王陽明)(1472~1528)이 지행知行합일을 주장하는 양명학陽明學을 세웠다.

도시 민중 사이에서는 구어口語 소설 〈수호전〉, 〈삼국지연의〉, 〈서유기〉, 〈금병매〉 등이 유행하였다.

동아시아의 움직임

한반도에서는 이성계李成桂(1335~1408)가 고려를 타도하여 조선을 세우고, 주자학과 과거 제도를 받아들였다. 세종(재위 1418~1450)은 한글을 제정하여 (1446) 학문 진흥에 힘썼으며, 금속 활자에 의한 유학의 고전과 역사서의 인쇄 사업을 활성화시켰다.

일본의 도요토미 히데요시(1537~1598)는 임진 · 정유 왜란(1592~1598)을 일으켜 한반도를 침략하였고, 조선에서는 이순신李舜臣(1545~1598)의 활약으로 왜군을 물리쳤다.

명이 쇠퇴한 기미를 보이자 동북 지방에서 통구스계의 여진인 누르하치 (1559~1626)가 후금後金을 세웠다. 그는 만주인을 통합하여 세습적 군단을 편성(팔기八旗 제도)하였다(1615).

누르하치의 아들 혼타이지(재위 1626~1643)는 내몽골을 평정하고, 국가 이름을 청靑(1616~1912)으로 정하였다. 그는 조선을 침범하였고(병자호란), 몽골 8기(1635)와 한인漢人 8기(1642)를 편성하여 군사력을 강화하였다.

청의 중국 정복

이자성李自成(1606~1645)이 거느리는 농민 반란군에 의하여 명이 멸망하자 (1644) 청군은 항복한 명의 장군 오삼계吳三桂(1612~1678)의 뒤를 따라 이자성 군을 격파하고 베이징에 도읍하였다.

강희제康熙帝(재위 1661~1722)는 오삼계 등에 의한 '삼번三藩의 난'(1673~1681)을 진압하고, 대만을 근거지로 하여 '반만복명反滿腹明'을 주장하는 정성공鄭成功(1642~1662)의 자손을 토벌하였다(1683). 또한 시베리아에 진격해 온 러시아와 네르친스크 조약(1689)을 맺고 국경을 정하였다.

뒤를 이은 옹정제雍正帝(재위 1772~1735), 건륭제乾隆帝(재위 1735~1795) 시대에는 칭하이青海, 테비트, 중가르 등을 정복하여 넓은 영토를 지배하는 중화 제국을 세웠다. 또한 청조의 황제는 라마교의 보호자가 되어 그 권위를 높였다.

청은 과거에 의하여 한인을 관료로 등용하고, 군기처軍機處 등 중앙 부서 고관에는 만주인과 한인을 같은 수로 하여(한만우수관제韓滿偶數官制), 실권을 만주인이 쥐게 하였다. 또한 청에 반대하는 행동에 대해서는 금서禁書 등으로 탄압하고(문자의 옥獄) 한인에게 변발辮髮을 강제하여 만주인의 지배적 입장을 굳게 하였다. 또한 황종희黃宗羲(1610~1695), 고염무顧炎武(1613~1682) 등에서 시작된 고증학考證學에 정통한 학자를 동원하여 《강희자전康熙字典》, 《고금도서집성古今圖書集成》, 《사고전서四庫全書》의 편찬 사업을 시켜 정치 비판의 화살을 돌리게 하였다.

중국의 사회와 대외 관계

명 이래로 서민 문화가 발달하여 희곡과 아울러 〈홍루몽紅樓夢〉, 〈유림외사儒林外史〉, 〈요재지이聊齋志異〉 등 소설이 창작되었다. 한편 중소 농민의 몰락에 따라 관료의 횡포에 저항하는 비밀결사(회당會堂)가 각지에 생겨나고, '백련교도의 난' 등 농민 반란도 잦았다.

포르투갈은 광저우廣州에 건너온(1517) 이후 마카오와 일본 나가사키에 발판을 만들어 무역 활동을 폈다. 또한 프란시스코 자비에르(1506경~1552)와 마테오 리치(1552~1610) 등 예수회 선교사에 의한 선교가 동아시아 각지에 행해졌다. 그들의 활동이 활발해지자 청조는 기독교 선교를 금지하였다(1724).

∷ 시민 혁명과 사회 혁명

미국의 독립

영국이 북미에 개척한 13식민지에는 각각 의회가 창설되었으나, 영국은 7년 전쟁(=프렌치 인디언 전쟁, 1756~1763)의 전쟁 비용을 마련하기 위하여 사탕법(1764), 인지법(1765), 홍차법(1773) 등을 공포하여 주민의 반발을 샀다.

보스턴 티 파티 사건(1773)을 빌미로 영국이 탄압을 강화하자, 주민 측은 필라델피아에서 대륙 회의(1774)를 열고, 워싱턴(1732~1799)을 총사령관으로 임명하여 독립 전쟁(1775~1783)을 개시하였다.

토마스 페인(1737~1809)의 《상식》의 사상적 영향을 비롯 토마스 제퍼슨(1743~1826)이 기초한 독립선언은 주민들의 사기를 높였고, 프랭클린(1706~1790)의 외교 활동으로 프랑스의 참전(1778)과 러시아와의 무장 중립 동맹의 결성으로(1780) 영국은 완전히 고립되었다.

파리 조약(1783)에서 13식민지의 독립이 승인되고, 헌법 제정 회의(1787)가 열려 3권 분립에 기초한 미합중국과 연방 정부가 탄생하였다. 독립 후 미영 전쟁(1812~1814)으로 영국으로부터의 경제 자립을 이룩하였고, 프랑스로부터 루이지애나를 매수(1803)하는 등 영토를 서쪽으로 확대하였다.

프랑스 혁명

프랑스에서는 특권 신분인 제1 신분(성직자)과 제2 신분(귀족)에 의한 봉건적 지배 아래서 제3 신분(농민, 시민)의 대다수는 자유를 억압당하고 가난으로 허덕였다. 18세기 중엽부터 자유, 평등을 주장하는 계몽사상이 퍼졌고, 또한 케네는 중농주의를 주장하였다.

전쟁으로 압박받는 재정을 해결하기 위하여 네케르(1732~1804)는 특권 신분에 세금을 부과하여 재정을 해결하려 하였으나, 특권 신분의 반대로 루이 16세(재위 1774~1792)는 3부 회의를 소집하였다(1789). 그 회의에서 제3 신분의 대표는 국민 의회를 결성하고, 헌법 제정때까지 해산하지 않기로 결의하였다(테니스 코트의 맹세).

파리 시민의 바스티유 감옥 습격과 베르사유 행진 등 민중의 힘을 배경으로 국민 의회는 봉건적 특권의 폐지 선언과 인권 선언을 왕으로 하여금 인정하게 하였다. 루이 16세는 오스트리아로 도주하려고 하였기 때문에(바렌느 사건, 1791) 민중의 신뢰를 잃었다.

1791년, 헌법이 제정되어 입법 국회가 성립되자 지롱드당이 주도권을 쥐고, 왕정을 지원하는 오스트리아, 프로이센과 전쟁을 하였다(1792). 의용병은 왕을 체포하고 선거에 의하여 성립된 국민 공회는 왕정 폐지와 공화정 성립을 선언하였다(제1 공화정, 1792~1804).

루이 16세가 처형되자(1793) 혁명의 영향이 미치는 것을 겁낸 유럽 여러 나라들은 영국 수상 피트(1759~1806)를 중심으로 동맹을 맺었다. 그와 같은 상황에서 자코뱅당이 실권을 쥐고 지롱드당을 쫓아내었다. 그 지도자 로베스피에르(1758~1794)는 당통(1759~1794), 에베르(1757~1794) 등 반대파를 잇따라 처형하였다(공포 정치). 그러나 테르미도르 반동(1794)으로 로베스피에르가 처형되면서 공포 정치는 막을 내렸다.

나폴레옹과 빈 체제

나폴레옹 보나파르트(1769~1821)는 국내 반란의 진압과 영국, 이집트 원정으로 유명해졌다. 그는 쿠데타(1799)로 독재 정부를 타도하고 통령 정부를 세워 제1 통령이 되었다. 그는 《나폴레옹 법전》을 제정하여(1804) 산업 진흥에 힘썼고, 국민 투표에 의하여 황제가 되었다(제1 제정, 1804).

영국은 황제가 된 나폴레옹과 전쟁을 재개하여 트라팔가 해전(1805)에서 프랑스 해군을 무찔렀다. 그러나 나폴레옹은 아우스테르리츠 전투(1805)에서 러시아, 오스트리아군에게 승리하였고 라인 동맹을 결성하여(1806) 신성 로마제국을 해제하였다. 또한 대륙 봉쇄령(1806)을 공포하여 틸시트 조약(1807)으로 프로이센을 굴복시켰다.

그 후 나폴레옹은 스페인 반란(1808~1814)에 좌절하고, 러시아 원정에 실패하였으며(1812), 제諸 국민 전쟁(1813)에서 패하여 엘바 섬에 유배되었다(1814). 재기하기 위한 워털루 전투(1815)에서 패하여 세인트헬레나 섬으로 유배되고(1815) 루이 18세(재위 1814~1824)에 의한 왕정이 부활하게 되었다.

나폴레옹 패배에 따라 열린 빈 회의(1814~1815)에서는 혁명 전으로 복귀하려 하는 정통주의의 원칙 아래 오스트리아의 메테르니히(1773~1859), 러시아 황제 알렉산드르 1세(재위 1777~1825)를 중심으로 하여 4국 동맹, 신성 동맹(1815)이 결성되었다(빈 체제).

그러나 빈 체제의 성립으로 이탈리아의 카르보나리 당의 혁명(1820~1821), 러시아의 데카브리스트의 난(1825), 스페인 입헌 혁명(1820) 등이 모두 탄압을 받았다. 단, 그리스 독립 전쟁, 미국의 먼로 선언(1823), 라틴 아메리카의 독립 전쟁(1816~1825)은 승리를 거두었다.

산업 혁명의 진전

18세기 영국에서 기계에 의한 대량 생산이 시작되면서 영국 사회는 크게 변화하였다. 존 케이(1704~1764경)가 베틀의 북을 발명한(1733) 것을 시작으로 하그리브스(?~1778)의 방직기(1764), 아크라이트의 수력 방적기(1768), 와트(1736~1819)의 증기 기관(1775~1781), 스티븐슨의 증기 기관차(1814)가 생산되었다.

이에 따라 기계 공업과 제철업도 확립되어 맨체스터, 버밍엄 등 신흥 공업 도시가 출현해 영국은 세계의 공장이 되었다. 한편 농촌에서는 농업 기술의 보급에 따른 제2차 인클로저가 실시되어 농촌에서 쫓겨난 농민은 공장 노동자가 되어 낮은 임금을 받고 혹사당하였다.

공장을 경영하는 산업 자본가는 정치적 발언권을 요구하였고, 아담 스미스(1723~1790)의《국부론》에 제시된 자유주의 경영학의 이론에서 온갖 경제적 특권의 폐지를 주장하였다.

:: 자본주의 사회의 성립

1848년의 혁명

프랑스에서는 샤를 10세(재위 1824~1830)의 반동 정치에 저항하여 7월 혁명(1830)이 터져 오를레앙 가의 루이 필립(재위 1830~1848)이 왕위에 올랐고, 빈 체제를 타파하고 독립을 이룩하려고 하는 여러 민족의 움직임이 활발해졌다. 그 결과 벨기에는 독립을 실현하였다(1850).

그 후에도 선거법 개정 운동이 활발해져 마침내 2월 혁명(1848)으로 왕정이 폐지되고 제2 공화정이 성립되었다. 이때에 사회주의자 루이 블랑(1811~1882)도 입각하였으나, 4월 총선거에서 노동자가 패배하고 자본가에 의한 지배가 확립되어 루이 나폴레옹(1808~1873)이 대통령에 당선되었다. 같은 해에 빈, 베를린 등의 폭동을 빌미로 시작된 3월 혁명(1848)은 독일 통일을 지향하는 프랑크푸르트 국민회의를 성립시켰다. 그러나 혁명은 진압되었고 헝가리, 보헤미아, 폴란드 등의 독립 반란도 전부 패배하였다.

이탈리아에서도 밀라노 폭동(1848)과 청년 이탈리아당의 마치니(1805~1872) 등에 의한 로마 공화국의 수립(1849)이 이루어졌으나, 프랑스군의 개입으로 독립과 통일에의 길이 저지되었다.

사회주의 사상의 형성

산업 혁명의 진전으로 가난한 노동자의 증가를 배경으로 하여 빈부의 격차가 없는 이상 사회의 실현을 지향하는 사회주의 사상이 형성되었다. 프랑스에서는 생 시몽(1760~1825)을 선구자로 하여 푸리에(1772~1837)가 협동조합적인 이상 사회를 주장하였다. 프루동(1809~1865)은 사유 재산과 국가의 폐지를 주장하였고, 노동자의 직접 행동을 중요하게 여겼다.

영국의 로버트 오웬(1771~1858)은 공장법의 제정(1833)과 노동조합을 키우는 일에 이바지하였다. 또한 보통 선거를 요구하는 청원서(인민 헌장)를 작성하여 그 실현을 촉구하는 노동자의 운동(차티스트 운동, 1837~1848)을 지도하였다.

독일의 마르크스(1818~1883)와 엥겔스(1820~1895)는 〈공산당 선언〉을 발표하고(1848), 노동자 계급이 단결하여 계급투쟁을 벌이는 것을 중요하게 여겼다. 그들은 각국의 노동자들을 불러 모아 제1 인터내셔널(국제노동자협회, 1864~1876)을 설립하고, 계급 투쟁의 주장을 펼쳐 나갔다.

미국과 러시아의 개혁

미국에서는 텍사스의 병합(1845)과 캘리포니아의 쟁취(1848)로 서부 개척이 진전되었다. 서부의 노예제 존재 여부를 두고, 흑인 노예로 면화 재배를 하는 남부와 자본주의가 발전한 북부의 대립이 격화되었다.

공화당의 링컨(1809~1865)이 대통령으로 당선되자 남부 여러 주는 떨어져 나갔고, 남북전쟁이 시작되었다. 노예 해방 선언(1863) 이후 전쟁 국면은 북군에게 유리해졌고, 결국 남군은 항복하여 노예제는 폐지되었다.

크림 전쟁(1853~1856)에서 패배한 러시아에서는 농노 해방령이 공포되었다(1861). 그러나 대지주의 농촌 지배와 황제의 전제 정치가 이어지자, 나

로드니키 운동(1870년대)이 지식인 사이에 퍼져 알렉산드르 2세(재위 1855
~1881)가 그들에게 암살당하였다. 또한 러시아의 지배 아래 있는 폴란드에
서도 농민 반란이 일어나 농노제가 폐지되었다(1864).

이탈리아와 독일

이탈리아에서는 사르디니아 국왕 비토리오 에마누엘레 2세(재위 1849~
1861)와 카부르(1810~1861)를 중심으로 국가 통일이 진행되었다. 오스트리
아의 방해를 물리치고(이탈리아 통일 전쟁, 1859), 중부 이탈리아를 병합하였
다(1860). 또한 가리발디(1807~1862)가 의용군을 이끌고 시칠리아 왕국을 병
합하여 사르디니아 국왕에게 헌납함으로써(1860) 이탈리아 왕국이 성립되었
다(1861). 그 후 베네치아(1866)와 교황령(1870)도 잇따라 병합되었다.

독일에서는 프로이센 국왕 빌헬름 1세(재위 1861~1888)와 수상 비스마르
크(1815~1898)가 소小 독일주의에 의하여 통일을 추진하였다. 우선 프로이
센 · 오스트리아 전쟁(1866)에서 오스트리아를 무찌르고 북北 독일 연방을
성립시켰다(1867). 프로이센 · 프랑스 전쟁(1870)에서 남독일에 개입하는 나
폴레옹 3세를 무찌르고 알자스, 로렌을 프랑스로부터 빼앗고 독일 제국을 수
립하였다. 또한 러시아, 오스트리아와 3제三帝 동맹을 맺어(1873) 프랑스를 외
톨이로 만들었다.

한편 프로이센 · 오스트리아 전쟁에서 패배한 오스트리아는 오스트리아 ·
헝가리 제국(1867~1918)이 되었고, 독일에서 떨어져 다민족 국가 방향으로
나아갔다.

프랑스와 영국

프랑스에서는 루이 나폴레옹이 쿠데타로 의회를 해산하고(1851), 국민 투
표로 황제 나폴레옹 3세(재위 1852~1870)가 되었다(제2 제정帝政). 그는 국민
의 인기를 얻기 위하여 크림 전쟁(1853~1856)에서 투르크를 지원하고, 이탈

리아 통일 전쟁에 간섭하였다(1859). 프랑스 · 베트남 전쟁(1858~1862)에서 인도차이나로 진출을 하였고, 스페인 왕위 계승 문제에도 개입하였다.

그러나 멕시코 내란(1858~1861)에 개입하여 원정군을 파견하였으나 (1861~1867) 실패하여 인기를 잃었고, 프로이센 · 프랑스 전쟁에서 패배하여 퇴위하였다. 그때에 파리에서는 노동자의 자치 정부(파리 코뮌, 1871)가 성립되었으나 티에르(1797~1877)의 임시 정부는 독일군의 후원을 얻어 이를 무력으로 탄압하고 제3 공화정을 수립하였다(1870). 그 후에 3권 분립, 양원제로서 임기 7년의 대통령을 선출하는 공화국 헌법이 제정되었다 (1875).

영국에서는 빅토리아 여왕(재위 1837~1901) 밑에서 대영 제국의 황금시대를 맞이하여 2대 정당에 의한 의회 정치가 정착하였다. 지주 세력을 대표하는 보수당의 디즐레일리(1804~1881)와 산업 자본가를 대표하는 자유당의 글래드스턴(1809~1898)이 교대로 수상직을 맡았다.

글래드스턴 내각 때에 교육법(1870)과 노동조합법(1871)이 제정되었고, 캐나다에는 자치권이 주어졌으나(1867), 아일랜드 자치법안은 의회에서 통과되지 못하여(1874) 독립 운동이 거세졌다.

19세기 유럽의 철학, 사회사상

철학 부문에서 독일 칸트(1724~1804)와 헤겔(1770~1831)의 관념론, 포이에르바흐(1804~1872)와 마르크스(1818~1883)의 유물론, 프랑스 콩트(1798~1857)의 실증주의, 영국 벤담(1748~1832)과 존 스튜어트 밀(1806~1873)의 공리주의가 유행하였다.

사회사상 분야에서는 독일 리스트(1789~1846)의 역사학적 경제학, 영국 다윈(1809~1882)의 진화론, 독일 랑케(1795~1886)의 근대 역사학이 대표적이다.

:: 아시아 여러 나라의 근대화

동아시아의 개혁과 저항

영국은 청조의 아편 단속에 저항하여 아편전쟁(1840~1842)을 일으켰다. 그 결과 난징 조약(1842)에 의하여 홍콩을 차지하였다. 외세의 침입 때문에 생활고로 시달리던 농민들이 대규모의 반란(태평천국의 난, 1851~1864)을 일으켰다. 그 지도자 홍수전洪秀全(1813~1864)은 멸만흥한滅滿興漢의 깃발을 내걸고 소작료의 감면을 시행하였다. 그러나 지주층에 의하여 조직된 의용군, 곧 증국번曾國藩(1811~1872)의 상용湘勇, 이홍장李鴻章(1823~1901)의 회용淮勇, 고든(1833~1885)의 서구인이 지휘하는 상승군常勝軍에 의하여 진압되었다.

그 북새통 가운데 영국, 프랑스는 아로호 사건(제2차 아편전쟁, 1856~1860)을 일으켜 톈진 조약(1858), 베이징 조약(1860)으로 개항開港을 증가시켰다. 또 외국 공사의 베이징 주재를 인정하게 하고, 영국은 구룡九龍 반도 일부를 차지하였다. 이 때에 러시아도 우스리 강 동쪽의 연해주를 차지하여 블라디보스토크의 건설을 시작하였다(1860).

그 후에 청조에서는 중국번, 이홍장 등 한인 관료가 주도하는 양무洋務 운동이 시작되었다(동치 중흥同治 中興, 1862~1874).

또한 일본의 메이지 정부는 대만에 파병하였고(1874), 강화도 사건(1875)으로 조선에 불평등 조약을 강요하였으며(1876), 유구琉球를 정복하였다(1879).

인도, 동남아, 오스트레일리아

베트남에서는 원복영阮福映(1762~1820)이 서산조西山朝(1778~1802)를 멸하고 베트남국(원조阮朝)을 세워 쇄국 정책을 폈다. 프랑스는 선교사 박해를 구실로 베트남을 공격하여(1858~1862) 남부 영토를 차지하고, 다음 해에는 캄보디아를 보호국으로 삼았다.

영국은 싱가포르를 매입하고(1819), 마락카를 네덜란드로부터 빼앗은 후 (1824) 미얀마 남부의 영토를 차지하였다. 영국과 프랑스 식민지 사이에 끼어 있는 타이에서는 라마 5세(재위 1868~1910)가 독립을 유지하기 위하여 서양 문명을 받아들이는 데 힘썼다.

영국의 유형지였던 오스트레일리아에서는 백인에 의하여 선주민이 내륙 오지로 쫓겨갔다. 그 후에 목축의 발전과 동남부에서의 금광의 발견(1851)으로 빠르게 이민이 많아지고 개발이 진전되었다.

플라시의 전투(1757) 이후 본격적인 인도 진출을 개시한 영국은 19세기 중엽에 인도 대부분을 지배하게 되었다. 영국군이 세보이의 봉기(1857)를 발단으로 하는 독립 반란을 진압시키고 난 후 무굴 제국은 멸망하고(1858), 인도는 영국 정부의 직접 통치를 받게 되었다.

중동의 개혁과 저항

오스만 제국에서는 잠시 양원제 의회와 책임 내각제를 규정한 미드하트 헌법이 제정되었으나(1876), 다음해에는 그것이 정지되고 황제 전제 체제가 부활되었다.

한편 그리스 독립 전쟁(1821~1829)을 비롯하여 발칸 반도에서 여러 민족의 독립 운동이 활발해지고, 그것을 이용하여 발칸 반도에 진출하려는 러시아와의 대립이 격화되었다. 크림 전쟁에서는 영국·프랑스의 지원으로 러시아의 남하를 막았으나, 결국 러시아는 러시아·투르크 전쟁(1877~1878)에 패배하여 산 스테파노 조약(1878)에 따라 발칸 여러 민족의 독립을 승인하게 되었다.

이집트에서는 오스만 제국의 총독 무함마드 알리(1769~1849)가 영국군을 물리치고, 근대화 정책으로 국력을 키웠다. 그러나 그의 정책은 영국, 프랑스의 간섭으로 좌절되고 말았다. 그 후에 레세프스(1805~1894)에 의하여 수에즈 운하가 건설되었으나(1869), 이집트는 재정난에 빠져 운하 회사 주식을 영국에 팔았고(1875), 영국과 프랑스에 의하여 재정 관리를 받게 되었다.

:: 제국주의의 성립

서구 열강의 동향

미국에서는 미국노동총동맹AFL이 결성되고(1886) 독점 자본의 강대화를 막기 위하여 트러스트 법이 제정되었다(1890). 독일에서는 사회주의자 진압법이 폐지되고(1890) 사회민주당이 의회의 다수 의석을 차지하여 제2 인터내셔널(1889~1914)의 핵심이 되었다.

프랑스에서는 군부 독재의 쿠데타가 실패하고, 드레퓌스 사건으로 군부의 위신이 땅에 떨어졌으며, 민주주의 운동이 전진하였다. 그리고 영국에서는 노동당이 의회에 진출하여(1906) 노동자의 지위 개선과 여성 참정권 및 남녀 평등을 주장하였다.

러시아에서도 사회민주노동당이 결성되어(1898) '피의 일요일 사건'(1905)으로 시작되는 러시아 제1 혁명 가운데서 세력을 확대하다가 좌파인 볼셰비키와 우파인 멘셰비키로 분열하였다(1912).

식민지 분할의 분쟁

영국은 이집트를 보호국으로 하여 수에즈 운하를 지배하고(1882), 수단의 마프디 반란(1881~1898)을 진압하여 남진하는 한편, 남아프리카 전쟁(보어전쟁, 1899~1902)으로 네덜란드계 이민(보어인)이 세운 오렌지 자유국, 트란스발 공화국을 멸하여 남아프리카 연방을 조직하고(1910) 아프리카를 남북으로 잇는 정책을 취하였다. 이 정책은 카이로, 케이프타운에 인도의 캘커타를 잇는 것이기 때문에 '3C 정책'이라고도 일컫는다.

프랑스는 서아프리카에서 사하라 사막 변두리를 동인도양까지 잇는 횡단 정책을 진행시켰으나, 수단에서 영국과 충돌하는 파쇼다 사건(1898)이 발생하였다.

이탈리아는 에티오피아 침공(1895~1896)에는 실패하였으나, 리비아를 식민지로 차지하였다. 콩고강 유역은 벨기에 왕의 사유지가 되었고, 독일과 포르투갈도 아프리카 남부에 식민지를 확대하였다.

태평양 제도도 열강에 의하여 분할되었고, 백인이 거주하는 오스트레일리아, 뉴질랜드는 영국 제국 안에서 자치를 인정받게 되었다.

미국은 판 아메리카 회의(1889)를 열어 중남미 여러 나라에 대한 영향력을 증대시켰다. 서부 프론티아의 소멸 후(1890) 칼리브해에 대한 관심이 높아지고, 쿠바 독립 운동의 지원을 이유로 스페인과 전쟁하였다(1898). 이 전쟁(미국·스페인 전쟁)으로 필리핀, 괌, 푸에르토리코를 차지하고 쿠바를 보호국으로 하였다. 또한 하와이를 병합하고(1898) 파나마 운하 건설에 착수하였다(1904).

르네상스의 후원자
메디치가와 푸거가(1360~1492년)

마르코 폴로가 《동방견문록》을 저술한 지 20년 가량 지난 후에 같은 이탈리아 사람인 단테(1265~1321)가 서사시 《신곡神曲》을 지었다. 단테가 로마의 시성 베르길리우스의 안내를 받아 지옥과 연옥 및 천국을 순례하는 장편 서사시 〈신곡〉은 기독교 세계를 그린 종교적인 작품이지만, 무엇보다 지금까지와는 다르게 라틴어가 아닌 이탈리아어로 쓰였고, 또 답답한 중세의 울타리를 깨뜨려 걸작으로 평가되고 있다.

단테의 뒤를 이은 인문주의자 페트라르카(1303~1374)는 고대 로마인의 자유로운 사고방식을 공부하여 이를 사람들에게 전하였다. 그는 수많은 책을 수집하였다. 늙어서도 책 읽기를 좋아하여 책을 읽다가 엎드린 채 죽었다. 소네트(14행시)라는 독특한 시형을 창조한 그는 사물을 자유롭게 생각하려 하였다.

독일의 청년 운동 가운데 반더포겔이라는 것이 있는데, 그것은 도보 여행을 하면서 자연과 조국을 이해하려는 운동이다. 이 반더포겔의 창시자가 바로 페트라르카다. 페트라르카의 제자 보카치오(1313~1375)는 세계 최초의 소설로 치는 《데카메론》의 작자로 유명하다. 이 소설 속에서는 점잖은 성직자도 알몸을 드러낸 한갓 약한 인간으로 묘사되어 있다.

《신곡》이 종교 세계를 그린 것이라면,《데카메론》은 인간 세계를 그린 것이라 하여 '인곡人曲'이란 별명으로 불린다.

단테와 페트라르카 및 보카치오에서 찾아보게 되는 바와 같이 기독교적인 속박에서 벗어나 '인간'의 시각으로 사물을 자유롭게 보려고 하는 기운이 14세기부터 이탈리아에서 발생

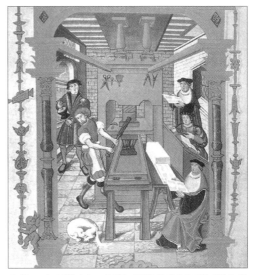

인쇄소 모습. 납활자와 조리개를 이용한 인쇄기가 사용되었다. 인쇄술의 발명은 문명사에 결정적인 역할을 하였다. 15세기 이탈리아 세밀화.

하였다. 이와 같은 움직임은 일련의 문화 혁신으로 이어졌는데, 이를 가리켜 '르네상스'라 한다.

르네상스란 재생再生 또는 부흥을 의미하는 프랑스어이다. 문예 부흥이라고도 번역되는데, 단순히 문예의 부흥만이 아니라 사회의 개혁이요, 시대의 거듭남이며, 근대의 서곡이었다.

르네상스의 움직임은 우선 이탈리아의 여러 도시에 나타났다. 이탈리아는 십자군 이래로 동방 무역으로 크게 번영하였고, 동양에서 여러 가지 물자가 흘러 들어왔다.

베네치아 · 제노바 · 피렌체 등의 도시는 동서 무역의 중개지로 발전했고, 시민들은 뛰어난 아라비아 문화를 받아들였다. 그중에도 힘을 가진 것이 상인이었다. 그들은 막대한 재산으로 르네상스 문화의 발전에 중심적인 역할을 하였다.

토스카나 지방의 피렌체는 12세기 이래의 공화국으로서, 길드(동업조합)의

대표로 구성되는 최고협의회인 시뇨리아가 정권을 쥐고 있었다. 12세기에 이탈리아의 유력 도시 중 하나가 된 피렌체는 13세기에 봉건귀족의 세력을 쫓아내고 전시민에 의한 공화 정치를 실현하였다.

15세기가 되자 모직물 공업조합의 중심이며 금융업자인 부호가 절대적인 권력을 쥐게 되었다. 그 부호가 바로 메디치가였다. 최초에 정권을 쥔 코시모 데 메디치는 민주 정치의 형태를 보존하고 있었으나, 코시모의 손자 로렌초 데 메디치(1449~1492) 때에는 전제 군주와 다를 바 없는 지위를 누리게 되었다.

로렌초의 시대는 메디치가가 그 번영의 정상을 맞이한 때이자 동시에 가장 평화로운 시대이기도 하였다. 그의 밑에는 미술가가 구름처럼 몰려들었다. 그는 1440년에 학자들을 모아 플라톤 학원을 설립하였다. 이로써 피렌체는 이탈리아 학술의 중심이 되었고, 고대 아테네와 어깨를 겨룰 정도의 문화 중심지가 되었다.

피렌체의 경제적 및 문화적 번영은 메디치가의 번영과 투자 위에 이룩된 것이었다. 그 후 프랑스군의 침입으로 시작되는 이탈리아 전쟁(1494~1559)에서 이탈리아는 황폐화되었고, 르네상스도 쇠퇴의 길을 걷게 되었으며, 메디치가도 몰락의 길을 걷게 되었다.

르네상스의 중심지에 선 인물들은 개성이 넘치는 천재 예술가들이었다. 이들은 교회의 도덕률로 상징되는 중세의 갑갑한 전통에서 벗어나, 인간중심주의라고 할 수 있는 인문주의로 나아가며, 인간성의 해방을 추구하였다. 이들 천재들의 활동은 메디치가와 같은 부호와 교황청에 의해 지탱될 수 있었다. 그와 같은 부호 중 또 하나가 푸거가였다.

야콥 푸거는 아우크스부르크시의 상인이었다. 그는 처음에 직물과 향료를 다루다가 광산 경영에 착수하였다. 동양 무역에서 독일산 은과 동을 수출하여 그는 하루아침에 유럽의 대부호가 되었다.

그는 많은 액수의 자금을 신성 로마 황제와 로마 교황에게 융자하였다. 푸거가의 지점망은 온 유럽에 설치되어 있었기 때문에 교회도 교황에게 송금할 때는 좋든 싫든 로마의 푸거가 지점에 보낼 수밖에 없었다. 그는 면죄부를 판 돈의 송금도 다루었다. 루터에 의한 종교 개혁의 발단이 된 면죄부는 푸거가에 진 빚을 갚기 위해 매출하기 시작한 것이다.

야콥은 1519년의 신성 로마 황제 선출에도 카를 5세에게 막대한 돈을 융자하여 그가 당선되게 했고, 또 독일 농민 전쟁(1524~1525)이 발발하자 영주 측에 자금을 제공하여 농민 반란을 진압하는 비용으로 쓰게 하였다.

루터는 푸거가를 "도둑이나 강도보다 더 지독하다"고 비난하였다.

피렌체에서 메디치가 르네상스의 후원자로 중요한 역할을 담당하고, 아우크스부르크에서 푸거가가 또 다른 의미에서 르네상스기의 개화를 위해 힘쓰고 있을 때, 독일의 마인츠에서는 요한 구텐베르크(1398경~1468)가 활판 인쇄술을 창안하여 르네상스의 결실을 재촉하였다. 인쇄술이 발견되기까지 책은 한 권 한 권 손으로 써서 만들어졌다.

최초의 인쇄술은 중국 당대 초기에 발견된 목판 인쇄였다. 세계 최초의 활판 인쇄술은 송대의 필승畢昇이 고안한 도제陶製 활자에 의한 것이다. 그리고 금속 활자의 경우 13세기 초에 고려에서 구리 활자로 〈상정고금예문〉(1234)을 찍은 것이 그 최초다.

그러나 이와 같은 인쇄술에 의한 서적은 관리와 승려 등 일부 특권 계층의 독점물이었다. 현대로 이어지는 획기적인 활판 인쇄술의 발명은 15세기 중엽 독일의 구텐베르크에 의해 이루어진 것이다.

구텐베르크는 독일 라인강의 강변 도시 마인츠에서 귀족의 아들로 태어났다. 그 당시는 르네상스 시대로서 서적의 수요가 증대하고 있을 때였다. 그는 인쇄에 프레스를 사용하여 대량으로 그리고 선명하게 인쇄하는 방법을 개발하고, 합금을 사용하여 활자를 주조하는 기술을 터득하였다. 이것으로 부품을 교환할 수 있게 되었다. 또 하나는 유성油性인쇄 잉크의 개발이었다.

구텐베르크가 처음으로 인쇄한 것은 《성서》였다. 본문 조판이 42행 2단이었기 때문에 '42행 성서'란 이름으로 불려지고 있다. 이것은 현재 47권이 남아 있는데, 1987년의 경매 가격이 540만 달러, 우리나라 돈으로 54억 원이 넘는다.

르네상스의 거장들
레오나르도 다 빈치 · 미켈란젤로 · 라파엘로(15~16세기 중반)

　15세기 말에서 16세기에 이르는 르네상스 미술의 전성기에는 레오나르도 다 빈치, 미켈란젤로, 라파엘로 등 3대 거장이 활약하였다. 원래 인간성의 자연스러운 발로와 인간이 가진 능력의 전면적인 발달을 이상으로 삼는 르네상스 정신은 수많은 만능 천재들을 배출했는데, 그중에도 레오나르도 다 빈치와 미켈란젤로는 누구보다도 뛰어났다.

　레오나르도 다 빈치(1452~1519)는 피렌체 근교의 빈치 마을에서 공증인의 사생아로 태어났다. 어머니는 레오나르도를 낳은 후 어떤 농가에 시집을 갔다. 레오나르도는 어릴 때부터 고독하게 산과 들을 헤매며 대자연과 동·식물을 관찰하고, 그것들을 스케치하는 습관을 익혔다. 이것이 훗날 그의 회화와 조각 및 자연과학 방면에 큰 도움이 되었다.

　그는 15세 때 피렌체의 화가며 조각가로 유명한 베로키오(1436~1488)의 공방에 문하생으로 들어갔다. 그때 베로키오는 〈그리스도의 세례〉를 그리면서, 그림의 배경이 되고 있는 천사 한 명을 레오나르도로 하여금 그리게 하였다. 레오나르도가 너무나 잘 그렸기 때문에 베로키오는 스스로 그림 그리기를 포기하였다.

레오나르도는 25세 때 메디치가의 로렌초 데 메디치에게 고용되어 〈성모 수태〉와 〈세 박사의 경배〉 등을 그렸다. 그는 이 기간에 회화뿐 아니라 과학 분야에 대한 연구도 게을리하지 않았다. 1482년, 그는 밀라노공 로도비코의 초청을 받아 이후 17년 동안 그 밑에서 일하였다.

레오나르도는 밀라노공에게 직접 10개 조항으로 된 추천장을 썼다. 자기가 소유하고 있는 재능으로 다리 놓기, 성을 공격하는 기계 제작, 대포·배 등 제작이 가능하다면서 맨 마지막 10조항에 조각과 그림도 잘 그린다고 썼다. 그는 그림 그리는 것이 자기의 재주 중 가장 끝에 속하는 일이라고 생각했던 듯하다. 그러나 그는 밀라노공의 의뢰로 최대의 걸작 〈최후의 만찬〉을 그렸다.

그는 모든 부문에 관해 철저히 기록하는 것을 게을리하지 않았다. 그 기록 노트가 무려 23권 6천 쪽 가까이 남아 있다. 그 노트들은 영국, 프랑스, 이탈리아, 기타 여러 나라의 도서관과 박물관에 지금도 소중하게 보존되어 있다.

이 노트 대부분은 이상한 글자로 기록되어 있다. 줄은 오른쪽에서 시작하여 왼쪽으로, 글자는 모두 거꾸로 되어 있다. 거울에 비추어 보면 정상적인 글씨가 되기 때문에 '거울 쓰기'라고 말하는 사람도 있다. 그가 이렇게 글을 쓴 것은 다른 사람이 읽지 못하게 하기 위해서인 듯하다. 즉, 당시 레오나르도가 터득하고 있는 지식이나 기술이 세상에 노출되면 로마 가톨릭에 의해 '이단자'로 낙인찍히게 될 것이 뻔했기 때문에 이런 방식으로 메모한 것이 아닌가 추측된다.

1499년, 프랑스군이 밀라노를 점령했기 때문에 레오나르도는 피렌체에서 밀라노로, 그리고 로마로 옮겨가며 살았다. 이 밀라노와 로마 시대에는 그림이나 조각보다 자연과학 연구에 몰두하였다. 그중에는 자동차, 하늘을 날 수 있는 배, 비행기, 헬리콥터, 자동 소총, 사방에 무기를 설치한 UFO형 전차 등이 있다. 그는 "지적인 온갖 연구를 통하여 신의 신비를 탐구할 수 있다"고 말하였다.

1516년, 레오나르도는 프랑스 왕 프랑수아 1세의 초청으로 알프스를 넘어

르네상스의 대화가 미켈란젤로의 〈아담의 창조〉. 프레스코화. 로마 시스티나 성당의 천장화 부분. 1508~1512년.

프랑스에 가게 되었다. 그리곤 왕이 마련해준 크루 성관에 사는 동안 궁정화가 · 건축가 · 기계 기사로 일하며, 회화론과 과학론에 관한 저작에 힘썼다. 한평생 독신으로 산 그는 이 크루 성관에서 67세의 나이로 생을 마감하였다.

르네상스의 또 한 명의 천재인 미켈란젤로(1475~1564)는 아펜니노 산 속에 위치한 마을에서 출생하여 6세 때 어머니를 여의었다. 그는 13세 때 피렌체의 제일가는 화가 기를란다요의 제자가 되었다. 몇 해 후 피렌체의 지배자 로렌초 데 메디치의 인정을 받아, 메디치가에서 일하게 되었다.

1492년에 로렌초가 사망하자 그는 잠시 피렌체를 떠났다가 사보나롤라가 정권을 장악하고 난 후 다시 돌아왔다. 철저한 금욕주의 수도사였던 사보나롤라는 피렌체 사회의 부패를 호되게 공격하며, 피렌체를 신의 도시로 선언하고 과감한 개혁을 단행하였다.

미켈란젤로는 사보나롤라의 정책에 적극적으로 찬성하면서 그 열정을 작품에 쏟아부었다. 23세 때 프랑스 대사의 의뢰에 의해 제작한 〈피에타〉는 실각하여 화형에 처해진 사보나롤라의 추모작으로 전해지고 있다.

1501년, 피렌체 정부는 미켈란젤로에게 대리석 조각 〈다비드〉 제작을 의뢰하였다. 4년에 걸려 완성된 이 작품은 피렌체의 자유를 지키는 상징물이 되었다. 그 후 그는 교황 율리우스 2세의 의뢰로 5년간 로마의 성 베드로 성당 오른쪽에 있는 시스티나 예배당의 천장화 〈천지창조〉를 그렸다. 수년에 걸친 작업으로 그의 목은 한쪽으로 기울고 말았다.

그는 60세 때 로마의 새 교황 파울루스 3세의 의뢰로 시스티나 예배당 정면의 벽화를 그리게 되었다. 6년이 걸려 완성을 본 이것이 바로 유명한 〈최후의 심판〉이다. 그러나 벽화 중앙에 '분노한 그리스도'가 나체상으로 그려졌기 때문에 교회 측의 비난을 받았다. 이 분쟁은 미켈란젤로의 제자에 의해 나체에 천을 두른 모습으로 그리는 것으로 일단락되었다.

근년에 로마 교황청은 그 천을 지우는 작업을 하여 원화를 재생시키는 데 성공하였다. 그러나 그 일부는 다시 천으로 가려졌다. 그것은 지옥의 심판자 미노스의 상이다. 미켈란젤로는 그림을 그리는 데 간섭하는 교황청의 의전관 비아조 마르티넬리 추기경의 얼굴을 큰 뱀에게 감겨 있는 미노스의 얼굴 모델로 하였다. 이번에 그 미노스의 천을 제거해 보았더니, 미노스의 성기가 큰 뱀에게 물려 있었기 때문이다.

그 후 미켈란젤로는 교황의 명에 따라 성 피에트로 성당의 거대한 둥근 돔을 중심으로 한 웅장한 설계를 하여 그 건축을 지도하였다. 성 피에트로 성당은 그가 89세로 죽을 때 거의 오늘날의 모습으로 완성되었다.

르네상스 시대의 또 다른 천재화가 라파엘로(1483~1520)는 이탈리아 중부 도시 우르비노에서 화가의 아들로 태어났다. 8세 때 어머니를, 11세 때 아버지를 잃었으나, 그는 열 살이 되기 전부터 아버지에게서 화가 수업을 받았다.

1508년, 라파엘로는 로마에 가 교황 율리우스 2세의 의뢰로 바티칸 궁전의 벽화를 그리게 되었다. 라파엘로는 그때 그의 최고 걸작으로 평가되는 〈아테네 학당〉, 〈그리스도의 매장〉, 〈삼미상三美像〉 등을 제작하였다.

라파엘로는 또 그의 수많은 성모자상으로 유명하다. 그는 〈그리스도의 변용變容〉에 착수하였다. 그것은 하늘과 땅을 표현한 스케일이 큰 그림이다. 이 그림의 완성을 앞두고 그는 37세의 젊은 나이로 병사하고 말았다. 이 미완의 걸작은 격렬한 율동적인 구도로 이루어진 극적인 그림으로서, 다음 세대의 바로크 양식의 선구적인 작품으로 높이 평가되고 있다.

아메리카 신대륙과의 만남
콜럼버스의 항해(1492년)

이베리아 반도는 오랫동안 이슬람의 지배를 받았으나, 유럽인의 세력이 점차 커져서 15세기에는 포르투갈과 에스파냐 두 기독교 국가가 이슬람을 쫓아내는 데 성공하였다.

유럽에서는 중세 때부터 프레스터 존Prester John의 전설이 전해지고 있었다. 프레스터 존은 유럽인이 알지 못하는 동방의 먼 나라 왕으로서, 기독교를 전파하기 위해 투쟁을 계속하고 있는 사람으로 알려져 있었다.

아시아에서 몽골인의 세력이 강해져 이슬람을 격파하였다는 소식이 전해지자, 프레스터 존은 아마도 그 아시아의 군주일 것이라고 생각하는 사람이 있었다. 포르투갈의 엔리케 왕자(1394~1460)도 그중 한 명으로, 프레스터 존과 연락해서 이슬람을 양쪽에서 공격하겠다는 생각을 하였다. 그는 아프리카 해안을 향해 항해하였다. 아시아에 가는 길을 찾기 위해서였다. 그러나 남으로 갈수록 기온이 점점 올라갔다. 그 당시의 유럽인은 지구가 둥글다는 사실을 몰랐기 때문에 지옥이 가까워지는 것으로 생각하였다. 그들은 아프리카의 흑인 몇 명을 데려다가 노예로 팔았다.

15세기 말이 되어 포르투갈인은 아프리카 남쪽까지 탐험하였다. 바르톨로

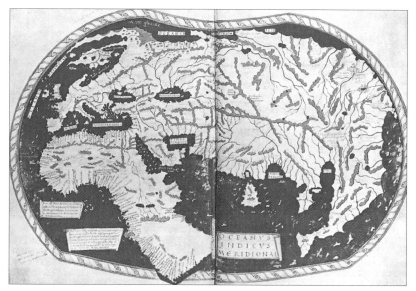

15세기 후반의 세계지도. 아직도 탐험되지 않은 부분이 많아 육지가 너무 크지만, 아프리카 서해안만은 비교적 정확하다.

뮤 디아스(1450경~1500)가 이끄는 선단은 아프리카 대륙 남쪽 끝까지 갔다가 심한 폭풍을 만나 되돌아오면서, 그곳을 '폭풍의 언덕'이라 불렀다. 그러나 포르투갈 왕은 아시아로 갈 수 있는 희망이 보인다 하여 '희망봉'이라고 이름을 고치게 하였다.

1498년에 희망봉을 돌아서 인도의 캘리컷에 도착한 것은 바스코 다 가마(1469~1524)였다. 그 결과 프레스터 존은 실제 인물이 아니라는 사실을 알게 되었다. 그는 인도에서 후추를 잔뜩 구입한 가마의 선단을 리스본에 도착하여 비싸게 팔아 많은 이익을 얻었다.

그 무렵 이탈리아 태생의 크리스토퍼 콜럼버스(1451~1506)는 새로운 지식을 배워서 지구는 둥글다고 확신하였다. 그러나 그는 지구의 크기를 실제 크기의 4분의 1 정도로 생각하였다. 때문에 그는 아시아에 가기 위해서는 대서양의 서쪽을 도는 편이 빠르다고 믿었다.

그가 아시아 항해를 꿈꾸게 된 것은 마르코 폴로의 《동방견문록》의 영향도 크게 작용하였다. 마르코 폴로는 아시아의 지팡구(일본)는 동해에 있는 섬나라로서, 황금이 아주 많은 나라라고 소개하였다. 콜럼버스의 계획을 실현하는 데 에스파냐 여왕 이사벨라(1451~1504)가 후원자가 되었다.

1492년 8월 3일, 콜럼버스 일행은 남에스파냐의 팔로스 항구를 출항하였다. 항해에 나선 산타마리아호 등 3척의 배는 결코 큰 것이 아니었다. 그러나 그 배들을 구입하는 자금을 대준 것이 이사벨라 여왕이었다.

그의 선단은 남서쪽을 향해 나아갔다. 10년 이상에 걸쳐 선원으로 일한 경험이 있는 콜럼버스는 원양 항해술을 터득하고 있었기 때문에 항해는 순조로웠다. 토스카넬리 등의 지구 구체설球體說을 믿고 있던 콜럼버스는 '바다 저쪽에는 인도가 있다'는 확신이 있었다.

그러나 70일 동안을 가도가도 육지는 없고 주위는 바다요, 또 바다였다. 서쪽 끝은 바로 땅이 끝나는 곳으로, 그곳에서는 물이 폭포를 이루어 끝없이 떨어져 내린다고 생각했기 때문에 선원들은 두려움에 떨었다. 그런 상황에서 마침내 섬을 발견하게 되었다.

콜럼버스는 드디어 인도에 도착하였다고 생각하였다. 그러나 콜럼버스가 도착한 곳은 히스파니올라(아이티 섬)와 쿠바였다. 그 때문에 지금도 카리브해에 떠 있는 섬들의 이름은 '서인도'이고, 아메리카 원주민을 '인디언(인도인)'이라 부르는 것이다.

콜럼버스가 도착한 히스파니올라는 아름다운 섬이었다. 그의 보고에 따르면 '수많은 과일이 열리고, 평원은 기름졌으며, 아름답고 풍요롭다'고 하였다. 또 그곳에 사는 사람들을 '애정이 풍부하고 욕심이 없다'고 표현하였다. 콜럼버스 일행은 7명의 인디오를 데리고 귀국하였다.

다음해 9월, 제2차 항해에 나선 콜럼버스는 17척의 배와 1,500명의 승무원과 함께 출항하여 다시금 항로를 남서쪽으로 잡았다. 히스파니올라섬에 도착한 즉시 콜럼버스 일행은 재빠르게 행동을 개시, 섬에 성채를 일곱 군데 건설하고 정복 전쟁을 폈다. 콜럼버스는 총독의 자격으로 이 섬에 온 것이다.

총독으로서의 콜럼버스는 폭군이었다. 그는 원주민을 정복하고 나서 그들에게서 옥수수와 솜綿花을 세금으로 징수하는 한편, 금광 채굴 등 강제부역을 시켰다. 그의 가혹한 지배로 3년 만에 원주민 인디오의 3분의 2인 200만 명 이상이 죽고, 500명은 노예로 에스파냐에 보내졌다. 에스파냐 정부는 콜럼버스를 체포하여 본국에 강제 소환하였다.

콜럼버스의 변명을 듣고 나서 이사벨라 여왕은 그를 석방하여, 제4차 항해 (1501~1504)를 명하였다. 콜럼버스는 중미의 온두라스에서 동쪽으로 나가는 해협을 찾아 남하하여 파나마까지 항해했으나, 해협을 발견하는 데는 실패하였다. 목적을 이루지 못한 콜럼버스는 실의에 빠져 귀국하였다. 에스파냐 정부로부터도 버림받은 콜럼버스는 거듭된 항해로 건강을 해쳤다. 그는 1년 반 동안 질병으로 고통을 당하다가 54세의 나이로 죽었다.

콜럼버스는 비록 목적지인 인도에는 도달하지 못했으며, 그가 죽을 때까지 인도의 한 지역이라고 생각한 곳은 실은 신대륙 아메리카였다.

"구원은 믿음에 의해서만 얻는다"
루터의 '95개조 반박문' (1517년)

중세 유럽은 '신앙의 시대'라고 해서 기독교 만능의 시대였다. 그중에도 로마 교황은 온 세계 교회와 신도를 그 밑에 두었고, 그 권력은 황제를 파문하여 굴복시킬 정도로 막강하였다. 권력과 부귀가 커지면 반드시 부패와 타락을 가져오게 마련이어서, 하나님을 섬기는 교황도 예외는 아니었다. 그 부패의 으뜸가는 것이 로마 교황에 의한 대량의 면죄부 판매였다.

당시의 교황 레오 10세는 피렌체의 메디치가 출신의 휴머니스트로서 수많은 예술가와 학자를 보호한 인물이었으나, 교황의 본거인 성 베드로 성당의 수리와 개축을 위해 그 막대한 소요 비용을 대량의 면죄부 판매로써 충당하려 하였다.

그러나 그것은 표면상의 이유였고, 실제로는 독일 아우크스부르크의 푸거가에 진 빚을 갚기 위해서였다. 면죄부는 황제의 권력이 약한 독일에서 주로 판매되었다. 그 당시의 독일은 '교황청의 젖소'라고 일컬어질 정도로 여러 가지 세를 교황에게 바치고 있었다.

면죄부 판매와 선전을 책임진 신부 테첼은 "헌금이 상자 속에서 찰랑하고 소리를 내는 순간 죽은 자의 영혼은 지옥불 속에서 뛰어나온다"는 설교로 면죄부 판촉 활동을 벌였다.

이 면죄부 판매에 대해 1517년에 '95개조 반박문'을 발표하여 종교 개혁의 횃불을 든 것이 마르틴 루터(1483~1546)였다. 원래 교회 조직의 중심에서 《성서》의 원점으로 돌아가야 한다는 운동은 여러 해 전부터 추진되고 있었다. 영국의 위클리프 등이 그 선구자인데, 이 운동을 한층 더 맹렬히 추진한 것이 루터였다.

루터는 대학 재학 시절 친구와 여행을 하던 중 벼락을 맞아 친구가 숨지는 것을 보고는 회심한 경험이 있었다. 그는 그 경험 이후 대학을 중퇴하고 수도원에 들어갔다. 열심히 신학 공부를 한 그는 29세 때인 1512년 비텐베르크 대학 신학부 교수가 되었다.

루터는 처음에 교회 내부에서 교회의 부패를 방지해 보려 애썼다. 때문에 1517년 10월 31일, 비텐베르크 성 교회 정문에 나붙은 라틴어로 씌어진 '95개조 반박문'도 교황의 권위를 부정하는 것은 아니었다.

그러나 1519년, 루터에 반대하는 신학자 에크와의 토론을 계기로 하여 루터는 성서 중심주의를 철저화했고, '95개조 반박문'을 라틴어에서 독일어로 번역하여 독일 전국에 배부하였다. 루터의 주장은 '구원은 믿음에 의해서만 얻게 된다'는 것이었다. 교회 의식이나 선한 행위로 얻는 것이 아니라, 직접 《성서》에서 하나님의 말씀을 들어야 한다는 것이다.

이것은 곧 가톨릭 교회에 대한 부정이었다. 그는 1520년 《그리스도인의 자유》를 저술하여 신앙의 유일한 근거를 성서에서 구했고, 교황의 권위를 부정하였다. 교황 레오 10세는 루터에게 파문장을 보냈다. 그러나 루터는 그것을 불태워버림으로써 개혁의 결의를 다짐하였다.

루터는 그 후 《신약성서》를 독일어로 번역하여 갓 발명된 활판 인쇄술로 찍어 독일 민중에게 보급하였다. 루터의 주장은 구텐베르크의 활판 인쇄술로 해서 모든 사람들에게 전해질 수 있었고, 시민과 농민뿐 아니라 교황과 황제에 대해 반감을 품고 있는 봉건 제후들의 지지를 얻었다.

루터의 '95개조 반박문'이 스위스에 전해지자, 취리히시의 츠빙글리(1484~1531)도 동조하여, 1518년에 면죄부의 판매에 반대하였다. 그는

면죄부를 파는 장면. 교황은 돈이 상자 속에 떨어져 '짤그랑' 소리가 나는 순간 영혼이 연옥에서 벗어난다고 선전하며 면죄부를 팔았다.

1523년에 '67개조 의견서'를 발표하여 로마 교황의 권위를 부정하고 성서 중심의 신앙을 주장하였다. 이 문제로 스위스에 내란이 발생하게 되고, 그는 가톨릭군과의 전투에 참가하였다가 1531년 카펠에서 전사하였다.

그 무렵 프랑스 태생의 칼뱅(1509~1564)은 스위스 바젤로 망명하여, 27세 때인 1536년에 《기독교 강요綱要》를 발표하였다. 이 책은 후에 프로테스탄트주의의 가장 엄격하고 논리적이며 또 강력한 저작으로 평가된 것으로, 그 뼈대는 '예정설'에 관한 것이었다.

칼뱅은 사람의 구원은 하나님의 '선택'에 따라 이미 정해져 있으며, 선택받은 자는 세상을 올바로 살아갈 의욕이 주어졌다고 설명하였다. 기독교인은 재산과 시간의 낭비를 죄악으로 생각하며, 합리적이고 금욕적인 생활을 함으로써 신의 뜻을 완수해야 한다고 주장하였다. 이 저작에 의해 그는 프로테스탄트 진영의 이론적 지도자로 평가되었다.

칼뱅은 처음에 종교 개혁 운동을 할 생각은 조금도 없었으나, 제네바에서 하룻밤을 자게 되면서 상황은 바뀌었다. 그는 저항 세력을 잠재우고 제네바에서 종교 지도자가 되었고, 엄격한 기독교 규칙으로써 시민생활의 기강을 바로잡았다. 그의 제네바에서의 정치를 가리켜 흔히 '신권神權정치'라고 말한다.

칼뱅 파는 유럽 전국에 퍼져 큰 세력을 이룩하였다. 영국에서는 퓨리턴(청교도), 스코틀랜드에서는 장로교, 영국에서는 위그노, 네덜란드에서는 고이센(거지당)이라 불렸다. 그들은 유럽 여러 나라에서 시민 혁명의 담당자가 되었다.

가톨릭 교회에서도 이에 맞서 내부 개혁과 세력 회복을 위해 노력하였다. 1534년에 결성된 예수회(제수이트)는 대항해 시대에 얹혀 아메리카 대륙과 아시아에도 포교 활동을 전개하여, 가톨릭 세력을 회복하는 데 큰 역할을 하였다. 예수회를 창설한 것은 에스파냐의 이그나티우스 로욜라(1491~1556)와 그의 친구 프란시스코 자비에르(1506~1552)였다.

"지구는 둥글다"
마젤란의 세계 일주(1519~1521년)

유럽에서는 십자군 이래로 이슬람 세계와의 동방 교역과 마르코 폴로의 《동방견문록》에 의해 아시아에 관한 관심이 높아졌다. 아시아의 물산, 특히 육류의 조미와 보존에 빠뜨릴 수 없는 향신료는 산지인 아시아에서는 헐값이지만 유럽에서는 엄청나게 비싼 값으로 팔렸다. 유럽인은 아시아와 직접 교역할 수 있는 새 항로의 개척에 나섰다.

대서양에 접해 있는 지리적 이점이 있는 포르투갈과 에스파냐는 기독교 세계의 확대와 동방의 부를 구할 목적으로 대서양과 인도양으로의 대항해를 적극적으로 추진하였다. 그 결과 바스코 다 가마는 인도 항로를 열었고, 콜럼버스는 신대륙을 발견하게 되었다. 그리고 바스코 다 가마가 동쪽으로 항해한 것과는 달리 마젤란(1480경~1521)은 서쪽으로 항해하여 아시아로 가는 꿈을 실현하였다. 남아메리카의 마젤란 해협은 그가 발견하여 처음으로 통과한 곳이다.

1519년 9월 20일, 마젤란이 이끄는 5척의 배는 에스파냐 본토의 대서양에 위치한 항구 도시 세비야를 출항하였다. 총 인원수 237명이 나누어 탄 에스파냐 함대는 수입을 올릴 수 있는 동양 무역 항로를 찾아 남미 연안을 따라 남하하였다. 그들은 남미대륙 동쪽 해안에서 태평양으로 빠져나가는 항로를 찾고 있었다.

오랜 세월에 걸친 항해 도중 배가 난파하기도 하고, 또 도망치는 배가 발생하기도 하고, 심지어는 반란 주모자를 처형하기도 하는 등 갖가지 고난을 겪으면서 마젤란은 항해를 계속하였다.

3개월 후인 12월 13일, 그들은 지금의 리우데자네이루에 도착하였다. 마젤란 일행은 원주민 인디오의 환영을 받았다. 일행이 그곳을 떠날 때는 그들이 울면서 바닷가까지 따라 나와 이별을 아쉬워하였다.

1520년 4월 2일에는 선상 폭동이 발생했고, 5월에는 산티아고호가 난파했으며, 11월에는 산 안토니오호가 도망치고 말았다. 이렇듯 큰 혼란을 겪으면서 마젤란 일행은 11월 28일 남미 대륙의 남쪽 끝인 마젤란 해협을 거쳐 마침내 태평양으로 빠져 나오게 되었다.

그곳이 세계 최대의 바다라는 사실을 알 리 없는 마젤란 일행은 사람이 살고 있는 섬을 좀처럼 발견하지 못하였다. 일행은 괴혈병과 굶주림으로 하나둘씩 죽어갔다. 태평양을 정처 없이 항해한 지 4개월이 지난 후인 1521년 3월, 그들은 드디어 힘겹게 마리아나 제도에 도착했고, 4월에는 필리핀에 닿았다.

필리핀에 도착한 마젤란은 입항세를 거부했고, 오히려 식량을 요구하는 동시에 그들에게 기독교로 개종하라고 요구하였다. 남미에서 원주민들이 마젤란의 강압적 태도에 고분고분했던 것으로 미루어 이번에도 잘되리라고 생각했던 것이다. 만일 거역하는 경우에는 학살해 버리기로 작정하였다.

필리핀의 세부섬 동쪽에 위치하고 있는 막탄섬의 라푸라푸 왕은 강경한 태도로 나왔다. 그는 마젤란 일행의 요구를 한마디로 거절하였다. 마젤란은 대포와 화승총의 위력으로 그들을 누르려 하였다. 그러나 라푸라푸는 1천 500명의 전사를 거느리고 치밀한 전술로 대항하였다. 결국 마젤란은 싸움에서 전사했고, 패잔 부대는 두 척의 배로 줄행랑쳐 해적선이 되어 무역선을 습격해 향신료 등 짐을 빼앗았다.

9월 8일에 한 척이 겨우 에스파냐의 세비야항으로 돌아왔다. 살아남은 승

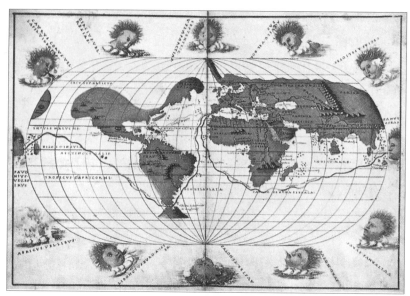

마젤란의 세계 일주 항로가 그려진 지도. 마젤란은 필리핀에서 죽었지만 그의 부하들이 출발지로 돌아와 지구가 둥글다는 것을 실증하였다.

무원은 18명. 그러나 이 배에 실린 짐은 파견 비용을 훨씬 웃돌았다. 이것이 바로 인간에 의한 최초의 지구 일주 항해였다. 이 항해로 지구가 둥글다는 사실이 뚜렷이 밝혀지게 되었다. 승무원 중에 매일 일기를 기록한 사람이 있었다. 귀국해 보니, 하루도 빠짐없이 일기를 썼는데 하루가 모자란 것을 발견하게 되었다. 이것도 지구가 둥글다는 증거가 되었다.

바스코 다 가마와 콜럼버스, 그리고 마젤란 등에 의해 신대륙이 발견되면서 에스파냐와 포르투갈은 신대륙의 영토 문제로 분쟁을 일으키게 되었다. 결국 로마 교황의 중재에 의해 포르투갈은 주로 아시아에서 활약하고, 에스파냐는 아메리카 대륙을 맡게 되었다. 에스파냐의 코르테스와 피사로에 의해 멕시코의 아스테크 제국과 페루의 잉카 제국은 결국 멸망하고 말았다.

코르테스(1485~1547)는 16세기 초에 멕시코의 아스테크 제국과 그 문명을 멸한 에스파냐의 콘키스타드레스(정복자) 중 대표적 인물이다. 그는 쿠바 총독의 명을 받고 16마리의 말과 총을 가진 약 500명의 군사를 이끌고 유카탄 반도에 상륙하였다.

1521년 5월부터 아스테크의 수도를 공격하기 시작하여 75일에 걸친 전투 끝에 이를 정복하였다. 곧 아스테크의 왕을 체포하고, 보물을 숨겨둔 곳을 알아내기 위해 그를 고문한 후에 살해하였다.

피사로(1475경~1541)는 1533년에 잉카 제국을 멸망시킨 에스파냐 정복자로서, 1521년에 아스테크 제국을 정복한 코르테스와 마찬가지로 잔인하기 이를 데 없는 인물이었다. 그는 에스파냐 왕 카를로스 1세(신성 로마 제국 황제 카를 5세)의 원조로 1531년에 군사 180명을 이끌고 페루에 침입하여 1533년에 말과 화기의 힘으로 잉카 제국을 멸하였다.

그는 잉카 황제를 잔인하게 처형하고 수도 코스코를 점령하여 대학살을 저질렀으며, 많은 보물을 약탈하였다. 그는 후에 영지 문제로 동료와 다투다가 결국 암살당하였다.

"지구가 태양의 주위를 돌고 있다"
코페르니쿠스의 '지동설' (1543년)

'코페르니쿠스적 전환'이라는 말이 있다. 지금까지 주장해온 학설과 정반 대가 되든가, 지금까지와의 생각과는 정반대로 변화하는 경우 쓰는 말이다. 전환이란 말은 영어로 '레벌루션revolution'으로서, '혁명'이라고 번역할 수도 있다. 이는 코페르니쿠스의 생각이 실로 혁명적이었다는 것을 의미한다.

르네상스는 그 자체가 역사의 '코페르니쿠스적 전환'이었다. 르네상스 시 대에는 모든 문화·예술·종교·정치·과학 등이 코페르니쿠스적 전환을 이루었다. 정치계의 경우 마키아벨리(1469~1527)가 등장하여 그의《군주론》 에서 이른바 마키아벨리즘이라는 것을 주장하였다.

피렌체의 하급귀족 가문에서 출생한 마키아벨리는 공화 정부의 서기관으 로 14년 동안 근무했고, 그동안에 외교 사절로서 프랑스와 독일 및 로마 등 지에 23회에 걸쳐 파견되었다. 마키아벨리는 1502년 로마의 체사레 보르지 아와의 만남에서 많은 것을 배웠다.

체사레 보르지아(1475~1507)는 로마 교황 알렉산데르 6세의 사생아로, 교 황은 보르지아를 조카라고 속여 추기경으로 임명하였다. 체사레는 교황을 위해 온갖 권모술수를 써서 정적을 타도하였다. 보르지아가에는 '칸타렐라'

라는 비밀 처방의 독약이
있어서, 이것을 사용하여
거추장스러운 인물을 모
두 제거한 것으로 알려져
있다.

잔인한 성격의 체사레는
가면을 쓰고 거리에 나가
행인을 칼로 베는 것이 취
미였다고 할 만큼 악명 높
은 사내였다. 체사레는 로
마 교황군의 총사령관인
자기 아우 조반니도 암살
하였다. 또한 절세의 미녀
라는 소문이 자자하던 누
이동생 루크레치아를 정략
결혼에 이용하여 세 번이
나 남편을 바꾸게 하였다.

코페르니쿠스. 폴란드의 천문학자로, 1543년 처음으로 지동설을
발표하였다.

마키아벨리는 체사레가 이외에도 3명의 유력한 후보를 살해한 경과를 보
고서에 상세히 기록하고 있다. 그가 저술한 《군주론》은 체사레를 모델로 하
여 저작된 것이다.

1512년, 피렌체에 정치적 변화가 생겨 마키아벨리가 일하던 공화정이 쓰
러지고 메디치가가 정권을 다시 장악하게 되어 마키아벨리는 직업을 잃었
다. 그 후 그는 피렌체 교외의 산 카시아노의 별장에 은거하면서 사색과 저
술로 만년을 보내며 《군주론》을 비롯하여 《로마사론》, 《전술론》, 《피렌체사》
등 우수한 저작들을 남겼다.

마키아벨리는 《군주론》에서 혼란한 이탈리아를 통일하여 평화를 실현하
기 위해서는 체사레 보르지아와 같은 인물, 냉혹하고 비정하기는 하지만 현
실 정치에 뛰어난 강력한 군주의 출현을 기대하였다.

"신의 따위는 전혀 염두에 두지 않고, 간교한 책략을 써서 사람들의 두뇌를 혼란하게 만드는 군주가 오히려 큰 사업을 수행한다⋯⋯ 군주라는 존재는 국가를 유지하기 위하여 신의에 어긋나거나, 자비에서 벗어나거나, 인간미가 없거나, 종교와는 담을 쌓은 행동을 자주 해야 한다는 것을 알아야 한다."

마키아벨리는 정치란 신의 의지에 따라서 움직이는 것이 아니라, 운명과 인간의 역량에 따라서 움직인다는 것을 주장함으로써 근대 정치학에 큰 영향을 주었다.

마키아벨리와 거의 같은 시대 사람인 코페르니쿠스는 지금까지 주장되어 오던 천동설을 부정하고 지동설을 주장하였다. 코페르니쿠스(1473~1543)는 폴란드의 토루니에서 상인의 아들로 태어났다. 크라코프와 빈 대학을 졸업한 후 21세의 나이로 프롬 보르크 성당 참사회원에 취임하여, 평생 동안 그 지위에 있었다. 그는 23세 때부터 9년 동안 이탈리아에 유학하며 천문학 공부에 열중하였다.

그는 귀국한 후 참사회원으로 일하는 한편, 태양을 중심으로 하는 행성의 운동에 관한 연구를 계속하여, 1530년경에는 지동설이 이들 행성의 움직임을 합리적으로 설명할 수 있다는 확신을 갖기에 이르렀다. 코페르니쿠스가 생각한 지동설은 《천체의 회전에 관하여》라는 제목으로 1543년에 발표되었다.

지구가 자전하면서 태양 주위를 회전한다고 하는 지동설은 오랜 옛날부터 여러 사람에 의해 주장되어 왔다. 기원전 5세기에 피타고라스 파의 필롤라오스도 지구가 움직인다는 것을 주장했고, 기원전 3세기 헬레니즘 시대에는 천문학자 아리스타르코스가 그것을 주장하였다. 그러나 코페르니쿠스는 죽을 때까지 그 사실을 알지 못하였다.

2세기에 프톨레마이오스가 《알마게스트》를 발표한 이래로 모든 사람들은 천동설에 대해 조금도 의심하지 않았다. 이런 상황에서 코페르니쿠스는 왜 행성이 천체상을 역행하는가, 왜 목성과 금성(내행성) 그리고 화성과 목성 및 토성(외행성)이 다른 움직임을 하는가 하는 의문에서 출발하여 지구의 자전과 공전이라는 지동설에 도달하게 된 것이다.

코페르니쿠스는 우주라는 신전 중심에 태양을 놓고, 그 주위에 지구를 비롯한 행성들을 배열하였다. 안쪽으로부터 차례로 수성·금성·지구·화성·목성·토성이 있고, 그 이외의 항성을 가장 바깥쪽 천체로 하는 균형 잡힌 우주 체계를 만들었다. 그는 우주를 유한한 것으로 생각하였다.

이와 같은 코페르니쿠스의 지동설은 지구가 태양의 주위를 돌고 있다는 것으로 그치는 단순한 것이 아니라, 지구의 공전 운동을 표현하는 데도 아주 복잡한 원圓의 운동을 계산해야 하는 것이었다. 또한 지구가 움직인다고 하는 주장을 지지할 수 있는 증거도 좀처럼 찾아볼 수 없었기 때문에 당시의 사회 통념으로는 받아들여지지 않았다.

코페르니쿠스의 주장은 1530년부터 이미 세상에 알려져, 교황 클레멘스 7세(재위 1523~1534)는 그에게 출판을 권한 반면, 루터는 그것을 이해하지 못하였다. 코페르니쿠스는 자신의 주장에 수학과 이론면에서 불충분한 점이 있다는 것, 그리고 반대파의 입방아에 오르내리게 되는 것을 두려워하여 간행을 주저하였다. 1539년에 독일의 학자가 코페르니쿠스를 방문하여 그의 연구성과에 주목하고, 그 내용을 여섯 권의 책으로 출간할 채비를 하였다.

코페르니쿠스의 지동설은 여전히 그리스 사상의 영향을 벗어나지 못하여 행성의 궤도를 타원이 아니라 원으로 생각했고, 우주를 유한한 구체球體로 보았다. 또한 천동설을 근본적으로 부정하는 일을 피해, 지동설이 "계산하는 데 편리하다"고만 주장하였다.

현재의 태양계 구조를 확립하기 위해서는 17세기 초의 케플러와 17세기 후반의 뉴턴이 등장하기를 기다려야만 하였다. 그러나 코페르니쿠스의 지동설의 등장으로 근대 과학의 막이 열리게 되었다고 할 수 있다. 그는 1543년 《천체의 회전에 관하여》 초판본을 출간한 지 불과 두어 시간 후 병으로 세상을 떠났다.

그의 지동설이 발표된 뒤에도 이 혁명적인 주장에 대해 대부분의 사람들은 냉담하였다. 1616년에는 로마 교황에 의해 금서 목록에 올랐고, 약 70년 후에는 이 때문에 유명한 갈릴레이 재판을 불러일으키게 된다. 로마 가톨릭에서 지동설을 공식적으로 인정한 것은 이 주장이 발표되고 나서 실로 440년이 지난 1992년의 일이었다.

67

"그래도 지구는 돌고 있다"
갈릴레오 갈릴레이(1564~1642년)

"그래도 지구는 돌고 있다."

이 말은 이탈리아의 과학자 갈릴레오 갈릴레이(1564~1642)의 말로 유명하다. 그는 코페르니쿠스의 지동설이 옳다는 것을 증명했고, 그 때문에 종교 재판에 부쳐졌다. 그리고 로마 교황청 당국의 위협으로 천동설의 서약서에 서명하면서 이 말을 한 것으로 알려져 있다.

코페르니쿠스의 지동설을 주장한 논문이 발표된 1543년에서 90년이 지난 1632년에 갈릴레이가 그 지동설을 증명하는 책을 냈으나, 그때까지도 사정은 조금도 나아지지 않은 것이다.

코페르니쿠스 이후 조르다노 브루노(1548~1600)가 나와 코페르니쿠스의 지동설에 기초하여 자연을 무한한 우주라 생각하고, '생겨난 자연(사물)'은 '창조하는 자연(신)'의 현현이라고 생각하는 범신론을 주장하여 이단으로 규탄되었다. 그는 '지동설과 범신론을 주장하는 이단자'라는 죄목으로 7년 동안 투옥되었으나, 끝내 자신의 주장을 굽히지 않았기 때문에 화형에 처해졌다.

독일의 천문학자 케플러(1571~1630)는 스승인 티코 브라에(덴마크인)가 남

갈릴레오 갈릴레이. 지동설을 주장했으나 교회의 압력에 굴복, 신념을 꺾었다. 그림은 만년에 실명한 갈릴레이가 아들에게 천문학을 강의하는 모습.

긴 행성 관측 기록에 기초하여 행성의 운동 법칙을 발견하였다. 그는 유명한 '행성의 3법칙'을 발견하여 코페르니쿠스의 지동설을 수리적으로 완성하여 《새천문학》(1609)과 《우주의 조화》(1619)를 발표했으나, 프로테스탄트인 그는 30년 전쟁 중 종교적 박해를 받아 여러 곳을 전전하다가 굶어 죽었다. 그의 학설은 훗날 뉴턴의 만유인력설의 전제가 되었고, 또한 태양계의 구조 규명에 이바지하였다.

이와 같이 중세적인 분위기가 짙은 1564년, 갈릴레이는 이탈리아의 피사에서 귀족이며 상업을 하는 집안의 장남으로 태어났다. '조금은 멍청하고, 기묘한 환상을 잘 보는 꼬마 천문학자'라는 것이 부친의 갈릴레이에 대한 평이다.

갈릴레이는 11세 때 수도원 부속학교에 입학하였다. 그는 그곳에서 공부하며 아리스토텔레스의 논리학에 의문을 품었다. 천동설을 주장한 아리스토텔레스에 대한 의문은 훗날 지동설의 주장으로 이어진다. 3년 후 학교를 자퇴한 갈릴레이는 피렌체에 있던 아버지에게 가서 함께 살게 되었다. 갈릴레이는 아버지의 권고로 피사 대학에 입학하였다. 아버지는 그에게 의학을 권하였다.

피사 대학에서 처음에 의학을 배우던 갈릴레이는 자연과학에 대한 정열을 버리지 못하여 도중에 수학과 물리학으로 전과하였다. 그가 학생이던 18세 때, 사탑의 예배당에서 천장에 매달린 램프가 흔들리는 것을 보고 이상하다고 생각하였다. 그 램프는 진폭이 크게 또는 작게 흔들려도 한번 왕복하는 시간은 변함이 없었다. '진자의 등시성'은 이렇게 발견되었다.

그 후 갈릴레이는 수학에 본격적으로 도전했고, 아리스토텔레스에 대한 의심에서 반 아리스토텔레스 학도로서의 길을 걷기 시작하면서, 박해 속에 진리를 계속해서 연구하였다. 그는 대학 졸업 후에 발표한 물리학 논문으로 실력을 인정받아 25세 때 피사 대학에서 강의하게 되었다.

그 후 베네치아의 파도바 대학으로 옮겨 18년 동안 교편을 잡았다. 그동안에 수학·물리학·천문학·토목학·건축학·축성학·탄도학 등도 배우는 한편, 많은 실적을 올렸다. 특히 낙하하는 물체의 거리는 경과 시간의 제곱에 비례한다고 하는 유명한 '낙하의 법칙'을 발견한 일과 코페르니쿠스의 지동설이 옳다는 것을 확신하고 자신이 제작한 망원경으로 천체를 관측하여 그것을 입증한 일이 그의 최대의 업적이었다.

망원경은 원래 네덜란드 안경 기술자의 발명품이었는데, 갈릴레이는 그 발명 소식을 듣고 제작에 착수하여 40배 배율의 망원경을 완성하였다. 이 망원경으로 열심히 천체를 관측한 결과 목성을 중심으로 회전하는 4개의 위성과 달의 표면이 평탄한 것이 아니라 산과 골짜기로 이루어져 있다는 사실을 발견하였다. 그는 1610년에 이 사실을 《별세계의 보고》라는 작은 책자로 만들어 간행하였다.

다음해에는 코페르니쿠스의 지동설이 정당하다는 것을 증명하는 가장 중요한 증거가 되는, 금성의 차고 기우는 현상에 관한 상세한 논문을 발표하였다. 또한 태양에는 흑점이 있다는 것과 은하는 무수한 별의 집단이라는 사실도 발표하였다.

이와 같은 주장에 대해 많은 사람들은 갈릴레이에게 박수갈채를 보냈으나, 학자들은 누구 하나 망원경을 들여다보려 하지 않았다. 그들은 자신들의 오류를 직접 눈으로 확인하는 것이 두려웠던 것이다. 특히 종래의 천동설을 고집하는 로마 교회의 반발은 거셌다. 1616년 로마 교회의 이단 심문소에서는 지동설을 이단으로 규정한다는 결정을 내렸다.

갈릴레이는 그에 앞서 1610년에 파도바 대학의 교수직을 사임하고, 처자를 남겨둔 채 학문의 자유가 보장되는 피렌체로 가서 토스카나공의 보호 아래 연구를 계속하였다. 갈릴레이는 피렌체에서 그야말로 잠도 제대로 자지 않고 오로지 연구에만 몰두하였다. 그 결과 최대의 거작인《프톨레마이오스 및 코페르니쿠스의 우주체계에 관한 대화》를 완성하였다. 그리고 떳떳이 이단 심문소의 허가를 받고서 이 저서를 간행하였다(1632). 이 저서에는 신을 부정하거나 신의 창조설을 부정한 말은 한마디도 없었다. 그런데도 이 책이 발표되자 간행 즉시 발매 금지 처분이 내려졌고, 갈릴레이는 로마 교황에 의해 로마의 이단 심문소로 출두하라는 통보를 받았다.

그는 이단 심문소에서 오랫동안 시달림을 받아 지칠 대로 지쳤다. 심문관은 고문과 협박으로 그에게 지동설의 폐기를 강요하였다. 갈릴레이는 고문과 협박을 더 견디지 못해 마침내 그들이 원하는 대로 지동설 포기를 수락하였다.

심문 후에 "그래도 지구는 돌고 있다"고 그가 혼잣말로 중얼거렸다는 말은 사실이 아닌 것으로 판명되었다. 그것은 100년이 지난 후에 작가가 만들어 낸 말이라는 것이다. 그러나 이 말은 갈릴레이가 직접 발언한 것과 마찬가지로 그의 심정을 그대로 잘 표현한 것이라 하겠다.

갈릴레이는 그 후에도 연구와 저술을 계속했고, 만년에는 맹인이 되어 지내다가 그 생애를 마쳤다. 로마 교회는 그의 장례식까지 간섭하여 조사의 낭독도 금했고, 갈릴레이 일가의 가족 묘지에 매장하는 것도 금했으며, 비석을 세우는 것까지도 금하였다.

로마 교회가 정식으로 그에 대한 이단 재판이 잘못되었다는 것을 인정한 것은 360년 후인 1992년에 이르러서였다.

에스파냐 무적함대의 패배
엘리자베스 1세의 '영광의 세기'
(1558~1603년)

유럽에 종교개혁과 이에 대항하는 반종교개혁의 회오리가 불고 있던 무렵, 네덜란드는 에스파냐의 영지였다. 상업이 활발해진 네덜란드에서는 칼뱅파의 신교도가 세력을 얻어, 자유를 구하는 목소리가 높아지게 되었다. 가톨릭 국가인 에스파냐는 이에 대해 강압 정치를 폈기 때문에 마침내 네덜란드인은 독립을 선언하기에 이르렀다(1581).

에스파냐는 대군을 보내 이를 진압하려 하였다. '바다의 거지'라고 무시하던 네덜란드의 해적선이 에스파냐 함대에 대해 게릴라전을 폈다. 영국이 뒤에서 이들을 돌보아 주고 있었다. 이렇게 독립을 쟁취한 네덜란드는 그로부터 100년이 못 되어 250만 명이 채 안 되는 인구로 미국과 아시아에까지 진출하여 세계에서 손꼽히는 부한 나라가 되었다.

영국이 네덜란드의 독립을 도운 것은 종교상의 문제로서, 영국도 같은 신교 국가였기 때문이다.

16세기 후반에 왕위에 오른 영국의 여왕 엘리자베스 1세(재위 1558~1603)는 정치력이 뛰어났다. 그 무렵에는 영국인 가운데서도 에스파냐의 배로부터 돈과 보물을 탈취하는 해적이 있었다. 엘리자베스는 이러한 영국의 해적들을 두둔하였다. 해적인 드레이크 등은 기사 작위를 받은 귀족이 되어 인가 받은 해적으로 활동하였다.

에스파냐와 영국은 바다의 패권을 두고 일전을 벌일 수밖에 없게 되었다. 이 두 나라가 전쟁을 치르게 된 데는 해적 문제 말고도 복잡한 원인이 있었다. 그 문제도 따지고 보면 종교 문제로 집약할 수 있다.

우선 에스파냐 왕 펠리페 2세와 영국 여왕 메리 1세의 결혼이 큰 원인이 되었다. 열렬한 가톨릭 교도인 메리 1세는 1553년 왕위에 오르자 신교도에 대한 박해를 시작하였다. 영국을 가톨릭 국가로 만들어 에스파냐 제국의 식민지로 삼으려는 생각에서 에스파냐 왕 카를로스 1세가 왕자 펠리페와의 결혼을 청하자 메리 1세는 이를 기쁘게 받아들였다. 메리의 신교도 탄압은 에스파냐의 지지를 얻어 3백여 명의 신교도를 고문하고 처형하였다. 사람들은 메리 1세를 '피의 메리 Bloody Mary'라 불렀다.

이 때문에 영국 안이 뒤숭숭한 가운데 1558년 메리는 죽고 엘리자베스 1세가 왕위를 계승하였다. 엘리자베스는 어머니 앤 불린과 헨리 8세 사이에 태어났다. 그 어머니는 헨리 8세에 의해 사형에 처해졌기 때문에 엘리자베스는 불우한 소녀 시절을 보냈다. 때로는 죄수로 몰려 런던탑에 갇히기도 했으나, 뜻하지 않게 왕위 계승권이 돌아오게 된 것이다.

즉위한 엘리자베스 1세는 우선 종교 분쟁의 해결이 급하다고 생각하였다. 여왕은 구교에도 신교에도 속하지 않는, 국왕을 머리로 하는 국교회 체제를 강화하였다. 그 결과 구교를 믿는 펠리페 2세와 금이 가게 되었고, 그 이래로 두 사람은 숙명의 라이벌이 되었다.

그 무렵 스코틀랜드의 여왕인 메리 스튜어트가 헨리 8세의 누이동생의 손녀딸임을 내세워 영국의 왕위를 노리고 있었다. 그러나 귀족의 반란으로 어린 왕자인 제임스에게 왕위를 넘겨주고, 1568년 영국으로 망명하였다.

메리는 그 후 20년 동안 엘리자베스를 제거할 온갖 음모를 꾸몄다. 그러다가 1587년 마침내 엘리자베스 암살계획에 가담한 배빙턴 사건이 드러나 메리는 단두대에서 처형되었다. 메리 스튜어트가 처형되자 에스파냐는 영국에 대해 선전 포고를 하였다. 1588년, 펠리페 2세는 에스파냐가 자랑하는 '무적

가라앉는 무적함대. 1588년 7월, 영국 도버 해협에서 영국함대의 화공선 공격을 받고 있는 모습. 그리니치, 국립해양박물관 소장.

함대Armada'를 출동시켜 영국을 제압하려 하였다. 무적함대는 2천 500문의 대포를 실은 130척의 배에 해병 7천 명과 보병 1만 5천 명을 태우고 있었다. 이 함대는 일찍이 무적을 자랑하던 오스만 군대를 레판토 해전(1571)에서 격파한 일이 있는 막강 전력이었다.

영불해협에서 세 번에 걸쳐 해전이 벌어졌다. 예상과는 달리 큰 배로 구성된 무적함대는 좁은 영불해협에서는 움직임이 둔했고, 반대로 영국의 작은 배는 민첩하게 움직이며 기동전을 폈다. 제3차 해전에서는 송진이 배어 있는 소나무 가지와 화약을 실은 불배를 에스파냐의 무적함대 속으로 돌진하게 하여 적진을 큰 혼란에 빠뜨린 후 습격하여 크게 승리하였다. 도망가던 에스파냐 함대는 바다에서 폭풍우까지 만나는 불운이 겹쳐 군사의 반과 3분의 2에 이르는 배를 잃었다.

이 전투의 결과 에스파냐의 지위는 크게 흔들렸고, 유럽에서의 주도권도 상실해 쇠락의 길을 걷게 되었다. 그 반면 영국은 강대한 해군 국가로서 세계 제국으로 성장하게 되는 발판이 되었다. 에스파냐의 무적함대를 물리친 영국의 전함은 상선을 급히 고쳐서 만든 70척의 배였다고 한다.

무적함대를 물리친 엘리자베스 1세는 미국에 식민지를 열었고, 아시아에는 동인도회사를 창설하여(1600) 그 세력을 세계로 뻗쳐나갔다. 국내적으로도 정치·경제의 안정과 문화의 번영을 가져와 시인인 스펜서, 사상가인 프랜시스 베이컨, 극작가인 셰익스피어 등이 등장하여 영국 르네상스의 꽃을 피우며 영국 절대 왕정의 절정기를 이루었다.

엘리자베스 1세는 평생 동안 독신으로 지냈기 때문에 '버진 퀸'이라 불렸고, 그녀로서 튜더 왕조는 단절되었다. 엘리자베스 1세만큼 많은 청혼을 받은 여성도 많지 않을 것이다. 구혼자 중에는 프랑스 왕 샤를 9세와 앙리 3세가 있으며, 숙적이 되고 만 스페인의 펠리페 2세도 끼어 있었다. 그러나 의회의 결혼 청원에 관해서 엘리자베스는 이렇게 대답하였다.

"대리석 묘석에 '한 시대를 다스렸던 여왕, 처녀의 몸으로 여기 잠들다'라고 새겨준다면 그것으로 만족하오."

여왕의 독신주의는 소녀시절 어머니와 계모가 아버지 헨리 8세에 의해 죽임당한 데서 받은 충격, 그리고 그녀에게 최초로 청혼한 시모어 제독이 정부의 허가 없이 왕녀에게 청혼하였다는 죄목으로 처형당한 것이 크게 영향을 끼친 것으로 알려져 있다.

여왕은 자기의 유일한 연인은 영국이라고 입버릇처럼 말하였다. 그러나 여왕의 총애를 받던 월터 롤리는 미국 동해안(노스캐롤라이나 해안)을 탐험한 후 1584년에 이 땅을 '버지니아'라 이름 붙여 여왕에게 바쳤다.

1603년, 엘리자베스는 70세의 나이로 생을 마감하였다. 이로써 튜더 왕조는 단절되고, 스코틀랜드의 왕 제임스 6세가 영국 왕위에 올라 제임스 1세가 되었다. 그는 엘리자베스가 처형한 메리 스튜어트의 아들로서 영국과 스코틀랜드 양 왕국의 공동 군주가 되었다. 이로써 스튜어트 왕조가 수립되어 100년이 넘게 영국 왕으로 군림하게 되었다. 그러나 스튜어트 왕조의 앞날이 평탄하기만 한 것은 아니었다. 왕이 단두대에서 처형되는 불행한 사건도 발생하게 된다.

"짐이 곧 국가다"
태양왕 루이 14세(1643~1715년)

종교개혁의 파도는 프랑스에도 밀어닥쳤다. 프랑스의 구교와 신교 사이에 벌어진 위그노 전쟁은 30년 이상 계속되었고(1562~1598), 그 때문에 프랑스 봉건 제후의 힘은 약체화되었으며, 그것은 반대로 왕권 강화로 나타났다. 이 전쟁 중에 발루아 왕조는 단절되고, 신교인 위그노의 지도자였던 앙리 4세가 부르봉 왕조를 열었다.

1610년, 앙리 4세가 가톨릭파에 의해 암살당하자, 그 아들 루이 13세가 아홉 살의 나이로 즉위하였다. 그는 어렸기 때문에 왕의 어머니 마리 드 메디치가 섭정이 되었다. 이 마리 드 메디치의 눈에 들게 된 것이 리슐리외였다. 이후 리슐리외는 죽을 때까지 루이 13세의 충실한 조언자로서 절대적인 신뢰를 얻어 실질적으로 프랑스의 정치를 움직였다.

루이 13세가 사망하자 그 아들 루이는 5살의 나이로 루이 14세(재위 1643~1715)에 즉위하였다. 리슐리외에 의해 후계자로 지명된 이탈리아 출신의 마자랭 추기경이 재상이 되어 사실상의 실권을 쥐고 정치를 하였다. 1661년에 마자랭이 죽자, 22세가 된 루이 14세는 재상을 임명하지 않고 친정을 시작하였다. 그는 교육 담당자인 신학자 보쉬에게서 '왕의 절대적 권력

루이 14세 치하의 비참한 서민들. 태양왕 루이 14세의 호사 뒷면에는 참담한 서민의 고난이 널려 있었다. 루이 르낭의 그림.

은 신으로부터 받은 것이다'라는 왕권신수설을 배우며 자랐다.

"짐이 곧 국가다."

이렇게 믿은 루이 14세는 유럽 대륙에서 가장 부유하고 강한 왕이었다. 독일이나 이탈리아의 나라들도 프랑스왕의 부와 견줄 수는 없었다. 에스파냐의 무적함대를 격파한 후 날로 국력이 강해지는 영국에 뒤지지 않으려고 신대륙과 아시아에서 돈을 긁어모은 프랑스의 국력은 이윽고 영국에 맞설 만한 수준에 이르렀다.

루이 14세는 파리 교외인 베르사유에 새로운 궁정을 지으라고 명령하였다. 그리고 착공한 지 20년 후인 1682년, 완공 전이었으나 루이 14세는 왕궁과 정부를 베르사유로 옮겼다. 그때부터 베르사유 궁전에는 프랑스의 대귀족들 전부가 이주해 와서 살게 되었고, 국왕과 귀족들에 의해서 화려한 궁정 생활이 펼쳐졌다.

왕은 정사를 돌보는 한편, 사냥과 기마경기를 개최했고, 트럼프와 당구 그리고 댄스를 즐겼다. 특히 연극을 좋아하여 코르네유 · 라신 · 몰리에르 등의 연극 활동을 보호하였다.

루이 14세는 에스파냐 왕녀 마리 테레즈와 결혼해 행복하게 살았다. 그러나 또 한편 많은 애인을 두었다. 특히 12년 동안에 걸쳐 왕의 애인이었던 몽테스팡 부인과의 사이에는 자녀를 8명이나 두었다.

절대적인 권력을 휘두르며 '태양왕'이라는 별명으로 불려지던 루이 14세는 이른바 '자연국경설'을 주장하였다. 프랑스의 국경은 신에 의해 결정되었으며, 그것은 자연 환경에 의해 표시되어 있다는 것이다. 즉, 프랑스와 에스파냐 사이의 피레네 산맥, 서남쪽의 알프스 산맥, 북동쪽의 라인강이 프랑스 국경이라는 것이다. 루이는 그 당시 프랑스 영토가 아닌 라인강 방면의 영토 획득을 위해 침략 전쟁을 벌였다.

이러한 침략 전쟁을 위해 프랑스군의 근대화가 행해졌고, 유럽에서 최강을 자랑하는 육군이 편성되었다. 이 강력한 군대로 프랑스는 우선 제2차 영국과 네덜란드 사이의 전쟁을 틈타서, 1667년과 그 다음해에 걸쳐 에스파냐 영토인 네덜란드에 침입하였다. 또한 제3차 영국과 네덜란드 전쟁 때에도 네덜란드에 침입하여(1672~1678) 많은 영토를 빼앗았다.

루이 14세에 의한 침략 전쟁은 멈추어지지 않았다. 그는 다시 독일의 팔츠 지방에 대한 계승권을 주장하며 침입했기 때문에 독일은 영국 · 네덜란드 · 에스파냐와 동맹하여 프랑스에 대항하였다. 이른바 아우크스부르크 동맹전쟁이라고도 불리는 팔츠 계승 전쟁이 10년 동안(1689~1697) 계속되었다.

식민지 문제로 영국과 세력 다툼을 벌여 100년 동안 싸우게 되는 제2차 영불 백년전쟁이 발발된 것도 루이 14세 때였다. 또한 에스파냐의 계승 전쟁(1701~1713)에 뛰어드는 등 루이 14세는 영토 확장에 혈안이 되었다.

에스파냐 계승 전쟁에서 전세는 처음에 프랑스에 유리했으나 점차 밀리게 되었다. 결국 프랑스의 영토는 루이 14세가 친정을 시작하던 당시의 영토로 축소되었다.

루이 14세의 화려한 궁정 생활과는 반대로 당시의 서민 생활은 비참하기 짝이 없어 굶주림에 시달렸다. 전염병도 자주 유행되었다. 당시 프랑스인의 평균 수명은 25세 이하였으며, 파리를 비롯한 모든 도시에는 거지가 들끓었다. 혁명의 싹은 이때부터 움터 백년 후에 프랑스 혁명이 발생하게 되었다.

그는 또한 국민의 종교를 가톨릭으로 통일하는 것이 절대 왕정에 유리하다고 생각하여, 1685년 낭트 칙령을 폐지하고 위그노를 탄압하였다. 낭트 칙령은 신교도들을 보호하는 장치였는데, 이 때문에 신교도인 위그노 25만 명이 네덜란드와 영국으로 망명하였다. 그들 대부분이 수공업 분야의 숙련공들이어서, 이후 프랑스의 수공업은 거의 마비되다시피 하였다.

1715년, 76세의 나이로 임종을 앞둔 루이 14세는 왕위 계승자인 루이(루이 15세)에게 이렇게 유언하였다.

"이웃 나라와 평화를 유지하도록 힘쓰라. 이 점에서 내가 밟은 길을 따르지 말라. 인민의 고통을 덜어 주라. 내가 행하지 못한 모든 일을 해주기 바란다."

루이 14세는 '태양왕'이라 불리며 72년 동안 절대 권력을 휘두른 자신의 정치 행적에 대해 자각과 후회를 가지고 숨졌다. 루이 14세가 죽었다는 소식을 들은 프랑스 국민은 조금도 슬퍼하는 기색이 없이 오히려 '오랫동안 기다리고 기다려 온 해방을 주신 하나님 앞에 감사하며 크게 기뻐하였다'고 역사가는 기록하고 있다.

세계를 품 안에 넣기 위하여
표트르 1세(1682~1725년)

영국과 프랑스에서 근대 사회를 향해 개혁을 진행하는 동안 독일과 이탈리아 및 러시아 등은 후진국으로 뒤떨어져 있었다. 그중에도 러시아는 유럽인으로부터 시골뜨기 대우를 받고 있었다.

16세기 중엽 이반 4세(1530~1584)가 등장하여, 귀족의 세력을 누르고 처음으로 차르(황제)라 칭하였다. 그는 '천둥 황제雷帝'라는 별명으로 불려질 정도로 무서운 사람이었다. 며느리와 말다툼을 하다가 화가 치밀어 곤봉으로 아들을 때려죽인 사람이었다.

로마노프 왕조는 1613년에 시작되었다. 이 왕조는 그 후 300년에 걸쳐 러시아를 지배했고, 1917년 러시아 혁명으로 무너졌다. 러시아 개혁에 크게 이바지한 표트르 대제(재위 1682~1725)는 로마노프 왕조의 제2대 황제인 알렉세이의 아들로 태어났다.

그 무렵의 러시아는 큰 위기에 직면하여 혼란하였다. 러시아 민요로도 잘 알려진 스테판 라진(스텐카 라진)의 반란(1670~1671)이 기세를 떨치고 있었는데, 로마노프 왕조는 반란 측 내부의 대립을 이용하여 가까스로 그 반란을 진압할 수 있었다.

표트르의 조선소 시찰. 흑해로 진출하는 데에 국운이 걸려 있다고 생각한 그는 해군력의 배양에 진력하였다.

이런 때 왕위에 오른 표트르 1세는 강력한 권력을 동원하여 개혁을 시행하였다. 역사가들은 그를 가리켜 '왕좌에 앉은 혁명가'라 부르고 있다. 그의 개혁 방침은 '옛 러시아'와의 결별이었다. 이 개혁에는 그의 20세 때의 체험이 반영되어 있었다. 그는 1689년 섭정인 소피아에 의해 살해될 뻔 하다가 가까스로 난을 피했던 일이 있었다. 소피아는 수녀원으로 쫓겨 갔고, 정치의 실권은 표트르에게 넘겨졌다.

그로부터 7년 후 러시아 정부는 250명이 넘는 사절단을 서구에 파견하였다. 여기에는 서구의 선진 군사 기술을 배우기 위한 35명의 훈련생이 포함되어 있었다. 표트르는 변장을 하고 연수생 대열에 끼어 서구에 갔다. 그의 목적은 해군력의 증강이었다. 그는 조선 기술과 이론을 열심히 배웠다. 네덜란드의 동인도회사에서는 자신이 직접 연장을 들고 실습한 결과 숙련공 못지않은 기술을 익히게 되었다. 다음 해에는 런던으로 가서 이론과 제도법을 터득하였다.

표트르는 키가 2m 이상 되는 거인이었다. 그를 비롯하여 사절단이 유럽으로 갈 때는 러시아의 전통을 따라 수염을 기른 모습으로 갔다. 이 같은 모습을 본 유럽인들은 마치 야만인 보듯이 이들 일행을 대하였다.

1700년, 표트르는 러시아의 해외 진출 길을 찾기 위해 발트해로 진격하여 강대국 스웨덴과 전쟁을 벌였다. 이른바 '북방전쟁'이었다. 러시아는 네바강 하구로 진출하여 새 수도의 건설을 시작하였다. 이 수도가 페테르스부르크이다. 표트르는 이곳을 해군기지로 하여 발틱 함대 건설에 착수하였다.

표트르는 그 후에 군대 증강에 힘을 기울여 농민을 징병하여 21만 명에 이르는 육군을 창설함과 동시에 해군도 창설하였다. 또한 군수 물자를 생산하기 위해 공장을 짓고, 도로와 운하도 정비하였다. 표트르는 수도 건설에다 군사비 등에 국가 재정의 3분의 2를 쏟아부었다.

1721년, 북방 전쟁에 승리한 표트르는 황제의 칭호를 받고, 러시아는 강대국으로 발돋움하였다. '러시아 역사는 전부 표트르의 개혁에 귀착하고 그리고 거기서 흘러나온다'는 역사가들의 말처럼 그는 '옛 러시아'에서 '새 러시아'를 건설하였다.

한편 독일도 강대국이 되기 위해 몸부림치고 있었다. 신성 로마 황제가 통치하는 오스트리아는 종교 개혁 이후 예전만한 힘을 발휘하지 못하고 있었다. 같은 독일인 사이에 신교를 믿는 나라들이 생겨나, 가톨릭을 고집하는 황제와 대립하게 된 것이다.

그런 상황에다 프랑스 왕이 가세하여 30년 전쟁이 터져 30년 동안에 걸쳐 서로 살육하는 전쟁을 치르게 되었다. 그 당시의 군인은 돈을 받고 고용된 군대였기 때문에 전쟁 때에는 어김없이 마을과 집을 약탈하였다. 독일은 이 전쟁기간 동안에 인구의 반 이상을 잃었다.

한편 동독일에서는 프로이센이 일어나, 베를린을 수도로 하여 점차 강성해지고 있었다. 프로이센 왕국의 프리드리히 1세는 서구 나라들과 어깨를 나란히 하려면 강한 군대가 있어야 한다고 생각하였다. 그 자신도 언제나 군복을 입고 정사를 돌보았다. 군인 중에서 체격이 좋은 젊은이를 뽑아 '거인군'이라 명명하고는 열병식을 하는 것이 그의 취미였다. 그의 별명은 '군인 왕'

이었다.

이 군인 왕의 아들이 명군으로 이름 높은 프리드리히 대왕(재위 1740 ~1786)이다. 프리드리히 대왕이 왕위에 오른 1740년에 오스트리아에서는 마리아 테레지아(재위 1740~1780)가 23세의 나이로 여왕이 되었다. 부왕으로부터 많은 군인을 인계받은 프리드리히는 여왕의 오스트리아 땅을 빼앗기 위해 전쟁을 벌였다(오스트리아 왕위 계승 전쟁).

마리아 테레지아는 젊지만 똑똑한 여성이었다. 갓 낳은 왕자를 품에 안고 헝가리의 귀족에게 눈물로 호소하였다. 이 말에 감동해 모두 한마음이 되어 프로이센의 침입에 맞섰다. 그러나 힘이 부족했기 때문에 마리아 테레지아는 프랑스와 러시아를 끌어들여 복수전을 펼쳤다.

1756년에서 63년까지 계속된 7년 전쟁으로 프리드리히의 군대는 지칠 대로 지쳤다. 프리드리히는 독서를 좋아해 작은 책과 독약을 가지고 다니면서 언제 죽어도 좋다는 각오로 싸웠다. 7년 동안 고전한 프리드리히는 마침내 오스트리아로부터 슐레지엔 지방을 차지하게 되었다.

마리아 테레지아는 모두 16명의 자녀를 낳았다. 그의 딸 중 한 명이 프랑스 왕 루이 16세(1754~1793)의 왕비가 된 마리 앙트와네트(1755~1793)이다.

이 무렵 표트르 대제에 의해 강대국이 된 러시아는 여왕 에카테리나 2세(1729~1796)가 통치하고 있었다. 에카테리나는 프로이센의 프리드리히 대왕과 마리아 테레지아를 설득하여 이들 세 나라 사이에 끼어 있는 폴란드를 나누어 가졌다.

폴란드는 오랜 역사와 뛰어난 문화를 가진 민족의 국가였으나, 귀족들의 횡포와 세력 다툼으로 안정을 찾지 못한 채 결국 멸망하였다.

표트르 대제의 정책을 이은 에카테리나 여제 때 러시아는 더욱 강대해졌다. 그녀가 죽은 후 옷장에는 8,700벌에 이르는 의상이 있었다고 한다. 반면 러시아 농민들의 생활상은 눈뜨고 볼 수 없을 정도로 비참하였다.

신앙의 자유를 찾아서
메이플라워호의 미국 도착(1620년)

　중세의 길드 제도는 생산 방법이나 도제徒弟의 수 등이 길드의 규약에 의해 엄격히 통제되었기 때문에 생산의 자유로운 발전에 걸림돌이 되었다. 근세 초기가 되면서 해외 무역 등이 활발해짐에 따라 모직물을 비롯한 상품의 수요가 증대했고, 이에 따라 양모 공업 등 중요한 수공업은 도시의 길드 통제를 피해 농촌 지대로 확산되어 공장제 수공업(매뉴팩처manufacture)으로 이어졌다.

　이 공장제 수공업은 근대 자본주의 생산의 모태가 되었다. 특히 영국에서 16세기 후반부터 17세기에 걸쳐 급속히 확산되었다. 영국에서는 농토에서 해방된 계층에서 부농층(요맨)이 나왔고, 그들 중에서 수많은 공장제 수공업의 경영주가 나오게 되었다. 또 한편 신흥 지주층(젠틀리)도 등장하여, 그들 역시 공장제 수공업의 경영주가 되었다.

　이처럼 농촌에 새로운 세력이 등장하고 또 공장제 수공업이 진전함에 따라서, 부유층은 경영을 확대해 더욱더 부유해지는 반면, 다른 한편에서는 토지를 잃고 몰락하는 사람도 늘어나 농촌 공동체는 무너지고 농민층의 분해가 진행되었다.

농민층의 분해를 촉진한 주요 원인으로서 인클로저enclosure 운동이 있었다. 이것은 지주가 농민들의 공유지와 황무지 등을 불법으로 빼앗아 울타리나 담장을 둘러치는 것을 가리킨다. 이렇게 된 토지는 목장이 되었고, 그곳은 양을 키우는 곳이 되었다.

인클로저에 의해 생산 수단을 빼앗긴 사람들은 임금 노동자가 되어 생계를 꾸려나갈 수밖에 없었고, 농업 경영자로 성장한 일부 부유 농민과 매뉴팩처 경영자에게 고용되어 일하게 되었다. 이와 같은 형편을 두고 토머스 모어는《유토피아》에서 이렇게 말하고 있다.

"원래 순하고 길들여진 양이 요사이 들리는 말에 의하면 무척 많이 먹고 야성을 띠게 되어 사람까지 잡아먹는다고 한다. 그들은 모든 밭과 집과 그리고 도시까지도 모조리 파괴하고 만다."

양이 사람을 먹을 리 없다. 이것은 바로 인클로저 운동을 비판한 것이다. 이 같은 운동이 일어난 원인은 양털 생산이 농업 경영보다 이익이 많았기 때문이다. 제1회 인클로저 운동은 15세기 말에서 17세기 초에 걸쳐 행해졌는데, 이 때문에 많은 실업자가 생겼다. 이런 이유 등으로 해서 영국에서는 좁은 땅덩어리에서의 생활에서 벗어나 넓은 신천지로 가려는 사람들이 생겨나게 되었다.

종교 때문에 정부로부터 박해를 당하는 계층 또한 신대륙을 동경하였다. 엘리자베스 1세의 뒤를 이어 영국 왕이 된 제임스 1세(재위 1603~1625)와 그 아들 찰스 1세(재위 1625~1649)는 왕권신수설을 받들어, 백성들에게 국왕의 통제 아래 있는 국교를 강제로 믿게 하였다. 이에 대해 일단의 사람들이 종교의 자유를 찾아 아메리카 대륙으로 건너가게 되었다.

1620년 8월 5일, 메이플라워호와 스피드웰호가 런던 남서쪽 사우샘프턴 항구를 떠났다. 메이플라워 호는 180톤, 스피드웰호는 60톤으로서, 두 척 다 돛배였다. 그러나 항해는 좌절되었다. 스피드웰호에 물이 새어 되돌아온 것이다.

그로부터 한 달 후인 9월 6일, 메이플라워호만 플리머스에서 출항하였다. 그 배에는 102명의 이주민이 타고 있었다. 그들의 행선지는 신대륙 아메리

순례시조의 오두막과 그들이 타고 온 메이플라워호. 플리머스에 복원된 모형이다.

카였다. 대서양을 항해하는 도중 배의 한 부분이 파손되는 일도 있었으나, 출발에서 9주간이 지난 11월 11일, 메이플라워호는 북아메리카 동해안에 무사히 도착하였다.

그들은 상륙 지점인 지금의 보스턴 근방에 플리머스 식민지를 건설하였다. 자신들이 출항한 추억의 땅, 영국의 플리머스를 기념하여 지은 이름이었다. 이들은 훗날 '필그림 파더스Pilgrim Fathers (순례 시조)'라 불리게 되었다.

그들은 신대륙에 상륙하기 전에 서로 계약을 맺고, 통치 형태의 기본을 정한 터였다. 이른바 '메이플라워 서약'이다. 이 서약에는 미국 독립과 헌법 정신의 싹이 보인다.

신대륙에서 그들을 기다리고 있었던 것은 낙원이 아니라 자연의 혹독함이었다. 북아메리카 대륙의 모진 추위로 해서, 그해 12월 말부터 다음해 봄에 이르기까지 일행 중 약 절반이 죽었다. 식량이 떨어져 굶주리는 그들에게 인디언들이 옥수수를 나누어 주어 겨우 연명하며 겨울을 났다.

봄이 되어 산과 들에 나무와 풀의 새싹이 텄다. 살아남은 사람들은 힘을 합쳐 신대륙의 식민지 건설에 힘을 쏟았다. 해안에서 언덕에 이르는 길 양쪽에는 초가지붕의 집이 세워졌고, 처음으로 지어진 집회소에서는 감사 예배를 드렸다.

그 무렵 청교도들은 자유롭게 자기들의 신앙을 고백할 수 없었다. 그들은 새로운 땅을 개간하는 한편, 우선 자유로운 신앙생활을 위해 교회당을 지었으며, 청교도 정신에 입각하여 건전한 생활을 영위하면서 신대륙에 뿌리내린 생활을 하기 시작하였다. 어려움은 점차 극복되고, 미대륙의 식민은 진전되었다. 현재도 런던과 포츠머스 등 영국에 있는 지명이 아메리카 대륙에 남아 있는 것은 바로 이 시대의 유물인 것이다.

시간이 흐르면서 영국에서 이주해 오는 사람이 많아졌다. 처음에는 주로 영국의 국교도가 아닌 사람들이 이주해 왔다. 그중에는 청교도뿐 아니라 퀘이커 교도와 구교도들도 많았다. 18세기에는 그들을 중심으로 북부에 뉴잉글랜드 식민지가 성립되었고, 마침내 13개 주 식민지로 발달하여 독립을 선언하기에 이르렀다.

사형대에 오른 국왕
청교도 혁명(1642~1646년)

영국에서는 절대주의 시대가 되었어도 중세 이래의 관습법을 지켰기 때문에 법을 초월한 주권이란 생각은 아예 없었고, 군주도 법을 따라야 한다고 하는 것이 당연한 일로 받아들여지고 있었다.

그러나 엘리자베스 1세를 이어 스코틀랜드에서 영국 왕위에 오르게 된 제임스 1세(재위 1603~1625)는 왕권신수설을 주장하여 영국 의회를 무시했기 때문에 국왕과 의회는 대립하게 되었다. 스코틀랜드 왕으로 있을 때부터 왕권신수설을 받들었던 그는 1598년에《자유로운 군주국가의 참된 법률》이란 책을 저술하였다. 그는 이렇게 말하고 있다.

"참된 군주는 신에 의해 창조된 것으로서 오직 신에 대해서만 책임을 진다. 군주는 법률을 제정하고 또 그것에 효력을 부여하는 자로서 법률을 초월하기 때문이다. 국가의 온갖 다른 권력은 그 권력을 국가로부터 받는 것이며, 군주에 절대로 복종해야 하는 의무가 있다."

이와 같은 국왕의 고압적인 태도에 대해 국회는 영국이 전통적으로 키워온 자유와 권리를 존중해달라는 진정서를 제출하였다(1604). 그러나 제임스 1세는 그 진정서를 무시하고 국왕의 측근에게 무역의 독점권을 주었다. 그 때문에 모직물 공업의 경영자 등 부르주아가 진출해 있던 의회는 더욱 첨예하게 국왕과 대립하였다.

제임스 1세는 종교면에서도 영국 국교회(성공회) 이외의 모든 종교, 칼뱅파에서 가톨릭에 이르기까지 모조리 탄압하였다. 그가 재위 중인 1620년, 청교도를 주축으로 하는 일행 102명이 메이플라워호를 타고 미대륙에 간 것은 그 때문이었다. 유능한 상공업자 가운데는 청교도가 많았기 때문에 제임스 1세의 종교 탄압은 경제 발전에까지도 지장을 주었다.

그는 외교면에서도 일관성 없는 정책을 폈고, 나중에는 독일의 30년 전쟁에 개입하였다. 이때부터 그의 건강이 악화되기 시작하여, 통풍과 신장 결석 때문에 고통을 당하였다. 1625년에 그가 죽었을 때는 의회의 신용을 완전히 잃었고, 국고도 바닥난 상태였다. 이런 상황에서 그의 아들이 왕위에 올라 찰스 1세가 되었다.

찰스 1세(재위 1625~1649) 또한 철저한 왕권신수설의 신봉자였다. 그는, 왕권은 '마그나 카르타(대헌장)'나 의회에 의해 제약되는 것이 아니라고 주장하며, 전제적인 정치를 하였다. 재정이 어려워지면 관습을 무시하고 이미 폐지된 조세를 부활시켰고, 일부 귀족과 대상인에게 산업상 및 상업상의 독점권을 주었으며, 종교 정책에서도 국왕의 통제 아래 있는 국교를 강제로 믿게 하였다.

이에 대해 국민 사이에는 강한 불만이 일었다. 특권 상인의 독점은 중소 상인에게 불만의 씨앗이었고, 또 특권 상인의 길드 규제는 생산자인 기능인에게 속박이 아닐 수 없었다. 농촌의 경우에도 젠틀리의 일부와 요맨은 토지와 매뉴팩처의 경영에서 자립적인 움직임으로 발전하는 도중에 있었기 때문에 부당한 과세와 규제에 자연 강한 반감을 가졌다. 더구나 이와 같은 도시의 중소 상인과 수공업자 또는 농촌의 젠틀리와 요맨 사이에는 획일적인 질서를 강요하는 국교를 기피하고, 칼뱅파의 흐름인 청교주의(퓨리터니즘)를 믿는 사람이 적지 않았다. 그들은 국교를 강제로 믿게 해 국내의 정신적 통일을 꾀하려는 국왕과 대립하였다.

의회는 1628년에 '권리 청원'을 왕에게 제출하였다. 그것은 '마그나 카르

찰스 1세의 처형. 형리가 왕의 목을 들어 보이고 있다. 왼쪽 끝에 왕관 없는 찰스 1세가 그려져 있다. 17세기 화가 쿠스코 곤살레스 그림.

타' 이래로 국왕에 대해 민중이 확보한 권리를 열거하고 있었다. 즉, 의회의 결의 없이는 국왕이라 하더라도 국민에 대해 헌금과 세를 절대 강제할 수 없다는 것, 또 국민은 불법으로 체포되어서는 안 된다고 하는 내용으로 의회 권리의 확인을 요구한 것이었다. 이것은 '마그나 카르타'와 '권리 장전' 등과 더불어 영국 헌정사상 중요한 기념비를 이룬다.

찰스 1세는 '권리 청원'을 일단 승인했으나, 다음해에는 의회를 전격 해산 하였다. 따라서 왕과 의회의 대립은 더욱 심해질 수밖에 없었다. 1642년에는 끝내 내란이 발생하였다.

의회 측의 중심인물은 크롬웰(1599~1658)이었다. 그는 당당한 체격에, 이론 정연한 말솜씨로 혁명군의 지도자가 되었다. 크롬웰 밑에서 라틴어 비서로 일한 사람이 '실낙원'의 작자로 유명한 시인 밀턴이었다.

내란이 발발하자 크롬웰은 기병대의 지휘관이 되었다. 이 부대는 '철기군' 이라는 별명이 붙었다. 그들은 스스로 정한 강철과 같은 규칙을 지켰기 때문이다. 영국 동남부 지방 출신 농민으로 이루어진 철기군은 전원이 열렬한 청교도이기도 하였다.

전투는 처음에 국왕군이 유리하였다. 그러나 찬송가를 부르며 적진에 공격해 들어가는 철기군의 맹활약으로 의회군이 최후 승리를 차지하였다. 찰스 1세는 스코틀랜드로 도망했으나 체포되어 1649년 1월 30일, 화이트 홀 궁전 앞에서 참수형에 처해졌다.

그 후 영국은 크롬웰을 행정 수반으로 하는 공화제로 바뀌었다. 공화정이라고는 하나, 사실은 크롬웰을 중심으로 하는 독립파의 강력한 군사 지배였다. 그는 1653년에 무력으로 의회를 해산시키고 호민관에 취임하였다. 이 같은 독재 때문에 백성의 불만이 다시 터져, 1658년에 크롬웰이 사망하자 기다렸다는 듯이 찰스 1세의 아들 찰스 2세(재위 1660~1685)가 망명처에서 돌아와 왕위에 오름으로써 왕정복고가 되었다.

유혈 없이 성공한 혁명
영국의 명예혁명(1688~1689년)

찰스 2세는 찰스 1세의 장남으로서, 1642년 청교도 혁명이 발발하자 부왕의 왕당군과 함께 싸우다 패하여 1646년에 프랑스로 망명하였다. 1649년에 부왕 찰스 1세가 처형되자 그는 영국 왕임을 칭하고, 스코틀랜드로 건너가 크롬웰과 싸웠으나 패하여 프랑스와 네덜란드 등지를 전전하며 망명 생활을 하였다.

1660년, 영국에서 왕정복고의 기운이 무르익게 되어 찰스는 네덜란드의 브레다에서 '선언'을 발표하였다. 혁명 가담자를 용서하고, 또 혁명 중 차지한 몰수지도 새 소유주에게 그대로 소유권을 인정하겠다는 것을 약속하였다. 그러나 찰스 2세는 영국으로 돌아와 왕위에 오르자 혁명을 일으킨 청교도를 박해하기 시작하였다.

그는 1665년에 신대륙 동해안의 네덜란드 근거지를 습격하여 전쟁을 일으켰다. 그해에 페스트가 크게 유행하여 런던 시민의 5분의 1에 해당하는 10만 명이 죽었고, 그 다음해에는 역사상 유명한 '런던 대화재'가 발생하여 런던시의 3분의 2가 타버렸다. 재난으로 국민이 고통을 당하는 중에 그는 네덜란드를 격파하고, 미국의 네덜란드 식민지 뉴암스테르담을 차지하여 그곳을

'뉴욕'이라고 이름을 고쳤다.

영국 의회는 찰스 2세의 구교 부흥을 막기 위해 국교도 이외의 사람을 공직으로부터 추방하기로 결정한 심사율(1673)과 왕의 독재에 대항하여 인신 보호율을 가결하였다(1679). 이 법률에서 국왕에 의한 불법 체포와 재판을 금하고, 불법으로 체포된 국민은 정식 재판을 요구할 수 있는 권리가 있다고 규정하는 등 인권 존중을 강화하였다.

찰스 2세의 재위 중 구교도인 왕의 아우 제임스(훗날의 제임스 2세)의 왕위 계승을 반대하는 주장이 유력해져서, 의회 안에는 반대파와 찬성파의 당파가 형성되었다. 제임스 반대파에는 시민층이 많아 휘그당이라 불려지고, 귀족과 지주로 구성되어 국교와 왕권을 옹호하는 파는 토리당이라 불려지게 되었다. 하원에 처음으로 정당이 발생한 것이다.

그 후에도 찰스는 반대파의 지도자들을 처형하거나 도시의 자유권을 빼앗는 등 반동적인 정치를 강행하였다. 그 위에 제임스 2세(재위 1685~1688)가 즉위하게 되면서 독재와 구교 부흥에 더욱 열을 올렸다. 그는 심사율을 무시하여 구교도를 공직에 등용했고, 왕에 반대한 7명의 국교회주의 소속 주교를 불법으로 체포하였다.

그의 폭정은 국민의 반감과 공포를 낳게 하였다. 사태가 이에 이르자 지금까지 왕권을 옹호해 오던 토리당도 제임스 2세의 폐위 움직임에 가세해 휘그당과 공동으로 왕의 폐위를 결의하였다.

1688년에 의회는 왕의 장녀로서 신교도인 메리와 그 남편인 네덜란드 총독 윌리엄과 교섭하여 왕을 폐하고, 두 사람을 공동 통치 형태로 영국 왕으로 맞이하였다. 피를 보지 않고 혁명을 이룩한 것이다. 이를 가리켜 '명예 혁명'이라 한다.

영국에 현재에 이르는 입헌 정치가 확립된 것은 이 명예 혁명에 의해서이다. 영국 의회의 요청에 따라 네덜란드 총독 윌리엄은 메리와 함께 영국 국교를 믿기로 하고, 1만 5천 명의 군사를 이끌고 영국에 상륙하였다. 이에 제임스 2세는 프랑스로 망명하였다.

의회는 윌리엄 3세와 메리 2세의 즉위에 앞서 '권리 선언'을 제출하여, 국민 및 의회가 획득한 역사적 권리의 확인을 요구하였다. 이 선언은 새 왕에 의해 약간의 수정이 가해진 후 1689년에 '권리 장전章典'으로 공포되었다. 이로써 의회의 입법권, 의회의 승인 없는 과세의 금지, 의회 안의 언론 자유 등 국민과 의회의 권리가 최종적으로 확인되었다.

국왕의 절대주의와 의회 사이의 투쟁은 의회 측의 승리로 막을 내리고, 국가의 주권은 실질상 의회에 돌아가게 되었다. 오늘날 영국 헌법은 '불문不文 헌법'으로 알려져 있으나, 그것은 국민이 오랫동안 국왕과의 투쟁에서 차지한 '마그나 카르타' 이래 자유의 헌장을 집대성한 것이다. 의회 제도도 또한 민권 신장의 역사와 더불어 발달한 것이다.

이와 같은 의회 정치가 명예 혁명 단 한 번으로 정착된 것은 아니었다. '권리 장전'이 선포된 1689년에 프랑스 왕 루이 14세는 제임스를 맞아들인 데 이어 아일랜드를 끌어들여 영국과의 전쟁을 시작하였다. 윌리엄 3세는 국내 정치는 메리 2세에게 맡기고, 아일랜드와 프랑스를 상대로 싸워 윌리엄의 영국 왕위를 프랑스로 하여금 승인하게 하였다.

영국인은 처음에 윌리엄 3세가 외국인(네덜란드인)이라 하여 달갑지 않게 생각했으나, 의회 정치를 존중하는 그의 태도 등이 좋게 평가되어 지지가 확산되었다. 국민은 그가 영어를 할 줄 모르는 줄 알았으나, 그는 영어를 비롯하여 4개 국어에 능통하였다.

공동 통치자인 메리 2세는 1694년에 먼저 죽었고, 윌리엄 3세는 말에서 떨어져 부상을 입은 것이 원인이 되어 1702년에 죽었다. 이들 두 사람 사이에는 자녀가 없었기 때문에 왕위는 메리 2세의 여동생 앤에게 이양되었다.

왕위에 오른 앤(재위 1702~1714)은 15명의 아이를 낳아서 잃은 데다가 자신도 병으로 몸이 약했기 때문에 명장 말버러공에게 정치를 맡겼다. 때마침 에스파냐 계승 전쟁(1701~1713)이 발발하여, 영국은 프랑스와 대립하여 유럽과 북아메리카에서 전쟁을 벌였다. 이 전쟁을 가리켜 '앤 여왕 전쟁'이라 한다. 말버러공은 영국 군대를 이끌고 대륙 각지에서 싸워 영국에 승리를 안겨 주었다. 이 전쟁이 한창이던 1707년에 잉글랜드와 스코틀랜드의 합병이 이루어져 대영 제국이 성립하였다. 제국의 국기는 양국의 국기를 겹쳐서 제정하였다. 이것이 이른바 유니언 잭의 원형이 되었다.

한편 에스파냐 계승 전쟁은 영국이 우세한 가운데 종결하여 1713년 위트레흐트 조약에서 영국은 프랑스로부터 뉴펀들랜드 등을 차지하였다.

이와 같이 앤 여왕 시대에 영국은 대영 제국으로 발전하였다. 앤 여왕 자신은 재능도 별로 없었고 또 건강도 좋지 못하였다. 그러나 그것이 오히려 영국 헌정의 발달을 가져왔고, 국가의 발전을 이루는 원인이 되었다. 또한 내각은 의회의 다수당에 의해 조직되었고, 의회와의 관계를 존중하게 되었으며, 훗날 내각 책임제의 밑거름이 되었다.

'보스턴 항구를 차茶로 채워라'
미국의 독립 선언(1775~1783년)

1773년, 영국 정부는 동인도 회사의 재정난 해결을 위해 이 회사에서 보관하고 있는 차茶 재고품을 북미 식민지에서 세금 없이 독점 판매하는 것을 인정하는 차의 세법을 제정하였다. 이 법의 제정은 세금이 없기 때문에 정규로 수입된 차보다 값싸고 어떤 면에서는 식민지 주민에게 오히려 유리하였다.

그러나 세법은 차의 밀수입에 종사하고 있던 식민지 상인들을 자극했고 끝내 사건이 벌어졌다. 그해 12월 16일 밤, 차를 실은 동인도 회사의 차가 보스턴 항구에 도착하자 급진파 사람들이 그 배를 습격하여 이른바 '보스턴 티파티 사건(보스턴 차 사건)'을 일으켰다.

그들은 인디언으로 변장하고 차를 실은 3척의 배를 습격하여 배에 실린 차들을 모조리 바다에 던져 넣었다. 그러면서 "조지 3세의 티 파티다" 또는 "보스턴 항구를 차 주전자가 되게 하라" 하고 외쳤다. 그들은 그날 총 342상자의 차를 바다에 던져 넣었다.

당시 미국은 영국의 식민지로서, 본국의 호된 착취를 당하고 있었다. 영국 정부는 공장제 수공업 운동의 결과로 토지를 잃은 농민들에게 신대륙으로

보스턴 티 파티. 인디언 복장으로 위장한 미국인들이 보스턴 항에 정박 중인 영국배에 올라 차 상자를 바닷속에
처넣고 있다.

식민하도록 장려하였다. 본국 산업에 필요한 원료를 식민지에서 생산하게
하고, 또한 본국의 제품을 팔려는 속셈에서였다. 식민지의 산업이 발달하게
되자 식민지 산업을 제한하기 위해 만든 조례條例를 강요하였다.

특히 1763년의 '인지조례'는 너무나 가혹한 내용이었다. 모든 신문과 광고
에서부터 심지어는 졸업장에까지 인지를 붙이도록 강요한 것이다. 인지를
붙인다는 것은 바로 과세를 의미한다. 이에 대해 식민지 전토에서 '대표 없
이 과세 없다'는 구호 아래 반대 운동이 일어났고, 식민지 아메리카와 본국
사이에 험악한 공기가 감돌게 되었다. 보스턴의 차 사건이 발생한 것은 이런
상황에서였다.

이에 대해 영국은 보복적인 탄압책을 써서 보스턴을 봉쇄하고, 보스턴이
속해 있는 매사추세츠주에 대한 지배를 강화하였다. 이 정책으로 매사추세
츠주뿐 아니라 식민지 전체 백성들의 반감을 사게 되었다.

이에 다음해인 1774년 9월 식민지 대표들이 필라델피아에 모여 제1회 대

류 회의를 열고, 식민지 주민의 권리를 선언하였다. 본국에서는 그와 같은 움직임을 무시하였다. 결국 1775년 4월 보스턴 교외의 렉싱턴에서 본국 주둔군과 식민지의 민병 사이에 무력 충돌이 발생하였다. 이것이 곧바로 독립전쟁의 방아쇠가 되었다.

13주 식민지 대표들은 제2회 대륙 회의에서 조지 워싱턴(1732~1799)을 총사령관으로 임명하였다. 그러나 식민지 주민 전부가 궐기했던 것은 아니다. 당초에는 독립파와 영국파 및 중립파가 각기 3분의 1씩이었다.

그러나 패트릭 헨리가 '우리에게 자유를 다오. 그렇지 않으면 죽음을 다오'하는 명문구로 독립을 선동하고, 또 본국에서 온 토마스 페인이 《상식 Common sense》을 1776년에 출판하여 독립의 정당성과 유리함을 선동하면서 급속히 독립의 기운이 무르익게 되었다.

마침내 1776년 7월 4일, 제퍼슨(1742~1826)이 기초하고, 플랭클린(1706~1790)을 포함한 기초 위원회에서 결정된 '독립 선언서'가 공포되었다. '독립 선언서'는 서문에서 인류의 생명 · 자유 · 행복의 추구와 그 일을 위한 정부의 수립을 인간의 자연권이라 주장하고, 본문에서는 조지 3세의 압제를 열거하며, 독립의 불가피함을 설명하고 있다.

그러나 전황은 불리해져 워싱턴은 고전을 면치 못하였다. 이름은 독립군이지만, 그것이 제대로 훈련받은 정규군일 리 없었다. 독립군의 병사는 농민과 시민으로 구성되었고, '미니트 맨'이라 불렸다. 생업에 종사하다가 동원령에 따라 1분 안에 재빨리 군인이 된다 해서 그렇게 불렀다. 워싱턴이 거느리는 1만 2천 명에 이르는 독립군 중 소총과 모포를 가진 사람은 3분의 1, 장화를 신은 사람은 불과 900명뿐이었다.

필라델피아에 도착한 워싱턴의 군대는 영국의 당당한 정규군을 보고 진지 탈환은 불가능하다고 판단하였다. 그들은 겨울에 텐트나 허름한 오두막에서 야영했기 때문에 6개월 동안에 전사자의 3분의 1에 해당하는 3천 명을 잃었다. 워싱턴은 당시의 일을 이렇게 회상하였다.

"때로 하루 한 끼로 때웠다. 허름한 옷을 입고 봉급도 받지 못하고, 때로는 인간의 한계를 초월한 고난을 겪어야 했던 극소수의 사람들이 8년 동안에 걸쳐 영국 정규군에 의한 진압 계획에 맞섰다는 사실을 나는 믿을 수 없다."

이런 열악한 조건에서도 굴하지 않은 독립군은 드디어 1778년에 필라델피아를 탈환하였다. 또한 영국과 대립 관계에 있던 프랑스가 식민지 편을 들어 영국에 선전포고하였고 에스파냐, 네덜란드도 그 뒤를 따랐다. 독립군은 1781년 요크타운 격전에서 승리함으로써 전세를 완전히 역전시키고, 프랑스의 중재로 파리 조약이 체결됨으로써 독립 전쟁은 대단원의 막을 내렸다.

워싱턴은 1789년 초대 대통령에 선출되었다. 그는 프랑스 혁명에 대해서는 중립을 지키고, 국내 정비에 전력을 다하였다. 3선에 즈음하여 워싱턴은 대통령을 세 번 연임하는 것은 민주 정치에 마이너스가 된다는 판단에서 '결별사'를 발표하고 은퇴하였다.

한편 독립 전쟁이 일어나면서 제퍼슨은 버지니아 대표로서 처음부터 대륙 회의에 참가하여 활약했고, 1776년의 제2회 대륙 회의에서 '독립 선언서' 기초 위원에 임명되었다. 제퍼슨은 존 로크 등이 체계를 세운 혁명 사상과 아메리카 식민지에서 키워진 자유정신을 결합하여 기본적 인권, 인민 주권, 저항권을 명확하게 밝힌 명문으로 '독립 선언서'를 기초하였다.

1800년의 대통령 선거에서 제퍼슨은 제3대 대통령으로 당선되었다. 그는 민주주의적 여러 정책을 추진하였다. 역사가들은 제퍼슨의 새 정권 탄생을 '1800년의 혁명'이라 말하고 있다. 그는 대외 정책에서도 나폴레옹으로부터 서부의 광대한 루이지애나를 구입하여(1803), 미국 영토를 2배나 확대하는 성과를 올렸다.

대통령을 중임한 후 제퍼슨은 1809년에 은퇴하여, 종교와 관계없는 대학인 버지니아 대학을 창설하고, 스스로 그 총장이 되어 민주적 교육의 터를 이룩하였다. 그는 교육자로서 후진 양성에 힘쓰다가 자신이 기초한 '독립 선언서'가 채택된 날, 곧 미국 독립 기념 제50주년에 해당하는 1826년 7월 4일, 83세로 사망하였다. 링컨은 제퍼슨을 가리켜 '미국 민주주의의 아버지'라 극찬하였다.

미국 헌법은 세계 최초의 민주적인 성문 헌법으로서 큰 의의를 가진다. 그

주요 특색은 첫째로 각 주를 단위로 하여 구성되는 연방 제도라는 점, 둘째
로 입법 · 행정 · 사법의 삼권분립 제도라는 점, 셋째로 민주주의와 자유주의
의 확립에 공헌한 점 등에 있다.

'자유 · 평등 · 박애'의 삼색기
프랑스 대혁명(1789~1795년)

18세기의 프랑스에서는 귀족과 성직자들만 사회의 특권 계층을 이루고 있었고, 농민과 시민은 전혀 권리를 가지지 못하였다. 특권 계층은 넓은 토지와 관직을 독차지하고도 모자라 면세 등의 혜택까지 누렸지만, 상공 시민 계층은 갖가지 봉건적 속박과 무거운 세금 따위로 시달리고 있었다. 귀족들이 사치로운 생활을 할 때에도 농민은 목장의 잡초와 나무껍질까지 벗겨 먹어야 할 정도로 가난한 생활을 하였다.

시민 계층은 이같이 불합리한 구제도(앙시앵 레짐)를 깨부수고 정당한 시민의 권리를 찾아야 한다고 자각하기에 이르렀다. 여기에는 미국의 독립과 계몽사상의 영향이 적지 않았다.

시민 출신으로서 계몽주의자인 볼테르(1694~1778)는 의회정치를 펴고 있는 영국을 둘러보고 나서, 프랑스 사회에 자유가 없음을 사람들에게 호소하였다. 스스로의 힘으로 사회 구조를 생각해 보자고 하는 그의 가르침은 정의롭지 못한 것을 미워하고, 새로운 사회를 만들어야 한다는 것을 사람들로 하여금 깨닫게 하였다.

볼테르와 비슷한 시기에 시계 수리공의 아들로 태어난 루소(1712~1778)는

"일부 사람들만 사치스러운 것은 자연의 상태에서 동떨어진 것이다"라고 주장하였다.

18세기 말경 프랑스는 심각한 재정난에 부딪혔다. 정부는 세금을 늘이고 국채 발행으로 적자를 보충할 뿐 근본 대책을 세우지 못하고 있었다. 민중은 가난에 허덕여야 했고, 전국에 불온한 공기가 감돌게 되었다. 시민의 압력에 굴복한 프랑스 왕 루이 16세는 1789년에 교회와 귀족과 평민 등 3개 신분의 대표를 소집하여, 베르사유 궁전에서 삼부회를 열었다.

처음으로 중요 회의에 참석하게 된 평민 대표들은 미국과 영국 같은 헌법을 제정하려는 생각을 가지고, 베르사유에 있는 건물 안의 테니스 코트에 모여 서로 의논하였다. 그들은 헌법을 제정할 때까지는 어떤 어려움이 있더라도 단결하기로 맹세하였다(테니스 코트의 선언).

그들은 국민의 99%를 대표하고 있는 것은 자기들이라는 긍지에서 '국민회의'라 이름하였다. 교회와 귀족의 대표 중에서도 자유사상에 눈뜬 사람은 여기에 가담하였다.

국왕과 옛 생각을 그대로 가지고 있는 귀족은 이와 같은 움직임을 두려워하여 군대의 힘으로 억누르려 하였다. 파리 시민들은 1789년 7월 14일, 바스티유 감옥을 습격하고, 국왕의 군대를 공격하여 무기를 빼앗아 죄수를 풀어 주었다. 이 사건을 전후하여 절대 왕정에 대한 저항이 전국으로 확대되어 농촌의 농민들도 귀족의 저택을 습격하였다. 프랑스 전국은 단숨에 혁명의 소용돌이 속에 빠지게 되었다.

국민회의는 "귀족의 권리를 버려야 한다"고 선언하고, 8월에는 "사람은 나면서부터 자유롭고 평등하다. 정부를 움직이는 힘은 국왕에게 있는 것이 아니라 국민에게 있다"고 결의하였다. 이것을 '인권 선언'이라 한다. "짐은 곧 국가다"고 루이 14세가 생각했던 때로부터 백 년이 되기 전에 사람들의 생각은 이렇게 발전한 것이다.

루이 16세에게 있어서 국민이 정치를 한다고 하는 것은 어림도 없는 일이었다. 국왕은 아직 "짐은 국가다"라고 하는 생각을 버리지 못했기 때문에 의회가 정한 '인권 선언'을 인정할 리 없었다.

루이 16세의 처형. 1793년 1월 2일 아침 10시, 2만여 군중이 지켜보는 가운데 길로틴 단두대에서 잘린 루이 16세의 목을 망나니가 들어 보이고 있다.

　그 해는 혁명의 소동 가운데 농작물 생산이 좋지 못하여, 파리와 같이 70만 명이 거주하는 대도시에서는 빵과 기타 식료품의 값이 폭등하였다. 그 해 10월 주부들이 장바구니를 들고 왕이 있는 베르사유 궁전으로 몰려갔다. 국왕은 여자들의 기세에 눌려 '인권 선언'을 인정하고, 주부들에 에워싸여 파리로 돌아오게 되었다. 왕과 그 가족이 파리에서 백성과 함께 어려움을 겪자는 의미였다.

　그러나 국왕과 왕비 마리 앙투아네트는 의회의 여러 가지 개혁 추진을 못마땅하게 여겼다. 또한 그들은 혁명에 대해 두려움을 느끼고 있었다. 왕비의 주장에 따라 왕 일가는 몰래 왕비의 나라 오스트리아로 망명할 계획을 세웠다.

한밤에 왕궁 뒷문을 빠져나온 왕의 가족은 마차로 파리를 탈출하였다. 왕은 왕비의 하인으로 변장하였다. 그들은 오스트리아로 망명하여 그곳에서 프랑스를 공격할 계획이었다. 하인으로 변장한 왕의 어설픈 모습은 곧 혁명파 사람들에 의해 탄로 나고 말았다. 왕은 다시 파리에 끌려왔다(바렌 도피사건). 국민을 버리는 왕을 존경하는 사람은 한 명도 없었다.

루이 16세 일가족은 감옥에 감금되었다. 이때 혁명가 로베스피에르 (1758~1794) 일파는 "왕이 없는 공화 정치가 바로 자유와 평등의 나라다"라고 주장하였다. 왕은 재판에 회부되었고, 국민을 배신한 죄목으로 사형에 처해졌다.

그 당시 유럽 거의 대부분의 나라들이 군주 정치를 행하고 있었다. 군주들은 프랑스 왕이 사형에 처해졌다는 소식을 듣고 당황하였다. 영국과 오스트리아는 앞장서서 다른 나라들을 설득하여 프랑스를 치기 위해 군대를 보냈다.

로베스피에르는 원래 전쟁에는 반대하는 입장이었으나, 혁명의 움직임에 밀려서 프랑스를 지도하는 입장이 되었다. 외국의 공격을 받게 된다면 자신들이 그토록 힘겹게 찾은 자유와 평등도 사라지기 때문에 프랑스 국민은 자진하여 병사가 되어 전장에 나갔다. 마르세유에서 온 5천 명의 젊은이는 "일어서라, 조국의 아들들이여, 이제 영광의 날이 이르렀도다!"하고 용감한 '라 마르세예즈'를 부르며 전장으로 나갔다. 훗날 이 노래는 프랑스의 국가가 되었다. 프랑스군은 외국의 용병들을 상대로 용감하게 싸워 조국을 구하였다.

그러나 나라는 여전히 혼란하였다. 외국과 손잡고 혁명 세력을 타도하려 하는 사람들이 있었고, 물품을 사재기하여 자기 혼자만 잘 살려 하는 사람도 있었다. 로베스피에르는 이와 같은 사람들을 발견하는 즉시 길로틴으로 처형하였다. 사람들은 이와 같은 공포 정치에 싫증을 느끼기 시작하였다.

1794년 6월, 로베스피에르는 국민을 하나로 화합하게 한다는 차원에서 파리 축제를 개최하였다. 그러나 그로부터 불과 50일 후에 로베스피에르는 "폭군을 타도하라!"는 구호 속에 길로틴에 올려져 처형되었다.

코르시카에서 세인트헬레나로
나폴레옹(1769~1821년)

프랑스는 혁명 이후 계속해서 혼란 상태에 빠져 있었다. 이럴 때 강력한 무력을 앞세운 무인이 등장하는 것은 예나 지금이나 다를 바 없다. 나폴레옹(1769~1821)도 예외는 아니었다. 그는 지중해 서쪽의 코르시카섬에서 출생하였다. 집이 가난했던 나폴레옹은 학비가 들지 않는 브리엔 군인학교에 입학하였다.

프랑스 혁명 때 그는 로베스피에르 편에 가담하였다. 수학과 역사에 뛰어났던 나폴레옹은 그때 포병 장교가 되었다. 대귀족이 세력을 쥐고 있는 사회에서 평민으로서 출세하기란 쉬운 일이 아니었다. 그가 혁명 세력에 가담한 것도 그 때문이었다. 그러나 로베스피에르가 사형에 처해지자 그도 감옥에 갇히게 되었다.

외국 군대가 국경을 침범하자 국가는 군인을 필요로 하였다. 나폴레옹은 사면되어 이탈리아 방면에서 오스트리아를 공격하는 부대 사령관이 되었다. 그때 그의 나이 27세였다. 이렇다 할 배경도 없는 '코르시카의 아들'은 이제 4만 5천 명의 군대를 지휘하게 되었다.

나폴레옹은 북이탈리아에서 오스트리아 군대와 용감하게 싸웠다. 적군의 대포가 치열하게 불을 뿜는 가운데 군기를 한 손에 들고 맨 앞에 서서 돌격하였다. 군인들은 선두에서 싸우는 나폴레옹을 마음으로 신뢰하였다. 1년에 걸친 전투 끝에 나폴레옹 부대는 강적 오스트리아군을 제압하고, 1797년에 캄포포르미오 조약을 맺고 치찰피나 공화국을 창설함으로써, 프랑스 국경 밖에서 프랑스 영토를 확보하였다.

이제 남은 적은 영국이었다. 영국은 해군력이 강하기 때문에 나폴레옹의 힘으로도 좀처럼 물리칠 수 없었다. 그는 지중해를 차지한 후 영국을 공격하기 위해 이집트 원정 계획을 세웠다. 나폴레옹은 "4천 년의 역사를 가진 피라미드가 여러분을 내려다보고 있다"는 연설로 부하들을 독려, '피라미드의 전투'에서 승리를 거두었다.

나폴레옹은 문화에도 깊은 관심을 가지고 있었다. 그는 175명에 이르는 학자를 수행하여 피라미드와 스핑크스 등을 조사하게 하였다. 고대 이집트의 그림 문자를 새긴 로제타 돌을 발견한 것도 이때의 일이었다. 이것을 계기로 고대 이집트에 관한 연구가 크게 발전하게 되었다.

육지에서는 맞수가 없었던 나폴레옹이었으나, 해전에서만은 영국이 한 수 위였다. 넬슨(1758~1805)이 지휘하는 영국 해군은 프랑스 군함을 아부키르만에서 거의 전멸시켰다.

나폴레옹은 이집트 원정 도중에 돌아와 의회에서 쿠데타를 단행해 정권을 쥐고 통령 정부를 세웠다. 프랑스를 호령하게 된 나폴레옹은 사회 안정을 위해 여러 가지로 힘썼다. 무려 2,281조항에 이르는《나폴레옹 법전》을 제정하여, 혁명으로 차지하게 된 국민의 권리를 지키려 한 것도 그 한 가지였다.

제1통령이 된 나폴레옹은 또 오스트리아에 대해 제2 이탈리아 전쟁을 일으켰다. 그는 오스트리아를 공격하기 위해 높이가 3,000m 이상이나 되는 눈 덮인 알프스 산을 4만 명의 군대를 이끌고 넘었다. 산 위에서 대포를 쏘는 기세에 밀려 오스트리아 군대는 사방으로 도주하고 말았다.

아미앵 조약의 체결(1802)로 영국과 강화한 나폴레옹은 헌법을 고쳐 종신 통령에 오른 데 이어 국민 투표에 의해 프랑스 황제가 되었다(제1제정).

나폴레옹의 최후 무덤이 된 워털루 전투. 웰링턴을 중심으로 한 벨기에·네덜란드·영국 등의 연합군에 맞선 이 세기 최대의 전투는 나폴레옹의 패퇴로 막을 내렸다.

로마에서 달려온 교황은 황제의 머리에 관을 씌워 주려 했으나, 나폴레옹은 교황의 손에서 관을 빼앗아 자신의 손으로 직접 관을 얹었다. 스스로의 힘으로 황제가 되었다는 것을 사람들에게 보인 것이다.

1805년 제3회 대 프랑스 동맹이 결성되자 그는 영국 본토 상륙 작전을 계획하여 볼로뉴를 중심으로 '대륙군'을 결집시켰으나, 먼저 오스트리아군이 공격해 오자 울름회전에서 이를 격파하였다. 그러나 바다만은 역시 영국이 주도권을 쥐고 있었다.

1805년, 넬슨이 인솔하는 영국 해군은 트라팔가 바다에서 프랑스 해군을 다시 격파하였다. 이 전투에서 넬슨은 "영국은 여러분이 그 의무를 다하기를 바라고 있다"고 하는 신호기를 기함에 달아 장병을 격려하였다.

치열한 해전이 계속되는 가운데 프랑스군이 쏜 탄환이 넬슨에게 명중하였다. 지금까지의 전투에서 이미 오른 눈과 왼쪽 어깨에 부상당한 바 있는 넬슨은 "나는 내 임무를 다하였다"고 하는 말을 남기고 전사하였다. 이 해전에서 영국은 프랑스 함대를 격퇴하여 나폴레옹의 영국 상륙을 막았다.

1806년 독일 전선에서 오스트리아·러시아 동맹군을 격파한 나폴레옹은 라인 동맹을 결성하여 신성 로마 제국을 해체하는 한편, 대륙봉쇄령을 발표하여 대륙 여러 나라에 대해 영국과의 통상을 금지시켰다.

유럽 제일의 군주가 된 나폴레옹은 점차 혁명 정신을 잊었다. 그는 러시아 정복을 위해 1812년에 40만 명에 이르는 대군을 이끌고 러시아 침공을 개시하였다. 그러나 추위와 피로가 겹치고 사기는 떨어질 대로 떨어져 모스크바에 도착했을 때는 병사의 수가 반도 채 되지 못하였다.

모스크바의 온 도시는 러시아군에 의해 전략적으로 불태워졌고, 겨울이 되자 심한 추위가 닥쳤다. 할 수 없이 퇴각하는 나폴레옹의 군대를 러시아 군대가 추격하기 시작하였다. 힘겹게 폴란드까지 도착했을 때 남은 군사의 수는 3만 명에 불과하였다.

1814년, 오스트리아·프로이센을 중심으로 한 국민 해방군이 파리를 점령하고 나폴레옹을 엘바 섬으로 유배시킨 후, 유럽 각국의 군주와 유력한 정치가들이 오스트리아의 수도 빈에 모였다. 나폴레옹 전쟁의 뒤처리를 하기 위해서였다. 이를 '빈 회의'라 한다. 회의 장소 제공 국가인 오스트리아의 수상 메테르니히는 빈에 모인 여러 나라 군주들을 댄스 모임에 초청하여 푸짐하게 대접하였다. 그들이 회의에 참석하지 못하는 동안에 막후교섭을 통해 자기 마음대로 협상을 벌여나가기 위해서였다. 여기서 "회의는 춤춘다"는 말이 생겨났다.

이러는 동안에 나폴레옹은 엘바섬을 탈출하여 재기에 성공하여, 워털루에서 다시 한 번 유럽 연합군과 최후의 결전을 벌였다. 이 전투에서 나폴레옹은 영국의 웰링턴이 이끄는 연합군에 패하여 아프리카 서쪽에 멀리 떨어져 있는 세인트헬레나 섬에 유배되었다. 그의 나이 45세 때였다. 거기서 그는 "내 생애보다 더 흥미로운 소설이 있을 수 있는가"하고 회상하다가 51세의 나이로 죽었다.

2만 상자의 아편 몰수
제1차 아편전쟁(1840~1842년)

서구에서 정치적 지각 변동이 발생하고 있을 때 중국에서는 만주족이 세운 청淸이 군림하고 있었다. 명군으로 알려진 강희제康熙帝(재위 1661~1722)와 옹정제雍正帝(재위 1722~1735)는 근검절약으로 국력을 키우는 일에 힘썼다. 때에 따라서는 세금을 징수하지 않는 선정을 베풀기도 하였다.

그 결과 명明 때는 1억이 못 되던 인구가 19세기에 들어서면서 4억을 넘게 되었다. 갑자기 그렇게 인구가 늘어난 것은 아니다. 지금까지 세금을 내지 않기 위해 숨어 있던 사람들이 관리의 인구 조사에 응했기 때문이기도 하였다. 그러나 농민의 생활은 가난하기 그지없었다. 중앙 정부가 세금을 탕감해 주는 해에도 농민들은 여전히 많은 부담금을 내야 했고, 지방 관리들의 부패와 횡포가 말할 수 없이 심했던 것이다.

청이 이와 같이 중세의 꿈에서 미처 깨어나지 못하고 있을 때 서구, 특히 영국에서는 기존의 공장제 수공업의 생산 방식을 공장제 기계 공업으로 전환시킨 산업 혁명이 진행되면서 막강한 경제력을 가지게 되었다. 19세기 초에는 미국의 풀턴(1765~1815)이 증기 기선을 발명하였다. 증기 기선의 동력이 된 증기 기관은 1770년경 영국의 제임스 와트(1736~1819)에 의해 완성되

몰수되는 아편. 임칙서의 강력한 아편금지령으로 외국상인의 아편 2만여 상자가 몰수되어 폐기처분되었다.

었다. 그리고 영국에서는 애덤 스미스(1723~1790)의 이론에 따라 산업에서 분업 제도를 수용하여 생산의 능률화를 이루었다.

풀턴이 기선을 발명하고 나서 30년이 지난 후 영국의 스티븐슨은 석탄을 때서 움직이게 하는 증기 기관차를 발명하였다. 이와 같은 산업 혁명으로 인해 영국에는 곳곳에 수많은 공장이 서게 되었고, 세계 제일의 강대국으로 성장하였다. 그 결과 빅토리아 여왕(1819~1901) 시절에는 "대영 제국은 해가 지는 때가 없다"고 말할 정도로 국력 신장을 바탕으로 세계 각지에 식민지를 두게 되었다.

인도를 차지한 영국은 중국의 풍부한 자원도 넘보게 되었다. 그러나 스스로 세계의 중심 국가(중국)라는 자존심을 가지고 있는 중국인은 영국의 통상 요청에 대해 서양 같은 미개한 나라에서 구입할 물품 따위는 없다고 거부하였다.

한편 영국 상인들 가운데 인도에서 생산되는 아편을 중국에 팔아 이익을 취하는 악덕 상인이 생겨났다. 물론 청 정부는 마약인 아편을 철저하게 단속하였다. 그러나 일단 아편에 중독된 사람은 그것을 끊기가 어려워 복용자는 날로 늘어났고, 그 때문에 아편 밀매가 성행하였다.

원래 영국이 아편을 중국에 팔게 된 것은 대중국 무역의 수입 초과를 해소하기 위해서였다. 그 무렵 영국에서는 차를 마시는 풍습이 급속하게 확산되어 중국에서의 차 수입량이 해마다 증가되었던 것이다. 그 지불은 은으로 행해졌고, 영국의 동인도 회사는 막대한 은의 유출 때문에 압박을 받고 있었다. 동인도 회사는 무역 적자를 해소하기 위해 아편을 밀수출하여 중국의 은을 회수하였다.

중국의 민중은 은의 폭등으로 생활고를 겪게 되었고, 또한 아편 복용의 해독도 이만저만한 것이 아니었다. 아편은 담배처럼 불을 붙여 흡연하는 것인데, 1830년대에는 아편 흡연자가 무려 200만 명을 넘었고, 그중에는 완전히 폐인이 된 사람도 적지 않았다.

청 왕조는 1839년 임칙서林則徐(1785~1850)를 광동에 파견하여 아편 무역을 단속하게 하였다. 임칙서는 광주만 안에 정박하고 있던 영국 상선을 수색하여 약 2만 상자에 이르는 아편을 몰수하였다. 이 1425톤에 이르는 아편은 영국 상인이 입회한 가운데 해안에서 폐기 처리되었다.

불에 태우면 주위 사람들이 아편을 흡연하는 것이 되기 때문에 큰 구덩이를 파고, 바닷물과 석회를 뒤섞어 처리한 것이다. 이 처리에 두 달이 걸릴 정도로 그 양은 실로 막대하였다. 이에 대해 영국은 하원에서 중국을 상대로 한 개전 결의안을 심의한 결과 9표 차이로 개전이 결정되어, 마침내 1840년 아편전쟁이 시작되었다. 영국에서도 글래드스턴 같은 정치가는 "아편을 팔기 위해 이런 더러운 전쟁을 하는 것은 영국 국기를 더럽히는 일이다"하며 전쟁에 반대하였다. 그러나 상인 세력에 의해 개전되었다. 군함도, 대포도 산업 혁명을 거친 영국이 훨씬 유리하였다.

전쟁에 진 청은 난징 조약을 체결하여(1842) 배상금을 지불하는 것 외에도 5개 항을 개항하고 홍콩을 영국에 양도하였다. 영국은 섬 북쪽에 당시의 여왕의 이름을 따서 빅토리아 시를 건설하고, 자국 상품을 동양에 판매하는 전초 기지로 삼았다. 홍콩은 1997년에 중국에 반환되었다.

아편전쟁이 끝난 지 얼마 안 되어 이번에는 영국의 식민지로 있던 인도에서 반란이 발생하였다. 반란의 선두에 선 것은 세포이라고 하는, 영국인에 의해 고용된 인도인 군대였다. 영국인은 인도인 포로를 대포에 매달아 포탄을 쏘아버리는 잔혹한 행동도 서슴지 않았다. 인도의 여성까지 궐기했으나, 산업 혁명을 통해 만들어진 최신 무기로 무장한 영국군을 이길 수는 없었다.

한편 아편전쟁에 진 중국에서는 홍수전洪秀全(1814~1864)이 나와 1851년 청조 타도를 내걸고 태평천국을 세웠다. 그들은 '땅을 일하는 농민에게 돌려주라'는 기치를 내걸고 싸웠다. 중국과 인도에서 잇단 반란이 일어나자, 서구에서는 그 원인에 대해 깊이 생각하게 되었다.

영국 정부는 인도에서 발발한 세포이의 반란은 인도를 다스리고 있던 동인도 회사가 수입에만 열을 올리는 상인과 결탁하여 악한 정치를 한 탓으로 분석하였다. 따라서 앞으로는 빅토리아 여왕과 영국 정부가 직접 인도를 통치하기로 법을 개정하였다.

1877년에 영국 의회는 여왕에게 인도의 여황제가 되어 달라는 청원을 하였다. 디즈레일리 수상이 여왕에게 인도 황제의 관을 바치자, 여왕은 웃음 띤 얼굴로 그것을 받아씀으로써 인도 제국이 성립되었다. 그날 밤 여왕은 즉시 디즈레일리에게 편지를 보내면서, '인도 여황제 빅토리아'라고 서명하였다.

영국 정부가 직접 인도를 통치한다고 해서 식민지 인도인의 생활이 좋아질 리 없었다. 인도인들 사이에는 자치와 독립을 요구하는 움직임이 활발해지게 되었다. 인도인들은 오랜 동안의 독립 운동을 전개한 후 제2차 세계대전이 끝난 뒤에야 마침내 독립을 쟁취하게 된다.

아시아에서는 유일하게 일본만 메이지 유신明治維新을 거쳐 성공적으로 서구화의 길을 걸었다. 일본 정부는 즉시 산업 혁명을 받아들여, 하루라도 빨리 서양을 따라잡으려 노력하였다. 그때는 서구에서 독일과 이탈리아 등이 통일 문제로 내란 상태에 있었고, 미국 또한 남북전쟁을 치르느라 겨를이 없었다. 이런 상황에서 일본은 재빨리 서구화를 이루어 세계열강의 대열에 끼게 된 것이다.

"국민의, 국민에 의한, 국민을 위한"
미국의 남북전쟁(1861~1865년)

신대륙 미국에 새 국가가 형성되어 나름대로 민주주의를 추구하고 있었다. 그러나 유럽은 프랑스 혁명과 산업 혁명에 의해 부르주아 시대를 맞이하게 되었다. '부르주아'란 원래 도시에 사는 시민을 일컬었으나, 공장을 소유하고 크게 장사하여 돈을 많이 가지고 있는 사람을 가리키게 되었다. 그들은 돈의 위력으로 의회 의석을 차지하여 정치적인 목소리를 높였다.

미국의 '독립 선언'과 프랑스의 '인권 선언'에서 사람은 자유롭고 평등하다고 명시하고 있지만, 돈 많은 사람만이 의원이 되는 의회는 가난한 농민이나 노동자들의 요구는 수용할 수 없게 마련이었다.

자유당(휘그당의 후신)과 보수당(토리당의 후신)의 양당 정치로 발전한 영국 의회가 노동자들에게 아무런 혜택을 주지 못하자 노동자들은 차티스트 Chartist 운동을 전개하였다. 산업 혁명기인 1838년에서 1848년까지 오코너와 라베트 등에 의해 주도된 이 운동은 최초의 사회주의 운동이었다.

이 운동을 계승한 독일 태생의 유대인인 카를 마르크스(1818~1883)는 엥겔스와 함께 1848년에 '공산당 선언'을 발표하여, "만국의 노동자여, 단결하라"고 외쳤다. 그는 지금까지의 모든 사회 역사는 '계급투쟁의 역사'라고 보

남북전쟁이 치열하던 1862년 10월, 포토맥 군을 방문한 링컨 대통령.

았다. 그는 모든 사람이 평등한 공산주의 사회가 성립되면, 노동은 노동자를 부유하게 하는 것을 도울 뿐이요, 착취하는 사람은 존재하지 않게 된다고 주장하였다.

그 당시의 유럽은 빈 회의 이후 다시금 프랑스 혁명 전의 상태로 되돌아가고 말았다. 프랑스에서는 루이 16세의 아우가 왕이 되었으나, 의회는 혁명이 진행되는 동안 외국에 도피해 있던 사람들이 모조리 차지하고 있었다. 왕은 그들의 한심한 작태를 보고, "나보다도 고리타분하고, 왕보다도 머리가 단단한 자들이다"고 한탄하였다는 에피소드가 전한다.

자유와 평등을 외치며 혁명의 깃발을 올렸던 프랑스인은 부활된 부르봉 왕조의 샤를 10세(재위 1824~1830)가 의회를 해산하고 탄압 정치를 펴며 왕권을 강화하는 것을 보고 격분한 나머지 1830년에 7월 혁명을 일으켰고, 왕은 외국으로 피신하였다. 그 뒤를 이어 루이 필립(재위 1830~1848)이 국왕에 추대되고 입헌 군주제가 실시되었다.

1848년 파리 시민은 다시 한 번 2월 혁명을 일으켰고, 그 결과 헌법이 바뀌고 루이 나폴레옹이 대통령에 당선되어 제2공화정이 실시되기에 이르렀다. 이 혼란기에 공화정 의원으로 활약하다가 외국으로 망명한 사람이 소설《레미제라블》의 작자로 유명한 빅토르 위고(1802~1885)이다.

　　격동하는 유럽의 정세와는 달리 신대륙에서는 영국으로부터 독립한 미국이 점차 발전하여 대서양에서 태평양에 이르는 광대한 영토를 차지하게 되었다. 그 넓은 영토 남부에서는 아프리카에서 납치해 온 흑인이 면화밭에서 일하고 있었다. 그들은 돈으로 매매되는 노예였다. 산업 혁명을 추진하고 있는 북부 사람들 사이에는 "같은 인간을 돈으로 사고 팔 수 있는가"하는 소리가 높아졌다.

　　그 무렵 스토 부인은《톰 아저씨의 오두막》이라는 소설을 발표하여 흑인 노예의 슬픈 운명을 호소하였다. 이와 같은 사회 분위기에서 노예 제도에 반대하는 링컨(1809~1865)이 대통령에 당선되었다. 이 때문에 남북 관계는 더욱 날카롭게 대립되어 남부 7주는 이탈하여 미국연방을 만들어 북부에 대항, 1861년 마침내 남북전쟁이 일어나게 되었다.

　　전국은 처음에 남군에게 유리하게 전개되었으나, 북군이 점차 우세한 자리를 차지하였다. 북부 23개 주의 인구는 2300만 명, 남부 11개 주의 인구는 총 900만 명 중 흑인 노예가 400만 명이었다. 물자와 공업력에서도 북부가 압도적으로 우세하였다.

　　1863년 1월, 링컨은 미국의 300만 명에 이르는 노예의 해방을 선언하였다. 7월에 남북전쟁 중 가장 격전지였던 펜실베이니아 주 게티즈버그에서 전쟁 희생자의 영령을 위한 식전이 행해졌다. 이 식장에서 링컨은 남북전쟁이 민주주의 유지를 위한 전쟁이라고 규정하며, '국민의, 국민에 의한, 국민을 위한 정치'를 주장하였다.

　　게티즈버그 격전을 끝으로 1865년 전쟁은 막을 내렸다. 양군을 합쳐 60만 명 이상의 전사자, 총 비용 100억 달러 이상이라는 비싼 대가로 미국 통일이 이루어졌다. 전쟁 직후 링컨은 극장에서 연극을 관람하다가 남부의 연극배우에 의해 암살당하는 희생까지 치르게 되었다.

철혈 재상 비스마르크
독일통일의 완성(1861~1871년)

독일은 중세 이래로 신성 로마 제국이라는 이름 아래 서유럽에서 가장 큰 영토를 차지하고 있었으나, 사실은 크고 작은 연방 국가의 연합체에 지나지 않았고, 19세기에 이르러서도 통일 국가를 형성하지 못하고 있었다. 독일 내부에서는 활발하게 독일 통일 운동이 전개되고 있었는데, 그 결과 독일 통일의 앞날에 두 개의 길이 열렸다.

그 하나는 '소독일주의'로서, 다수의 다른 민족, 곧 슬라브인과 마자르인 및 이탈리아인 등을 포함하고 있는 오스트리아를 제외하고, 북독일의 프로이센을 중심으로 순수한 독일 민족 국가를 건설하는 길이었다. 다른 하나는 오스트리아를 주체로 하여 신성 로마 제국의 전 영토를 통합하는 이른바 '대독일주의'를 구현하는 길이었다.

1861년 빌헬름 1세(재위 1861~1888)가 프로이센 왕위에 오르면서 적극적으로 독일 통일 사업에 착수하였다. 그는 다음해 비스마르크(1815~1898)를 수상으로 등용하고, 몰트케(1800~1891)를 참모총장으로 임명하였다. 빌헬름 1세가 군비확장 문제로 의회와 대립하고 있을 때, 비스마르크는 의회에 출석하여 군비 확장 없이는 독일의 통일이 불가능하다는 것을 잘 알아야 한다고

독일황제로 추대된 빌헬름 1세의 즉위식. 프랑스의 자랑인 베르사유 궁전 거울의 방에서 즉위식을 거행하였다. 가운데 흰 옷의 비스마르크가 보인다.

역설하였다. 이른바 '철혈鐵血 연설'이었다.

 "독일이 기대하고 있는 것은 프로이센의 자유주의가 아니라 그 실력입니다…… 프로이센의 국경은 건전한 국가 생활을 하기에 합당하지 못합니다. 당면한 큰 문제는 언론이나 다수결—이것이 1848년 및 1849년의 과오였습니다—에 의해서가 아니라, 쇠鐵와 피血에 의해서만 그 문제는 해결되는 것입니다."

 수상에 취임한 비스마르크는 즉시 군대 개혁을 단행하였다. 의회의 기능을 4년 동안 정지시키고, 국민에게 무거운 세금을 물렸다. 그의 노골적인 오스트리아 배척 정책과 철혈 정책은 오스트리아 및 남독일 연방을 크게 자극하여 충돌은 시간 문제였다. 사태는 점점 악화되어 1866년 오스트리아와 프로이센은 전쟁에 돌입하였다.

 비스마르크는 개전에 앞서 뛰어난 외교 수완을 발휘하였다. 우선 이탈리아에 대해서는 오스트리아 영토인 베네치아의 점령을 인정하여 공수 동맹을 맺고, 프랑스의 나폴레옹 3세에 대해서는 라인강 왼편 땅의 병합을 묵인하기로 약속했으며, 러시아에 대해서는 폴란드 문제에 협력하기로 약속하는 것으로 주변 정지 작업을 완벽하게 끝냈다.

프로이센군은 주위 국가들이 중립을 지키는 가운데 참모총장 몰트케의 뛰어난 작전에 의해, 오스트리아를 돕고 있는 남북 독일 연방들을 정복하고, 주력 부대로 쾨니히그뢰츠 전투에서 오스트리아군 거의 전부를 섬멸하였다. 오스트리아는 개전해서 겨우 7주간을 버티다 프로이센에 항복하였다. 프로이센·오스트리아 전쟁은 달리 '7주 전쟁'이라고도 한다.

7주 전쟁의 결과 프라하 강화 조약에서 오스트리아는 독일 연방에서 탈퇴했고, 대신 프로이센이 북독일 연방을 조직하기로 하였다. 다음해인 1867년에 프로이센은 북독일의 하노버와 그 근방 지역을 병합하였다. 이리하여 독일의 통일은 그 반이 달성되었다.

그 무렵 프로이센의 이웃나라인 프랑스에서는 나폴레옹 3세가 영토 확장에 힘쓰고 있었다. 그는 영국의 빅토리아 여왕이 지배하는 정도의 광대한 영토를 차지하겠다는 야심을 품고, 우선 베네치아를 점령하고, 뒤이어 분열되어 있는 이탈리아 땅을 조금씩 잠식해 들어갔다.

그러나 이탈리아의 용사 가리발디(1807~1882)가 1천 명의 붉은 셔츠 부대를 이끌고 남이탈리아를 평정하여 이탈리아 통일의 길로 가는 것을 보고 이탈리아에 대한 침략을 단념하였다. 또한 프랑스는 미국이 남북전쟁을 하는 동안 멕시코를 차지하기 위해 군대를 보냈다. 그러나 미국의 강한 경고를 받고 철수할 수밖에 없었다.

나폴레옹 3세는 땅에 떨어진 권위를 다시 세우기 위해 1867년, 파리에서 만국 박람회를 열었다. 이 박람회에는 세계에서 많은 사람이 참가하였다. 귀빈 중에는 영국의 황태자 에드워드, 독일의 프로이센 왕과 비스마르크 재상, 러시아의 알렉산드르 2세, 그리고 오스만의 군주도 있었다.

파리 박람회가 있고 나서 2년 후인 1869년에 지중해와 인도양을 잇는 수에즈 운하가 개통되었다. 나폴레옹의 힘으로도 불가능했던 이 운하는 그 후 기술의 발달로 프랑스인 레셉스(1805~1894)에 의해 완성된 것이다. 이 운하의 완성에 15년의 세월이 소요되었다.

수에즈 운하의 개통식 때 이집트 왕은 그 개통을 축하하기 위해 카이로에 극장을 새로 지었고, 개막 프로그램으로 이탈리아의 베르디에게 오페라 '아이다'를 작곡하게 하여 화려한 공연을 가졌다. 이 개막식에는 오스트리아와 프로이센 및 네덜란드에서 황제와 황태자가 직접 참석하였다. 이때가 나폴레옹 3세로서는 최고 전성기였다고 할 수 있다.

파리의 만국 박람회에서 두터운 우의를 과시했던 나폴레옹 3세와 프로이센의 비스마르크는 1870년에는 서로 적이 되어 전쟁을 하였다. 비스마르크가 독일의 통일 사업을 완수하기 위해 오스트리아를 다시 공격하려 하자, 독일이 더 이상 강해지는 것을 원치 않는 나폴레옹 3세가 오스트리아 편을 들었기 때문이다.

먼저 선전 포고를 한 쪽은 프랑스였다. 1870년 7월 17일에 시작된 프로이센과 프랑스의 전쟁은 외교 공작과 군비에서 뒤떨어진 프랑스의 패배로 막을 내리게 되었다. 나폴레옹 3세는 유럽 여러 나라가 앞다투어 구매하던 크루프의 40,000kg짜리 대포를 사지 않았던 것이다. 결국 1871년 1월 29일에 파리는 함락되고 말았다.

이 전쟁의 결과 베르사유 가조약에서 프랑스는 알자스 로렌 지역을 할양하고, 보상금 50억 프랑을 지불하기로 약속하였다. 파리 입성에 앞서 1871년 1월 18일, 베르사유 궁전에서 독일 연방 군주는 만장일치로 프로이센 왕 빌헬름 1세를 독일 제국의 세습 황제로 추대했고, 이로써 19세기 최대의 현안이었던 독일 통일이 완성되었다. 여기서 오스트리아는 제외되었다.

같은 해에 독일 제국 새 헌법이 개정되었고, 통일의 공로자 비스마르크는 독일 제국 제1대 수상에 임명되었다. 그러나 이 입헌군주제는 국민의 민주적 권리를 인정한 것이라고 할 수 없는, 겉보기만의 입헌군주제였다. 황제가 대원수로서 독재적 대권을 장악하는 체제였던 것이다.

독일의 통일은 하루아침에 이루어진 것이 아니었다. 나폴레옹을 타도하기 위해 해방 전쟁에 종군한 독일의 젊은 학생들 속에 통일 독일을 조국으로 그리는 사람이 적지 않았다. 그들은 검은색과 붉은색 및 황금색으로 이루어진 삼색기를 통일 깃발로 하여 통일 운동을 추진하였다. 게다가 산업의 발달과 사회의 발전에 부응하여 국민 전체가 통일을 원하게 되었다. 이때 등장한 것이 빌헬름 1세와 비스마르크였다. 그 결과 마침내 독일 제국이 탄생하게 되었다.

　이와 같이 동일한 언어와 동일한 생활 습관으로 살아가는 사람들이 통일된 국가를 이루려 하는 것을 가리켜 '내셔널리즘'이라 한다. 독일 통일 이후로 이 내셔널리즘은 세계 각지에 큰 영향을 주었다.

"프랑스여, 어디로 가고 있는가"
드레퓌스 사건(1894~1906년)

프랑스 혁명과 산업 혁명 이후에 근대 사회가 발행하였다. 이 근대 사회의 이상은 '사람은 누구나 자유롭고 평등하다'는 것이었다. 이것은 현대 사회에도 가장 중요한 이상이다.

1880년 무렵을 전후하여 영국과 프랑스 및 러시아를 비롯한 유럽 열강은 일제히 아시아와 아프리카 및 태평양 제도를 목표로 하여 치열한 식민지 쟁탈전을 전개하였다. 이와 같이 국경을 넘어서 타국과 경쟁하여 영토를 확장하는 팽창주의를 가리켜 '제국주의'라고 한다.

인도를 정복하여 식민지 정책을 펴고 있던 영국은 수에즈 운하가 프랑스의 힘으로 완성하게 되자, 인도로 가는 지름길을 다른 나라에 빼앗긴 데 대해 무척 억울해 하였다.

레셉스는 수에즈 운하 회사를 세워, 운하는 온 세계 사람들을 위해 건설하였다는 생각에서 운하가 있는 땅의 이집트 왕에게도 주를 분양하였다. 그러나 이집트 왕은 사치스러운 생활로 많은 빚을 지고 있기 때문에 운하의 권리까지 팔아 버렸다.

영국 수상 디즈레일리는 이집트 왕에게 돈을 지불하고 운하의 권리를 차

렌의 법정 수비대 사이를 걸어가는 드레퓌스. 드레퓌스 사건은 한 시대의 모순이 집약적으로 표출된 사건이었다.

지하였다. 프랑스뿐 아니라 영국까지 이집트를 자기 집 안방 드나들듯이 하는 것을 보고 이집트인은 반란을 일으켰다. 이때도 프랑스가 주저하며 머뭇거리는 동안 영국은 군사를 보내어 이집트를 정복하였다.

이 사건을 계기로 유럽 열강의 아프리카 진출은 경쟁이나 하듯이 더욱 치열해졌다. 프랑스는 지중해 남쪽 알제리를 식민지로 차지한 후 점차 사하라 사막을 탐험하여 그 전체를 식민지로 만들기 위해 아프리카 횡단정책을 추진하였다.

한편, 이집트에 손을 뻗은 영국은 이집트와 남아프리카 연방을 연결하는 아프리카 종단 계획을 세우고, 이를 다시 인도와 연결하는 3C정책을 세웠다. 3C란 카이로, 케이프타운, 캘커타의 첫 글자를 딴 것이다. 이 두 나라의 정책은 서로 충돌하여 파쇼다 사건을 일으켰으나(1898), 결국 아프리카 전체를 놓고 볼 때에 프랑스가 그 넓이에서 영국보다 약간 많은 토지를 차지하게 되었다.

아프리카 남쪽에서는 황금과 다이아몬드가 발견되었기 때문에 유럽 열강들의 영토 확장 경쟁은 더욱 치열해졌다. 아프리카에서 활약한 영국의 대표적인 제국주의자 세실 로즈(1853~1902)는 "나는 밤하늘의 별을 바라볼 때마다 가능하다면 저 별도 차지했으면 하고 생각하곤 한다"고 말하였다.

이들 유럽인들은 한결같이 백인 우월주의를 받들고 있었다. 인도에서 태어난 영국 작가로서 《정글북》으로 노벨 문학상을 수상한 키플링(1865~1936)은 '백인에게 무거운 짐을 지게 하라'는 시를 지었다.

이러한 백인 우월주의가 드레퓌스 사건을 일으키게 하였다.

원래 남아프리카의 황금과 다이아몬드는 오래 전부터 이 땅에 들어와 살고 있던 네덜란드인의 후손인 보어인이 발견한 것이었다. 세실 로즈는 영국 깃발을 휘날리며 이것을 무력으로 빼앗으려 했으나, 상대방도 백인이었기 때문에 일은 간단하지 않았다. 마침내 보어 전쟁(남아프리카 전쟁, 1899~1902)이 일어나게 되었다.

영국에 뒤질세라 프랑스도 적극적인 식민지 정책을 추진하게 되었다. 영국과 독일을 비롯하여 전 유럽을 상대로 한 식민지 정책에서는 가혹한 군사적 침략 행위를 서슴지 않았다.

이와 같은 제국주의적인 침략 행위가 한 인간 드레퓌스 대위의 운명을 깊은 늪에 빠지게 하였다. '드레퓌스 사건'이라 일컫는 이 사건은 제국주의적 풍조와 백인의 인종차별주의라는 시대적 모순이 집약된 19세기 말의 상징적인 사건이라 말할 수 있다.

1894년 10월, 프랑스 육군 참모 본부에서 근무하는 알자스 출신의 유대계인 드레퓌스 대위가 체포되었다. 독일 대사관에 프랑스 육군의 군사 기밀을 팔았다는 혐의였다. 이 사건은 반유대주의 신문들이 반유대주의 운동의 일환으로 기사화함으로써 널리 알려지게 되었다.

드레퓌스는 자신의 무죄를 호소하며 조국에 대한 충성을 맹세하였다. 그러나 군법 회의에서 유죄가 선고되었다. 징벌식에서 수천 명의 군중이 욕설을 퍼붓는 가운데 드레퓌스의 군복 단추가 뜯겨졌고, 대검이 꺾여졌다. 그는 남미 기아나 앞바다에 있는 '악마의 섬'에 끌려가 감옥 생활을 하게 되었다.

제5장
현대 세계의 동향

WORLD

∷ 제1차 세계대전 전후

제1차 세계대전과 러시아 혁명

1914년 6월, 사라예보 사건을 빌미로 시작된 제1차 세계대전(1914~1918)은 연합국(러시아, 미국, 영국)과 동맹국(독일, 오스트리아, 오스만 제국) 등 31개국이 참전하는 인류 최초의 세계 전쟁이 되었다.

독일은 우선 동부 전선 탄넨베르크 전투에서 러시아 군대에 타격을 주었으나, 서부 전선의 마른 전투(1914)에서 진격이 저지되어, 그 이후 전쟁은 장기화되었다. 일본도 참전하여 독일과 싸웠고, 이탈리아도 연합국 측에서 싸웠다.

러시아에서는 1917년 3월에 수도 페트로그라드에서 노동자의 파업이 일어났고, 군대가 그들에게 가담하여 소비에트가 조직되었다. 그 결과 니콜라이 2세(재위 1894~1917)가 퇴위하고 임시 정부가 수립되었다(3월 혁명).

레닌(1870~1924)은 임시 정부가 전쟁을 계속하는 것을 비판하며, 소비에트 정권의 수립을 주장하여 노동자와 농민들 사이에서 지지를 받았다. 11월에는 볼셰비키가 임시 정부를 타도하고 소비에트 정권을 수립하여(11월 혁명), 다음해에 독일과 단독 강화(브레스트 · 리토프스크 조약)를 맺고 대전에서 떨어져 나갔다.

독일이 무제한 잠수함전을 펼쳐 중립국의 함선까지 격침한 것을 이유로 미국이 참전하자(1917), 연합국의 승리는 결정적인 것이 되었다. 1918년 가을, 오스트리아가 항복하였고, 독일에서 킬 군항의 해군 수병의 반란을 빌미로 독일 혁명이 일어나 제정이 쓰러지고 임시 정부 아래서 휴전 조약이 조인되었다.

제1차 세계대전에서는 과학 기술의 진보에 따라서 비행기, 전차, 독가스 등 많은 신무기가 등장하였다. 그 결과 피해는 전선의 병사뿐 아니라 후방의 일반 시민에게까지 미쳐 2000만 명의 사망자를 내는 비참한 전쟁이 되었다.

베르사유 체제, 워싱턴 회의

종전 후 베르사유 조약(1919)에서 독일은 해외 식민지와 알자스, 로렌 등의 영토를 잃고 군비 제한과 거액의 배상금이 부과되었다. 또한 다른 동맹국과 연합국 사이에도 강화 조약이 맺어져 오스트리아에서 헝가리가 분리 독립하고, 오스만 제국은 분할되어 시리아 지방은 영국, 프랑스의 위임 통치령이 되었다.

대전 중에 경제력이 뻗어 채무국에서 채권국이 된 미국은 전후 국제시장에서 중요한 자리를 차지하게 되었다. 그러나 새로 설립된 국제연맹(1920)은 미국과 중국이 참가 하지 않았기 때문에 유럽 중심의 기관에 지나지 않게 되었다. 이에 미국은 워싱턴 회의(1921~1922)를 열고 영국, 프랑스, 이탈리아, 일본 사이에서 해군군축조약을 맺었다.

서유럽과 소련

프랑스에서는 전쟁 후에 사회당을 포함한 좌파 연합 내각이 성립되고 (1924), 영국에서는 맥도널드(1866~1937)를 수상으로 하는 최초의 노동당 내각이 성립되었다(1924). 또한 아일랜드는 영국에서 떨어져 나가 독립국이 되었다(1922).

이탈리아에서는 북부를 중심으로 노동자의 파업이 잇따라(1920) 일어나 이에 대립하는 무솔리니(1883~1945)의 파시스트가 힘을 뻗쳐 로마 진군으로 (1922) 정권을 쥐고 독재 체제를 확립하였다.

독일에서는 공산당 세력인 스파르타쿠스단이 정부에 의해 진압되어(1919) 사회권 등이 담긴 바이마르 헌장이 제정되었으며, 사회민주당의 에베르트 (1871~1925)가 대통령이 되었다. 패전과 배상금 때문에 독일 경제는 파국적인 인플레이션에 허덕였으나, 미국 자본이 들어오게 되어(1924) 회복되었다. 독일은 주변 여러 나라와 로카르노 조약을 맺고(1925), 국제연맹에 가입하여 (1926) '영 안案'에 의하여 배상금도 삭감되었다. 또한 런던 군축 조약이 맺어졌다(1930).

러시아에서는 볼셰비키가 공산당으로 이름을 바꾸고 독재를 강화하였다. 반란군을 지원하는 국가들(영국, 프랑스, 미국, 일본)에 대항하여 적군(붉은 군대)을 강화하고, 공산당의 국제 조직인 코민테른을 결성하여(1919) 대항하였다. 레닌은 네프(신경제 정책)를 채용하여(1921) 사기업 활동을 일부 공인하는 한편, 소비에트 사회주의 공화국연방을 결성하여(1919) 지배 체제를 확립하였다. 레닌이 죽은 후에 일국—國사회주의를 주장하는 스탈린(1879~1953)은 세계 혁명론을 주장하는 트로츠키(1879~1940)를 쫓아내고 공산당의 지도권을 쥐었다.

아시아, 아프리카의 민족 운동

대전 중 유럽 열강은 전후의 독립과 자치를 약속하고 아시아, 아프리카 식민지에서 많은 병사와 식료품, 물자 등을 동원하였다. 그러나 대전 후 그 약속은 지켜지지 않았다.

1919년 이집트에서는 민족 운동의 결과 이집트 왕국이 독립하였으나(1922) 영국군은 계속하여 주둔하였다. 시리아에서는 아랍인에 의한 독립 선언(1915)이 무시되었고, 밸포어 선언(1917)에 의한 유대인 이민이 팔레스타인에 흘러 들어가 아랍인과 유대인의 대립이 시작되었다.

인도에서는 국민회의파의 간디(1869~1948)의 지도로 비폭력, 불복종에 의한 운동과 '소금의 행진'(1930)으로 영국에 저항하였다. 영국은 굴복하여 '신인도 통치법'을 제정하였으나, 그 후 국민회의파와 인도 · 무슬림연맹의 대립이 깊어졌다.

투르크에서는 케말 파샤(1881~1938)가 공화정을 채택하고, 로잔 조약(1923)을 체결하여 근대화를 진행시켰다. 이란에서는 리자 칸(1877~1944)이 파흘레비조를 세우고 근대화에 착수하였다.

한국에서는 일본으로부터의 독립을 요구하는 대규모의 독립 운동(3 · 1독립 운동)이 있었으나 호된 탄압을 받았다. 또한 외몽골에서는 소비에트의 지원을 받아 중국으로부터의 독립 운동이 일어나 몽골 인민공화국이 성립되었다(1924).

중국에서는 후스胡適(1891~1962)의 백화白話 운동 제창(1917)과 천두슈陳獨秀(1879~1942) 등이 주축이 된 잡지《신청년》의 발행(1915) 등 민족적, 진보적인 문화 운동이 펼쳐졌다. 루쉰魯迅(1881~1936)은 소설《아큐정전阿Q正傳》을 발표하여(1921) 문학 혁명의 앞자리에 섰다.

1919년에는 베르사유 조약에 반발하여 21개 조 요구의 철회를 촉구하는 '5 · 4 운동'이 벌어졌다. 이후 중국 공산당이 결성되어(1921) 쑨원孫文(1866~1925)은 중국 국민당의 조직을 강화하였으며, 소련과의 연대, 용공容共, 부조공농扶助工農의 3대 방침을 세워 제1차 국공國共 합작을 성립시켰다(1924). 그 결과 반제국주의, 군벌 타도의 기운이 높아지며 상하이에서 5 · 30사건(1925)이 터졌고, 광저우廣州에 수립된 국민 정부는 장제스蔣介石(1887~1975)를 지휘관으로 하여 국민 혁명군에 의한 북벌北伐을 개시하였다. 장제스는 상하이 쿠데타(1927)를 일으켜 공산당을 탄압하고, 난징 국민 정부를 수립하여 국공 합작은 깨졌다.

그때에 일본은 산둥山東 출병(1927~1928)으로 사태에 개입하였으나 비난을 받고 철수하였다. 또한 일본군에 의하여 군벌 장쭤린張作霖이 폭살되자(1928) 그 아들 장쉐량張學良이 국민 정부의 지지를 받아 북벌은 완료되었다.

∷ 제국주의 체제의 상황

세계 공황

1929년에 미국에서 시작된 세계 공황은 자본주의 세계를 혼란에 빠지게 하였다. 기업의 도산이 잇따르고 실업자는 수천만 명에 이르렀다. 대통령 프랭클린 루스벨트(1882~1945)는 뉴딜 정책(1933~1935)으로 공황의 극복을 꾀하였다. 산업에 대한 정부의 개입을 강화하고, 노동자의 권리를 보장하여 국내 정치의 안정과 소비 수요의 회복을 겨냥하였다.

영국에서는 맥도널드(1866~1937) 수상이 거국 일치 내각(1931~1935)을 세워 금金 본위제를 정지시키고(1931), 오타와에서 영국 연방 경제회의(1932)를 열어 블록 경제 정책을 추진하였다. 프랑스에서는 세계 공황의 영향을 식민지에 넘겨 본국의 경제를 고쳐 세우려 하였다.

나치스의 등장

독일 경제는 세계 공황으로 가장 심각한 타격을 받아 실업자는 증가하고 공산당의 세력이 퍼졌다. 이와 같은 상황에서 나치스(국가사회주의 독일노동당)는 베르사유 조약의 폐기와 유대인 배척을 주장하였고, 히틀러(1889~1945)의 연설과 선전도 호응을 얻어 1932년의 총선거에서 제1당이 되었다.

히틀러는 수상에 취임하자(1933) 공산당을 탄압하고 전권 위임법에 의하여 권력을 집중하며, 일당 독재 체제를 확립하였다. 그는 토목 공사로 경제 재건에 힘쓰는 한편, 유대인 박해와 언론 통제를 행하였고, 나치스 사상에 반대하는 자에 대해서 탄압하였다.

힌덴부르크(1847~1934) 대통령이 사망한 후 히틀러는 총통으로 취임하여 재군비 선언(1935)을 하는 한편, 로카르노 조약을 폐기하여(1936) 라인란트에 군대를 주둔시켰다. 또한 에티오피아 침략을 개시한(1935) 이탈리아와 베를린 · 로마 추축樞軸을 결성하고(1936), 일본과도 독일 · 일본 방공협정을 맺었다.

소련, 인민 전선

사회주의 경제로 옮아가던 소련은 세계 공황의 영향을 거의 받지 않았다. 1925년부터 제1차 5개년 계획으로 중공업 건설을 진행시키면서 곡물 공급을 안정시키기 위하여 농업 집단화를 추진하였다(1928). 미국과의 국교를 회복하고(1933), 유엔 가맹도 실현되었다(1934). 이와 같은 성과를 배경으로 '스탈린 헌법'이 제정되어(1836) 사회주의 국가의 확립이 선언되었으나, 1930년대 후반, 스탈린의 독재 아래 '반혁명', '외국의 간첩'이라는 명목으로 대숙청이 행해졌다. 1937~1938년 2년 동안에만 무려 500만~700만 명이 희생된 것으로 알려져 있다.

한편 코민테른의 반파시즘 통일 전선에의 전환(1935)으로 프랑스와 스페인에서 인민전선 내각이 성립되었다(1936). 그러나 스페인에서는 프랑코 장군(1829~1975)의 반란(1936)으로 내전이 벌어졌고, 독일과 이탈리아의 강력한 지원을 받은 반란군의 승리로 끝났다(1939).

중일전쟁

일본은 관동군이 유조호柳條湖 사건(1931)을 일으켜 중국 동남부를 점령하여(만주사변, 1931~1932) 이른바 만주국을 건국하였다(1932). 이에 대하여 국제연맹은 리튼 조사단을 파견하여 만주사변을 일본의 침략 행위로 규정하였고, 일본은 국제연맹을 탈퇴하였다(1933).

중국에서는 국민 정부로부터 배제된 공산당이 홍군紅軍을 결성하여 광시성 서금瑞金에 마오쩌둥毛澤東(1893~1976)을 중심으로 하는 중화소비에트 공화국 임시 정부를 수립하였다(1931). 그러나 장제스의 공격으로 장정長征(1934~1936) 후에 산시성 옌안延安으로 근거지를 옮겼다.

장정 도중 공산당은 항일민족통일전신의 결성을 호소하는 8·1 선언을 발표하였다(1935). 그 선언에 찬성한 장쉐량張學良(1898~1950)은 내전을 계속하고 있는 장제스蔣介石를 시안西安에 감금하여 공산당과 대화를 촉구하였다(시안 사건, 1936).

일본은 노구교蘆溝橋 사건(1937)을 빌미로 중국에의 전면적인 침략을 개시하였다. 장제스의 국민 정부는 제2차 국공 합작에 의한 대일 항전에 들어가, 난징이 점령되자 수도를 내륙 지방 한커우漢口, 충칭重慶으로 옮겨가며 전쟁을 계속하였다.

유럽의 상황

1938년에 히틀러는 오스트리아를 병합하고, 체코슬로바키아에 대하여 주데텐 지방의 양도를 요구하였다. 영국 수상 체임벌린(1869~1940)은 뮌헨 회담을 열고 독일의 요구를 받아들였다.

독일은 동서에서의 공격을 회피하기 위하여 독일 · 소련 불가침조약을 맺고 나서(1939), 그 해 9월 1일에 폴란드를 침공하였다. 영국과 프랑스는 폴란드를 원조하여 독일에 선전 포고하였다(제2차 세계대전의 개시). 한편 소련은 폴란드 동부를 점령하고, 발트 3국을 병합한 후 핀란드를 공격하였다.

1940년 4월에 독일군은 덴마크, 노르웨이에 침입하고, 5월에 네덜란드, 벨기에를 뚫고 프랑스에 진격하여 6월에는 파리를 점령하였다. 프랑스는 독일에 항복하였고, 독일은 북반부를 차지하였으며, 남반부는 페탱(1856~1951)을 수상으로 하는 비시 정권이 수립되었다. 이탈리아는 독일 측에 서서 참전하였다.

히틀러의 다음 공격 목표는 소련이었다. 소련 침공의 발판으로 1941년 봄까지 발칸 반도를 제압하고, 6월에는 소련을 기습 공격하여 연말에는 모스크바와 레닌그라드 근방까지 다가갔다. 그것은 영국과 미국으로 하여금 소련을 편들게 만들었다. 영국 수상 처칠(1874~1965)과 미국 대통령 루스벨트는 대서양에서 회담하여, 파시즘에 대항하는 결의와 전후의 평화 구상을 밝힌 '대서양 헌장'을 발표하였다. 그 이듬해에는 영국 · 소련 군사 동맹이 맺어졌다.

태평양 전쟁

1940년 9월, 일본은 프랑스 영토인 인도차이나 북부에 진격하여 일본 · 독일 · 이탈리아 3국 동맹을 맺고, 장제스를 지원하는 미국, 영국과 대결하는 방향으로 나갔다. 또한 1941년 12월 8일에 말레이 반도에 상륙하는 동시에 하와이 진주만을 기습하였다.

일본이 미국, 영국에 대해 선전 포고를 한 직후에 독일, 이탈리아도 미국에 선전 포고하여 전쟁은 온 세계로 확대되었다. 개전 초기에 일본군은 필리핀, 싱가포르, 네덜란드령 동인도 여러 섬들, 미얀마를 점령하였다. 일본은 점령지에서 자원 약탈과 주민 학살 때문에 반감을 샀고, 각지에서 항일 운동이 일어났다.

한국에서는 철저한 일본어 교육과 창씨創氏 개명 등에 의한 식민지 정책이 실시되고, 일본 광산과 전선에 한국인 청년들이 강제 징용되었다. 여성들은 종군 위안부로 끌려갔다.

추축국의 패배

유럽 전선에서는 1943년 2월, 스탈린그라드 전투에서 독일군이 패배한 이후 소련군이 반격에 나섰다. 독일군의 점령지에서도 민중의 저항 운동(레지스탕스)이 거세게 일어났다.

영국, 미국군도 북아프리카에서 반격으로 전환하여 7월에 시칠리아 섬에 상륙하였고, 9월에 이탈리아는 무조건 항복을 하였다. 11월에는 미국, 영국, 소련 수뇌가 테헤란 회담에서 제2 전선의 형성을 검토하였다. 1944년 6월, 연합국군은 노르망디에 상륙하여 8월에 파리를 탈환하였다. 소련군도 1945년 1월에 폴란드에서 독일군을 몰아냈다. 2월의 얄타 회담에서 미국, 영국, 소련에 의하여 전후 독일 처리 방침이 결정되었다. 독일은 5월에 수도 베를린에 소련군이 진격하자 무조건 항복하였다.

한편 1942년 6월, 일본 해군은 미드웨이 해전에서 미국군에게 크게 패하면서 고전하게 되었고, 1943년 2월에 가달카날 섬에서 일본군이 밀려난 후 연합군의 반격이 시작되었다. 11월의 카이로 회담에서는 미국, 영국, 중국 수뇌 회담에서 대일 전쟁의 방침이 정리되었다.

1945년 2월의 얄타 회담에서 소련의 대일對日 참전 비밀 협정이 맺어지고, 4월에 미국군은 오키나와 상륙 작전을 펼쳤다. 7월에는 미국, 영국, 중국의 수뇌들이 포츠담 선언을 발표하여, 전후 일본에 대한 방침을 밝혔다.

미국은 8월 6일 히로시마에, 9일에 나가사키에 원자 폭탄을 투하하였고,

8일에 소련이 중립 조약을 폐기하고 일본에 선전 포고하였다. 마침내 일본은 포츠담 선언을 수락하고 무조건 항복하여 8월 15일에 공포하고 9월 2일에 항복 문서에 조인하였다.

:: 제2차 세계대전 이후

제2차 대전 직후

대전이 끝난 후 샌프란시스코 회의에서 연합국 50개 국가에 의한 국제연합헌장이 채택되어 국제연합(유엔)이 발족하였다(1945). 미국, 소련, 영국, 프랑스, 중국이 안전보장 이사회 상임 이사국이 되고 거부권이 주어졌다.

동유럽 대부분의 국가는 소련의 지원으로 공산당을 중심으로 하여 인민민주주의 국가가 탄생하였다. 이에 맞서 미국은 트루먼 독트린을 발표(1947), 마샬 플랜에 따라서 친미 정권을 강화하였으며 '봉쇄 정책'을 펼쳤다. 소련은 코민포름(공산당 정보국)을 결성하여(1947) 각국 공산당에 대한 지도를 강화하였다.

4개국(미국, 영국, 프랑스, 소련)에 의해 분할 점령된 독일에서는 소련이 베를린 봉쇄를 감행하였다(1948). 이를 빌미로 동서로 분열하여 독일 연방공화국(서독)과 독일 민주공화국(동독)이 성립되었다(1949).

미국은 북대서양조약기구NATO 를 결성하여(1949) 서유럽 국가들과 군사동맹을 강화하였고, 서독을 나토에 가맹시켰다(1955). 한편 소련도 원폭 실험에 성공하고 동유럽 국가들로 바르샤바 조약 기구를 결성하여(1955) 나토에 대항하였다. 이로써 '냉전'이라 일컬어지는 미소의 대립은 세계적인 것으로 확산되었다.

동아시아의 상황

중국에서는 국민당과 공산당 사이에 내전이 다시 일어나(1946) 공산당이
승리해 중화인민공화국이 탄생하였다(1949). 공산당 정권 아래서 농업의 집
단화가 시작되고(1953) 인민공사가 조직되었다. 소련의 원조로 중공업 건설
에 힘을 쏟아 타친大慶 유전 개발에도 성공하였다(1959).

한반도는 북위 38도선을 경계로 하는 미국과 소련의 분할 점령으로 남북
2개국으로 분열되었다. 북한은 1950년 6월 25일에 남침하여 3년에 걸친 한
국전쟁(1950~1953)이 시작되었다. 미국은 한국을 도와 유엔의 이름으로 참
전하고, 중국은 북조선을 도와 의용군을 파견하였다. 이 전쟁으로 한반도는
황폐해졌고, 휴전 협정 체결(1953년 7월 27일) 후에도 남북의 대결은 이어지
고 있다.

일본은 샌프란시스코 평화 조작(1951)으로 독립을 회복하고, 일본 · 미국
안전보장조약을 맺어(1951) 경제 부흥을 이룩하였다. 그 후 소련과도 국교를
회복하여 유엔에 가맹하였다(1956).

아시아, 아프리카의 독립

인도네시아는 수카르노(1901~1970)의 지도 아래 네덜란드로부터 독립을
이루었고(1949), 베트남은 호치민(1890~1969)의 지도 아래 프랑스를 상대로
인도차이나 전쟁(1946~1954)을 한 후 베트남 민주공화국을 수립하였으며,
남부 베트남은 미국의 지원으로 베트남 공화국이 성립되었다(1955).

영국의 식민지에서도 인도, 미얀마, 말레이시아 등이 독립을 이루었다. 인
도는 인도 연방과 파키스탄으로 분리 독립하였으나(1947), 힌두교도와 이슬
람교도의 대립이 격화되었고, 양쪽의 융화를 주장하는 간디는 광신적인 힌
두교도에 의하여 암살당하였다.

팔레스타인에서는 유대인이 이스라엘 공화국의 독립을 선언하자(1948),
아랍 연맹과 전쟁을 하게 되었고(제1차 중동 전쟁, 1948~1949), 약 90만 명의
아랍계 주민이 쫓겨나 난민이 되었다.

이집트에서는 혁명으로 나세르(1918~1970)가 정권을 쥐고(1952) 영국, 프랑스, 이스라엘의 무력 간섭(수에즈 전쟁, 제2차 중동 전쟁, 1956~1957)을 배제하며 수에즈 운하의 국유화를 선언하였다.

그 후 이라크에도 혁명이 일어나 왕정이 쓰러졌다(1958). 또한 1960년에는 아랍 산유국을 중심으로 한 석유수출국기구OPEC가 결성되었다(1960).

1950년대 후반에는 사하라 사막 이남의 아프리카에도 민족 운동의 바람이 불어, 맨 먼저 가나가 독립을 이루었다(1957). 60년에는 나이지리아 등 17개 독립 국가가 탄생되어 유엔에 가입해, 이 해를 '아프리카의 해'라고 일컬었다.

평화 공존

스탈린이 죽은 후(1953) 소련 공산당 제20회 대회에서 흐루시초프(1894~1971)는 각국 공산당의 자주성을 존중하여 코민포름을 해산하였다. 그때에 폴란드와 헝가리에서 반소 폭동이 터졌다. 반反소 정권의 설립을 꺼려한 소련은 헝가리에 군사 개입하였다.

소련의 서방 측 진영과의 평화 공존 노선은 민족 해방 노선을 가고 있는 중국과의 관계에서 틈이 벌어져, 중中소 논쟁을 불러 일으켰다.

제3 세계에서는 인도의 네루와 중국의 주언라이周恩來 사이의 회담에서 '평화 5원칙'이 발표되었고(1954), 반둥에서 열린 아시아·아프리카 회의에서는 평화 10원칙이 채택되었다. 이후 제3세계의 비동맹 중립주의는 주목을 받게 되었다.

러셀·아인슈타인 선언(1955) 등 핵무기 금지를 요구하는 운동이 퍼졌으나, 오히려 미국과 소련이 인공위성 발사에 성공하여(1957) 핵전쟁의 위험은 더욱 커졌다.

아시아, 라틴아메리카

동남아시아에서는 인도네시아에 수하르트(1921~) 정권이 성립되어(1965) 동남아시아 국가연합ASEAN이 결성되었다. 그러나 민중의 생활은 향상되지 않고, 필리핀(1972)과 타이(1971)에서는 계엄령이 공포되어 반정부 세력이 탄압당하는 정권이 세워졌다.

한국에서는 군사 쿠데타로(1961) 박정희朴正熙(1917~1979)의 군사 정권이 성립되어 한일기본조약을 맺었고(1965), 중국에서는 마오쩌둥의 지도 아래 프롤레타리아 문화대혁명(1966~1976)이 일어나 사회의 혼란과 경제의 침체를 불러들였다.

중동에서는 팔레스타인 해방기구PLO가 결성되어(1964) 제3차 중동 전쟁(1967)이 터졌고, 그 결과 이스라엘의 영토가 더 확대되면서 팔레스타인 난민이 더 늘어났다. 아랍권은 잃어버린 영토를 되찾기 위하여 제4차 중동 전쟁(1973)을 일으켰으나 뜻을 이루지 못하였다.

라틴 · 아메리카에서는 쿠바 혁명(1959)으로 카스트로(1926~2016)가 수상이 되어, 미국의 간섭에 대하여 소련의 원조를 받았다. 라틴 · 아메리카 여러 나라에서는 군부 쿠데타 결과 인권 탄압과 지주 제도에 따른 빈곤층이 늘어나, 가톨릭 교회에서도 사회 변혁의 필요성을 주장하는 '해방의 신학'이 등장하였다.

미국과 소련의 패권주의

미국에서는 민주당의 케네디(1917~1963)가 대통령에 취임하면서(1961) 뉴 프론티어 정책을 내걸고 아폴로 계획을 개시하였다. 소련이 쿠바에 미사일 기지 건설을 추진하자, 미국은 그것을 막으려 하여 미국과 소련의 전면적인 핵전쟁 위험이 발생하였다(쿠바 위기, 1962)

그 후 미소 양국은 협조 분위기로 돌아서서 부분적 핵실험 정지조약(1963), 핵확산 방지조약(1968), 제1차 전략무기 제한조약SALT I (1972)을 맺었다. 미국 국내에서는 흑인의 차별 철폐를 추구하는 운동이 일어나 공민권법(1964)이 성립되었다.

미국은 남베트남(베트남 공화국)의 내전에 개입하여 존슨 대통령이 북베트남(베트남 민주공화국)에 폭격을 개시하였다(베트남 전쟁, 1965~1973). 소련과 중국의 지원을 받은 북베트남의 끈질긴 저항에 부닥쳐 미국군은 끝내 철수하였다(1973).

유엔에서 중화민국(대만)을 대신하여 중화인민공화국이 중국 대표권자가 되자(1971) 미국의 닉슨은 1972년에 중국을 방문하였고, 오키나와에서는 미국군에 의한 군정에 반대하는 국민 운동이 퍼지면서 일본에 복귀하게 되었다(1972).

1960년대에 프랑스와 서독은 눈부신 경제 성장을 이룩하여 양국을 축으로 유럽경제공동체EEC를 확대 강화한 유럽공동체EC가 결성되었다. 서독에서는 사회민주당의 브란트(1913~1992) 수상이 소련, 동유럽권과의 국교 회복을 추진하여 동서독이 기본조약을 맺었다(1972).

소련에서는 흐루시초프가 해임되고(1964) 보수파 브레즈네프(1906~1982)가 실권을 쥐게 되면서 개혁이 정체되었다. 체코슬로바키아에서는 도브체크(1921~1992) 등에 의한 민주화(프라하의 봄, 1968)가 시작되자, 소련은 군사력으로 억눌렀다. 또한 중국과 소련의 대립이 격화되면서 중국과 소련 국경에서 무력 충돌(1969)을 빚는 사태가 발생하였다.

∷ 20세기 말의 상황

억압과 저항

제4차 중동 전쟁(1973) 때 아랍 산유국은 친이스라엘 국가에 대해 석유 판매 금지 조치를 취하여 석유 위기 사태가 벌어졌다. 이 때문에 선진 공업국의 조정을 위하여 선진국 수뇌회의SUMMIT가 1975년부터 해마다 열리게 되었다.

아랍 민족주의가 기세를 부리는 가운데 유엔은 팔레스타인의 민족 자결권을 승인하여 팔레스타인 해방기구PLO를 정당한 대표로 인정하는 결의를 하였다(1974). 그러나 이스라엘은 시나이 반도 반환을 조건으로 이집트와 평화를 실현하였고(중동평화조약, 1979), 요르단 서쪽 점령지에 주민 이주를 시행하였다.

아프리카에서는 모잠비크, 앙골라 등의 흑인 국가가 성립되었고(1975), 아프리카 남부에서는 백인의 지배에 맞서 흑인의 해방운동이 격화되었으며, 남아프리카공화국에서는 아파르트헤이트(인종분리정책)에 대항하여 흑인의 무장 저항이 퍼졌다. 또한 로데시아에서는 사회주의를 내세우는 흑인 정권 짐바브웨가 독립하였다(1980).

미군이 철수한 후 남베트남 정권은 무너지고(1975), 남북 베트남이 통일되었다(1975). 캄보디아에서는 폴 포트 정권이 성립되었으나, 강제적인 사회주의화와 대량 학살로 내전이 시작되었다. 이 때문에 중국 · 베트남 전쟁(1979)이 터졌다.

미국 국내에서는 1960년대부터 선주민(인디언)과 멕시코계 시민 등에 의한 요구로 다원적인 문화를 인정하는 방향으로 사회 분위기가 형성되었고, 여성 운동으로 남녀의 역할 분담에도 큰 변화를 가져오게 되었다. 유엔에서도 여성차별 철폐조약(1979), 어린이 권리조약(1989)이 채택되었다.

서방 국가의 대응

이란 혁명과 이란 · 이라크 전쟁(1980~1988)으로 제2차 석유 위기가 발생하면서 유럽의 많은 국가에 정권 교대 현상이 생겼다. 영국에서는 보수당 대처가 수상이 되었고(1979), 프랑스에서는 미테랑이 대통령이 되어 새로운 경제 정책을 추진하였다.

1979년은 혼란스러운 해로서 이란 혁명으로 호메이니(1901쯤~1989)의 이란 · 이슬람 공화국이 성립되었다. 니카라과에서는 친미 정권이 무너지고 혁명 정권이 성립되었으며, 아프가니스탄에서는 소련이 침공하여 반대파 게릴라를 무력으로 진압하려 하였다.

이에 대하여 미국의 레이건 대통령은 '강한 미국'을 깃발로 내세우고, 전략 방위구상SDI (1983)을 추진하여 군비 확장을 하였다. 한편 미국 경제의 불안 정으로 미국 주식은 크게 폭락하였다(검은 월요일, 1987).

사회주의 국가의 변동

폴란드에서는 식료품의 가격 폭등에 대한 노동자의 파업이 확산되어 자유 노조 '연대連帶'가 결성되고 공산당 정권에 대한 비판이 높아졌다. 정부는 계 엄령으로 탄압하였다(1981).

중국에서는 마오쩌둥毛澤東의 사망으로 문화대혁명이 막을 내리고(1976), 덩샤오핑鄧小平(1904~1997)의 주도 아래 농업, 공업, 국방, 과학기술의 '4개 현대화'에 착수하여(1978) 시장 경제를 끌어들였다. 그러나 민주화를 요구 하는 학생의 움직임에 대해서는 군대를 동원하여 탄압하였다(천안문 사건, 1989).

소련에서는 고르바초프가 공산당 서기장에 취임하면서(1985) 페레스트로 이카(1986~1991)를 추진하여 그라스노스치(정보 공개)에 따른 언론의 자유 화와 세계 경제를 끌어들였다. 미국과 중거리 핵전력INF 폐지를 합의하였고 (1987), 아프가니스탄에서 소련군을 철수시켰으며(1988), 미국 부시 대통령 과 마르타 회담(1989)을 하여 양국 수뇌는 냉전의 종결을 선언하였다.

개발도상국, 산업의 발달

석유 위기에 따른 외화 수입의 감소로 개발도상국은 대외 채무로 어려움 을 겪었다. 멕시코와 브라질에서는 누적된 채무 결제를 하지 못하여(1982), 세계은행 등 국제적인 금융 기관에 의한 재정 개입을 불러들였다.

아프리카에서는 개발이 멈춘 데다가 에티오피아와 모잠비크 등의 내전과 사하라 사막 남부의 가뭄으로 기아가 심각해졌다.

이와 같은 불황 속에서도 한국, 대만, 싱가포르(신흥공업경제지역=NIES)는 저임금에 따른 수출 가공품의 생산으로 눈부신 경제 발전을 이룩하였다. 그와 아울러 점차 민주화를 요구하는 여론이 높아졌다.

필리핀에서는 마르코스(1917~1989) 대통령이 추방되고 아키노 정권이 탄생하였고(1986), 한국에서는 전두환 대통령에 대한 비판으로 자유선거가 실시되어 노태우가 대통령이 되었다(1988). 미얀마에서는 독재 정권이 쓰러진 후 군부가 쿠데타로 실권을 쥐었다(1988).

인도에서는 시크 교도의 자치 요구로 분쟁이 발생하여 간디(1917~1984) 수상이 암살당하였고(1948), 스리랑카에서도 인종 대립으로 무력 분쟁이 생겼다(1987). 또한 이스라엘의 레바논 침공(1982)으로 팔레스타인 해방기구는 큰 타격을 받았으나, 이스라엘 점령지 안의 아랍인 주민의 저항(인티파다, 1987)은 격화되었다.

한편 과학 기술의 발달과 공업 생산의 확대로 공해 문제가 심각해져, 오존층 보호를 위한 몬트리올 의정서가 채택되었다(1987). 브라질의 아마존강 유역 개발로 인한 지구 환경의 파괴, 미국의 스리마일 섬과 소련의 체르노빌 원자로 사고는 원자력 발전의 안전성에 대한 경계심을 강화시켰다.

공산 체제의 붕괴와 세계의 블록화

소련 고르바초프의 '개혁, 개방' 정책 이후 폴란드, 헝가리, 체코슬로바키아, 루마니아에서 공산 정권이 1989년에 몰락하였다. 1991년 12월에는 고르바초프가 실각하였으며, 옐친(재임 1991~1999)이 소련을 해체하고 슬라브족을 결집하여 독립 국가 연합CIS을 결성하였다.

소련이 해체되던 1991년 12월, 유럽 12개국 수뇌는 유럽연합EU을 결성하였다. 이후 오스트리아, 핀란드, 스웨덴이 가입하여 15개국이 되었다(1997). 그리고 유럽연합 15개국과 노르웨이, 아이슬란드, 리히텐슈타인 등 18개국은 유럽의 경제 통합을 위하여 유럽경제지역EEA을 발족하였다.

EU에 맞서 1993년에는 미국, 캐나다, 멕시코가 북미자유무역협정NAFTA

을 맺었고, 그 다음해에는 아메리카 자유무역지역FTAA의 창설에 합의하였다. 아시아, 태평양 지역에서도 아시아 · 태평양 경제협력제APEC을 맺어 (1993) 경제 발전과 안전을 꾀하고 있다.

20세기 과학과 문화

20세기의 과학 부문에서 베스트3은 1위에 상대성이론의 아인슈타인, 2위에 2중 나선 구조를 발견한 왓슨과 크릭, 3위에 페니실린을 발견한 플레밍이 꼽힌다. 과학 기술의 발달은 세계를 하나로 묶었고 문화 교류를 촉진시켰다.

20세기 초 미국에서는 프라그마티즘 사상이 듀이(1859~1952)에 의하여 발달하였다. 유럽에서는 실존주의자 하이데거(1889~1976), 야스퍼스(1883~1969), 사르트르(1905~1980) 등이 인간을 부조리한 세계의 고독한 존재로 규정하고, 자유롭고 주체적인 삶의 방법이 무엇인지 추구하였다.

1960년대의 고도 경제 성장은 대량 소비의 생활 문화를 낳았고, 컴퓨터의 발달은 정보처리 기술을 무한하게 높였다. 또한 신문과 텔레비전 등 매스미디어의 발달로 컴퓨터에 의한 데이터베이스와 네트워크의 이용은 최신 정보의 수집을 가능하게 하였고, 대량 정보 속에서 필요에 따라 자유롭게 그 정보를 고를 수 있게 되었다.

그러나 그 때문에 인간과 인간의 관계가 약화되고, 고령화 사회에서 노인 문제가 고개를 들었다. 컴퓨터의 보급은 문화의 대중화를 가져온 반면, 인간적인 만남의 장을 상실해 가는 경향을 한층 촉진시켰다.

학문 분야에서는 독일 슈펭글러(1880~1936)의 《서양의 몰락》, 막스 베버(1864~1920)의 《프로테스탄티즘의 윤리와 자본주의의 정신》, 오스트리아 프로이트(1856~1939)의 《정신 분석 입문》, 영국 케인즈(1883~1946)의 《고용과 이자 및 화폐의 일반 이론》이 대표적이다.

문학 분야에서는 프랑스 로맹 롤랑(1866~1944)의 《장 크리스토프》, 앙드레 지드(1869~1951)의 《좁은문》, 카뮈(1913~1960)의 《이방인》, 독일 토마스 만

(1875~1955)의 《마魔의 산》, 영국 몸(1874~1965)의 《달과 6펜스》, 미국 헤밍웨이(1885~1961)의 《노인과 바다》, 인도 타고르(1861~1941)의 《기탄잘리》 등이 명작으로 꼽힌다.

　미술 분야에서 마티스(프랑스, 1869~1954), 피카소(스페인, 1881~1973), 음악 분야에서 시벨리우스(핀란드, 1865~1957), 드뷔시(프랑스, 1862~1918) 등이 새로운 세계를 열었다.

"병사여, 인민을 쏘지 말아라"
러시아 '피의 일요일' (1905년)

19세기가 저물고 있을 때, 서구 열강은 제국주의 정책에 따라 식민지 정책에 열을 올리고 있었다. 아시아에서는 일본이 다른 나라들보다 일찍 서구화하여 한반도를 삼키기 위해 기회를 노리고 있었다. 당시 대한제국에 대해 영향력을 가지고 있던 나라는 청이었기 때문에 한반도에서의 청과 일본의 무력 충돌은 피할 수 없게 되었다. 그 결과 일어난 것이 청일 전쟁(1894~1895)이었다. 이 전쟁의 승리로 자신이 붙은 일본은 점차 한반도에 그 세력을 뻗고 있는 러시아를 다음 상대로 지목하고 있었다.

표트르 대제 이후 식민지 정책을 추진해 온 러시아는 20세기에 들어서도 영토 팽창 정책을 밀고 나갔다. 중국이 혼란에 빠진 것을 보고 러시아는 재빨리 중국에 많은 군대를 파병했고, 그 군대의 일부는 만주와 한반도 북쪽에까지 진주하였다. 일찍부터 한반도에 눈독을 들이고 있던 일본은 미국과 영국을 배후의 후원자로 끌어들여 러시아와 맞섰다. 러시아 또한 프랑스와 독일의 지지를 받고 있었다.

일본은 1904년 2월에 인천과 만주의 요충지 귀순旅順을 급습하였다. 러시아가 빠른 대응을 하지 못하는 것을 보고 러시아에 대해 선전 포고를 하였다. 이것이 러일 전쟁(1904~1905)의 서막이었다. 일본 육군은 수많은 희생자를 내면서 난공불락을 자랑하던 뤼순을 함락시켜, 러시아 해군의 아시아 근거지를 빼앗았다.

러시아는 흑해의 발틱 함대를 출동시켜 일본을 치게 하였다. 그러나 멀리 아프리카 남쪽을 돌아 동해까지 오느라고 무려 7개월을 보낸 탓에 전력은 크게 떨어질 수밖에 없었다. 러시아 함대와 일본 함대는 동해에서 결전한 결과 러시아 함대의 참패로 끝났다.

갑작스러운 전쟁이었기 때문에 러시아와 일본 양국은 모두 전쟁 비용에 시달리게 되었다. 러시아는 프랑스에서, 일본은 영국과 미국으로부터 돈을 빌려서 전쟁을 치렀다. 일본에 우호적이었던 미국의 시어도어 루스벨트 대통령은 일본이 전쟁에서 이기고 있을 때 휴전을 성사시키기 위해 나섰다. 그 결과 1905년 9월, 미국 포츠머스에서 일본과 러시아 사이에 강화 조약이 맺어졌다.

러시아의 전권 대사 비테는 전쟁을 오래 끌게 되면 러시아가 최후 승리를 얻는다는 확신이 있었기 때문에 강화 회의에서 끝까지 고자세로 나왔다. 이렇게 체결된 강화 조약이기 때문에 승전국인 일본에서 오히려 저자세로 조약을 체결해야 하였다.

패전국이 된 러시아는 심한 뒤탈을 앓게 되었다. 국토도 넓고 인구도 많아서 결코 일본에 패할 것 같지 않던 러시아가 어이없이 패하고 만 것은 러시아의 정치가 후진성을 띤 데 그 원인이 있었다. 서구 열강과 심지어 일본까지도 헌법을 제정하고 의회 정치를 실시하는 등 정치의 근대화를 이룩했지만, 러시아에는 여전히 헌법도 의회도 없었던 것이다.

'차르'라고 일컫는 황제를 국가 원수로 하여 극소수의 귀족이 인구의 99% 이상을 차지하고 있는 가난한 농민 위에 군림하고 있었다. 농민은 글을 읽지 못했고, 자기 이름을 쓸 줄도 몰랐다. 공장과 상점이 있는 곳은 모스크바와 페테르스부르크 등 큰 몇몇 도시뿐이었다.

프랑스의 돈을 빌려 시베리아 철도가 아시아에까지 부설되면서 일부 귀족과 부르주아는 만주에까지 탐욕의 손길을 뻗쳤으나, 러일 전쟁에 동원된 병

피의 일요일. 러일전쟁 와중에 일어난 페테르스부르크에서의 노동자 시위에 차르의 군대가 발포, 혁명이 폭발하였다.

사들은 자기들이 왜 이렇게 먼 곳에까지 와서 전쟁을 해야 하는지 그 이유를 알지 못하였다. 후방에서는 전쟁보다 빵이 있었으면 좋겠다고 아우성이었다. 그러나 의회조차 없는 러시아에서는 노동자들까지도 시위는커녕 자신의 의견을 표현하는 방법조차 알지 못하였다.

그러다 마침내 사건은 벌어지고 말았다. 1905년 1월 22일, 페테르스부르크의 하늘은 맑게 개어 있었다. 그날 아침 굶주림에 지친 노동자들이 조용히 길거리를 행진하기 시작하였다. 그들은 신앙심이 깊은 노동자들로서, 여느 때라면 교회에 갈 시간이었다. 그러나 이날은 달랐다.

그들은 차르에게 급료를 올려달라고 청원할 생각으로 눈길을 걸어 궁전을 향해가고 있었다. 청원서를 가지고 행진하는 대열은 점점 불어나 급기야는 20만 명을 넘어섰다. 이 행렬 앞에는 성상과 황제의 초상이 게양되어 있었다. 그들은 추위를 이기기 위해 찬송가를 부르며, 혹독한 추위 속을 행진하였다. 그 행렬 선두에는 가폰 신부가 있었다.

가폰이 페테르스부르크에 공장 노동자 클럽을 만든 것은 1903년 봄이었다. 클럽은 활기를 띠어 1904년 가을에는 회원수가 9천 명에 이르렀다. 모임의 내용은 서로 친교를 하거나 명사의 강연을 듣는 것이 주요 행사였고, 정치적인 대화를 하는 것은 엄격하게 금지되어 있었다.

브치로프의 공장에서 노동자 3명이 부당 해고를 당한 것이 원인이 되어 가폰 신부 아래 노동자가 결집하게 되었고, 이들이 차르에게 제출할 '청원서'를 들고 행진하게 된 것이다. 이 파업은 이미 1주일 전에 발생하여 계속되다가 이날 22일에는 황제 니콜라이 2세에게 직접 청원서를 제출하기 위해 비상수단을 쓰게 된 것이다.

청원서 행렬은 오후 2시, 광장에 집결하였다. 이 대열 앞에는 '병사여, 인민을 쏘지 말아라'고 하는 플래카드가 들려 있었다. 그러나 그들을 막아선 황제의 군대는 대열을 향해 일제 사격을 가하였다. 뒤이어 대포도 여러 발 발사되었다.

이 일제 사격으로 1천 명 이상의 노동자가 피를 흘리며 눈 위에 쓰러졌다. 이 행렬에 대해 이번에는 황제의 기병대가 돌진하여 칼을 휘둘렀다. 이리하여 '거룩한 주일'은 '피의 일요일'이 되고 말았다. 이 사건을 계기로 노동자의 파업이 전국적으로 확산되고 모스크바 · 사라토프 · 바르샤바 등지에서 노동자들은 연일 시위에 나섰다.

지금까지 신을 받들듯이 섬겨온 차르의 명령에 의해서 수많은 동료들이 살상된 사실을 알게 되자 러시아 민중 속에 신앙과 같이 뿌리 깊던 차르 숭배는 일시에 무너지고 사람들은 차르에 대해 적대감을 품게 되었다. 당시 일본과 전쟁 중이던 러시아 정부로서는 그야말로 내우외환의 위기를 맞은 셈이었다.

이런 상황에서 포츠머스 회의에 전권 대사로 파견된 비테는 의회를 구성하겠다는 약속으로 국민을 설득하여 가까스로 난국을 진정시켰으나, 차르 정부의 도덕적 정통성이 무너짐으로써 로마노프조의 러시아 제국의 붕괴는 피할 수 없게 되었다. 이 피의 일요일 사건은 러시아 혁명의 발단이 되었다.

82

'혁명은 아직 끝나지 않았다'
신해혁명(1911년)

아편전쟁에 진 데 이어 소국 일본을 상대로 한 청일 전쟁에도 패배한 청은 이후 더욱 열강의 강한 압력을 받게 되었다. 이로써 중국에는 외국인을 증오하는 경향이 강해졌고, 외국인과 싸워야 한다는 분위기가 고조되었다. 그때 중국인들 사이에 널리 보급된 것이 중국에서 예로부터 전해져오던 의화권법義和拳法이었다. 이 무술은 100일간 연습하면 총알에 맞지 않고, 400일간 연습하면 하늘을 날 수 있다고 하였다.

무슨 일이든지 터지기만 바라던 가난한 사람들 사이에 이 무술은 빠르게 퍼져갔고, 북부 중국에 살던 외국인은 부청멸양扶淸滅洋의 구호를 내건 그들에 의해 살해되거나 재산을 빼앗기기도 하였다. 청나라 조정에서는 이러한 의화단 운동을 지지하는 보수파와 반대하는 혁신파 사이의 대립으로, 보수 배외 세력이 대권을 잡고 의화단과 합세하여 외국에 선전 포고하였다.

서구 열강과 일본은 공동으로 군대를 파견하여 무력으로 의화단 운동을 진압하고, 1900년 청나라와 신축 조약을 맺었으며, 외국 군대의 베이징北京 주둔권과 함께 거액의 배상금을 받아냈다.

사태가 이렇게 되자 중국의 지식인들은 의화권법과 같은 원시적인 방법으로는 사태가 해결되지 않는다는 것을 알게 되었다. 그들은 정치 체제를 서양식으로 바꾸는 것이 유일한 해결 방법이라고 생각하였다.

쑨원孫文(1866~1925)은 일본 도쿄에서 중국 청년들을 규합하여, 청을 타도하고 새로운 중국을 건설하기 위한 운동을 일으켰다. 그러나 옛 중국을 타도하는 일에는 많은 시간과 노력이 필요하였다.

그에 앞서 쑨원은 청일 전쟁이 끝난 직후인 1895년 11월, 광저우廣州에서 혁명의 기치를 올렸다. 만주족인 청 왕조를 타도하자는 깃발을 내건 것이다. 그러나 제1회 거사는 실패로 돌아가고, 쑨원은 현상금 1천 원元의 수배자가 되어 일본으로 망명하게 되었다. 그는 요코하마橫濱에서 화교들을 상대로 설득 작업을 펴서, 흥중회興中會 요코하마 분회를 결성하였다.

일본에 온 쑨원은 1905년 7월, 일본에 있는 여러 혁명 단체를 묶어 중국혁명동맹회를 발족시켰다. 그는 소식지 '민보民報'를 발행하여 삼민三民주의의 강령을 게재하였다.

"달로(오랑캐)를 쫓아내어 중화中華를 회복하고(민족주의), 민국을 창립하며(민권주의), 지권地權을 평균한다(민생주의)."

이리하여 쑨원은 혁명 여론을 환기시키고, 각지 혁명 조직의 연대를 지시하였다. 1911년 10월 10일, 서구 열강 앞에서 꼼짝하지 못하는 청 왕조에 대해 환멸을 느낀 혁명파 군인들이 마침내 호북성의 성도省都인 우창武昌에서 무력 봉기하였다. 한 달이 못되어 12개 성省이 독립 정권을 수립함으로써 청 왕조는 종말을 눈앞에 두게 되었다. 이것이 신해혁명이다.

다음해 1월 1일, 혁명 자금을 마련하기 위해 유럽을 순방하던 쑨원은 귀국하여 임시 대통령으로 추대되었다. 이에 난징南京을 수도로 하는 중화민국이 성립되었다. 아시아 최초의 공화국이었다. 그러나 새 나라의 건설은 쉬운 일이 아니었다.

"혁명은 아직 끝나지 않았다."

이 말을 남기고 쑨원은 59세의 생애를 마감하였다. 1925년의 일이다. 그의 일생은 혁명으로 지샌 나날이었다.

신해혁명이 실패로 끝난 후에도 중국 근대화의 운동은 제1차 세계대전 중

포로로 잡힌 의화단원들. 이들은 거의 참혹한 방법으로 처형되었다. 한 백인이 오만한 태도로 기념 촬영하였다.

끈질기게 계속되었다. 우선 봉건적인 군벌 지배 아래서 서구의 사상을 배운 진보적인 지식인들 사이에 1915년경부터 계몽 운동이 펼쳐졌다. 차이위안페이蔡元培(1868~1940)가 교장인 베이징 대학은 새로운 학문의 중심지였고, 천두슈陳獨秀(1879~1942), 후스胡適(1892~1962) 등이 선두에 서서, 전제주의의 기초가 된 전통적인 유교 문화에 대해 호되게 비판하였다.

학계에서는 고대사 연구의 선구자로서, 은허殷墟 연구로 저명한 왕구오웨이王國維(1877~1927)와 그 뒤를 이은 구지에강顧吉剛이 뛰어난 업적을 남겼고, 또한 후스의《중국 철학사 대강》의 업적도 간과할 수 없는 일이었다.

문학면에서도 천두슈는 1915년에 잡지《신청년》을 창간하여 주재했고, 루쉰魯迅(1881~1936)의《아큐정전阿Q正傳》은 국민 문학 건설의 외침소리였다. 정신 혁명은 문학 혁명, 백화白話 운동으로 전개되었다. 백화 운동은 백화白話, 곧 구어문口語文의 일반적 사용을 권장하며, 시대의 감각과 사상에 입각하게 하려 하는 운동이다.

중국 신문학사에서 최대의 걸작으로 평가되는 《아큐정전》은 혁명 이전의 깨어나지 못한 한 농민의 생활을 묘사한 자연주의 문학의 대표작이다. 이 작품에 묘사된 농촌은 봉건적이어서 구태의연한 것이며, 농민은 무력자로서 자각하지 못하는 탐욕스러운 존재이다. 작가는 이 작품을 통해 봉건주의의 꿈에서 깨어난 내일의 중국에 희망을 걸고 있다.

오랜 꿈에서 깨어난 베이징 대학생들은 제1차 세계대전 이후 일본이 청에 대해 청구한 보상금과 21개조의 굴욕적인 강화 조약을 반대하여 궐기하였다. 1919년 5월 4일, 그들은 친일파 요인을 습격했고, 이를 계기로 전국 학생이 봉기하였다.

이것이 상인과 노동자의 파업으로 이어졌고, 민족 자본가의 지지를 얻어 중국 민족 전반에 걸친 국민운동으로 확대되었다. 이것이 이른바 5·4운동으로서, 이 운동을 계기로 중국의 근대화는 결정적으로 추진되기 시작하였다. 역사가들은 이 5·4운동 이후를 중국 근대의 확립기로 규정하고 있다.

남극점에 휘날리는 노르웨이 국기
아문센의 남극점 도달(1911년)

DIGEST 83 WORLD

20세기의 막이 오르면서 서구 열강은 제국주의 정치 체제 아래서 경쟁적으로 식민지 정책에 뛰어들었다. 그 반면 약소국은 약소국대로 자유에 눈뜨게 되어 독립 운동을 활발히 전개하였다. 아시아에서는 중국 외에 인도가 오랜 영국의 지배에서 벗어나기 위해 끈질긴 독립 운동을 벌이고 있었다.

그러나 서구에서는 여전히 식민지 확장 정책에 혈안이 되어 있었다. 신생 국가로서 남북전쟁을 치른 미국도 서쪽으로 진출하여 태평양 연안까지 영토를 확장했고, 태평양의 외딴 섬 하와이를 합병하였다. 19세기 말에는 필리핀을 차지하고, 20세기 초에는 중국에까지 군대를 보냈다.

독일은 프랑스와의 전쟁에 승리하여 대번에 강대국이 되었다. 독일은 오랜 동안 비스마르크가 수상으로 있으면서 국정을 쥐고 흔들었으나, 젊은 황제 빌헬름 2세(1859~1941)는 그것을 못마땅하게 생각하여 비스마르크를 수상직에서 해임하였다.

독일을 세계 일등 국가로 발전시키겠다는 꿈에 부푼 카이저(빌헬름)는 영국에 뒤지지 않는 대해군을 창설하기로 하였다. 그는 "독일의 미래는 바다에 있다"고 말하며 군함 건조에 진력한 결과 20세기 초에는 영국과 맞먹는 해군력을 가지게 되었다. 물론 산업 부문에도 눈부신 진보로 강철의 생산량은 독일이 영국의 3배나 앞섰다.

그러나 독일은 해외의 식민지 정책에서 영국과 프랑스보다 뒤떨어져 있었다. 자국 상품을 판매하자면 영국과 프랑스의 힘이 뻗어 있는 곳을 비집고 들어가야 하였다.

북아프리카의 모로코는 프랑스의 영향 아래 있었다. 빌헬름 황제는 직접 그곳으로 가서 아프리카인 왕과 손잡고 독일의 제품을 판매하려 하였다. 프랑스로서는 독일의 그와 같은 행동이 달가울 리 없었다. 프랑스는 영국과 손잡고 독일의 세력을 견제하기로 약속하였다.

세계는 열강들 사이에 성냥불만 그어대면 대폭발을 일으킬 위험한 형편에 놓여 있었다. 이 사태는 이익 추구를 위해서라면 수단을 가리지 않는 제국주의의 속성인 강대국 사이의 치열한 경쟁이 빚은 결과였다. 제국주의의 이와 같은 사태를 미리 지적한 학자가 있다. 영국 케임브리지 대학의 역사학 교수 실리(1834~1895)는 19세기 말에 근대사를 강의하면서 이렇게 말하였다.

"국가가 자국 민족의 한도를 넘어서 발전하게 될 때에는 그 힘은 불안정해지고 부자연해진다. 이것이 현재 대부분 제국들의 형태로서, 또한 우리 영국 자체의 형태이기도 하다."

이러한 제국주의 시대에 한민족을 비롯해 억압을 당하던 약소민족의 불행은 더 말할 나위도 없는 일이었고, 평화를 원하며 전쟁을 싫어하는 일반 사람들에게도 제국주의는 지긋지긋한 것이 아닐 수 없었다.

이와 같이 강대국들 사이에 식민지 경쟁이 치열하던 때에 다른 의미에서 치열한 경쟁이 벌어지고 있었다. 그것은 사람이 아직 발을 밟지 못한 남극 땅을 어느 나라의 누가 먼저 정복하느냐 하는 경쟁이었다. 이 경쟁은 영국과 노르웨이 사이에 벌어졌다.

1911년, 평균 두께가 1900m나 되는 남극의 얼음 위에서 국가의 명예를 건 경쟁이 전개된 것이다. '남극점 도달 제1번'을 두고 노르웨이의 아문센 탐험대와 영국의 스콧 탐험대가 다투었다. 이 두 탐험대는 거의 동시에 출발하였

(위)1912년 1월 17일 남극점에 영국기를 꽂은 스콧 탐험대. 그러나 아문센에 의해 한 달 전에 꽂혀진 노르웨이기를 붙잡고 선 스콧의 얼굴은 실망으로 일그러져 있다(오른쪽에서 두 번째). (왼쪽)스콧의 마지막 일기. '아무쪼록 우리 가족을 돌보아 주소서'라고 비장하게 끝맺고 있다.

다. 한 달의 차이로 아문센이 영예를 차지하였고, 경쟁자였던 스콧은 비극적인 최후를 맞게 되었다. 역사적인 사건과 영예 뒤에는 반드시 비극이 숨어 있게 마련이다.

1911년 1월 14일, 노르웨이의 아문센을 대장으로 하는 탐험대는 프람 호를 타고 얼음이 덮인 남극 입구 바다에 도착하였다. 그들은 남극점으로 향하는 루트를 찾았다. 가장 가까운 거리로 그곳에 도달하는 코스를 선택한 아문센 탐험대는 10월 24일에 개들이 끄는 4대의 썰매로 출발하였다.

한편 경쟁 팀인 스콧 탐험대는 11월 1일에 기지를 출발하여, 아문센 탐험대와는 다른 루트로 남극점을 향해 출발하였다.

아문센 탐험대는 52마리의 개를 끌고 갔다. 그들은 정해진 지점에서 개를 순번대로 잡아 그것을 먹으면서 극점을 향해 전진하였다. 12월이 되면서 거센 눈보라가 몰아쳤다. 아문센의 얼굴은 동상으로 부어올랐고, 피와 고름이 얼굴을 뒤덮었다. 그러나 지금까지 극지 탐험을 한 그는 좌절하지 않았다. 동행한 스키의 명수들도 아문센을 잘 따랐다.

12월 14일, 아문센 일행은 마침내 남극점에 도달하였다. 그는 남극점에 조국 노르웨이의 국기를 게양하고, 텐트 안에 노르웨이 국왕 앞에 드리는 편지를 남겼다. 만일 자기가 귀환하지 못하게 된다면 뒤에서 오는 스콧 탐험대가 그 편지를 가지고 귀환하게 되기를 바라는 마음에서였다.

아문센 탐험대는 총 2976km를 걸어서 다음해 1월 25일에 무사히 프람 호에 도착했던 것이다. 스콧 탐험대는 1월 17일, 바람에 나부끼는 노르웨이 국기를 보았다. 그때의 절망감을 스콧은 그의 일기장에 '오오, 하나님'이라고 적고 있다. 물론 이 일기장은 스콧 탐험대의 소식이 끊긴 지 9달이 지난 11월 12일, 수색대에 의해 발견된 것이다.

그들의 주검은 식량과 연료가 저장된 캠프로부터 불과 17km 떨어진 지점에서 발견되었다. 3월 29일경에 사망한 것으로 밝혀졌는데, 두 사람은 슬리핑백 속에서, 스콧은 그 옆에서 숨져 있었다. 부대장 에드거 에번스는 부상이 깊어 오래 대원들에게 부담만 주다가 죽었고, 육군 대위 오츠는 보이지 않았다. 그는 행군을 계속할 수 없게 되자 텐트에서 몰래 나와 강풍 속으로 사라졌던 것이다.

스콧 탐험대가 귀환에 실패한 것은 예상치 못한 강풍과 얼음판을 만나 하루 8,900m밖에 행군하지 못한 때문이었다. 그러다가 3월 21일 눈보라에 갇혀 9일 동안 영하 40도의 추위와 굶주림, 심한 동상에 시달리면서 최후까지 버티다가 마지막 순간 침착하게 죽음을 받아들인 것이다.

그들의 주검 옆에 현상이 가능한 필름과 스콧의 노트가 발견되었다. 거기에는 '읽고 나서 영국으로 가져가시오'라고 적혀 있었다.

사라예보에서 울린 총소리
제1차 세계대전 발발(1914년)

　발칸 반도에서 헝가리·보헤미아·폴란드에 이르는 동구 일대의 지역은 게르만과 슬라브 및 아시아계 민족의 접촉점으로서, 무척 복잡한 민족 구성을 이루고 있었다. 또한 19세기 이래로 독일·오스트리아·러시아 그리고 영국 등 열강의 진출 목표가 되어 왔었기 때문에 제국주의가 발전되면서 국가 관계의 불안정을 드러내고 있었다.

　투르크 제국의 쇠약으로 발단된 발칸 문제는 그 중심을 이루었으며, 거슬러 올라가면 1878년의 베를린 회의 이래로 러시아를 중심으로 하는 범슬라브주의 세력과 독일 및 오스트리아의 범게르만주의 세력은 발칸에서 격렬하게 충돌하여 '죽음의 십자가(데드 크로스)'를 그려내고 있었다. 이것이 제1차 세계대전의 도화선이 되었다.

　투르크에서는 청년 투르크당이 영국과 프랑스의 후원 아래 1908년에 혁명을 일으켜, 입헌 정치를 수립하여 지도권을 쥐고 민족주의와 근대화를 주장하였다. 이 혁명은 발칸의 정세에 큰 영향을 주었다.

　우선 투르크의 외교 정책에서는 지금까지의 친독일 정책이 대신 3국 협상으로 접근할 조짐을 보였고, 민족주의의 영향을 받아 오스트리아의 관리 아

세계를 전쟁의 불구덩이 속으로 밀어넣은 19세의 청년. 페르디난트 대공을 암살한 직후 체포당하는 가브리엘로 프린치프.

래 있는 보스니아·헤르체코비나 2주의 주민이 동요하기 시작하였다.

이에 대해 독일은 발칸에 강력한 영향력을 확보하기 위하여 1909년 오스트리아로 하여금 보스니아와 헤르체코비나의 병합을 선언하게 하였다. 이것은 범슬라브주의에 큰 타격이었다. 원래 2주의 주민은 슬라브족이 대다수를 차지하고 있었고, 따라서 세르비아는 일찍부터 대슬라브주의를 주창하여, 러시아의 세력을 배경으로 이 2개 주 및 알바니아 주를 합병하여 아드리아 해에 진출하려는 계획을 가지고 있었던 터였다.

오스트리아에 의한 2주 병합은 범슬라브 세력의 지중해 진출을 막고, 세르비아의 유고슬라비아(남슬라브) 통일의 꿈을 부서뜨렸다. 이 때문에 독일과 오스트리아의 연합세력과 러시아와 세르비아의 연합세력 사이에 심각한 대립이 시작되었다. 그해에 자치령 불가리아도 투르크로부터의 독립을 선언하였다.

한편 이탈리아는 1861년의 통일 이후 자본주의의 발전과 인구 증가에 떠

밀려 아프리카에 식민을 계획하고 있었다. 때마침 투르크 제국의 혁명이 터지게 되자 제2차 모로코 사건으로 독일과 프랑스를 중심으로 국제관계가 긴장된 기회를 이용하여, 1911년 갑자기 아프리카 북해안의 투르크 영토인 트리폴리를 점령하였다. 이 사건이 빌미가 되어 이탈리아·투르크 전쟁 (1911~1912)이 시작되었다. 투르크는 해전과 육상전 모두에서 패해, 1912년 로잔 평화 조약에서 트리폴리와 키레나이카(훗날의 이탈리아령 리비아)를 떼어줄 수밖에 없었다.

이 전쟁을 통해 혁신 투르크도 역시 약체라는 사실이 폭로되었고, 베를린 회의에서 열국이 합의한 투르크 영토 보전의 원칙이 휴지가 되었으며, 발칸 여러 나라들이 동맹하여 투르크 영토의 분할을 획책함에 따라 제1차 및 제2차 발칸 전쟁(1912~1913)이 시작되었다.

두 차례에 걸친 발칸 전쟁의 결과 투르크는 수도 콘스탄티노플 부근을 제외하고는 유럽의 영토 거의 대부분을 잃었다. 발칸 5개국은 각각 그 영토를 확대했고, 새로이 알바니아 국가가 창설되어 영세 중립국이 되었다.

이 전쟁에 의해 세르비아 대 오스트리아의 감정이 악화되었고, 이것이 세계대전의 발생 원인이 되었다.

20세기 초의 발칸 반도는 '화약고'라고 불려지고 있었다. 이곳의 영토 문제로 세르비아·오스트리아·불가리아·그리스·투르크 등이 서로 대립하고 있었기 때문이다. 이 '화약고'에 불을 댕겨 유럽 전국을 전쟁에 휘말려들게 한 것은 19세의 청년이 발사한 두 발의 총알이었다.

1914년 6월 28일, 오스트리아의 프란츠 페르디난트 황태자 부부는 보스니아의 수도 사라예보에서 열린 육군 대훈련을 열병하였다. 그 행사를 끝내고 황태자는 예정을 변경하여, 그날 오전에 있었던 폭탄 테러로 부상당한 수행원들을 방문하기로 되어 있었다.

그러나 운전수는 길을 잘못 들었다. 운전수가 방향을 바꾸려고 오픈 카를 정지시킨 순간 거리 모퉁이에 있던 사람이 권총으로 황태자 부부를 향해 두 발을 발사하였다. 대공비는 남편의 품에 쓰러졌다. 황태자는 목에 관통상을 입었다. 차 안은 순식간에 피로 물들었다. 그날은 기이하게도 황태자 부부의 열네 번째 결혼기념일이었다.

범인은 19세의 학생 가브리엘로 프린치프였다. 그는 비밀 결사 '결합이냐 죽음이냐'가 보낸 암살자 7명 중 한 명이었다. 이 비밀 결사는 세르비아인의 해방을 목표로 하고 있었다. 그들로서는 세르비아인을 지배하는 오스트리아의 황태자는 둘도 없는 공격 대상이었다. 이것이 비극의 '사라예보 사건'이다.

7월 23일 오후 6시, 오스트리아와 헝가리는 세르비아에 대해 최후통첩을 하였다. 황태자 살해 사건의 책임은 세르비아 정부에 있으니 정도에 따른 책임을 질 것, 세르비아 국내에서의 반오스트리아 시위운동을 즉시 중단할 것 등이었다.

세르비아 정부는 이 최후통첩을 거부하였다. 7월 28일, 오스트리아와 헝가리는 세르비아에 대해 선전 포고하였다. 이로써 제1차 세계대전의 막이 오르게 되었다. 러시아와 프랑스 및 영국은 세르비아를 지원했고, 독일은 오스트리아 편에 가담하였다.

당시 독일의 최대의 적은 러시아였기 때문에 러시아와 우호 정책을 펴고 있는 프랑스와 싸우게 되었다. 한편 프랑스도 이 전쟁을 지금까지 독일에게 당해온 굴욕을 설욕할 수 있는 좋은 기회라고 여겼다.

독일은 동쪽의 러시아와 서쪽의 프랑스 양쪽을 적으로 두고 싸워야 했기 때문에 하루빨리 결판을 내야 하였다. 빨리 프랑스를 공격하기 위해서는 벨기에의 영토를 통과하는 지름길을 택해야 하였다. 벨기에는 엄정 중립을 내세워 왔다. 그러나 독일군의 침략을 받게 되자 목숨을 걸고 나라를 지켰다.

독일 황제 빌헬름은 "낙엽이 질 무렵에는 승리하여 돌아오게 된다"고 하며 병사들을 격려하였다. 그러나 약소국 벨기에는 군용견까지 기관총 방아쇠를 당기며 결사적으로 항전하였다. 독일군은 사정거리가 14km인, 당시로서는 최신 무기인 거포를 쏘아댔다. 크루프 회사가 밤낮으로 제조한 이 거포는 200명이 동원해야 움직일 수 있는 어마어마하게 큰 대포였다. 이 대포로 벨기에 군의 진지를 침묵시킬 수 있었다.

그러나 1917년경이 되자 독일은 물자가 동났고, 그해 4월에 미국이 참전

독일군의 포로가 된 러시아군 병사들. 1차 대전 중인 1915년 독일령 폴란드 거리에서 독일군의 엄중한 감시 하에 휴식하고 있다.

하게 되면서 전국은 결정적인 전환을 가져왔다. 전투마다 밀리게 된 독일은 황제 빌헬름 2세의 네덜란드 망명을 계기로 1918년 11월 11일, 연합군 측에 항복하였다. 이로써 제1차 세계대전은 막을 내렸다.

인류는 이 5년간의 전쟁에서 1천만 명이 넘는 고귀한 생명을 잃었고, 그중 6백만 명이 민간인이었다. 2100만 명이 부상당했으며, 750만 명이 전쟁 포로로 잡히거나 실종되었다. 이처럼 엄청난 희생을 가져왔던 이 전쟁은 세계사에서 최초의 세계대전으로 기록되었다. 그러나 인류가 얻은 교훈이 무엇인지는 확신할 사람이 없었다. 한 세대가 채 흐르기도 전에 제2의 세계대전이 기다리고 있었다.

망치와 낫과 별
러시아 혁명(1917년)

제1차 세계대전이 길어지면서 어려움을 겪은 쪽은 독일보다도 러시아였다. 러시아 군대는 처음에 용감하게 싸웠으나 날이 가면서 물자가 모자랐다. 총도 부족했고, 군화도 제때에 공급되지 못하였다. 후방에서는 식량이 부족하여 굶주리는 사람이 날로 늘어났다.

황제 니콜라이 2세는 국내의 불만을 진정시키기 위해 제1차 세계대전 때 무려 1천 500만 명을 전선에 내보냈다. 이 때문에 러시아의 노동력은 급격히 저하되어, 전쟁이 장기화됨에 따라 국내의 불안은 고조되어 갔다. 각지에서 파업과 시위운동이 발생하고, 혁명의 기운은 날이 갈수록 피할 수 없는 상황으로 치닫고 있었다.

1917년 3월, 마침내 수도 페트로그라드에서 대규모 시위가 발생하였다. 9만 명이 넘는 노동자가 이 파업 데모에 참가하여 "빵을 달라"고 외쳤다. 이틀 후에는 시위가 시내 전체로 확산되었다. 이 시위대를 진압하기 위해 동원된 군대까지도 군중 편에 가담하였다.

"더 이상 이 시위를 누를 수는 없다."

황제 니콜라이 2세는 황제 자리에서 물러나기로 뜻을 굳혔다. 3월 15일,

러시아 혁명. 차르(황제)의 겨울궁전으로 몰려가는 성난 군중. 이로써 로마노프 왕조는 오랜 악정에 마침표를 찍었다. 1917년 11월 8일, 페테르스부르크.

303년 동안 이어지던 로마노프 왕조가 그 화려한 막을 내렸다. 정부는 총사직하고, 자본가를 중심으로 한 임시 정부가 수립되었다. 로마노프 왕조의 전제 정치를 타도한 이 사건을 가리켜 '3월 혁명'이라 일컫는다.

케렌스키를 수반으로 한 중산 계급을 토대로 세워진 임시 정부는 노동자와 대립하게 되었다. 그들은 부르주아가 중심이었기 때문에 독일에 대해 승리를 차지하여 이권을 찾을 때까지 계속해서 대전에 참전하기로 결정한 것이다. 이 때문에 러시아인의 생활은 더욱더 어려워졌다. 케렌스키 정부는 자유주의적인 개혁을 뜻대로 실시하지도 못했을 뿐 아니라 국민의 불만을 해소하는 데도 실패하였다.

이때 사회주의자로서 전쟁에 반대하여 스위스에 망명해 있던 레닌(1870~1924)이 독일에서 제공한 봉인 열차를 타고 귀국하였다. 그는 노동자와 병사의 대표 기관 소비에트(평의회)가 실권을 장악해야 한다고 생각하였다. 망명지 스위스로부터 4월에 귀국한 레닌은 볼셰비키(사회민주노동당의 다수파)

를 지도하였다.

그는 '4월 테제'에서 '평화와 빵과 토지'를 요구하는 운동을 밀어붙였다. 케렌스키는 이 볼셰비키를 탄압하였다. 이에 대해 볼셰비키는 '모든 권력을 소비에트로'라는 슬로건을 내걸고, 7월에 대대적인 운동을 전개하였다. 그러나 이는 곧 정부군에 의해 진압되었다.

마침 이때 케렌스키 내각을 타도하려는 제정파 장군 코르닐로프의 반란이 일어났다. 볼셰비키는 페트로그라드에서 이 반란의 진압에 크게 이바지하였다. 그 결과 민중의 지지는 점차 볼셰비키에게 모여지게 되었고, 소비에트 안에서도 그 세력이 확대되었다.

11월 7일, 볼셰비키는 다시금 무장 봉기를 하였다. 페트로그라드의 거리에 붉은 기가 휘날리고, 혁명은 성공을 거두었다. 케렌스키를 축출한 볼셰비키는 레닌을 수반으로 하는 소비에트 정권을 수립하였다. 이것을 러시아 달력에 따라서 '10월 혁명'이라 하기도 하고, 또 온 세계에서 현재 사용되고 있는 달력에 따라 '11월 혁명'이라 하기도 한다. 그리고 이 혁명과 '3월 혁명'을 합쳐 '러시아 혁명'이라 한다.

레닌은 혁명에 성공한 후 전체 러시아 소비에트 대회의 결의에 따라 인민위원회에 의한 정부를 조직하였다. 정부는 제국주의 전쟁을 부정하는 입장에서 전체 교전국을 상대로 즉시 무병합·무배상 강화를 주장하는 '평화에 관한 포고'를 제의하였다. 그러나 그 제의는 거부당하였다.

이에 소비에트 정부는 외무인민위원회 위원인 트로츠키(1877~1940)를 대표로 독일과의 단독 강화 교섭을 추진하였다. 그 결과 1918년 3월, 브레스트·리토프스크에서 불리한 조건으로 독일과 단독 강화를 체결하였다. 이 강화에서 소비에트 정부는 폴란드·핀란드·리투아니아·에스토니아·라트비아·우크라이나·베사라비아 등을 포기하였다.

강화 조약을 체결한 레닌은 이번에는 토지 개혁을 시행하여 농민에게 토지를 나누어 주었다. 이 조치는 러시아 귀족들을 성나게 하여 나라 안에서도 레닌의 정부를 전복하려는 세력이 생겨났고 평화를 구하던 러시아 사람들은 오히려 더 고통스러운 입장에 놓이게 되었다.

러시아의 차르(황제)는 혁명의 소용돌이 속에서 가족과 함께 소비에트 병사에 의해 살해당하였다. 러시아 혁명이 일어난 다음해인 1918년 독일에서도 혁명이 일어나 황제는 네덜란드로 망명했고, 이로써 제1차 대전은 끝나게 되었다.

이와 같은 정세 속에서 레닌은 고전하고 있었다. 반혁명파와 반볼셰비키파의 세력이 너무도 강하였다. 레닌이 약속한 1918년 1월에 헌법 제정 의회를 연다면, 농민의 지지를 얻는 사회혁명당이 제1당이 되고, 소비에트 정부가 제안하는 혁명 정책은 부결될 것이 분명하였다.

레닌은 비상수단을 썼다. 그는 병력을 동원하여 의회를 강제로 해산하고, 1918년 7월의 전체 러시아 소비에트 대회에서 소비에트 공화국 헌법을 결정하였다. 이로써 프롤레타리아 독재 체제가 확립되고, 공산당 이외의 정당은 무조건 금지되었다.

전체 러시아 소비에트 대회는 국가의 최고 기관이 되었고, 그 대행 기관으로서 중앙 집행위원회가 선출되었으며, 상설 행정 집행 기관으로서 전체 러시아 인민위원회(내각에 상당하는 기구)가 설치되었다. 또한 수도는 페트로그라드에서 모스크바로 옮겨졌다.

이어 우크라이나·백러시아·트란스코카시아·극동 등 기타 소비에트 공화국이 합류하여 1922년 12월, 소비에트 사회주의 공화국 연방USSR의 성립이 선언되었다. 이를 가리켜 통상 '소련(소비에트 연방)'이라 일컫는다.

러시아 혁명의 성공은 온 세계 무산 계층과 아시아의 피압박 민족에게 큰 희망과 공감을 주었다. 쑨원孫文도, 네루도, 그리고 나세르도 한때는 러시아 혁명에 공감하여 그와 같은 방법으로 국권을 다시 찾고 정책을 시행하려 하였다.

그러나 이와 같은 공산주의 정권은 시간이 갈수록 생산력 저하와 인간성 말살을 가져오게 되고, 1980년대에 접어들어 그 막을 내리게 된다.

영원한 평화를 위하여
국제연맹 성립(1920년)

제1차 세계대전이 끝나고 1919년 1월, 연합국 측 32개국 대표가 파리 강화 회의에 참석하여 회의를 열었다. 이 회의는 전승국 중에서도 미국 대통령 윌슨(재직 1913~1921), 영국 수상 로이드 조지, 프랑스 수상 클레망소 등 3개국 대표가 결정권을 쥐고 있었다.

윌슨은 회의의 중심인물이었고, 그가 제안한 14개 조는 국제연맹의 설립을 비롯하여 많은 강화 조약의 기본 원칙으로 채택되었다. 그러나 영국과 프랑스는 이번 대전에서 별로 희생하지 않은 미국의 제안은 겉으로만 동의하고, 속생각은 다른 데 있었다. 즉, 전쟁이 발발한 것은 전적으로 독일의 책임이라고 규정하여 독일로부터 많은 배상금을 받아내어 전쟁비용을 보충할 생각이었다.

시간이 흐르면서 윌슨의 공정하고 관대한 정신은 무시되고, 강화 조약은 독일에게 무척 가혹한 내용이 되었다. 독일은 회의에의 참석도 허용되지 않았고, 연합국 측의 결정 조건을 무조건 승인하여 1919년 6월 28일 베르사유 궁전에서 강화 조약에 조인해야 하였다.

독일이 배상해야 할 금액은 1,320억 마르크로 정해졌다. 이것은 독일인이

국제연맹의 제1회 총회. 1차 대전의 성과물로 출발한 국제평화기구였으나, 약체성을 면치 못해 2차 대전을 막기엔 역부족이었다.

꼬박 3년 동안 빵 한 조각 먹지 않고 일해야 겨우 모을 수 있는 금액이었다. 독일은 선진 기술을 총동원하여 제품을 만들고 그것을 세계시장에 내다 팔아 자기 주머니에는 한 푼도 넣지 못하고 전액을 다 배상금으로 바쳐야 하는 것이었다.

혁명을 일으킨 소련은 대전 중에 단독으로 강화 조약을 체결했기 때문에 강화 조약 회의에 참석할 수 없었다. 그 위에 30만 명에 이르는 외국 군대가 소련 정부를 타도하기 위해 군대를 진격시켰다. 그중에도 일본은 이권을 얻기 위해 마지막까지 시베리아에 남아 있었다.

한편 패전국 독일은 1919년 7월 31일, 국민 의회에서 찬성 262표, 반대 72표로 새 헌법을 채택하였다. 새 헌법은 국민 의회가 열린 지명을 따서 '바이마르 헌법'이라 한다. 이 헌법이 채택될 때까지는 많은 복잡한 사정이 있었다. 패전 후 어떤 국가 체제를 만드느냐 하는 것이 명확하지 않았기 때문이었다. 제정에서 공화제로 옮겨가기를 지향할 것인지, 아니면 사회주의 혁명에까지 이르게 될 것인지 아무도 알지 못하였다.

당시 독일의 상황은 혼란하기 그지없었고, 각지에서 병사의 반란과 파업이 잇따라 발생하고 있었다. 각 연방의 군주는 자리에서 물러나고, 황제는 네덜란드로 망명하였다. 사회주의 세력이 힘을 키워 독일 공산당의 창설자인 카를 리프크네히트와 로자 룩셈부르크가 사회주의 혁명을 내세워 봉기하였다. 이 봉기는 실패로 돌아갔고, 사회민주당이 내건 공화제 방향으로 진행됨으로써 혼란은 수습되었다.

새 헌법은 새 시대를 긋는 내용이었다. 국민 주권을 권력의 유일한 기초로 정하고, 의회제 민주주의를 채용했으며, 직접 민주주의적 요소를 해냈다. 또한 국회의원과 대통령은 직접 선거에서 선출하도록 정해져 있었다. 그리고 이 헌법에는 생산 수단에 대한 국가의 개입을 인정한 조항도 들어 있었다. 이것은 독일이 국가 개입형 자본주의를 지향하는 것을 의미하였다.

바이마르 헌법의 사회적 조항은 실질적 공평을 추구하는 운동의 안쪽 역할을 해냈다. 그뿐 아니라 사회주의적 사회화를 자본주의적 사회화로 바꾼다고 하는 역사적인 역할을 수행하였다. 19세기적 자유주의를 바탕으로 20세기적 사회국가의 입장을 취하고 있는 이 헌법은 소유권의 의무성을 인정하고 생존권을 보장하는 점에서 지금까지의 근대 헌법과는 선을 긋는 20세기 민주주의 헌법의 전형으로 평가받고 있다.

그러나 이와 같은 획기적인 새 헌법에도 약점은 있었다. '공공의 안전과 질서가 두드러지게 흐트러져 위험에 놓이게 되는 경우' 대통령에게 비상 대권을 부여한다고 하는 조항이다. 이것이 후에 히틀러에게 독재 정치의 근거를 주게 된 것이다.

패전국 독일이 이와 같은 길을 걷고 있을 때 전승국들을 중심으로 하여 미국 대통령 윌슨이 제기한 '국제연맹'의 창설이 연구 검토되고 있었다. 여기에는 독일의 철학자 칸트의 생각이 그 기구 설립의 이론적 기둥이 된 것으로 알려져 있다. 칸트는 그의 저서 《영원한 평화를 위하여》에서 이렇게 말하고 있다.

'영원한 평화를 위한 제1 확정 조항-각 국가의 공민적 체제는 공화적이어야만 한다.'

또한 참된 민주주의 국가에서는 국민이 전쟁을 승인하지 않는다면 전쟁을 수행할 수 없다는 것, 민중은 본래 전쟁을 아주 싫어한다는 점 등이 그의 글에 언급되어 있다. 그리고 국제적인 평화 사상과 그 실행에 즈음한 조건에 관해서도 언급하고 있다. 국제연맹의 원형은 여기서 찾아볼 수 있다.

칸트의 주장은 이미 18세기에 행해졌으나, 그 이론이 실제로 국제연맹이라는 조직으로 현실화되기까지는 20세기가 이르기까지 기다려야 하였다. 그리고 그동안에도 많은 전쟁을 치러야 했으며, 전제 군주들의 독재로 많은 사람들이 고통으로 시달려야 하였다.

1920년 1월 10일, 미국의 윌슨 대통령에 의해 제창된 국제연맹이 베르사유 조약 발효와 함께 성립되었다. 국제연맹 구상은 2년 전에 윌슨이 제창한 바 '평화를 위한 14개 조항' 속에 들어 있었다. 이것은 역사상 최초의 국제 평화 기구로서, 42개국이 가맹하였다. 그러나 이 조직은 다음과 같은 약점도 가지고 있었다.

그 하나는 회원 일치제를 채용한 점이다. 이것으로 연맹의 의사 결정이 어려워지게 되었다. 또한 설립 때에 주도적인 역할을 한 미국이 상원의 비준 거부로 연맹에 참가하지 못하게 된 점이 치명적이었다. 여기에 치명적인 것이 독일과 이탈리아 및 일본에 파시즘 체제가 나타나 연맹을 탈퇴한 사건이었다.

이와 같은 악조건에도 불구하고 연맹은 1920년대에는 국제 협력과 군비 축소 문제에서 어느 정도의 성과를 올렸다. 약 30건에 이르는 국제 분쟁의 대부분을 해결하고, 1934년에는 가맹국이 59개에 이르렀다.

그러나 30년대에 불어닥친 경제 대공황으로 국제 협력의 분위기는 갑자기 변하고 말았다. 영향력을 잃게 된 국제연맹은 다음의 세계대전을 막지 못하고, 마침내 1939년에 제2차 세계대전의 불길이 지구촌을 휩쓸게 되었다.

"로마로 진군하자!"
무솔리니의 이탈리아 수상 취임(1922년)

1918년, 제1차 세계대전이 끝나고, 다음해 6월 28일에 프랑스의 베르사유에서 강화 회의가 열려 독일은 조약에 조인하였다.

돌이켜보면 제1차 세계대전은 지난날의 전쟁과는 전혀 다른 모습을 보여주었다. 20세기에 들어서면서 인류의 과학과 기술은 더욱 진보하였다. 이 진보된 기술이 전쟁에 동원되면서 전쟁의 상태는 완전히 달라지게 된 것이다.

잠수함과 비행기가 처음 사용된 것은 이 전쟁에서였다. 미국의 라이트 형제가 하늘을 날고 싶다는 인간의 꿈을 이루게 한 비행기는 처음에 적의 진지를 정찰하는 데 사용되었다.

영국과 독일도 비행기를 보유하게 되면서, 처음에는 손수건을 흔들기도 하던 하늘의 병사들 사이에 기관총을 쏘아서 상대방을 쓰러뜨리려는 움직임도 나타났다.

잠수함도 마찬가지였다. 잠수함 때문에 중립국의 평화로운 기선까지 침몰하게 되었다. 이외에 독가스와 탱크도 새로운 무기로 등장하였다. 세계대전에서 희생이 된 것은 병사들뿐만이 아니었고, 많은 여자와 어린이들까지 포함되었다.

무솔리니의 로마 진군. 1919년 10월 28일 파시스트 4만 명을 이끌고 로마에 진입, 무혈로 정권인수에 성공하였다.

베르사유 조약의 내용은 패전국에게 너무나 가혹하였다. 독일은 식민지 전부를 잃게 되었고, 게다가 금화 1320억 마르크라는, 당시로서는 천문학적 숫자의 배상금을 지불해야만 하였다.

전승국의 경우도 모두가 베르사유 조약의 내용에 만족스러워했던 것은 아니었다. 그중에도 이탈리아는 가장 큰 불만을 품었다. 그럴 수밖에 없는 것이 전쟁 중에 600만 명의 군사를 동원하여 65만 명의 전사자를 내었는데도 결과는 '회복할 수 없는 이탈리아'가 되어, 패전국이나 다를 바 없는 처지에 놓이게 된 것이다.

베르사유 체제에 대한 불만은 전후 경제의 혼란과 겹쳐 이탈리아의 정국을 극도로 불안하게 만들었다. 이와 같은 상황에서 세력을 뻗게 된 것이 무솔리니(1883~1945)가 이끄는 파시스트당이었다.

베니토 무솔리니는 열렬한 사회주의자였던 대장장이 아버지와 초등학교 교사인 어머니 사이에서 태어났다. 그는 18세 때 왕립사범학교를 졸업하여 교원 자격을 취득, 중학교 교원이 되었다. 그러나 1년 만에 사직하고, 3년 동안 스위스 등지를 방랑하였다. 1904년에 귀국하여 신문기자로 활약하였다.

무솔리니는 웅변에 뛰어났고, 그 정열적인 연설에는 설득력이 있었다. 그것이 사회당 안에서 주목받는 존재가 되게 하였다. 1912년의 사회당 대회에서 당 집행위원으로 선출되었고, 29세라는 젊은 나이에 이례적으로 당 기관지《전진(아반티)》의 편집장으로 발탁되었다.

1914년, 제1차 세계대전이 터지자 그는 제2인터내셔널에서 한 각국 사회주의 정당이 동요하여 노선을 정하지 못할 때 참전론을 지지하였다. 이 때문에 그는 이탈리아 사회당에서 제명되었다. 그는 일간지 〈이탈리아 인민〉을 발간하여 참전론을 펴고 사회당을 공격하였다.

전쟁이 끝나자 그는 1919년 3월, 사회당에서의 탈락자와 군인 출신을 모아서 본격적인 파쇼 운동을 전개하였다. 파쇼란 말은 원래 '결속'을 의미하는 이탈리아 어로서, 그 어원은 고대 로마로 거슬러 올라간다.

무솔리니의 파시즘에는 양면성이 있었다. 노동자의 경영 참가와 8시간 노동 및 여성의 참정권 등 사회주의적인 표어를 내거는 한편, 반사회주의 노선에 선 것이다. 또한 의회 정치와 정당 정치를 부정하고, 강력한 국가주의를 주장하였다.

그는 전투 파쇼를 파시스트당이라 개칭하고, 1922년 10월, 전체 당원에게 '로마 진군'을 명령하였다. 이탈리아 국왕 비토리오 에마누엘레 3세(재위 1900~1946)도 보수당에 기울어져 있었기 때문에 '로마 진군'을 막으려 하는 정부를 묵살하고 무솔리니를 수상에 지명하였다. 이로써 파시스트당이 정권을 장악하게 되었다.

비록 정권은 장악했으나 의회에서는 소수파였기 때문에 무솔리니는 1923년, 전체 투표 총수의 4분의 1 이상의 표를 차지한 제1당이 의원 총 수의 3분의 2를 차지한다고 하는 기묘한 선거법 개악을 행하였다. 이것은 '프리미엄 선거법'이라고 하는 것으로 악명이 높다.

예정대로 다음해에 실시된 총선거에서 파시스트당이 제1당이 되어 의석의 3분의 2를 차지하였다. 이 선거의 결과 지금까지 34석밖에 차지하지 못했던 파시스트당이 전체의석 535석 중 대번에 375석을 차지하게 되었다. 무솔리니는 최대의 정치원 수가 된 사회당 서기장 마테오티를 암살하고, 1926년에는 일당 독재 체제를 완성하였다.

무솔리니에 의한 파시즘 체제에서 이탈리아에서는 자본가와 지주의 이익은 보호를 받았으나, 노동자와 농민 그리고 일반 민중의 생활수준은 유럽에서 가장 밑돌게 되었다. 무솔리니는 국민의 불만을 대외적인 모험으로 타개하기 위해 유고슬라비아로부터 피우메 시를 강탈하고(1924), 알바니아를 보호국으로 만들었으며(1927), 에티오피아 침략을 감행하고(1935), 스페인 내란에 개입하였다(1936~1939).

훗날 제2차 세계대전이 발발하자 무솔리니는 나치스 독일 편에 서서 참전했으나, 이탈리아군은 보급도, 사기도 한껏 저하되어 전투마다 패배를 거듭하였다. 무솔리니는 제2차 세계대전이 끝날 무렵 게릴라에 의해 체포되어 그의 정부情婦와 함께 총살당하였다. 그 시체는 밀라노 광장에 거꾸로 매달려 전시되었다.

'암흑의 목요일'과 '비극의 화요일'
세계 대공황(1929~1932년)

　세계는 평화와 민주주의의 방향으로 나아가고 있는 것처럼 보였다. 그러나 베르사유 조약에 따른 평화에는 여러 가지 문제점이 있었다. 1,320억 마르크를 배상해야 하는 독일에서는 전쟁의 패배로 온 나라가 지쳐 있었기 때문에 식생활을 해결하기에도 어려운 형편이었다. 그러나 전승국인 프랑스는 독일이 약속을 지키지 않는다고 해서 벨기에와 함께 서부 독일의 공업 지대인 루르를 점령하였다.

　애초에 배상금을 갚을 길이 없던 독일인은 분노하여 파업으로 저항하였다. 시간이 흐르면서 파업 때문에 물품이 품귀 현상을 빚게 되어 인플레이션이 극도로 심해졌다. 원래 자유롭게 상품을 만들고 매매하는 경제 사회에서는 통화가 알맞게 유통되면 안정을 유지하지만, 지폐를 많이 발행하게 되면 본래 돈의 가치가 떨어지고 물건 값이 오르게 된다. 이것이 인플레이션(줄여서 '인플레'라 함)이다.

　산업 혁명을 전후하여 아직 자본의 힘이 약했던 때에는 본래의 가치를 가지지 못한 지폐가 많이 발행되어 인플레를 일으키는 일이 있었다. 프랑스 혁명과 미국의 남북전쟁 때에도 나타난 현상이다.

그러나 제1차 대전 후의 독일의 경우는 사정이 약간 다르다. 전쟁에 패배한 나라의 경제가 완전히 파괴된데다가 전쟁 이래로 지폐를 많이 발행해 특별한 비용을 추렴해 내려는 정책이 진행되었기 때문에 인플레가 계속되었다.

인플레를 맞은 독일에서는 산업 현장이나 사무실에서 일하던 사람들이 월급을 받게 되면 한 달 동안 물가가 뛰기 때문에 일당으로 지급받게 되었다. 그들은 일당을 지급받으면 그 길로 시장에 가서 물건을 샀다. 하루가 다르게 물가가 폭등하기 때문이었다. 마침내 전쟁 전에는 1마르크로 살 수 있었던 물건이 1조 마르크를 주어야 살 수 있게 되었다. 독일 사람들 중에는 이 원인이 모두 베르사유 조약 때문이라고 생각하는 사람들이 나타났다.

세계대전 때 독일군의 병사였던 아돌프 히틀러(1889~1945)는 간판 그림을 그리는 것 이외에는 별다른 재주가 없었다. 그는 일감이 없어서 심한 어려움을 당하게 되었다. 실직자인 그는 베르사유의 평화를 파괴하고 권력을 쥐어 보겠다는 꿈을 꾸게 되었다.

독일의 극심한 경제난은 미국에서 돈을 빌려 주었기 때문에 가까스로 기지개를 켤 수 있게 되었다. 그러나 1929년에는 바로 미국이 큰 불경기를 맞게 되었다. 미국은 제1차 세계대전을 통해 돈을 가장 많이 벌어들인 나라였다. 전쟁이 끝난 후에도 전쟁으로 황폐해진 유럽에 많은 제품을 팔아 더욱더 부강해졌다.

모든 부문에서 세계 제일을 고집해 온 미국이었지만 제품을 지나치게 생산하여 재고가 잔뜩 쌓이게 되었다. 갑자기 불경기를 맞게 된 부르주아들은 고용인을 감원하였다. 이 때문에 실직자는 날이 갈수록 늘어났다. 물론 독일 등 외국에 빌려 주었던 돈을 대부분 회수했으나 불경기를 막을 수는 없었다. 따라서 도산하는 회사와 은행이 줄을 이었다.

"값이 얼마든 상관없다. 싼값에라도 팔기만 해 다오."

1929년 10월 24일 목요일, 금융가인 뉴욕 월가에 비통한 외침소리가 여기저기서 울려나왔다. '암흑의 목요일' 막이 오른 것이다. 오전 10시, 주식 시장이 개장되면서 주가는 일찍이 볼 수 없었던 속도로 폭락하기 시작하였다. 수십만 주가 헐값에 팔린 것이다. 오전 11시, 사태는 더욱 심각해졌다. 사람들은 필사적으로 소유한 주를 팔려고 버둥거렸다. 중매인은 카운터에 쇄도했고, 상장의 전화 수신기는 '하락, 하락, 하락'을 기록하였다. 막대한 양의 '매물'에 주가의 하락은 거듭되었다. 우량주의 대표격이었던 US철강과 GM까지도 매물이 쏟아져 나왔다.

그날 낮이 지나면서 은행계의 거두 5명이 회담한 결과 주가는 급속하게 안정을 되찾았다. 그리고 하루장이 마감될 때는 전날의 수준에까지 돌아간 것처럼 보였다. 이날의 매물은 1289만 4650주. 이것은 신기록이었다. 근원을 조사한 결과 이 혼란을 불어들인 정보가 전부 거짓이었다는 사실이 밝혀졌다. 그러나 이미 일은 벌어진 후였다.

그로부터 5일 후인 10월 29일, 주가는 다시 폭락하기 시작하였다. 30분 사이에 325만 주가 처분되었고, 그 손실은 20억 달러에 이르렀다. 파장이 될 때까지 5시간 사이에 주력 품종 50주의 평균가는 40달러나 하락했고, 처분된 주는 1650만 주에 이르렀다. 이날 하루 동안에 약 100억 달러가 휴지처럼 되고 만 것이다. 이 금액은 당시 미국에 유통되고 있던 화폐 총액의 실로 2배에 상당하는 액수였다.

이 일이 있은 10월 29일은 '비극의 화요일'이라 일컫게 되었다. 그 이후 4년 동안에 실업률은 전체 국민의 25%에 이르렀고, GNP는 30%나 내리막길을 달렸다. 이 영향은 곧 세계 각지에 번져 1930년대의 세계 경제에 큰 상처를 남겼다.

미국의 불경기가 계속되던 암울한 1933년, 뉴욕 주지사를 역임한 프랭클린 루스벨트(1882~1945)가 제32대 미국 대통령에 취임하였다. 그는 10만 명에 이르는 취임식 참석자와 라디오 앞에서 국민을 향해 이렇게 말하였다.

"우리가 두려워해야 할 것은 오직 공포심뿐이다."

지난해의 11월 이래로 학자를 중심으로 하는 젊은 참모진과 '뉴딜(새 정책)'이라는 경제 재건 계획을 수립해온 루스벨트는 심각한 경제 위기의 극복을 위해 일어선 것이다.

그는 우선 TVA(테네시강 유역 개발 공사)법에 서명하여, 이제까지보다 3분의 1밖에 되지 않는 헐값으로 전기를 공급했고, 강 유역의 농업을 일으켰다. 또한 긴급 은행법을 제정하여 통화에 안정을 가져 왔으며, 농업 조정법을 통해 농업을 안정시켰다.

이와 같은 모든 정책을 이론적으로 뒷받침한 것은 케인스의 경제학이었다. 케인스는 애덤 스미스 이래로 떠받들어지던 자유방임주의를 비판하고, 공공 투자와 정부에 의한 경기 진흥책의 중요성을 역설하였다. 루스벨트의 '뉴딜' 이후로 미국의 경제 사회는 케인스의 학설에 따라서 '수정 자본주의'를 향해 큰 발걸음을 옮기게 되었다.

독일과 나치스
히틀러의 독일총통 취임(1934년)

세계 공황 가운데 1930년대를 맞은 세계는 여러 방면에서 불안한 조짐을 보이기 시작하였다. 우선 중국의 5 · 4운동과 워싱턴 회의, 그리고 부전 조약 (켈로그 · 브리앙 조약) 등으로 한동안 중국 침략에 제동이 걸렸던 일본은, 경제 공황의 영향으로 경제 위기에 즈음하여 군부와 보수 세력의 입김이 강해지면서 다시 대륙 진출을 모색하게 되었다.

1931년, 일본은 미국을 비롯한 서구 열강이 공황 대책에 여념이 없는 틈을 타서 류타오거우柳條溝 사건을 일으켰다. 이 사건을 빌미로 만주 사변을 일으킨 일본은 만주를 점령한 다음 만주 제국이라는 괴뢰 정부를 세웠다.

뒤늦게 국제 사회가 이를 비난하자, 일본은 국제연맹을 탈퇴하고(1933) 군비 확장에 힘을 기울였다. 일본에 뒤이어 그해 10월에는 독일이 국제연맹을 탈퇴했고, 1937년에는 이탈리아도 탈퇴하여 세계는 다시 어수선해지게 되었다. 일본은 국제연맹 탈퇴 이후 군부의 힘이 더욱 강대해지고, 중국 침략도 더욱 대담해졌다. 1937년에는 루거우차오蘆構橋 사건을 꾸며 끝내 중일 전쟁을 일으켰다.

한편 베르사유 조약은 패전국 독일을 희생시켰다고 말할 정도로 독일에게

히틀러의 선거 포스터. 1932년 공화국 대통령선거에 입후보했을 때의 것이다. 힌덴부르크와 2차 투표까지 갔으나 대패하였다.

지나치게 가혹한 것이었다. 독일은 제1차 세계대전의 패배로 생산력이 전쟁 전에 비해 반으로 떨어진데다가, 천문학적 숫자의 막대한 배상금을 지불하느라 국민 생활은 급속하게 악화되었다.

국내에서는 좌파인 스파르타쿠스단의 반란과 공화정의 전복을 꾀하는 우파(군부와 황제 지지파)의 반란이 발생하는 등 사회적 불안과 정치적 혼란이 계속되었다. 이같이 한 치 앞을 내다볼 수 없는 혼란 가운데 베르사유 체제의 타파와 강력한 독일 건설을 슬로건으로 내걸고 나치당을 결성한 것이 히틀러였다.

아돌프 히틀러는 1889년 오스트리아 세관 관리의 아들로 태어났다. 13세 때 아버지를 여의고 18세 때 어머니마저 여읜 그는 화가를 지망하여 대학에 응시했으나 두 번 실패했고, 그 후는 건축장에서 날품팔이로 부랑자와도 같은 생활을 하였다. 제1차 세계대전이 발발하자 자진하여 육군에 자원 입대한 그는 서부 전선에서 두 번 부상을 입었고, 그 덕에 훈장을 받기도 하였다.

전쟁 후의 혼란 속에서 그는 독일노동당에 입당하였다. 민족주의와 반유대주의 및 사회주의를 표방하는 그 당의 방침에 찬성한 히틀러는 입당하면서 즉시 두각을 드러내어 이윽고 당의 지도자가 되었다. 다음해인 1920년에 히틀러는 당명을 '국가사회주의 독일노동자당(통칭 나치스)'으로 고치고, 동지 두 명과 합작한 전 25개 항의 나치당 강령을 발표하였다. 여기에는 노동하지 않고 소득을 올리는 일의 폐지, 사회화된 기업(트러스트)의 국유화, 토지 투기의 방지 등 사회주의적 정책을 표방함과 아울러 베르사유 조약 반대와 유대인 배척 등의 주장이 담겨 있었다.

1930년 이후 세계공황의 영향은 독일에도 미쳐서 1932년에는 실업자의 수가 무려 44.4%에 이르렀다. 정부에 대한 국민의 불신이 높아가는 가운데 나치당이 주장하는 베르사유 조약 폐기와 독일국민의 우수성 선전은 국민들의 폭넓은 지지를 얻게 되었다. 특히 농민과 중소기업층의 지지를 얻어 마침내 제1당으로 약진하게 되었다. 1932년 11월의 선거 결과 공산당의 세력이 늘어나게 되자 혁명을 두려워하는 자본가와 보수세력마저 나치당을 지지하기에 이르렀다.

1933년 1월, 대통령 힌덴부르크는 히틀러를 수상에 지명하고 내각 조직을 명하였다. 그때 나치스는 아직 의석의 과반수를 차지하지 못하고 있는 형편이었기 때문에 히틀러는 그 즉시 총선거를 실시하였다.

선거 기간 중에 국회의사당 방화 사건이 공산당의 짓으로 뒤집어씌워져 공산당 의원은 쫓겨났고, 새로운 의회에서 나치당은 의석의 과반수를 차지하였다. 이 국회에서 히틀러 내각에 전권을 위임한다는 전권 위원법을 통과시켜 나치당의 독재를 이룩하였다.

1934년 힌덴부르크 대통령이 사망하자 히틀러는 수상 겸 대통령이 되어 '총통'은 말 그대로 독재자가 되었다. 그해 히틀러는 지난날 자신의 은인이라 할 수 있는 룀을 숙청하여 돌격대SA 를 장악하고, 친위대SS 와 국가 비밀경찰(게슈타포)을 동원하여 반대파를 엄격하게 감시하고 억압하는 체제를 구축하였다.

5천만 명이 희생된 전쟁
제2차 세계대전(1939~1945년)

제2차 세계대전이 터진 원인은 아시아의 일본과 유럽의 독일이 세계정복을 꿈꾼 데서 찾을 수 있다. 청일 전쟁 이래 일본은 중국의 광대한 영토를 넘보며 기회만 노리고 있었다.

1931년 9월 18일, 일본 관동군은 류타오거우柳條溝에서 철도 폭파 사건을 일으키고는 그것이 중국 측의 자작극이라고 억지를 부리며 군사 침략을 하였다. 이것이 만주 사변이다. 일본은 중국 동북 지방을 점령하여 그곳에 만주 제국을 세웠다.

그 후 중국과 일본의 대립이 계속되는 중에 1937년 7월 7일, 이번에도 일본은 루거우차오蘆構橋 사건을 일으켜 중일 전쟁을 시작하였다. 루거우차오는 베이징 남서쪽 6km 지점에 있다. 일본군의 한 부대가 연습 중 휴식에 들어갔을 때 남쪽 제방으로부터 수십 발의 총소리가 울렸다. 시계는 오후 10시를 가리키고 있었다.

일본군의 부대장은 즉시 집합 명령을 내렸으나, 초년병 한 명이 보이지 않았다. 용변을 보던 초년병은 그로부터 20분 후에 귀대했지만, 일본군은 사태를 심각하게 끌고 갔다. 이 사건 처리에 직접 관계한 일본 대사관 참사관인 모리시마의 증언은 다음과 같다.

"후에 판명된 일이지만 문제의 병사는 생리적 요구 때문에 대열에서 떨어져 있었다. 그러나 부대에서는 즉시 중국인이 거주하는 성 안으로 들어가 수색하기를 요구했고, 중국 측 현장縣長이 이를 거부했기 때문에 마침내 중 · 일 양군의 발포 사건으로 불똥이 튀었다."

이 사건을 중국 측의 소행으로 몰아붙인 일본 대대장 잇기一木는 대대 주력을 현지로 보내, 오전 5시 30분 공격을 개시하였다. 이때는 베이징에서 전쟁 방지를 위한 양국의 교섭이 행해지고 있던 참이었다. 중국 측에서는 현지 해결의 희망을 포기하지 않고 교섭에 나섰다. 그러나 27일, 일본군은 화북 지방에서 총공격을 시작했고, 이로써 제2차 세계대전의 시초를 알리는 중 · 일간의 전면전이 시작되었다.

이 사건은 일본군의 침략 전쟁의 구실에 지나지 않았다. 이후 일본군은 중국을 무참히 짓밟았으며, 난징 대학살에서는 최소한 20만 명 이상의 중국인을 학살하였다. 일본군의 작전을 중국인은 '삼광三光 작전'이라 했는데, 이것은 '모조리 죽이고, 모조리 불태우고, 모조리 약탈하는 것'을 의미하는 말이다.

아시아에서 일본군에 의한 침략 행위가 자행되고 있을 때 유럽에서는 히틀러에 의해서 침략 행위가 이루어지고 있었다. 그는 1936년에는 비무장 지대인 라인란트에 군대를 진주시켰고, 이탈리아와 함께 프랑코를 지원하여 스페인 내전에 개입하였다. 이것을 빌미로 독일과 이탈리아는 추축樞軸 관계를 맺었고, 다음해에는 일본까지 가세하여 3국 방공防共 협정을 성립시켜 파시즘 진영의 연대連帶를 강화하였다.

나치 독일의 침략 계획은 착착 진행되어 우선 오스트리아를 병합하고 (1938. 3), 체코슬로바키아를 해체했으며(1939. 3), 이어 그 총부리를 폴란드로 돌렸다. 마침내 1939년 9월 1일, 독일의 대부대가 갑자기 폴란드에 침입함으로써 제2차 세계대전의 막이 오르게 되었다.

로마 교황 피우스 12세와 미국 대통령 루스벨트의 평화 호소도 쓸데없었다. 그날 오전 4시 45분, 폴란드의 단치히 항구에 정박하고 있던 독일 순양함

폴란드를 침공하는 독일 탱크 부대. 1939년 9월 30일, 125만 명의 대군이 폴란드 국경을 침범함으로써 2차 대전의 막이 올랐다.

슐레스비히 홀슈타인이 항구 요새를 향해 포문을 열었다. 이 선전 포고 없는 포격 개시와 동시에 독일 정예 부대가 폴란드 서부 국경을 넘었다. 장갑 사단, 기계화 부대, 돌격용 전차가 포함된 53개 사단과 고성능 폭격기는 전격적으로 폴란드를 공격해서 단숨에 그 방위 체제를 무너뜨렸다.

이 전격 작전은 단치히 반환 요구를 거부한 폴란드에 대한 보복이었다. 이에 대해 영국과 프랑스는 9월 3일 독일에 선전 포고를 하였다. 그러나 독일은 말 그대로 대나무를 쪼개듯이 진격하였다. 군국주의 일본도 이에 질세라 1941년 12월 8일(현지시간 7일), 미국의 진주만을 기습하여 태평양을 무대로 미국과의 전쟁에 돌입하였다.

독일의 패전 서곡은 1942년에 시작되었다. 그해 9월에 소련의 스탈린그라드를 공격한 독일군은 소련의 강력한 저항을 받았다. 시민 50만 명 중 4만 명이 사망했으나 소련군은 끈질기게 저항하였다. 쌍방 장병의 사망률은 무려 60%에 이르렀다. 다음해 1월 독일군 25만 명은 추위와 굶주림 가운데 소련군의 포위를 당하고, 2월 2일에는 소련군에게 항복하였다. 꽁꽁 얼어붙은 시베리아 대지 위에 10만여 명에 이르는 독일군의 시체가 남게 되었다.

1944년 6월 6일, 연합군에 의한 '사상 최대의 작전'이 펼쳐져 노르망디에 연합군이 상륙하였다. 그 병력은 육군이 15만 6천여 명, 비행기는 2만 5천 대 이상이었다. 히틀러는 베를린 함락 직전인 4월 30일에 권총으로 자살하고, 5월 7일 마침내 독일이 무조건 항복함으로써 유럽에서의 전쟁은 끝났다.

그 무렵부터 일본군도 계속해서 패배를 거듭하고 있었다. 그러다가 1945년 8월 6일 오전 8시 15분, 일본 히로시마 상공에 나타난 B-29 폭격기 '에놀라 게이'가 한 발의 원자폭탄을 투하하였다. 순식간에 수만 명이 죽고 시가지 6할이 파괴되었다. 그로부터 3일 후인 8월 9일 오전 1시, 두 번째 원자폭탄이 나가사키 교외 우라카미 상공에서 폭발하였다. 그리고 8월 15일, 일본 국왕은 무조건 항복을 선언하였다.

미래의 세대를 구하자
국제연합 성립(1945년)

세계의 자유 진영에서는 다시금 전반적인 평화 기구를 설립해야 한다는 노력이 제2차 세계대전이 진행되던 때부터 모색되고 있었다.

1941년 8월, 태평양 전쟁의 발발에 앞서서 미국과 영국 양 수뇌인 루스벨트와 처칠에 의해 발표된, 8개 항목의 '대서양 헌장'은 영구 평화 수립의 이상을 세계에 밝힌 점에서 1918년의 윌슨에 의한 14개 조항과 맞먹는 의의를 가진다.

이 '대서양 헌장'은 약 4개월 후의 미국 참전을 거쳐서 1942년 1월에는 미국·영국·소련·중국을 비롯한 26개국에 의해 발표된 '연합국 공동선언' 서문에서도 강조되고 계승되었다. 이어 1943년 10월에서 11월에 걸쳐 개최된 미국과 영국 및 소련 등 3국 외상 회의에서 국제연합 설립의 일반 원칙이 정해졌고, 대전 말기인 1944년 8월에서 10월에 걸쳐 미국 워싱턴 교외 덤버턴 오크스에서 국제연합 헌장의 기초를 중심 의제로 한 국제회의가 개최되었으며, 미국·영국·소련 및 중국의 이름으로 초안이 발표되었다.

그 후 1945년 2월에는 소련의 얄타에서 미국과 영국 및 소련의 수뇌가 모여서 지난번 초안을 일부 수정하였다. 그리고 독일에 대한 전쟁의 방향과 전후 처리에 관한 의제 등이 토의되었고, 독일이 항복한다면 3개월 이내에 소련도 일본에 선전 포고를 하기로 하였다.

같은 해 봄 미국 · 영국 · 소련 · 프랑스 · 중국 등 5개국 대표의 제안으로 세계 50개국 대표가 샌프란시스코에 모여 국제연합 헌장을 제정했고, 6월 26일에 국제연합(유엔)의 설립이 결정되었으며, 전쟁이 끝난 후인 그 해 10월 24일에 정식으로 발족되었다.

그에 앞서 그해 5월, 나치 독일은 무조건 항복을 하여 베를린 교외 포츠담에서 항복문서 조인이 이루어졌다. 7월이 되어 그곳에서 미국 · 영국 · 중국의 이름으로 일본에 대해 무조건 항복을 권고하는 문서가 채택되었다. 8월 9일에 소련은 약속대로 일본에 대해 선전 포고를 했고, 8월 15일에 일본은 포츠담 선언을 수용하여 무조건 항복을 함으로써 오랜 전쟁이 끝나게 된 것이다.

1945년 10월 24일, 국제연합 헌장의 비준국은 26개국이 되었다. 이것은 앞서 6월 26일에 조인한 국가의 과반수에 해당된다. 이로써 국제연합은 정식으로 성립하게 되었다. 1941년의 '대서양 헌장'에서 그 구상이 밝혀지고 나서 실로 4년 만의 일이었다.

국제연합의 임무는 '국제 평화 및 안전의 유지'이며, 경제적 및 사회적 국제 협력과 신탁 통치다. 이를 실행하기 위해 주요 조직으로 다음과 같은 기구를 두었다. 전체 가맹국에 의한 총회, 안전보장 이사회와 신탁통치 이사회 및 경제사회 이사회 등 3개 이사회, 그리고 국제사법 재판소와 사무국 등이다.

본부를 미국 뉴욕에 둔 국제연합은 제2차 세계대전을 막지 못하였다는 반성에서, 평화가 위협받거나 파괴되는 경우에는 강제 행동이 취해진다는 것과 총회의 결의는 종전의 전 회원 일치에서 다수결로 결정하는 방식을 택하였다. 국제연합은 조직의 결함을 보완하여 평화유지의 임무를 보다 강력하게 수행할 수 있도록 하려는 의도에서 그 조직과 권한에 큰 수정을 가하였다.

첫째, 국제연맹에서도 국제 분쟁을 조정하고, 침략국에 대해 경제제재를 가하는 규정이 있었으나, 이사회와 총회의 결의는 가맹국에 대해 권고만 할 뿐이고 강제력을 가지지 못했으며, 그와 같은 결의는 원칙적으로 전체 회원 국 일치를 필요로 하였다. 이에 국제연합에서는 안정보장 이사회가 총회 위 의 권한을 가지고, 그 결의는 가맹국에 대하여 강제적으로 협력하게 하는 힘 을 가지고 있다.

둘째, 안전보장 이사회에서는 미국·영국·소련·프랑스·중국 등 5개국 중 한 국가라도 찬성하지 않는 경우 그 결의는 성립되지 않는다. 이를 '강대 국 일치의 원칙'이라 한다.

셋째, 제1차 대전 후 이룩된 국제연맹은 미국과 소련(1934년 가맹) 등 강대 국의 불참으로 실행력이 반감되었으나, 국제연합은 미국과 소련을 비롯한 많은 국가의 가맹에 의해 훨씬 강화되었다.

두려운 전쟁의 공포에 질린 세계 사람들 사이에는 20세기 문명의 성격에 대한 검토와 반성이 행해지게 되었고, 서로 우애와 이해 및 협력이 가장 필 요하다는 소견 아래 문화의 모든 면에서도 진지하게 평화 달성을 모색하기 위한 국제적 운동이 펼쳐졌다. 국제연합 중 전문기관으로 설치된 유네스코 의 운동은 그중 가장 조직적인 것이다.

그밖에도 국제통화 금융회의, 세계연방 정부운동(1947년 8월, 제1회 회의), 세계종교회의(1948년 8~9월), 세계 인권 선언(1948년 12월, 국제연합 제3회 총회 에서 채택), 평화옹호 세계대회(1949년 4월, 제1회 대회) 등이 활발히 진행되었 다. 그뿐 아니라 문학가와 지식인에 의한 국제회의가 각각 그 입장에서 세계 평화의 문제를 진지하게 다루고 있다.

또한 '세계 노동자의 국제적 단결'과 '파시즘에 대항한 민주주의 옹호'를 목표로 하여 1945년 10월 파리에서 미국·영국·소련 등 세계 56개국 7천 만 명의 노동자들이 세계노동조합연맹WFTU 을 결성하였다.

이와 같은 국제적 활동과 아울러 주목되는 사건은 뉘른베르크 및 도쿄에 서 연합국에 의해 행해진 나치 독일과 일본의 전쟁 도발자 및 군국주의적 침 략자를 재판하는 국제 군사 재판으로, 이것에 의해 침략자의 평화와 인류에 대한 범죄가 비로소 국제법적으로 다루어지게 되었다. 이는 역사적인 의미를 가지는 일로서, 평화를 위한 국제 협력의 일환인 것이다.

'대장정'과 오성홍기五星紅旗
중화인민공화국 수립(1949년)

제2차 세계대전은 미국 병사와 소련 병사가 독일의 엘베강에서 서로 악수하면서 막을 내렸다. 아시아에서도 중국 대륙을 침략한 일본군을 쫓아내기 위해 국민당 군과 공산당 군이 서로 손을 잡고 종전을 맞았다. 그러나 전쟁이 끝나면서 세계는 동서 양 진영을 가르는 '철의 커튼'이 쳐졌다. 영국의 수상 처칠은 1946년에 다음과 같이 말하였다.

"유럽에는 이제 철의 커튼이 쳐지고 있다. 커튼 뒤쪽은 모스크바에 순종하고 있다."

철의 커튼이 쳐져서 동서 양 진영으로 나뉜 것은 유럽만이 아니었다. 한반도와 인도차이나는 남북으로 갈라지게 되었고, 중국 대륙도 다시 국민당 군과 공산당 군이 서로 싸우는 내전 상태에 들어가게 되었다.

1946년 7월, 장제스蔣介石의 국민당 군에 의한 공산당 공격이 개시되었다. 전면적인 내전이 시작된 것이다. 처음 1년 동안은 미군의 최신 장비로 무장한 국민당 군이 압도적으로 우세하였다. 총 병력은 430만 명이었다. 이에 대항하는 공산당 군은 120만 명, 그 장비도 일본군에게서 빼앗은 구식이 대부분이었다. 1947년 3월에는 공산당의 본거지 옌안延安도 국민당 군의 공격을

마침내 승기를 잡은 공산군이 1949년 1월 21일 베이징에 입성하였다. 사진은 공산군이 포획한 일본군의 탱크부대를 사열하는 마오쩌둥.

받게 되었다.

그러나 국민당 군은 지난날의 일본군과 같이 도시와 도로 등 점과 선을 장악한 데 지나지 않았다. 장제스 정부는 오랫동안 국민에게 고통을 주었기 때문에 인기가 없었다. 미국의 원조금은 어느새 정부 관리들의 호주머니에 들어갔다.

마오쩌둥毛澤東(1893~1976)이 거느리는 공산당 군은 30년대부터 '민중의 소유물은 바늘 하나도 가져서는 안 된다'는 이른바 '3대 규율, 8항 주의' 정신 교육을 받아 도의적으로 우수한 군대를 육성하였다.

1934년, 홍군 근거지에 대한 국민당 군의 포위 공격 때문에 이른바 '대장정大長征'을 한 쓰라린 경험도 있었다. 공산당 군은 각지의 해방구에서 착실하게 토지개혁을 진행시켜 농민의 절대적인 지지를 얻고 있었다.

이에 반해 국민당은 일당 독재를 강화하였다. 더구나 장씨蔣氏 일가를 중심으로 송宋·공孔·진陳씨 등이 굳게 결탁하여 이른바 4대 가족에 의한 관료 자본을 형성하였다. 4대 가족은 금융을 독점하고, 군사비를 조달하기 위해 마구 지폐를 발행하였다.

장제스 정부를 아무리 원조해도 헛일이라는 것을 깨달은 미국이 중국에서 손을 떼자 이내 공산당이 중국 전체를 지배하게 되었다. 1949년 10월 1일, 마오쩌둥은 베이징의 천안문 광장에 모인 많은 군중 앞에서 중화인민공화국의 성립을 큰 소리로 선언하였다.

이에 앞서 1948년에 들어서면서 국민당 군과 공산당 군의 세력은 역전되었다. 10월에서 11월에 걸쳐 중국 동북 지방은 인민해방군이 점령하게 되었고, 연말까지는 화중華中의 평원 일대도 인민해방군이 지배하게 되었다. 그리고 해가 바뀐 1949년 1월, 인민해방군은 톈진天津과 베이징에 입성한 것이다.

1949년 4월, 인민해방군은 총 공세를 개시하여 장강을 건너서 국민정부의 수도 난징南京을 공략하였다. 5월 말에는 상하이를 점령하고, 계속해서 남하하여 연말까지 대륙의 거의 전부를 점령하였다. 이리하여 그해 10월 1일 중화인민공화국의 성립을 선언하기에 이른 것이다.

건국 선언에 앞서 9월 하순에는 공산당과 8당파의 대표들이 모여 중국인민 정치협상 회의가 열렸다. 회의에서 "중화인민공화국은 신민주주의, 곧 인민민주주의의 국가이며, 노동자 계급을 지도자로 하고, 노농勞農동맹을 기초로 한다"고 규정하였다. 또한 베이징을 수도로 정하고, 오성홍기五星紅旗를 국기로 결정하였다.

이 회의에서 주요 각료들도 결정되었다. 국가 주석에 마오쩌둥, 부주석에 주더朱德, 류사오치劉少奇, 쑹칭링宋慶齡(쑨원 미망인) 등을 선출했고, 정무원 총리(국무총리)에는 저우언라이周恩來를 임명하였다.

한편 장제스는 국민 정부의 기구와 50만 군대를 거느리고 대만으로 피신하였다. 1971년 이후 국민 정부는 유엔에서 중국 대표권을 빼앗기고 대만 정부로 남게 되었다.

중화인민공화국은 한국전쟁 때 북한을 편들어 100만 대군을 파견했었다. 한국은 제2차 세계대전이 끝나면서 북위 38도선 이북에는 소련군이, 이남에는 미군이 주둔함으로써 분단의 길목에 접어들게 되었다. 남북한의 대립은 1950년 6월 25일, 한국전쟁으로 폭발하였다. 북한의 남침에 대해 유엔은 미군을 주축으로 해서 많은 군대를 파견하여 남한을 도왔다. 이에 대해 북한은 새로 건국한 중화인민공화국의 참전으로 치열한 전쟁을 치렀다.

남북 대결로 한국에는 난민과 이산가족 등 수많은 실향민이 생기게 되었다. 전쟁이 한창 치열하던 1951년, 소련의 제안에 따라 양측은 판문점에서 휴전 회담을 열었다. 1953년 7월 27일, 일단 양측의 전투가 끝나 휴전에 들어갔다.

그러나 말 그대로 '휴전'일 뿐 대립이 끝난 것은 아니었다. 휴전선 155마일을 경계로 하여 남북한은 여전히 대치 상태를 계속하고 있다. 1980년대 이후 세계는 동서 양 진영 사이에 화해 무드가 조성되었고, 그 결과 분단되었던 독일의 통일과 구소련의 붕괴가 있었지만, 한반도는 분단국가로서 오늘까지 대치하고 있는 것이다.

시오니즘과 팔레스타인
피해가 컸던 제3차 중동 전쟁(1967년)

서기 70년 이래로 조국을 잃게 된 유대 민족은 이스라엘 옛 고국에 국가를 세우는 것을 소원해 왔다. 19세기 말부터 시오니즘(이스라엘 회복운동)을 활발하게 펼쳐 온 유대인은 제1차 대전 중 영국 외상 밸포어가 유대인의 전쟁 협력을 구하기 위해 발표한 '밸포어 선언'에 희망을 가지고 더욱 활발하게 건국 운동을 전개하였다.

제1차 대전이 끝나면서 영국의 위임 통치가 된 팔레스타인에 유대인이 모여들기 시작하였다. 그러나 팔레스타인은 7세기 이래로 아랍인의 거주지가 되었고, 예루살렘을 두고 유대인과 아랍인 사이에 쟁탈전이 벌어지고 있었다. 그런 상황에서 제2차 대전 동안 나치스의 유대인 박해는 더욱 많은 유대인을 팔레스타인으로 집결하게 하였다.

제2차 대전 후 팔레스타인에서의 아랍인과 유대인의 대립이 더욱 심화되었기 때문에 영국은 이 문제를 유엔에 넘겼다. 중동으로의 진출을 서두르고 있던 미국은 팔레스타인 분할안을 제출했고, 유엔 총회는 1947년에 이를 가결하였다. 이 안은 팔레스타인을 아랍국(72만 5천 명의 아랍인과 1만 명의 유대인이 거주)과 유대국(49만 8천 명의 유대인과 4만 9천 명의 아랍인이 거주)으로 분할하고, 예루살렘은 국제 관리 아래 둔다는 내용이었다. 유대인 측은 이 안을 수락했으나 아랍 측은 거부하였다.

1948년 위임 통치 기간이 끝나 영국군이 철수하자 유대인은 이스라엘 공화국의 건국을 선포하였다. 이를 인정하지 않는 아랍 측 국가들, 즉 이집트 · 요르단 · 이라크 · 레바논 · 시리아 등 5개국은 공동으로 이스라엘을 공격하였다. 팔레스타인 전쟁 또는 제1차 중동 전쟁으로 불리는 이 전쟁은 미국의 무기 원조를 받은 이스라엘의 승리로 끝났다.

이 전쟁의 승리로 영토를 넓히게 된 이스라엘은 아랍인의 도시와 마을 388곳을 약탈하였다. 이 약탈로 100만 명에 이르는 팔레스타인 아랍인이 1300년 동안 살아오던 고향에서 쫓겨나, 난민으로서 주변 아랍 여러 나라에 흩어져 살 수밖에 없는 형편이 되었다.

이 전쟁에서 패한 아랍 여러 민족 사이에도 뒤탈이 생겼다. 전쟁의 패인이 아랍 여러 나라를 지배하는 봉건적 체제 때문이라고 보고, 이를 타도하여 근대 국가를 수립하려는 운동이 일어났다. 특히 이집트의 경우는 1936년 이래의 영국과 이집트의 조약에 따른 영국군의 수에즈 운하 지대 주둔에 반대하는 분위기가 압도적이었다. 1952년 청년 장교가 지도하는 군사 쿠데타가 발생하여(이집트 혁명) 영국군을 수에즈 운하에서 철수시키고, 1956년 나세르가 대통령에 취임하였다.

나세르는 대통령에 취임하자 수에즈 운하 국유화를 선언하였다. 이에 대해 수에즈 운하의 경영권을 소유한 영국과 프랑스 및 이스라엘은 즉시 군사를 보내 공격하였다. 이것이 제2차 중동 전쟁이다. 그러나 국제 여론이 이집트 편으로 기울자 곧 휴전이 성립되고, 이로써 이집트에 의한 수에즈 운하 국유화는 이루어졌다.

그 후도 이스라엘은 미국과 유럽 여러 나라의 원조를 받아 빠르게 국가 건설을 추진하다가, 1967년에는 아랍 연합과 요르단 등에 선제공격을 하였다. 이스라엘은 불과 6일 동안에 시나이 반도와 요르단강 서쪽에 위치한 가자 지구 등을 점령하여 지난날의 국토에 비해 두 배가 넘는 영토를 차지하게 되었다. 이 전쟁은 중동에서 벌어진 아랍 제국과 이스라엘 사이의 세 번째 전

6일 전쟁에서 이스라엘군 차량이 아랍군 포로 수송 차량 옆을 스쳐 지나가고 있다.

쟁이었기 때문에 제3차 중동 전쟁이라 일컫는다.

이 제3차 중동 전쟁으로 팔레스타인의 난민은 150만 명에 이르렀다. 이에 대해 유엔 안전보장 이사회는 이스라엘에 대해 모든 점령지로부터 철수하도록 결의했으나 이스라엘은 그 결의를 거부하였다.

한편 팔레스타인의 민족적 자결을 요구하는 팔레스타인 해방기구PLO 가 1963년에 결성되어 이스라엘에 대해 치열한 게릴라전을 펴기에 이르렀다.

1973년, 아랍 측은 시리아와 함께 이스라엘에 대해 지금까지 볼 수 없었던 격전을 치러 이스라엘이 1967년 이래로 점령하고 있던 수에즈 운하 지대를 탈환하였다. 이것이 제4차 중동 전쟁이다. 아랍 여러 나라들은 원군을 파병하는 동시에 아랍 석유수출국기구OAPEC 총회를 열어 석유의 무기화를 선언하였다. 이스라엘을 지지하는 미국·영국·서독 등에 대해 석유 수출을 금지하고, 기타 국가에도 수출을 삭감하는 석유 전략을 채용하였다. 그 때문에 세계는 심각한 석유 위기에 빠지게 되었으나, 곧 미국과 소련 양국의 조성에 의해 정전이 실현되었다.

이 사태를 계기로 유엔은 개발 도상 국가의 입장도 고려한 새 국제 경제 질서의 확립에 관한 선언을 채택하였다. 그리고 팔레스타인의 민족 자결권을 승인함과 동시에 PLO를 팔레스타인인의 유일하고 정당한 대표로 인정하는 결의안을 채택하였다.

한편 이스라엘은 아랍 여러 나라들의 대립을 틈타서 1976년에 레바논 내전에 개입하여 PLO에 큰 타격을 주었다. 그 사이 나세르의 뒤를 이은 이집트의 사다트 대통령은 수에즈 운하를 재개함과 동시에 대결노선을 폐기하고 이스라엘과 대화하는 정책을 택하였다. 1979년에 이스라엘 국가의 존재를 인정하고, 이스라엘군의 시나이 반도로부터의 철수 등을 포함한 평화 조약을 미국의 중개 아래 조인하였다.

그 후에도 분쟁은 계속되어 1982년에는 제5차 중동 전쟁이라고도 일컫는 레바논 전쟁이 터졌다. 이 전쟁에서 이스라엘은 레바논이 팔레스타인 게릴라의 기지가 되어 있다고 해서 레바논을 침공하였다. 그 때문에 PLO는 베이루트로부터 철수할 수밖에 없었다.

냉전 종결이라는 국제 정세의 큰 전환기를 맞아 국제 여론은 중동 평화에 크게 관심을 가지게 되었고, 그 결과 1991년에는 마드리드에서 중동 평화 회의가 열렸다. 이 회의의 초점은 제3차 중동 전쟁에 즈음하여 유엔이 내놓은 정전 결의안인 '유엔 안보리 결의 242호'를 다루는 일이었다. 이 결의의 뼈대는 첫째로 이스라엘은 점령지로부터 철수할 것, 둘째로 교전 상태를 중단할 것, 셋째로 이스라엘의 생존권을 승인할 것 등 세 가지였다.

이스라엘은 이 결의안을 거부했을 뿐 아니라 최대의 점령지인 요르단강 서쪽 지역에 유대인 정착촌을 건설하여, 점령지를 이스라엘 영토로 기정사실화하는 정책을 폈다.

중동 평화 회담을 계기로 이스라엘에도 변화의 조짐이 보여, 1992년에 성립한 노동당 정권은 점령지에의 새로운 정착촌 건립을 자제하였다. '중동의 백년전쟁'으로 일컫고 있는 팔레스타인에서의 평화 정착은 많은 어려움을 안고 있으면서 이스라엘과 PLO 사이에 평화협정이 이루어지기도 하였다.

우주시대의 막이 열리다
아폴로 11호의 달 착륙(1969년)

"휴스턴, 여기는 고요의 바다. 독수리는 착륙하였다."

1969년 7월 16일, 아폴로 11호의 달 착륙선 '독수리(이글)'가 달의 '고요의 바다'에 착륙했을 때 닐 암스트롱 선장은 휴스턴의 비행 관제 센터에 이렇게 보고하였다. 마침내 인류가 지구 이외의 천체에 처음으로 발을 밟게 된 것이다.

돌이켜 보면 그것은 짧지 않은 세월이었다. 소련의 가가린이 인류 최초로 우주 비행에 성공한 지 1개월 후인 1961년 5월, 미국의 케네디 대통령은 "1960년대가 끝나기 전에 달에 인간을 착륙시켰다가 무사히 지구에 귀환하게 하겠습니다. 미국은 이 목적을 달성하기 위해 준비를 시작해야 합니다"하고 의회에서 연설한 바 있었다.

그 당시 인공위성, 달 탐측기, 유인 위성선 등 모든 분야에서 소련에게 선수를 빼앗긴 미국으로서는, 세계 제일이라는 자부심에서라도 인간의 달 착륙만은 결코 소련에게 빼앗길 수 없다고 생각하였다. 케네디 대통령의 연설은 이를테면 그 도전장이었다고 말할 수 있다.

그 전해인 1960년, 미국 우주항공국NASA은 인간의 달 여행 계획을 아폴

인류의 오랜 꿈을 이룬 아폴로 11호의 달 착륙. 달 위를 걷는 암스트롱의 앞쪽에 달 착륙선 독수리호가 보인다. 1969년 7월 21일.

로 계획'이라 이름지었다. 아폴로는 그리스 신화에 나오는 빛의 신의 이름으로, 달의 여신 아르테미스와는 쌍둥이였기 때문에 달 여행 계획에 그 이름이 채용된 것이다.

나사NASA는 1962년, 아폴로 계획을 나룻배 방식으로 행하기로 결정하였다. 이 방식은 우선 우주선을 새턴 로켓으로 달을 돌고 있는 손자위성 궤도에 쏘아 올린 후, 거기에서 우주선에 준비된 나룻배를 사용하여 달을 왕복하는 것이다. 아폴로 우주선에는 3명이 승선하고, 그중 2명이 달에 착륙하기로 하였다. 이 계획을 위해 발사용 로켓인 새턴 5형 로켓의 개발이 시작되었고, 그 외에도 치밀한 준비가 진행되었다.

1인이 승선하는 위성선 머큐리 계획이 끝나자, 2인승인 제미니 계획이 시작되었고, 랑데부와 도킹 그리고 우주 헤엄 등의 반복된 훈련이 시행되었다. 랑데부와 도킹은 달의 나룻배에 뺄 수 없는 필요한 기술이었다.

무인 탐측기에 의한 달의 조사도 시작되었다. 달에 접근하여 명중하기 직전까지 클로즈업 사진을 촬영하는 레인저 계획 실행 후에 5개의 루나 오비터(달을 도는 탐사기) 탐측기를 달의 손자위성으로 하고, 5개의 서베이어 탐측기를 달에 착륙시켰다.

루나 오비터는 달을 돌면서 사진을 촬영, 달의 지도를 작성해 아폴로의 착륙 지점을 찾는 역할을 하였다. 서베이어는 달의 표면을 탐색하는 동시에 그 자체가 달 착륙 로켓의 연습이기도 하였다.

이와 같은 준비 후에 인간이 아폴로 우주선에 승선한 것은 케네디 대통령의 공약 기한이 다 된 1968년 10월이었다. 이때의 아폴로 7호는 우주를 돌기만 했을 뿐이었지만, 그 후의 미국 우주과학은 놀랄 만한 성장을 거듭하게 되었다. 1968년 12월, 미국은 아폴로 8호를 단숨에 달까지 왕복비행하게 하였다. 보먼 · 라베르 · 앤더스 등 3명은 달에 착륙하지는 못했지만, 380,000km 거리를 두고 달을 열 번 돈 후 지구로 귀환한 것이다. 이때 미국은 비로소 소련을 따라잡을 수 있었다.

아폴로 8호가 달을 돌고 지상 귀환에 성공한 후 미국은 이어 8호에는 싣지 않았던 달 착륙선을 테스트하였다. 이 아폴로 9호는 지구를 돌며 달 착륙선이 모선에서 떨어져 단독 비행을 하였다. 그리고 10호에서는 달까지 날아가서 모선에서 떨어진 달 착륙선이 달 표면 15km 지점까지 접근하였다. 그 뒤를 이은 아폴로 11호의 달 착륙선이 드디어 달 착륙에 성공한 것이다. 아폴로 11호가 달에 착륙하고 나서 6시간 가량 지난 후 암스트롱은 달 착륙선의 사다리를 타고 내려가 달 표면에 우뚝 섰다.

"한 인간에게 있어서 이것은 작은 한 걸음이지만, 인류에게 있어서는 큰 비약이다."

암스트롱은 달 표면에 서는 순간 이렇게 말하였다. 뒤이어 올드린도 달 표면으로 내려갔다. 두 사람은 지진계 등 관측기를 설치하고, 달의 돌과 모래 등을 채취하기도 하였다. 달 표면은 가루와 같은 잔 모래로 덮여 있었다. 그것은 전혀 예상하지 못했던 일이었다. 두 사람이 걷는 모습은 마치 천천히 춤을 추는 것과 같았다. 중력이 작기 때문에 떠오른 몸뚱이가 쉽게 달 표면에 내려오지 않기 때문이었다.

2시간 남짓 활동을 끝내고 두 사람은 달 착륙선 안으로 돌아와 휴식을 취한 후에, 상승 로켓을 쏘아서 달 표면을 떠나 달을 돌고 있는 모선과 도킹하였다. 모선에 승선한 그들은 달 착륙선을 버리고 지구를 향해 귀환길에 올랐다.

미국은 그 후에도 아폴로 계획을 추진하여 17호까지 6회에 걸쳐 달 착륙에 성공했고, 12명의 우주 비행사가 달 표면을 걸었다. 그중 13호만은 우주선의 주로켓이 고장을 일으켜 달 착륙을 단념하고 되돌아왔다.

15호 때부터는 달 표면용 자동차를 싣고 가서, 그 차로 운전하며 달의 풍경을 텔레비전으로 비춰 주었다. 각종 관측 장치가 달에 설치되었고, 합계 400kg에 이르는 달의 돌과 모래가 지구에 운반되었다.

이 아폴로 계획이 진행되던 때 미국은 베트남 전쟁의 수렁에 빠지고 말았다. 거대한 비용이 소요되는 달 비행에 대한 비판의 소리가 높아갔기 때문에 처음에 20호까지 예정되었던 달 비행은 17호까지로 마감하고, 그 이후의 우주 개발은 보다 실용적인 방향으로 바뀌게 되었다.

미국이 달 표면에 사람을 보내고 있을 때 소련은 그 나름대로 달 탐사를 진행시키고 있었다. 달은 자전과 공전의 주기가 같기 때문에 지구에는 언제나 같은 표면만 보여 주고 있다. 달의 이면은 어떤 모습일까에 관해 인류는 오랜 동안 전혀 알지 못하고 있었다. 그 이면을 처음으로 사진 촬영하여 인류에게 보여 준 것은 소련의 달 탐측기였다.

미국의 아폴로 11호가 달 착륙에 성공한 다음해인 1970년 9월, 무인 우주선 루나 16호는 달의 손자위성이 된 후, '풍요의 바다'(달의 동경 50°, 적도를 중심으로 남북 1,000km에 걸쳐서 2만 5000km²의 면적을 차지하는 평지를 말함)에 연착륙하여 드릴로 약 100g의 돌과 흙을 채집하고 지상에서의 지령에 따라 달 표면을 떠나서 지구에 귀환한 것이다. 이를 두고 소련은 "유인비행에 비하여 10분의 1의 비용으로 달의 돌을 입수하였다"고 자랑하였다.

아폴로 계획을 중단한 미국은 즉시 우주 정거장 계획에 착수하여 1973년 5월에 스카이 랩을 쏘아 올렸다. 스카이 랩은 달에 아폴로를 쏘아 올리는 새턴 5형 로켓의 3단째를 개조한 것으로서, 3명의 우주 비행사는 샤워 장치까지 되어 있는 그 안에서 생활하였다. 마지막 실험 때는 3명의 우주비행사가 스카이 랩 안에서 84일 동안이나 머물렀다.

상처입은 거인
베트남 전쟁(1965~1973년)

제2차 세계대전이 끝나면서 베트남 독립동맹(베트민)은 전국에서 일제히 봉기하여 권력을 장악하였다. 호치민胡志明(1890~1969)은 1945년에 '베트남 민주공화국 독립선언'을 발표하였다.

당시 베트남 북부에는 20만 명에 이르는 장제스蔣介石의 군대가 주둔하며 일본군의 무장 해제를 하고 있었고, 프랑스군도 재점령의 움직임을 보이고 있었다.

프랑스는 사이공에 코친차이나(남부 베트남) 임시 정부를 수립했고, 나아가 베트남 민주공화국을 향해 선제공격을 가하였다. 베트남 전체를 다시 식민지화하려 한 것이다.

호치민은 전면 항전을 호소하였다. 이로써 고난에 찬 인도차이나 전쟁이 시작되었다. 호치민군은 광범한 민중의 지지를 등에 업고 초기의 열세를 점차 만회하며, 1953년에는 디엔비엔푸 전투에서 프랑스군에게 큰 타격을 입혔다.

1954년, 미국·영국·프랑스·소련 등 4개국 외상 회의가 베를린에서 열려 4개국의 합의 아래 제네바 회의가 열렸다. 이 회의에서 디엔비엔푸 함락 이후의 인도차이나 문제에 대한 토의가 본격화되었고, 국제무대에 갓 등장한 중화인민공화국의 저우언라이周恩來의 노력으로 휴전을 위한 제네바 협정이 성립되었다.

제네바 협정은 북위 17도선을 잠정적 군사 경계선으로 할 것(이 때문에 남북으로 분단되었다), 프랑스군을 비롯한 모든 외국군은 즉시 철수할 것, 2년 후인 1956년에 통일 선거를 행할 것, 라오스와 캄보디아 양 왕국의 독립을 보장할 것 등의 내용이었다.

이로써 80년에 걸친 프랑스 지배는 끝나게 되었으나, 이 제네바 협정에 대해 미국과 남베트남 정부는 서명하지 않았다. 미국은 동남아시아 집단방위조약기구SEATO (미국 · 영국 · 프랑스 · 오스트레일리아 · 뉴질랜드 · 타이 · 파키스탄 · 필리핀)를 발족하여 반공 군사 체제를 강화하였다.

또한 1956년의 통일 선거에서는 호치민이 대통령으로 당선될 것이 뚜렷했기 때문에 미국은 그 선거의 실시를 막기 위해 힘썼다. 선거가 있기 전해인 1955년에 고딘디엠을 대통령으로 하여 베트남 공화국을 수립했고, 이 정권에 군사와 경제 원조를 하였다. 그러나 디엠 정권은 부패하고 타락하여 민중의 불만이 쌓여서, 1960년에는 남베트남 해방민족전선(통칭 베트콩)이 결성되기에 이르렀다. 그들은 북의 지원을 받아 게릴라전을 폈다.

1960년대에 들어서면서 미국 민주당의 케네디 대통령은 베트남 공화국에 대한 군사 원조를 강화하였다. 그러나 미국의 고민은 디엠 정권이 민주주의 국가와는 거리가 먼 독재 정권이요, 부패가 만연하다는 점이었다. 1963년에 디엠은 쿠데타로 실각했으나, 그 후로도 정권의 부패는 계속되었고 전황도 악화되기만 하였다.

케네디에 이은 미국 민주당의 존슨 대통령은 미국 지상군의 베트남 참전을 강화하여 결국 50만 명의 대군이 투입되었다. 이에 질세라 베트남 공화국 안의 게릴라 활동은 더욱 활발해졌다. 미국은 1964년, 미국 구축함이 통킹 만에서 베트남 민주공화국에 의해 공격을 받았다고 하며(통킹 만 사건), 베트남 민주공화국에 대해 보복 폭격을 가하였다. 이로써 1965년 이래로 본격적인 폭격이 개시되었다.

베트콩 혐의자의 즉결총살. 남베트남 육군의 로안 장군은 이때 "부처님만이 이해하리라"고 말하였다. 베트남 전쟁은 이 같은 극한적인 인권유린이 자행된 악명 높은 전쟁이었다.

　미국이 이와 같이 안간힘을 쓰고 있는 반면, 사이공 정부는 권력 투쟁에 여념이 없었다. 군의 정예부대조차도 쿠데타에 대비하여 사이공을 중심으로 배치되어 있어서 해방군과 제대로 전투를 할 수 없었다. 이와 같은 상황에서 1968년 1월 30일(구정)에 해방 세력은 구정 공세라 일컫는 대규모의 공격을 개시하였다. 이 공격에서 결사대가 한때 사이공의 미국 대사관 일부를 점령하기에 이르렀다.

　이 때문에 존슨 대통령은 차기 대통령 불출마 선언과 동시에 폭격을 정지시키겠다고 하며 평화 회담 개최를 제안하며, 1968년부터 파리 평화 회담이 열리게 되었다. 미국 공화당의 닉슨이 대통령으로 당선되면서 베트남 문화 정책을 추진하여 미국군의 역할을 점차 베트남 공화국에 떠넘겼다. 그 결과 1971년에는 베트남의 미군이 15만 명으로 축소되었다.

　그동안에 닉슨은 중국을 방문하여 베트남 · 소련 · 중국의 공조 체제를 흔드는 외교전을 폈다. 베트남 민주공화국에 대해서는 불쾌했으나, 국경을 접하고 있는 북방의 강대국 중국의 압력에 굴복할 수밖에 없었다. 1973년 파리 평화 협정이 성립된 후, 정전이 이루어져 미군의 철수가 결정되었다.

그러나 전쟁은 그 후에도 계속되었다. 미군의 지지를 잃게 된 베트남 공화국은 패배에 패배를 거듭하다가 1975년 사이공이 함락되면서 붕괴되었다. 다음해인 1976년에 실시된 통일 선거로 베트남 사회주의 민주공화국으로 통일국가가 되었고, 1977년에는 유엔 가맹이 승인되었다.

베트남 통일의 소용돌이 속에서 베트남 공화국 정부에 협력했던 사람들과 사회주의를 싫어하는 사람들이 줄지어 베트남을 탈출하여 이후 오랫동안 이른바 난민 문제로 뒤탈을 앓았다.

베트남 전쟁으로 당사국인 베트남이 입은 피해는 말할 것도 없지만, 미국도 이 전쟁으로 강대국으로서의 위신이 떨어졌을 뿐 아니라 심각한 경제·사회 문제가 생겨나, 국제 사회에서의 지도력이 현저히 저하되는 결과를 가져왔다.

새로운 사회주의를 위하여
고르바초프의 페레스트로이카 추진(1986년)

1917년 러시아 혁명으로 마르크스주의를 받드는 최초의 국가 소련이 성립되었다. 그러나 혁명 정부는 초기부터 내란과 열강의 간섭에 고통을 당하여, 곡물의 강제 징발 등을 포함한 전시 공산주의 정책을 실시하였다. 농민의 불만이 강해지고 경제도 황폐해졌기 때문에 1921년부터 자본주의의 원리를 일정 부분 인정하는 신경제 정책(네프)을 개시하였다.

1924년에 소비에트 연방의 설립자 레닌이 사망하자 권력 투쟁이 전개되었다. 투쟁에서 승리한 스탈린이 독재 권력을 장악함으로써 무시무시한 공포 정치가 행해지게 되었다.

제2차 세계대전이 끝났을 때 소련은 미국에 버금가는 초강대국이 되어 있었다. 영토는 확대되었고, 군사력은 미국에 버금갈 만큼 거대해졌다. 그러나 소련은 극단적으로 군사력에 의지한 강대국이었다. 제2차 대전을 통해 소련은 무려 2천 만 명에 이르는 사망자를 냈고, 독일군에 의한 점령 지역은 황폐화되어 경제는 붕괴 상태에 놓여 있었다.

대전 후 패전국에서 약탈한 기계와 배상금에 의해 경제는 회복세로 돌아서게 되었으나, 농민을 희생으로 하고 중공업 발전에만 중점을 둔 성장이었다. 더구나 냉전의 시작으로 군수 부문의 생산이 우선되었으며 생활필수품 생산은 뒷전으로 밀려난 상태였다.

그러나 사회주의 체제에 따라서 교육이 광범위하게 보급되었고, 또한 공업화에 따라 도시 중간층이 형성되었다. 사회에서는 이미 스탈린의 지배 방식은 통하지 않았으며, 극도의 불만과 긴장 상태가 지속되던 중 1953년에 스탈린이 사망하였다.

소련에는 후계자 결정을 위한 정규 규정이 없었다. 레닌은 현직에서 일하다 죽었고, 그 후 스탈린은 치열한 권력 투쟁에 의해 권력을 차지했었다. 현직에 있으면서 죽었기 때문에 후계자에의 권력 승계가 순조롭게 이루어질 리 없었다.

스탈린이 죽기 직전에는 말렌코프가 후계자의 제1 순번으로 여겨졌다. 그가 각료 회의 의장(수상) 및 정치국과 서기국의 수석으로 선출되었으나 베리야 · 몰로토프 · 카가노비치 · 불가닌 등 실세들을 부수상으로 임명하여 집단 지도 체제가 들어섰다.

그러나 이 같은 과도 체제는 오래 가지 못하였다. 곧 흐루시초프가 제1 서기로 선출되어 서기국의 실권을 장악하였다. 소련에서는 당이 실권을 쥐고 있고, 따라서 당의 집행 기관인 서기국의 장이 최고 실력자가 된다.

그 후 치열한 권력투쟁을 겪은 후 1958년에 흐루시초프가 수상까지 겸임하여 최종적으로 실권을 확립하였다. 이 과정에서 비밀경찰 두목인 베리야를 제외하고는 피를 보는 숙청 작업이 전혀 없이 권력 교체가 순조롭게 진행되었다.

흐루시초프의 권력이 거의 확립된 1956년, 그는 충격적인 스탈린 비판을 행하였다. 그리고 과거 스탈린에 의해 숙청당하거나 실각한 사람들의 명예 회복과 정치범의 석방이 이루어졌다. 언론 활동에도 일정한 자유가 주어지게 되었다. 물론 그 자유에는 여전히 많은 제약이 있었으나, 소련 사회에 비로소 희미한 새벽빛이 비치기 시작한 것이다.

흐루시초프는 사회주의의 우월성을 믿고 있었고, 지난날의 폐쇄적이고 억압적인 정책을 수정한다면 자본주의를 따라잡을 수 있을 뿐만 아니라 결국

페레스트로이카를 위한 소련 공산당 비상 회의. 각 공화국 대표 5천 명 앞에서 고르바초프는 3시간 반에 걸쳐 개혁의 불가피성을 역설하였다. 1988년 7월.

에는 추월할 수 있다고 생각한 것이다. 구체적으로는 중앙집권적인 경제 체제를 풀고, 지방에 일정한 자주성을 가질 수 있도록 정책을 폈다. 또한 소비재의 공급에 힘을 기울여 국민 생활도 배려했고, 더 나아가서 종래에 무시되어 오던 농업 개발에도 힘을 쏟았다.

1957년에는 인공위성 스푸트니크 1호 발사에 성공하여 우주 개발에서 미국을 앞지르는 것처럼 보이기도 하였다. 또한 농업 생산고도 기록적으로 늘어나 식량 자급이 이루어졌으며, 미국을 방문하여 아이젠하워 대통령과 우호적인 회담을 갖기도 하였다.

그러나 1960년대에 들어서면서 갑자기 모든 상황이 절망적으로 돌아서게 되었다. 공업 생산이 더 늘어나지 않았고, 농업은 무리한 증산 계획 때문에 파멸적인 타격을 받았다. 국제 관계에서도 쿠바에 미사일 기지를 건설하다가 미국 대통령 케네디의 강한 경고를 받고 철수하는 수모를 당해야 하였다.

그르친 정치가 이어지던 1964년 흐루시초프는 흑해 연안 휴양지에서 해임

소식을 듣게 되었다. 코시킨과 브레즈네프를 중심으로 한 소련 중앙위원회 간부회에서 흐루시초프의 해임을 결정한 것이다. 그러나 그는 예전 권력자처럼 처형이나 암살을 당하지는 않고 몇 해 후에 병으로 죽었다.

흐루시초프는 어떤 의미에서 고르바초프의 페레스트로이카 정책의 선구자였다고 말할 수 있을 것이다. 물론 그의 시대에 언론의 자유에는 제한이 있었고, 중앙 집권적인 계획 경제 그 자체도 부정하려 하지는 않았다. 개혁에 있어 치밀한 준비가 없었기 때문에 모든 정책이 실패로 끝나기는 하였다. 그러나 흐루시초프는 현실 문제에 대해 현실적으로 대처하려 했고, 스탈린 시대의 체제에 바람구멍을 내는 일에 성공하였다.

흐루시초프가 실각한 후 개혁은 일시적으로 후퇴하였다. 그러나 고르바초프를 비롯한 개혁파의 사람들 대부분은 이 흐루시초프 시대에 자란 사람들이라는 것을 잊어서는 안 된다. 비록 브레즈네프와 안드로포프 및 체르넨코 등 수구 세력에 의해 소련은 다시 옛날로 뒷걸음쳤지만 그것은 일시적인 현상이었고, 고르바초프의 등장으로 새로운 사회주의를 위한 개혁이 시작된 것이다.

1985년 소련에 고르바초프 정권이 등장하여, 관료주의를 극복하고 경직된 정치 및 경제를 새로 세우는 작업인 페레스트로이카와 정보를 공개하는 글라스노스트 정책을 추진하였다. 또한 공산권인 동구 여러 나라에 대해서도 대등한 국가관계를 구축하는 방침을 내세웠다.

이 같은 페레스트로이카 정책의 여파로 동구 여러 나라에서는 '연대'(폴란드), '민주 포럼'(헝가리), '시민 포럼'(체코슬로바키아), '새 포럼'(동독) 등 시민 조직이 결성되었고, 이러한 시민 조직에 의해 민주화 운동이 추진된 결과 1989년의 동구 혁명을 실현하게 되었다. 1989년은 마침 프랑스 혁명 발발 200주년이 되는 해로서, 동구 여러 나라들은 바로 프랑스 혁명과 같은 시민 조직의 지도 아래 '시민 혁명'을 성공시킨 것이다.

세계에 군림하는 팍스 아메리카나
우루과이 라운드 협상(1986년)

제2차 세계대전을 치른 서구 열강의 쇠퇴는 미국으로 하여금 초강대국의 자리에 오르게 하였다. 1947년의 마셜 플랜은 유럽이라는 광대한 시장을 미국의 몫으로 만들었고, 미국 경제의 번영을 이룩하게 하였다. 또한 유럽이 지배하던 식민지에 미국이 진출하여, 공산주의 혁명을 막는다는 명목으로 세계의 모든 국제 문제에 관여하였다.

제2차 대전 중 루스벨트의 갑작스런 죽음으로 대통령직을 승계한 트루먼 (재임 1945~1953)은 뉴딜 정책을 계승하면서, '페어 딜 정책'을 내걸었으나, 별다른 성공을 거두지는 못하였다. 그의 재임 중 특기할 사항은 국내에 반공 분위기가 고조되어, 이른바 '매카시 선풍'이 불면서 공산주의 말살 정책을 편 점이다.

1960년의 대통령 선거에서 민주당의 케네디(재임 1961~1963)가 당선되었다. 그의 재임 중의 중요 사건으로서는 1962년의 쿠바 위기, 1963년의 부분적 핵실험 금지 조약 등을 꼽을 수 있다. 국내적으로는 도시 문제 · 교육 문제 · 빈곤 문제 · 인종 문제를 해결하는 뉴 프런티어 정책을 내걸었다.

1963년, 노예 해방 선언 100주년을 기념하여 킹 목사를 중심으로 한 대규모 워싱턴 행진이 있었다. 이를 계기로 케네디는 인종 격리가 위법이라고 하는 공민권법을 제출했으나, 의회에서 부결되었다. 그는 텍사스주 달라스에서 유세 중 암살당하였다. 암살의 진상에 대해서는 아직도 명쾌하게 밝혀지지 않은 상태이다.

케네디의 암살로 대통령에 승격한 존슨(재임 1963~1969)은 '위대한 사회'를 표어로 내걸고, 혁신적인 사회 복지 정책을 실행하였다. 그는 외교 정책에서 좌절을 맛보아야 하였다. 그의 베트남 전쟁의 개입은 미국의 경제적 번영에 그림자를 드리웠고, 미국 사회에 큰 흠집을 남겼다.

미국이 심각한 위기에 이르렀을 때, 1968년의 선거에서 '법과 질서'를 공약으로 내건 공화당의 닉슨(재임 1969~1974)이 대통령에 당선되었다. 그는 전통적인 보수 정책을 버리고 데탕트 외교를 폈으나, 워터게이트 사건에 깊이 관여하였다는 사실이 밝혀져 1974년 미국 대통령으로서 중도에 사임하는 첫 인물이 되었다.

닉슨에 이어 부통령인 포드(재임 1974~1977)가 대통령직을 승계했으나, 그는 선거를 치르지 않은 약체 대통령이었다. 다음 선거에서는 민주당의 카터(재임 1977~1981)가 대통령에 당선되었다.

카터가 대통령에 취임한 해에 무역 수지는 최대의 적자를 기록했고, 국제적으로도 이란 혁명, 제2차 석유 파동, 소련의 아프가니스탄 침공 등 해결하기 어려운 사건이 잇따라 터져 나왔다. 그가 유일하게 달성한 사항은 이집트와 이스라엘 사이의 평화 조약의 체결뿐이었다.

팍스Pax 아메리카나의 꿈을 좇고 있던 미국은 카터 재임시 가장 의기소침한 상태에 빠지게 되었다. 베트남 전쟁의 패배, 워터게이트 사건, 이란 인질 구조 작전의 실패, 석유 위기와 그에 따른 경제의 후퇴, 미국 상품의 국제 경쟁력 상실 등 미국의 앞날은 암담하기만 하였다.

이런 불황 속에서 미국 국민, 특히 중류 계층의 백인은 한층 보수화되었다. 그 결과 '위대한 미국'이라는 팍스 아메리카나를 선거 공약으로 내건 공화당의 레이건(재임 1981~1989)이 대통령으로 당선되었다.

레이건은 강한 미국의 부활을 목표로 삼았다. 즉, 냉전을 부활시켜 미국의

레이건과 고르바초프가 제네바에서 만나 회담에 들어가기 전 악수하고 있다. 1985년 11월 21일.

위신을 회복하려 하였다. 또한 사회 복지 예산의 삭감과 기업 감세에 따른 투자의 촉진, 국방 예산의 대폭 확대와 재정 적자의 해소를 약속하였다. 그의 경제 정책을 '레이거노믹스'라 한다.

그는 대외적으로는 중남미 내란에의 개입, 그라나다 침공, 레바논 상륙, 리비아 공습 등 강경책을 단행하여 팍스 아메리카나의 꿈을 실현하려 하였다. 그러나 '이란 게이트 사건'이라고 하는 정치적 스캔들이 발각되어 레이건은 한때 정치적 위기에 빠지기도 하였다.

또한 재정 적자는 더욱더 누적되어 1985년에는 세계 최대의 채무국이 되었고, 기업 감세에 의해 누적된 자본은 금융시장에 투자되어 경제 재건에 도움이 되지 못하였다. 이와 같은 경제적 위기를 벗어나기 위하여 구상된 것이 우루과이 라운드였다.

미국을 중심으로 한 '범세계적 자유 무역 질서의 확립'을 통해 '샌프란시스코에서 블라디보스토크까지' 연결되는 미국의 영향권을 고수하겠다는 강력한 의지 표명이 바로 우루과이 라운드로 나타났다. 이는 바로 레이건이 주장했던 팍스 아메리카나 건설의 실현을 의도하는 것이다.

팍스 아메리카나를 정책으로 표방한 레이건은 집권 후기에 그 외교 정책을 180도 전환하였다. 그는 소련의 고르바초프의 군축 제안에 동의하여, 전후의 냉전 구조를 분쇄하는 평화 외교를 펼쳤다. 이런 정책을 계속적으로 추진해 나간 레이건은 1989년에 대통령 임기를 무사히 마감하였다. 아이젠하워 이래로 8년의 임기를 무난히 끝낸 대통령은 레이건뿐이었다.

1989년부터 레이건 정권의 부통령이었던 부시(재임 1989~1993)가 대통령직에 올랐다. 그는 외교적으로 많은 업적을 올렸고, 이라크의 사담 후세인을 상대로 걸프 전쟁을 치러 승리함으로써 온 세계에 '위대한 미국'을 과시하였다. 그러나 국내 경제의 침체를 타개하는 데는 실패하여 1992년의 대통령 선거에서 민주당의 클린턴에게 패배하였다.

미국의 팍스 아메리카나 정책에 관해 말레이시아의 마하티르 총리는 이렇게 말하였다.

"미국은 작은 나라들의 미래에 위협이 되고 있다."

동구권의 민주화 운동
1989년의 동유럽 혁명(1989년)

동구東歐라는 말이 하나의 역사적 개념으로 사용되기 시작한 것은 제1차 세계대전 이후부터였다. 이 지역은 제2차 세계대전 후 거의 전역이 소련권에 속하는 사회주의 국가가 되었고, 여기에 정치적 개념으로서의 '동구'가 형성된 것이다.

제2차 대전이 끝난 1945년부터 3년 이내에 동구의 모든 나라들이 사회주의화되었다. 그 과정은 소련의 개입 방법에 따라 다르지만, 전체적인 경향은 우선 겉보기에 민주주의를 내건 인민민주주의라 일컫는 정치체제가 성립하고, 다음으로 반대 세력이 추방되어 공산당의 독재가 성립되었다. 그리고 나서 공산당 내부 숙청이 행해지고, 소스탈린주의라 불리는, 소련에 충실한 독재 정권이 탄생하였다.

이와 같은 정권이 민중의 호응을 받을 리 없었다. 또한 공산주의 방식으로 경제가 활성화될 리 없었다. 따라서 1953년의 스탈린의 사망과 1956년의 스탈린 비판은 민중의 불만을 단번에 폭발하게 하였다.

우선 폴란드의 경우 1956년에 포즈나니에서 노동자의 폭동이 발생하게 되자, 티토주의자로 지목되어 체포되었던 고무우카가 부활하였다. 그러나 흐루시초프가 바르샤바로 날아가 현지 지도를 하는 동시에 소련군도 움직이기 시작하였다. 폴란드는 안전보장에서 중요한 국가이기 때문에 사회주의 여러 나라의 통일을 무너뜨리지 않는다는 조건을 담고 소련은 고무우카의 선출을 승인하였다. 그 후 폴란드는 고무우카가 과단성 있는 개혁을 할 능력도 없었고 또 할 수 있는 여러 조건도 조성되어 있지 못했기 때문에 소련 위성국가로서의 위치를 벗어나지 못하고, 경제 침체의 장기화와 더불어 민중의 불만은 날로 고조되기만 하였다. 결국 공산주의가 붕괴되고 바웬사가 나오면서 비로소 과감한 개혁을 하게 되었다.

헝가리 또한 별로 다를 바가 없었다. '작은 스탈린'이라 불려지던 라코시가 지배하고 있던 헝가리에서는 1953년에 임레 나지가 수상이 되면서, '새 노선'이라는 일련의 완화 정책을 시행하였다. 그 때문에 나지는 1955년에 파면되고, 라코시가 다시 정권을 장악하게 되었다. 이와 같은 상황 가운데서 1956년에 부다페스트 폭동이 발생하게 되자, 정부는 소련군의 출동을 요청했고, 소련군과 민중 사이에 격렬한 전투가 벌어지게 되었다(헝가리 혁명).

이 사태 후 수상이 된 카다르는 소련을 자극하지 않는 범위 안에서 천천히 경제와 정치 개혁을 실시하였다. 그 결과 동구 중에서는 비교적 자유롭고 풍요로운 사회를 이룩할 수 있었다.

한편 체코슬로바키아는 1946년의 총선거에서 제1 당이 된 공산당을 중심으로 하는 연립 정권이 성립되었다. 그러나 마셜 플랜의 수용 문제를 두고 공산당과 다른 정당 사이의 대립이 격화되어, 1948년에 공산당에 의한 단독 지배가 성립되었다.

체코슬로바키아의 문제점은 이념보다 체코인과 슬로바키아인 사이의 대립이라는 민족문제가 더 컸다. 사실상 체코가 슬로바키아를 지배하고 있었기 때문에 슬로바키아인의 불만은 컸다. 이러한 가운데 1968년에 슬로바키아 출신의 두브체크가 제1 서기에 취임하여, '인간의 얼굴을 한 사회주의'를 슬로건으로 하는 민주화 노선을 취하였다. 이를 해마다 열리는 음악 축제의 이름을 따서 '프라하의 봄'이라 일컫게 되었다.

당초 소련은 새 정책을 승인하고 있었으나, 그 후 지식층이 소련의 간섭에

폴란드의 자유 노조 '연대'의 지도자 레흐 바웬사. 1980년 이래 폴란드 민주화를 주도, 1990년 12월 총선에서 대통령에 당선되었다.

대해 경고하는 '2천어 선언'을 발표하자, 8월에 바르샤바 조약군의 전차가 침입하여 전체 국토는 순식간에 제압당하였다. 두브체크는 실각하고 후사크 정권이 성립되면서 1968년 이전의 상태로 돌아가고 말았다.

이 시기는 소련과 동구 모두가 경제 침체로 어려움을 겪던 때였다. 동구 여러 나라들도 소련과 마찬가지로 중공업을 중시하는 경제 정책을 시행해온 결과 소비재 부족이 심각해졌다. 더구나 중앙 집권적인 계획 경제로 기술의 정체 현상이 나타났고, 그 때문에 동구의 공업 제품은 국제 경쟁력을 상실하게 되었다.

그런 상황이었음에도 불구하고 코메콘 내부에서는 품질이 나쁜 상품의 판매도 가능했고, 또한 소련으로부터 국제 가격보다 훨씬 값싼 에너지 자원을 제공받고 있었기 때문에 힘겹게나마 정권을 유지할 수 있었다. 그러나 이것도 잠시뿐, 이윽고 동구는 소련의 짐이 되기 시작했고 경제 정책의 실패로 동구권 여러 나라는 정치 개혁을 피할 수 없게 되었다.

동구 각국은 여러 가지 형태로 개혁을 모색하던 중, 1985년에 고르바초프가 등장하여 페레스트로이카를 추진하자 개혁은 단숨에 가속화되었고, 그와 아울러 소련의 영향권에서 떨어져 나가는 일도 급속히 추진되었다.

폴란드에서는 1970년에 육류의 값이 오르면서 그다니스크 등지에서 시위가 발생했고, 고무우카 대신 기에레크 정권이 성립됐다. 그러나 1980년 그다니스크 조선소에서 발생한 파업을 계기로 자주 관리 노조 '연대'가 결성되고, 조선소의 전기공이었던 바웬사가 위원장이 되었다. '연대'는 불과 1년 만에 950만 명의 조합원을 거느리게 되었다.

그러나 1981년 야루젤스키 정권이 성립되면서 계엄령이 포고되고, '연대'는 비합법적 조직이 되었다. 1989년에 '연대'가 다시 합법화되면서 대통령 제도의 도입과 복수 정당에 의한 선거가 실시되었다. 이 선거에서 '연대'는 압승을 거두었고, 1990년에 바웬사가 대통령에 당선되었다. 그러나 그 후 '연대'는 지난날만한 지지를 얻지 못했고, 또한 경제 위기에서도 벗어나지 못하였다.

체코슬로바키아에서도 1989년에 베를린의 '벽'이 무너지면서 대규모 시위가 발생하였다. 반체제 조직 '시민 포럼'이 결성되면서 공산 정권을 붕괴시키고, 두브체크의 복권도 이루어져 민주화는 단기간 동안에 진행되었으나, 국내의 민족문제로 좀처럼 정국의 안정을 찾지 못하였다.

루마니아에서도 민주화 운동이 확대되어, 결국 1989년 12월 차우세스쿠가 총살당한 후 민주화의 길로 들어서게 되었다. 그러나 이 나라도 민족 문제 등을 안고 있다. 루마니아에 이웃하고 있는 불가리아의 경우도 사정은 비슷해서 1989년을 계기로 민주화가 추진되고 있으나, 역시 터키계 민족의 문제 등을 안고 있다.

유고슬라비아는 일찍부터 소련형 중앙 집권 체제를 포기하고, 티토 밑에서 독자적인 자주 관리 사회주의를 건설해 오다가, 1989년에 시장 경제로 옮겨가기 시작하였다. 이 나라도 급진적인 크로아티아 · 슬로베니아와 보수적인 세르비아의 대립으로 오랫동안 내전 상태가 계속되었다.

베를린 장벽 무너지다
독일의 통일(1990년)

1990년 10월 3일 0시. 베를린의 브란덴부르크 문 옆에 위치한 제국의회 의사당 광장에는 수십만의 인파가 모여 있었다. 그 인파 앞에는 서독의 헬무트 콜 총리, 빌리 브란트 전 총리, 동독의 바이츠제커 대통령, 데메지에르 총리, 인민의회 의장 자비네 베르그만 폴 여사 등 동·서독 지도자들이 줄지어 있었다.

광장의 국기 게양대에 독일 국기인 삼색기가 천천히 게양되었다. 군중들은 일제히 독일 국가를 합창하였다. '자유의 종'이 은은히 울려 자유가 이르렀음을 알렸다. 이어 군중의 환성이 터지며 폭음과 함께 불꽃이 밤하늘을 아름답게 수놓았다. 동서로 분단되었던 독일이 45년 만에 통일되는 순간이었다.

지난 45년간은 동서 분열로 같은 민족이 대립과 적대 행위로 지내온 나날들이었다. 제2차 세계대전에서 패한 독일은 미국·영국·프랑스·소련 등 4개국에 의해 분할 점령되었고, 수도 베를린 또한 마찬가지로 분할 점령되었다. 서독에서 베를린에 가자면 소련 점령 지역을 통과해야만 했고, 철도와 고속도로는 소련이 관리하고 있었다.

독일 문제에 관해서는 1947년 모스크바 외상 회의에서 의제로 다루어진 바 있었다. 그때 통일 독일로부터 배상금을 받으려는 의도에서 소련이 통일을 주장했으나, 강대한 독일이 출현하는 것을 두려워한 프랑스가 통일에 강하게 반대하여 결론을 내지 못했었다.

이 같은 상황에서 1948년 6월 28일, 소련은 베를린과 통하는 고속도로와 철도의 수리를 위해 서독에서 서베를린으로의 통행을 금지한다고 서방 측에 통고하였다. 이른바 베를린 봉쇄가 행해지게 된 것이다.

베를린 봉쇄에 대항하기 위해 서베를린 시민은 숲을 개간하여 비행장을 만들고, 서방 측으로부터 대공수 작전이 가능하게 하였다. 결국 약 1년 후에 봉쇄는 해제되었다. 그 사이에 베를린으로 물자를 나른 대형 수송기는 약 30만 대에 이르렀다.

1949년 5월, 서독에 독일연방공화국(선거 결과 대통령에 호이스, 수상에 아데나워)이 수립되었고, 같은 해 10월에는 동독에도 독일민주공화국이 수립되었다. 이로써 동·서독의 분열은 결정적인 것이 되었다.

동·서독의 성립 이후 동독에서 서독으로의 피난민이 부쩍 늘어, 1949년에서 61년까지 10여 년 동안에 무려 300만 명 이상의 탈주자가 발생하였다. 그 이유는 사회주의에 대한 염증과 동·서독 사이의 생활의 격차 때문이었다. 그 사태를 막기 위해 동독 측은 1952년 서독과의 국경에 철조망을 설치하였다. 그 때문에 직접 이동은 불가능해졌지만, 베를린은 4개국의 공동 관리였기 때문에 원칙적으로는 이동이 자유로웠다.

1961년, 미국 대통령에 취임한 케네디는 아이젠하워에 비해 반공 색깔을 강하게 드러내지 않았다. 흐루시초프는 빈 회담을 제안하며, 거기서 베를린 사태를 논의하자고 하였다. 그러나 그로부터 2개월 후인 1961년 8월 베를린 장벽이 구축되었다.

분단 이후 동독은 정치적으로나 경제적으로 더 이상의 발전이 없었으나, 서독은 착실하게 부흥을 이루었다. 서독 건국 후의 선거에서 공산당은 약체가 되었고, 기독교민주동맹과 기독교사회동맹의 자매당이 승리하였다. 그 결과 기독교민주동맹의 아데나워가 초대 수상에 취임하였다.

베를린 장벽을 부수는 베를린 시민들. 서독은 꾸준한 동방외교로 긴장완화에 성공, 통일에 성공적으로 골인하였다.

서독은 이후 이른바 '라인강의 기적'을 이루었고, 1954년 파리 협정에 의해 1955년에는 주권을 회복하고, 재군비를 하게 되었다. 또 NATO에도 가맹하였다. 아데나워는 서방과의 협력에 의해 경제적 및 군사적 압력을 강화한다는 힘의 정책을 추진하였다.

아데나워의 뒤를 이어 1963년에 에르하르트가 수상에 취임했으나, 60년대 후반부터 경제 위기가 심화되었고, 그 때문에 사회민주당의 세력이 강해졌다. 그 결과 1969년에 브란트를 수상으로 하는 사회민주당 정권이 성립되었다.

브란트는 서방과의 동맹을 강화함으로써 동독을 흡수하려 하는 아데나워의 힘의 정치에 반해, 동구권의 강대국과 새로운 관계를 맺어야 한다는 동방 외교를 추진하였다. 즉, 소련 및 동구 여러 나라들과의 화해 외교를 편 것이다.

1970년, 서독은 소련과 무력 사용 금지 협정을 체결하고, 폴란드와의 조약에 의해 오데르강과 나이세강 국경선을 확정했으며, 1972년 양 독일 협정에 의해 동·서독이 서로 국가 승인을 하였다. 이듬해엔 각기 유엔에 가입하였다. 이와 같은 정책은 동·서독의 긴장 완화에 크게 이바지하였다.

소련의 고르바초프에 의한 페레스트로이카 정책은 동구권 국가에 혁명을 불러 일으켰다. 1989년 10월 9일, 라이프치히에서 '자유, 민주'를 외치는 10만 군중의 시위로 시작된 동독의 개혁은 마침내 그해 11월에 베를린 장벽을 허물었다. 그리고 꼭 1년 만에 서독으로의 흡수 통합에 의한 독일 통일로 마침표를 찍었다.

1990년 10월 2일 저녁 9시, 동독의 샤우슈필 하우스에서는 동독 정부 해체식이 거행되었다. 게반트 하우스 오케스트라가 쿠르트 마주르의 지휘로 베토벤 교향곡 제9번 '합창'을 연주하였다. 그리고 다음날인 10월 3일 0시를 기해 동독 곧 독일민주공화국은 역사 속으로 사라지고, 서독이 흡수 통일을 이루어 독일연방공화국이라는 이름으로 새출발하게 되었다.

독일은 통일되었으나, 45년 동안에 이르는 분단으로 동족 사이에 많은 이질감이 생겨 오랫동안 심각한 통일 후유증을 앓았다.

공산주의의 몰락
소비에트 연방 해체(1991년)

1991년 12월 8일, 역사에 크게 기록될 사건이 발생하였다. 공산주의의 맹주였던 소비에트 연방이 해체된 것이다. 보리스 옐친 러시아 공화국 대통령을 주축으로 하여, 크라프추크 우크라이나 공화국 대통령과 슈시케비치 벨로루시 백러시아 최고회의 의장 등 3명은 '독립 국가 공동체'의 창립을 선언하였다.

연방 대통령 고르바초프는 "3개국만의 합의로 소련의 운명을 결정할 수는 없다"고 반대하였다. 그러나 나머지 8개 공화국들이 속속 '공동체'에 가입하겠다는 의사를 밝히자, 고르바초프로서는 대세에 따를 수밖에 없었다. 돌이켜 본다면 소련의 해체는 고르바초프의 페레스트로이카 정책에서 비롯되었다고 할 수 있다.

페레스트로이카 정책의 선구자라 할 수 있는 흐루시초프가 실각한 후 1964년 10월 브레즈네프가 서기장으로, 그리고 코시킨이 수상으로 선임되었다. 베테랑 정치가 코시킨의 활약이 두드러져서, 1965년에는 이윤 도입 방식에 의한 경제 개혁을 실시하였다.

그러나 70년대에 들어서면서 브레즈네프가 당 조직과 정치국을 자파 인물

역사의 저편으로 사라지는 공산주의 이념은 숭고했으나 인간의 벽은 너무나 두터웠다.

로 굳히며 실권을 확립하였다. 그의 등장으로 미국보다 더 강력한 군사력을 보유함으로써 데탕트를 추진하려 한 정책은 후퇴하였다.

1970년대 말부터 1980년대 초두에 걸쳐 브레즈네프는 권력의 절정에 서게 되었다. 그는 국가 원수인 최고회의 간부 회의장을 겸임했고, 1982년에는 코시킨을 해임하고 수상직까지도 겸임하였다.

그러나 이 시기에 공업 생산과 농업 생산은 성장을 멈추었다. 공업에서는 소비재가 부족했고, 농업에서는 곡물을 서방으로부터 구입해야 하였다. 품질이 낙후된 공산품은 국제 경쟁력을 잃었고, 국제 수지도 악화되기만 하였다. 이 같은 사태에 이르게 된 가장 큰 원인은 스탈린 이래의 정치가 경제에 우선하는 시스템, 극도로 중앙 집권적인 계획 경제, 그리고 브레즈네프 시대의 안정에 따른 정체에 있었다.

한편 서구와 일본은 경제 성장 면에서 두드러진 발전을 이루고 있었고, 또한 신흥 공업 국가도 고도성장을 달성했으며, 중국조차도 경제 계획에 의해

보다 일정한 성과를 올리고 있었다. 이제 소련에서도 근본적인 개혁의 필요성이 대두되었다.

1982년 브레즈네프가 사망한 후 안드로포프가 서기장이 되었으나, 그도 1984년에 사망하였다. 이어 체르넨코가 서기장이 되었으나, 그는 안드로포프보다 고령으로서 이미 72세였고, 결국 1985년에 사망하였다.

2대에 걸쳐 서기장이 단명으로 끝났기 때문에 차기 서기장에는 젊은 세대를 기용해야 한다는 분위기가 형성되었다. 이리하여 고르바초프가 서기장으로 선임되었다. 당시 52세였다. 고르바초프는 모스크바 대학 출신으로서, 레닌을 제외한다면 러시아 혁명 이래 고등 교육을 받은 최초의 지도자였다.

고르바초프는 잇따라 새 노선을 발표하였다. 우선 페레스트로이카(개혁)를 제창하여 개혁파 지식인의 제언을 대담하게 채택하는 동시에 개혁파 인물을 적극적으로 등용하였다. 또한 체르노빌 원전 사고를 계기로 글라스노스트(공개성)를 제창했고, 그 이후로 모든 문제들이 언론에서 다루어지게 되었다. 또한 대통령 제도를 도입하여 당 지배를 약화시키려 하였다. 그러나 이 같은 정책은 많은 반대에 부딪히게 되었다.

우선 보수파가 반격을 했고, 개혁파의 많은 지도자들이 보수파와의 균형을 저울질하는 고르바초프에게서 떠나갔다. 더구나 일찍이 흐루시초프의 스탈린 비판이 동구권의 자유화와 소련으로부터의 이탈을 촉진했던 것과 같이 페레스트로이카는 오랜 동안 억제되어 오던 민족적 불만을 단번에 뿜어내게 하였다.

1991년 8월, 소련 보수파에 의한 쿠데타와 고르바초프 실각 소식이 온 세상에 전해졌다. 쿠데타는 며칠 만에 실패로 끝났고, 그 후 소련의 동향은 정신을 차릴 수 없을 정도로 긴박하게 전개되었다. 그리고 쿠데타를 종식시킨 러시아 공화국 대통령 옐친의 비중이 높아지게 되었다.

쿠데타 미수 사건을 계기로 발트 3국(에스토니아 · 라트비아 · 리투아니아)의 독립이 승인되었다. 발트 3국의 독립 요구 배경에는 1939년 독 · 소 비밀 협정에 의해 3국이 소련에 점령당했던 과거의 경위가 있었고, 이와 같은 점령

상태에서 벗어나야 한다는 간절한 민족적 소망이 있었다.

소비에트 연방은 역사 저편으로 사라졌다. 1917년, 세계에서 최초로 사회주의 혁명을 성공시키고, 노동자와 농민의 국가를 세운다는 국시 아래 출범한 지 꼭 74년 만의 일이었다. 공산주의의 몰락 이후 여러 공화국의 연합체인 독립 국가 공동체CIS가 발족되었다.

옐친은 고르바초프의 뒤를 이어 '자유'의 기수로 화려하게 등장하였다. 그는 진보적인 개혁 정책을 펴나갔다. 그의 구상은 러시아 공화국이 패권을 행사하는, 이를테면 '러시아 패권주의'에 있었다. 즉, 각 공화국들의 독립과 주권을 인정하되, 러시아 공화국의 세력권 안에 묶어 둔다는 구상이다. 옐친의 계획은 성공을 거둔 것처럼 보였다. 독립 국가 공동체는 순조로운 항해를 시작하였다. 그렇지만 공동체의 미래와 옐친의 앞날에 곧 먹구름이 드리웠다. 보수주의자들이 옛 소련으로의 복귀를 주장하며 옐친과 강하게 대결했고, 소련에 속했던 민족 국가들은 떨어져 나갔다.

발명 · 발견의 역사 연표

전3700경	이집트 · 메소포타미아에서 동기銅器 사용
3000경	이집트에서 운반용으로 동물의 힘을 이용하기 시작
2800경	이집트 · 중국에서 청동기 사용
2500경	이집트에서 파피루스 사용
1400경	인도 · 소아시아에서 철기 사용
600경	페르시아에서 풍차를 이용
250경	크테시비오스, 알렉산드리아에서 물시계를 제작
102경	헤론, 기력구氣力球 발명
후105경	채륜(중), 제지술 발명
673	아라비아인과의 콘스탄티노플 공방전에서 비잔틴인이 '그리스 불'을 사용
751	중국의 제지술이 아라비아인에게 전해짐
1000경	중국에서 화약 발명
1124경	중국에서 나침반 발명
1300경	유럽에서 화약 발명
1302	유럽에서 나침반 발명
1438	코스텔(네), 목제활자 사용
1450경	요한 구텐베르크(독), 금속활자에 의한 인쇄술을 발명
1540	비링구치오(이), '화공술'
1590	얀센(네), 복합 현미경 발명
1609	갈릴레오 갈릴레이(이), 망원경 발명
1640	레벤후크(네), 현미경 발명
1643	토리첼리(이), 기압계 발명
1650	오토 폰 케리케(독), 진공 펌프 발명
1698	토머스 세이버리(영), 증기력 양수 펌프 발명

1707	도니 파팽(프), 증기선을 만듦
1709	다비(영), 코크스 제작법과 코크스에 의한 제철법을 개발
1710	뉴코먼(영), 기압기관 제작
1714	파렌하이트(독), 수은온도계 발명
1733	존 케이(영), '나는 북' 발명
1738	루이스 폴(영)/존 와이어트(영), 롤러 방적기의 특허
1740	헌츠먼(영), 용광로 제작
1745	클라이스트(독), 라이든병 발명
1750	프랭클린(미), 피뢰침 발명
1764	하그리브스(영), 제니 방적기 발명
1765	제임드 와트(영), 증기기관 발명
1768	아크라이트(영), 수력방적기 발명
1779	크롬프턴(영), 뮬러 방적기 발명
1791	르블랑(프), 소다제조법 개척
1793	휘트니(미), 조면기 발명
	프랑스에서 미터법 채용
1800	볼타(이), 전지 제작
1801	트레비식(영), 증기차 발명
1807	로버트 풀턴(미), 증기선을 제작, 시운행
1809	아페르(프), 병조림에 의한 식품보존법 고안
1810	듀란드, 통조림에 의한 식품보존법 고안
1812	헨리 벨, 증기선 제작
1814	스티븐슨(영), 증기기관차 제작
1815	데이비(영), 광산용 안전등 발명
1828	닐슨(영), 제철용 열풍로 발명
1835	모스(미), 유선 전신기 발명
1846	리처드 포(미), 윤전인쇄기 제작
	엘리어스 포(미), 미싱을 발명, 1851년에

	싱거가 제작 개시	1893	디젤(독), 디젤 엔진 발명
1846	쉰바인(독), 니트로셀룰로오스를 발명		에디슨, 활동사진 발명
1848	뵈트거(독), 안전 성냥 제작	1895	마르코니(이), 무선전신기 발명
1849	모니에(프), 철근 콘크리트 발명	1900	세페린(독), 경식비행기를 만듦
1850경	분젠(독), 분젠등을 발명	1903	라이트 형제(미), 비행기를 날림
1857	베세머(영), 전로식 제강법 발명	1904	쿠첼(독), 텅스텐 전구 발명
1859	플랑테(프), 납축전지 발명	1909	블레리오(프), 도버 해협을 비행
1860경	숄즈(미), 타이프라이터 발명		베이클랜드(미), 베이클라이트 발명
1861	영국에서 일기예보 시작	1913	베르기우스(독), 석탄의 액화에 성공함
1862	뷜러(독), 카바이드로부터 아세틸렌을		브레얼리(영), 스테인레스강을 발명
	만듦	1920	미국에서 라디오 방송 시작
1863	솔베이(벨기에), 탄산 소다법의 특허	1925	베어드(영), 텔레비전을 발명
1865	지멘스(영)/마르탱 부자(프), 평로식	1927	린드버그(미), 대서양 횡단 비행에 성공
	제강법 발명	1930	레페(독), 아세틸렌으로부터 비닐 제조
1867	노벨(스웨덴), 다이너마이트 발명	1931	커러더즈(미), 합성고무 발명
	지멘스(독), 발전기 제작	1937	영국에서 폴리에틸렌을 제조
1869	파스(영)/하이어트 형제(미), 각각 별개로	1938	커러더즈, 나일론 발명
	셀룰로이드 발명	1939	뮐러(스위), DDT를 합성
1876	벨(미), 전화기 발명	1948	바든(미)/브래튼(미)/쇼클리(미),
1876	린데(독), 암모니아 제빙기 발명		트랜지스터 발명
1877	에디슨(미), 축음기의 특허	1954	미국, 원자력 잠수함 노틸러스 호를 진수
1878	에디슨, 탄소 필라멘트 사용의 백열등	1957	소련, ICBM의 실험에 성공
	발명		소련, 인공위성 제1호 발사
	토마스(영)/길크리스트(영), 염기성	1958	미국, 인공위성 제1호 발사
	제강법을 발명	1959	소련의 우주 로켓, 달 표면에 도달
1882	다임러(독), 자동차 발명	1961	소련, 유인 인공위성 발사(가가린 소령)
1884	파슨스(영), 증기 터빈 발명	1962	미국, 유인 위성 발사(글렌 중령)
1885	벤츠(독), 자동차 제작		미국, 통신위성 텔스타 발사
	샤르도네(프), 인조견 제조 개시	1966	소련의 우주 스테이션, 금성에 도착
1886	홀(미)/에루(프), 각각 별개로 전해법에	1969	미국의 우주선, 달 표면에 도착.
	의한 알루미늄 제조를 시작		암스트롱·올드린 착륙
1888	이스트먼(미), 사진용 롤 필름을 제조.	1971	소련의 마르스호, 최초로 화성 연착륙
	이듬해, 소형 카메라를 만듦	1981	미국의 스페이스셔틀 컬럼비아호,
1889	스트로저(미), 전화 자동교환기 발명		최초의 유인궤도비행
1892	크로스(영)/비번(영), 비스코스 인견사		
	제조법을 발명		

과학사 연표

I. 물리·화학

전4240경	이집트에서 태양력 사용
2300경	메소포타미아에서 천문관측이 행해짐
2000경	인도 수학 시작
1300경	중국에서 태음태양력 사용
600경	탈레스(그), 만물의 원소를 물이라고 생각함
585	탈레스, 이해의 일식을 예언
550경	피타고라스, '피타고라스의 정의'를 발견
	네스, 만물의 원소를 공기라고 생각함
450경	엠페도클레스의 4원소설(불·바람·물·흙)
330경	아리스토텔레스의 과학적 저작 다수 발간
300경	에우클레이데스, 유클리드 기하학을 완성
287경	아르키메데스가 태어남(~212년경). 후에 '아르키메데스의 원리'를 발견
280경	아리스타르코스, 지구의 자전과 공전을 설명함
241경	에라토스테네스, 지구의 원주율 계산
147	그리스의 수학자 헤론이 태어남(~전100년경)
46경	로마에서 율리우스력 채용
후78년	중국의 천문학자 장형이 태어남(~139년) '혼천의', '지동계' 발명
150경	프톨레마이오스 '알마게스트'
625경	인도 수학의 최성기
780경	아라비아인 자비르에 의한 화학의 발달
850~1200	아라비아 과학의 발전기
12세기	아라비아와 그리스의 과학 작품이 라틴어로 번역
1543	코페르니쿠스(폴), '천체의 운행에 대하여' 지동설을 발표
1556	아그리콜라(독)의 야금학서 《데레메탈리카》가 간행됨
1581	갈릴레오 갈릴레이(이), 진자의 등시성을 발견
1582	그레고리력의 채용
1589	갈릴레이의 낙체 실험
1609	케플러(독), 행성운동 2법칙을 발견. 1618년에 제3법칙을 발표
	갈릴레이, 망원경을 발명
1614	존 네이피어(영), 로그표를 작성
1637	데카르트(프), 《기하학》. 해석 기하학을 발선시킴
1643	토리첼리(이), 기압계 발명. '토리첼리의 진공' 발견
1647	파스칼(프), 《진공에 대해서의 신실험》
1662	보일(영), '보일의 법칙' 발견
1665	뉴턴(영), '중력의 법칙' 발견
1666	뉴턴, 적분법을 발견. 동년, 빛의 분석 실험
1675	니콜라 레므리(프), 《화학 교과서》
1676	뢰머(덴), 목성의 위성 관측으로 빛의 속도를 측정
1687	뉴턴, 《프린키피아》
1690	호이겐스, 《광학개론》(빛의 파동설)
1704	뉴턴, 《광학》(빛의 입자설을 주장)
1714	라이프니츠(독), 《모나드(단자) 론》
1732	부르하페(네), 《화학의 기초》. 체계화학을 확립
1755	오일러(스위스), 《미분학 원리》
1766	캐번디시(영), 수소를 발견
1767	프리스틀리(영), 《전기학의 역사와 현상》
1768	오일러, 《적분학 원리》(~1770년)
1771	셸레(독), 산소와 불소를 발견
1772	러더퍼드(영), 질소를 발견
1774	프리스틀리, 산소와 암모니아 가스를 발견
1775	프리스틀리, 염산과 유산을 발견
1777	라부아지에(프), 공기의 성분을 분석

	실험	1896	베크렐(프), 우라늄 방사능 발견
1779	셸레, 글리세린을 합성	1898	퀴리 부처(프), 폴로늄 · 라듐 발견
1787	라그랑주(프), 《해석역학》	1900	프랑크(독), 양자론을 제창
1789	라부아지에, 《화학입문》. '질량보존의	1902	러더퍼드, 방사성 원자의 붕괴설 발표
	원리'를 설명	1905	아인슈타인(독), 특수 상대성이론 발표
1801	가우스(독), 《정수론》	1911	러더퍼드, 유핵원자 구조론 발표
1802	요한 리터(독), 자외선을 발견	1913	보어(덴), 원자구조에 양자론을 적용
1803	돌턴(영), 원자론을 설명	1916	아인슈타인, 일반 상대성이론을 발표
1808	게이 뤼삭(프), '기체팽창의 법칙'을	1919	러더퍼드, α입자에 의한 원자핵 인공변환
	정식화		실험을 함
1810	돌턴, 《화학철학의 신체계》	1923	콤프턴(미), '콤프턴 효과' 발견
1811	아보가드로(이), 기체 분자수의 가설을	1924	드 브로이(프), 물질파 개념에 의한
	발표		양자론의 수정
1813	베르셀리우스(스웨덴), 원소기호 창안	1925	하이젠베르크(독), 양자역학 확립
1820	앙페르(프), '앙페르의 법칙'을 발견	1927	하이젠베르크의 불확정성 원리
1825	패러데이(영), 벤젠 등을 발견	1931	로렌스(미)/리빙스턴(미),
1826	로바체프스키(러), 비非 유클리드		사이클로트론을 발명
	기하학을 시작	1931	잰스키(미), 우주전파 발견
	옴(독), '옴의 법칙'을 발견	1932	앤더슨(미), 양전자를 발견
1828	뵐러(독), 요소를 합성		채드윅(미), 중성자 발견
1831	패러데이, 전자기 유도법칙을 발견		코크로프트(미)/월턴(미), 원자핵의 인공
1840	쇤바인(독), 오존을 발견		파괴를 실험
	줄(영), '줄의 법칙'을 발견		유리(미), 중수소 발견
1842	도플러(오), '도플러 효과'를 발표	1933	조리오 퀴리, 인공 방사능을 만들어냄
1847	헬름홀츠(독), '에너지 보존 법칙' 발표	1937	앤더슨/네더마이어(미), 중간자를 발견
1848	켈빈(영), 절대영도(- 273℃) 개념 수립	1939	한(독)/슈트라스만(독), 우라늄의
1858	플뤼커(독), 음극선을 발견		핵분열을 발견
1859	분젠(독)/키르히호프(독), 스펙트럼	1942	페르미(미), 우라늄 핵분열에 의한 연쇄
	분석법 창안		반응실험 성공
1860	베르톨레(프), 《유기화학》		사카다 쇼이치(일), 2중간자론 발표
1864	맥스웰(영), 전자장의 이론을 발표	1945	미국, 네바다에서 원자핵 폭발실험에
1865	케쿨레(독), 벤젠의 화학구조식을 발표		성공. 일본의 히로시마 · 나가사키 원폭
1868	로커(영), 태양 스펙트럼 가운데에서		투하
	헬륨을 발견	1955	세그레/체임벌린(미), 캘리포니아
1869	멘델레예프(러), '원소 주기율'을 발견		대학에서 반양자를 발견
1871	맥스웰, 빛의 전자설을 발표	1956	캘리포니아 대학에서 핵융합반응 실험
1877	카이유테(프)/픽테(스위스), 각각 별개로		성공
	산소의 액화에 성공	1957	바딘/쿠퍼/슈리퍼(미), 초전도이론 발표
1884	발머(스위스), 수소 스펙트럼 선을 발견	1963	겔만(미), 강입자의 쿼크 모형 제안
1886	골트슈타인(독), 양극선을 발견	1969	인류의 달 착륙
1888	헤르(독)/로지(영), 각각 별개로 전자파를	1979	와인버거/글래쇼(미)/살람(파키스탄),
	발견		전자기력과 약한 상호작용의 통일장
1895	뢴트겐(독), X선을 발견		이론으로 노벨상 받음

1983	찬드라세카르(미), 백색 왜성군의 내부구조 밝힘	1660	올리비에 드 세르(프), 농업서《농업의 무대와 경영》
	파울러(미), 별의 생성과 소멸에서 핵융합 연구	1661	말피기(이), 모세혈관을 발견하고 하비의 혈액순환론을 완성
		1665	로버트 후크(영), 세포를 발견

II. 의학 · 생물학

전1700경	메소포타미아 · 이집트에서 의료가 행해짐.《함무라비 법전》과 파피루스에 기록됨	1675	레벤후크, 단세포 동물을 발견
		1680	볼렐리(이),《동물의 운동에 대하여》
		1727	헤일스(영),《식물정역학》
460경	히포크라테스 태어남(~377년경)	1735	린네(스웨덴),《자연의 체계》(~1768년)
4세기	테오프라스토스,《식물지》	1749	뷔퐁(프),《박물지》를 간행(~1788년)
300경	알렉산드리아의 의학교 융성. 헬로필로스가 인체 해부를 행함	1759	볼프(독),《생물발생론》
		1761	모르가니(이),《해부에 의하여 검색된 질병의 위치와 원인》. 해부병리학 성립
260경	알렉산드리아에서《히포크라테스 전집》이 편찬됨	1774	메스머(오), 암시요법을 시작
		1779	잉겐호우스(네), 식물의 동화작용을 발견
1세기	플리니우스,《박물지》	1796	제너(영), 종두법을 발견
50경	중국의 의술서《황제내경黃帝內經》	1801	라마르크(프),《무척추동물 분류법》
후50경	디오스코리데스(로마),《약물서》 저술	1806	베르셀리우스(스웨덴),《동물화학 강의》
130경	클라우디우스 갈레누스(로마) 태어남(~200년)	1809	라마르크,《동물철학》. 진화론적 사상을 표현
210경	중국의 약물서《신농본초경》 장중경(중), 의술서《상한론傷寒論》을 저술	1825	패러데이(영), 벤젠을 발견
		1827	브라운(영), 브라운 운동 발견
		1828	뵐러(독), 요소를 합성
230경	화타(중), 전신마취 방법을 발명	1833	뮐러(독),《인체생리학 전서》를 간행 (~1840년)
536	중국의 농사서,《제민요술齊民要術》		
900경	아라비아의 의학자 라제스, 《민수르에의 글》	1835	폰 몰(독), 세포분열을 관찰
		1838	슐라이덴(독),《식물세포설》
1000경	아비센나(아라비아),《의학정전》	1839	슈반(독),《동물과 식물의 구조와 성장에서의 일치에 대하여》. 세포학설의 기초확립
1300	기 드 쇼울리악(프) 태어남(~1368), 외과의학을 발전시킴		
1523	존 피츠허버트(영),《농업전서》	1842	크로퍼드 롱(미), 수술에서 처음으로 에테르 마취를 사용
1540	세르베토(스페인), 혈액순환을 발견		
1543	베살리우스(네),《인체의 구조에 대하여》	1846	몰, 세포의 원형질을 검증
		1847	심프슨(영), 클로로포름 마취를 사용
1551	게스너(스위스)의《동물지》간행 시작(~1587년)	1855	베르나르(프), 간장의 글리코겐을 발견
		1857	파스퇴르(프), 알코올 발효의 원인이 미생물에 의한 것임을 발견
1590	얀센(네), 복합 현미경을 발명		
1593	이시진(중),《본초강목》 완성	1858	피르호(독),《세포병리학》
1616	윌리엄 하비(영), 혈액순환의 원리 밝힘. 1628년에 출판	1859	다윈(영),《종의 기원》
		1860	제멜바이스(오), 산욕열의 원인을 발견, 소독법 개발
1640	레벤후크(네), 미생물 · 적혈구 발견		
1651	하비,《동물생식의 탐구》	1865	베르나르,《실험의학연구 서설》
1658	슈밤메르담(네), 처음으로 적혈구를 관찰		멘델(오), 유전의 법칙을 발표

1866	헤켈(독), 《일반형태학》
1867	리스터(영), 석탄산 살균법 개발
1872	한센(노), 나병균을 발견. 레프라가 병원체로서 확인된 것은 1880년
1876	코흐(독), 비탈저균을 발견
1880	에베르트(독), 티푸스균을 발견 라브랑(프), 말라리아의 병원체를 발견
1882	코흐, 결핵균을 발견
1883	클레프스(독), 디프테리아균 발견
1884	프뢴켈(독), 폐렴균을 발견 메치니코프(러), 백혈구의 식균작용을 발표
1885	파스퇴르, 광견병 예방법을 완성 바이스만(독), 생식질 연속설을 발표
1890	베링(독), 혈청요법을 발표 코흐, 투베르클린을 만듦
1892	폴라니니(이), 폐결핵의 인공 기흉술을 시작
1894	에르상(프), 페스트균을 발견
1895	뢴트겐(독), X선을 발견
1900	프로이트(오), 《꿈의 해석》
1901	드 프리스(네), 돌연변이설 발표 파블로프(러), 조건반사의 연구를 개시
1905	샤우딘(독)/호프만(독), 매독 스피로헤타를 발견
1906	바서만(독), 매독의 혈청반응에 의한 진단법을 고안
1907	얀스키, 혈액형 4종을 발견
1910	에를리히(독), 살바르산을 만듦 모건(미), 유전자설을 발표
1922	밴팅(캐나다)/베스트(캐나다), 인슐린을 발견
1924	칼메트(프), BCG를 발표
1928	플레밍(영), 페니실린을 발견
1929	베르거(독), 뇌파를 발견
1933	자켈(오), 정신병의 인슐린 쇼크요법을 고안 카라(스위), 비타민 A의 구조를 확정 앤드류(영)/레이드로(영) 등 인플루엔자 바이러스를 발견
1935	도마크(독), 술파아미드 제를 만듦 스탠리(미), 담배 모자이크 병의 바이러스 결정을 적출

	리센코(러), 멘델 유전학에 대립하는 신학설을 발표
1936	우장춘(한국), 종의 합성 오파린(러), 《생명의 기원》
1938	골트슈미트(독), 《생리유전학》
1944	왁스먼(이), 스트렙토마이신 등 항생물질 발견
1948	더거(미), 오레오마이신을 발견
1953	소크(캐나다), 소아마비 왁친을 만듦
1967	버너드(남아), 인간의 심장이식 수술을 시행

6
세계사
다이제스트100